叢書・ウニベルシタス　668

身体の哲学と現象学

ビラン存在論についての試論

ミシェル・アンリ

中　敬夫 訳

法政大学出版局

ジャン・イッポリットに

凡例

1 〈 〉で括った語は、原文では大文字である。
2 ［ ］は、訳者による補足である。原文中の著者自身の［ ］による補足は、〔 〕でこれを示す。
3 「 」は、原文中の引用符《 》に対応する。ただし、引用文中の引用は、そのまま《 》で示す。
4 （ ）は、原文中の（ ）をそのまま示すほか、原語を示すためにも用いた。
5 原文中の外国語は、原則として、漢字および片仮名で示す。
6 原文中のイタリックには、原則として、訳文では傍点を振ってこれを示す。ただし、著作名には傍点を振らずに、『 』でこれを示す。また、《*Id.*》（同書）、《*Ibid.*》（同所）、《*op. cit.*》（上掲書）、《*infra*》（後述の）、《*supra*》（上述の）等に関しては、傍点は略する。
7 原註は、（1）（2）……と示し、巻末に収めた。
8 訳註は、［1］［2］……と示し、やはり巻末に収めた。

目次

凡例

序論　身体に関する問いの見かけ上の偶然性と、
身体の存在論的分析の必要性……1

第一章　身体についてのビランの分析の哲学的諸前提……15
第一節　ビラン存在論の現象学的諸前提……16
第二節　諸カテゴリーの超越論的演繹……30
第三節　エゴについての理論と魂の問題……51

第二章　主観的身体……73

第三章　運動と感覚作用……111
第一節　諸感官の統一性およびわれわれのイマージュと
われわれの運動との関係の問題……120
第二節　知の統一性として解釈された身体の統一性。習慣と記憶……133

第三節　感性的個体性としての人間存在の個体性　148
第四章　諸記号の二重の使用と自己の身体の構成の問題　157
第五章　デカルト的二元論　201
第六章　メーヌ・ド・ビランの思想の批判。受動性の問題　227
結　論　身体の存在論的理論と受肉の問題。肉と霊　269
原　註　329
訳　註　353
解　説　メーヌ・ド・ビランとミシェル・アンリ（中　敬夫）　371
訳者あとがき　397

序論　身体に関する問いの見かけ上の偶然性と、身体の存在論的分析の必要性

エゴの現象学の仕上げを可能ならしめることをめざしている、そのような存在論的諸探求のなかに、身体に関する問題構成が介入し、このような問題構成が実施されるとすれば、このことは当然、分析の一般的な歩みからすれば、分析を偶然的かつ偶発的な特殊化にゆだね、分析の真の目的を忘却してしまうことのように思われはしないだろうか(1)。これまでのところエゴの存在の解明は、絶対的主観性の次元で、存在論的分析のかたちで追求されてきた。エゴの問題に関する諸探求を絶対的内在の圏域の内部に導くという企投には、この企投を動機づける諸々の理由があった。このような諸理由が効力を失うなどということが、あってよいものだろうか。しかも身体もこうした諸探求の対象となり、身体はその研究が基礎的存在論の課題であるような第一実在に属すのだと、われわれがそうみなしうるような仕方で。じっさい身体は、ひとつの超越的存在として、主観性が居住しない世界の住人として、われわれに与えられるのではないか。したがって、もし身体がわれわれの哲学的反省の主題となるべきであるならば、それは、われわれの哲学的反省が或るラディカルな変様を蒙る、という条件においてではないか。つまりそれは、われわれの哲学的反省が主観性のほうに向けられるのをやめて、世界についての、また世界の諸要素のいくつかがわれわ

れに与えられ、構成される仕方についての反省になるという、そのような条件においてである。そして、それに見合った数だけの特殊的諸探求の主題たりえ、主題たるべきすべての超越的諸要素のなかで、なぜわれわれは身体に、或る特権を授けるのだろうか。しかもわれわれの分析が、その初次的企投においてそこから出発して定義されていた領域［＝絶対的内在の圏域］を放棄するだけではあきたらず、われわれの身体の超越的存在へと向けられた探求として規定されるような仕方で。このような探求についてなら、われわれは、それが哲学的領分一般には不可欠で、哲学的領分一般に固有に帰属していることには同意する。しかしわれわれは、それが主観性や、主観性と同定されたエゴについての存在論的分析の問題には、無関係であることを認めなければならないのである。

たしかにひとは問いの偶然性を、問いの対象の偶然性に基づけようとするかもしれない。意識にとってひとつの身体を持つことは、ひとつの偶然的な事実、しかもすぐれて偶然的な事実なのではないか。そのうえわれわれがここで前にしているのは、本当にひとつの事実なのだろうか。あるいはそれとも、もし意識への身体の独自ノ（*sui generis*）関係が、むしろわれわれの偶然性観念の根拠としてあらわになるのであれば、またもっと深く言って、或る偶然性や偶然的諸事実一般がわれわれにとって可能であるということ、まさしくそのことから、この関係は、たんに人間本性に根差しているのみならず、人間本性を定義するのにも役立つにちがいないようなひとつの構造を、真に構成しているのではないか。なぜなら意識や主観性によって人間を特徴づけることができるにしても、そのうえもし意識や主観性と身体とのあいだに或る弁証法的な関係が、つまり主観性のあらゆる規定が身体への関係において、身体への関係によってのみ理解されうるというような、そのような弁証法的な関係があるとするならば、意識や主観性によって人間を特徴づけるようなやり方は、まったく抽象的であることになってしまうであろうからである。したがってこの関係の両項は、両者が同時に成長するほどにも緊密に連帯していることになろう。たとえばそのことは、羞恥において見ることができる。羞恥においては、主観性における精神の自己自身への現前は、ただちに身体についての痛々しい意識の増大を意味しているのである。[2] われわれが意識についての分析から出発して、身体の存在について自問するように仕向けられるのも、この同じ弁証法的な絆の結果によってである。われわれの問いは、〈ロゴス〉の次元での、諸事象の本性そのものについての予感でしかない。諸事象の本性は、自閉した、自律的な諸実在によって構成されているのではなくて、むしろ弁証法的な諸構造によって構成されているのである。そして人間はそれ自身、このような諸構造のひとつなのであろう。

［人間がそれであるところの］この構造は、それが精神と身体を関係づける限りで、あらゆる諸構造のなかでもっとも「弁証法的」な構造である。この構造はまさしく、われわれがキルケゴールとともに根本的[3]とみなしうるような、ひとつの逆説である。根本的というのはなぜなら、この逆説は真に根拠の役割を果たしているからである。悲劇的なもの、滑稽、身体を持っているという感情、露出趣味や臆病、また他の多くの実存的ないし情感的な諸規定は、人間本性に生じはするが人間本性から出発しては説明できないような、そのような諸感情や諸態度ではない。反対に人間存在は、「人間がしかじかの感情を容れうるためには、人間は何であらねばならないか」というような問いのなかに含まれている諸要請から出発して、規定されなければならないのである。なぜならこのような諸感情のもとには、言うなれば、人間の個体的ないし集団的な歴史が通過する様々な情感的にして実存的な諸様態を規定する、或るひとつのもっと深い調性が広がっているからである。この基本調性は、意識と身体との弁証法的合一の契機そのものとして理解されなければならないのではないか。実存[1]の結び目のような、また実存の様々な諸態度が根差す根源のようなものである逆説は、ついには或る哲学的反省によって、つまり受肉という中心現象がどうでもよかっ

たり、限りなく隠されていたりしたままではありえないような、そのような哲学的反省によって、多少とも明晰に気づかれなければならなかったのである。意識や純粋主観性ではなくて、人間の受肉した存在こそが、そこから出発しなければならないように思える根源的事実なのである。それゆえに探求は、必然的に主観性の圏域の外に出て、身体に関するひとつの問題構成を錬磨しなければならない。そしてこのような手続きは、われわれにはもはや偶然的なものとしてではなく、諸事象の本性そのものによって要請されたものとして現れるにちがいない。逆に言えば、諸事象の本性こそが、今やその本質において、自らを偶然的なものとしてわれわれに与えるのである。この本性は、われわれがそれであるところの、本元的な偶然性なのである。

　しかしながらもっと正確な仕方で、そして存在論的な次元それ自身において考察されるならば、ひとつの意識とひとつの身体との関係を構成するこのような偶然性、今度は身体についての問いを根拠づけ、呼び起こし、そしてこのようにして身体についての問いを必然化するこのような偶然性は、何を意味しているのだろうか。正確に解釈するなら、このような偶然性は次のことしか意味しえない。つまり実存そのものの圏域と同定される主観性の圏域に対しては、そのなかで何かがひとつの身体［物体《コール》］として現れ、展開されうるようなもうひとつ別のこの存在論的領域は、ひとつの本質的に異なる、異質的な実在なのだということである。探求がもっぱら主観性の圏域の内部をのみ動いているかぎりは、探求は物体と呼ばれうるようなものには何ひとつ、またわれわれの物体［＝身体］と呼ばれうるようなものにも何ひとつ、出会うことはない。このような根源的な圏域を出るとき、このような圏域の外に位置する何かへの「移行」を実行するときにのみ、或る「物体［身体］」とのこのような出会いが可能となるのである。

　主観性の圏域の外に存在するのは、超越的存在である。しかしながらこのような存在の内部で、多くの異なる存在論的諸領域が、さらに識別可能である。物体一般は或る有名な哲学［＝デカルト哲学］によって、延長と同一視された。物体一般は、相互外在的に位置づけられた様々な諸部分から合成されたひとつの実在として、考えられていた。しかしながら、われわれがここでわれわれの物体［＝身体］と呼んでいるものは、物理的本性をもった相互外在的ナ（*partes extra partes*）この物体と、重なり合うことができるだろうか。われわれの身体［物体］はむしろ、生ける身体［物体］なのであって、その限りでそれは、次のようなひとつの存在論的領域に属しているのである。つまりこの存在論的領域は、その現象学的諸性格（まさしくわれわれにこの存在論的領域を、ひとつの本質およびひとつの自律的領域とみなすことを許してくれるような諸性格）のおかげで、デカルト的延長のようなひとつの延長とは混同されえない。そのさい、諸科学の諸構築において、これら二つの実在次元のあいだで行われうる諸演繹が、弁証法的なのであれ、そうでないのであれ、どのようなものであろうとも。

しかしながら、その現象学的な基礎にもかかわらず、生物学はそれ自身、ひとつの科学である。生物学の進歩は、科学知の超越的な塊の内部で遂行され、原則として無際限である。生物学の進歩がわれわれの直接経験と合致するということは、けっして生物学の進歩の目的ではない。というのも、学者にとってわれわれの直接経験は、たんなる見かけでしかないからである。いずれにしても、もしわれわれの身体がひとつの生物学的実体（entité）であるならば、われわれがわれわれの身体について獲得しうるような知は、科学知と連帯している、あるいはむしろ科学知と一体となっていることであろう。したがって、歴史のなかで諸科学の発展の理想的な最終段階に位置するような未来の人間のみが、われわれの身体であるこの物体について語られるときには何を理解しなければならないのかを、真に知っていることになろうし、未開人が自らの身体についてまさしくどのような認識を持ちうるのかということや、或る身体が自分に属するという見解に到達するために、未開人が如何にふるまうのかといったことさえ、文字どおり、もはや分からなくなってしまうのである。

本当のところ生物学の身体は、言わばひとつの文化的対象であって、この限りではそれは、その出現においても、その諸変様においても、本質的に歴史的なのである[4]。そしてこれらの諸変様は、科学の発達そのものがもたらす諸変様にほかならない。今日の人間たるわれわれは、たしかにこのような生物学的身体と、或る独自の関係を有してはいる。そしてわれわれはみな、われわれの学者たちの科学を支持表明し、またこの科学の諸表象がつねに多少ともすみやかに常識の諸々の考えのなかに反響を見出すかぎりにおいて、或る程度、歴史的存在なのである。それでも、われわれが身体についてのわれわれの最初の知を汲むのも、身体を含んだ諸行為を見出すのも、このような独自の関係においてではない。われわれは、走ったり、跳んだり、歩いたり、腕を挙げたりするために、生物学の最新の諸著作を読んでしまうまで待っていたりなどしない。そして、たとえわれわれがこのような読解に専心するにしても、だからといってわれわれの原初的諸力能には、何ら変化はないであろう。なぜなら本元的な知としてのわれわれの行為に対して、科学ほど効き目のないものはないからであり、科学はつねにこの本元的な知を前提しているからである。われわれは今や、ここでわれわれが従事し、説明しなければならないのは、このような本元的な知であり、これのみであることを予感する。生物学のような一科学が、このような本元知について、われわれに何らかの解明を提供しうるどころではない。反対にこのような知にこそ、科学それ自身が基づいているのである。科学は、科学がその可能性の条件として前提している当のものを、つまり科学がその内部でその諸対象を見出し、その諸説明を提供し、そもそもまずその諸問題を立てうるところの存在論的地平として前提している当のものを、説明するなどとはみなされえないのである。

しかしながらわれわれは、この根源的な知の本性と、この根源的な知に基づく様々な諸認識に対してこの根源的な知が有する諸境界線とを、いっそう明晰に識別するために、われわれが遂行しつつある現象学的還元の意味を明確にしておかなければならない。われわれの身体はひとつの生ける身体である、とわれわれは言う。しかしながらこの生ける身体は、ひとつの生物学的実在としては理解されえない。もし生がもともとわれわれにとって、科学的経験の対象ではなく、ましてや科学的概念ではないのだとしても、生は素朴な経験においては、ひとつの超越的構造としてわれわれに与えられるのではないか。惰性的な諸対象、諸道具、文化的諸対象とならんで、われわれの直接的な周囲には、生きている、とわれわれが言うような、諸存在がある。したがって身体認識の問題は、このような「生ける諸実在」によって呈示された諸性格の記述によって、解決されることになろう。これらの生ける諸身体のなかで人間の身体は、たとえばアメーバーの身体や、高等動物[5]の身体とさえ、区別されなければならないように思え、このことから、たしかに或る困難が呈示される。なぜなら人間の場合われわれは、たんに生ける身体のみならず、人間的身体に携わっているからである。そして人間的身体の諸特性は非常に特殊なので、われわれは、或る新しい構造を前にしていて、この構造はもはや先の諸構造とは、等しく超越的存在一般に属するという特殊性しか共有していないという印象を、たしかに持つのである。

それゆえわれわれは、今までに以下を区別した。(1)生物学的実体としての身体。その実在性は結局、この身体に関わるところの、あるいはより正確に言えば、この身体を構成するところの科学的諸規定の、共通の場であらねばならない。(2)生ける存在としての身体。これはわれわれの自然的経験のなかで、そのようなもの［＝生ける存在］として現れる。このような身体もまたやはり、ひとつの超越的構造であり、この超越的構造がもつ現象学的諸性格は、われわれにこの身体を与える知覚の諸性格そのものである。(3)人間的身体としての身体。この身体もまたやはり、われわれの経験のひとつの超越的構造である。しかしこの身体の諸性格は、すべての生ける身体の諸性格へと端的に連れ戻されるというわけにはゆかない。したがってこの身体の諸性格はひとつの新しい構造を、あるいは今日そう言われるように、ひとつの新しい形式を構成するように思える。

たったいまわれわれが区別したばかりの三つの項のあいだの諸関係を明晰に考えることは、たしかに困難に充ちた企てである。生物学的身体と生ける身体とは、科学の視点に立つか、自然的意識の視点に立つかにしたがって、一方が他方に対して交互に、根拠づける項として現れたり、根拠づけられる項として現れたりするようにして、結び付いている。科学は科学が打ち建てる三人称の諸構築でもって、生ける身体の諸々の現象学的な現れを説明するのだと主張する。自然的意識（たとえ知らず知らずのうちでも、すでに暗黙のうちに科学的諸理論に加担した常識の意識、ではない）はこのような諸々の現れのうちに生き、現象学者とともに、科学はこのような現れから出発して仕上げられる、と考えるであろう。生ける身体と人間的身体との諸関係に関して言えば、それらを研究することは、諸動物の知覚と他者の知覚との比較現象学に属する――この研究は諸々の困難のなかで、とりわけ次の困難に出くわすであろう。つまり、動物的行動と人間的行動との二つの構造が両者の相互対立のなかで捉えられるときには、動物的行動と人間的行為とのあいだの区分を確立することはたやすいにしても、人間的身体の知覚だけを考察するときには、人間的身体のなかにある生けるものに固有のものと、人間に固有であるものとを、どのようにして識別すればよいのか。あるいはこう言ったほうがよければ、生ける身体の、動物的身体の第一の構造は、第二の構造すなわち人間的身体の構造のなかで、その諸要素のひとつとして見出されるのであろうか、それとも根拠として見出されるのであろうか。

しかしながら、いま述べたような様々な諸区別や、これらの諸区別が提起する諸々の問いは、われわれの眼には重要ではない。なぜならそれらは、ついにはわれわれが従事しなければならない基礎的存在論的問題には、関与しないからである。じっさい、われわれがわれわれの身体を整理しようと最終的に決定する領域がどのようなものであれ、この領域が生物学的身体の領域なのであれ、生ける身体の領域なのであれ、あるいは最後に人間的身体に固有に属する独自ノ（*sui generis*）領域なのであれ、すべてのケースにおいてわれわれは、超越的存在一般の諸種別化と諸構造にしか関わっていないことになろうからである。ちなみにこれらの諸構造のあいだに存する諸々の差異が、どれほど大きなものでありえようとも。しかしながら事情がこのようなものであるかぎり、身体に関する問題構成は、われわれが先に述べたことにもかかわらず、基礎的存在論の企投に対しては偶然的なままであり、真に第一なる哲学の意図には疎遠なままにとどまろう。身体についての問いの偶然性は、あるいはもっと深く言えば、身体が人間存在に帰属しているという事実そのものの偶然性は、もし本当にこの身体が超越論的主観性それ自身に対して何か異質で還元不可能なものを表わしているのであれば、乗り越えがたいものとなる。

あるいはそれとも、第一哲学が主観性についての存在論的分析とは同一視されえず、このような領域を探査することだけとも同一視されえないということを認める時が、やって来たのではないだろうか。言わば身体の問題を立てるいかなる理由もないほどにも身体の問題が偶然的に見えるような、そのようなパースペクティヴが錯覚だというだけなのである。なぜならこう言ってよければ、「純粋な」人間——純粋主観性の身分にまで還元された抽象的人間——は、自分が持っていないか、せいぜいのところ自分にとっては単なる附属品か偶然的な付録のようなものでしかないような身体について自問する、いかなる動機も有してはいないからである。『誤謬推論』のカントの傍観者のように、脱肉した（désincarné）主観たる「純粋な」人間は、世界を上空飛翔する純粋精神である。そして彼の自己の身体は、彼が宇宙についてもつ認識のうちに介入することも、特殊な問い掛けの対象となることもできない。彼の自己の身体はどうにかこうにか、あらゆる哲学的品位を欠いた「経験的」好奇心を構成するだけである。しかし、知ってのように、人間は一箇の受肉した主観であり、人間の認識は宇宙のなかに位置し、諸事物は彼の自己の身体から出発して方向づけられた諸パースペクティヴのもとに彼に与えられるのである。したがって彼の自己の身体は、実在的人間を対象とするであろうような探求の主題とならなければならないのではないか。実在的人間とは、もはや観念論のいう抽象的人間などではなくて、われわれすべてがそれであるような肉と血をそなえた存在のことである。そしてもし第一哲学がこのような探求と一体とならなければならないのであれば、われわれはもはや第一哲学の領野を、主観性の圏域だけに限定することはできない。第一哲学の対象は、じつはまったく別の何かであり、たとえばそれは、意識と身体とを分かち難く結び付けている弁証法的構造であるとか、あるいはまた、まさしく実在的で受肉した存在の実存としての実存である。したがって、［以下の三つのうちのいずれかである。］

あるいは人間の定義においては、身体を考慮に入れる必要がないのか。その場合われわれは、人間存在をその真正の存在において、またその全体性において説明すると主張しつつ、主観的エゴについてのわれわれの研究を追い続けてよいということになる。

あるいはそれこそが人間についての抽象的な視点、つまり原初的にして具体的な実在を記述しえないような視点でしかないのか。主観性についての哲学は、次のような実在論や実存主義に席を譲らなければならない。つまり「状況」「身体性」「受肉」といった中心諸現象から出発して、人間存在にとってその固有のステイタスのうちに含まれているもの、たとえば偶然性、有限性、不条理といったものを少なくとも承認し、研究するだけの勇気をもっているような、そのような実在論や実存主義である。

あるいはさらに身体についての研究は、おそらく人間存在を理解することにとって本質的なのだが、この身体という中心現象は、主観性についての分析を基盤として建設される現象学的存在論による攻略を、けっして免れることがないのか。身体という中心現象に関わる問題構成は、このような［現象学的］存在論が必然的に用いる一般的問題構成のなかに含まれている。なぜなら身体は、その根源的な本性においては、主観性それ自身の圏域たる実存の圏域に属しているからである。

諸々の志向性は、われわれが生物学的身体、生ける身体、人間的身体として特徴づけた様々な超越的諸構造に向けられている。それゆえ主観性についての研究は、このような面から、われわれを身体の実存へと送り返すように思えるであろう。しかしこのような身体ならば、他なるもの（*l'autre*）一般の一規定しか構成しえないだろう。そして非我のこの圏域の内部で、何が身体にエゴへの帰属という性格を、つまり身体の本質的一特性であるように思える性格を授けることができるのかが分からなくなるし、したがってまた、一人称の哲学の発展のなかで身体に関わる問題構成を挿入することを何が動機づけえているのかも、分からなくなってしまう。じつはわれわれの身体は、原初的には生物学的身体でも、生ける身体でも、人間的身体でもない。われわれの身体は、絶対的主観性の領域というラディカルに異なる存在論的一領域に属しているのである。超越論的身体について語ること、それはけっして無根拠で、ありそうもない主張を述べることなのではない。それは以下の問いに肯定的に答える必然性を理解することなのである。つまり身体、われわれのものであるこの身体は、エゴの生の任意の他の志向性と同じ仕方でわれわれによって知られるのか。そして身体の存在は、或る現象学的存在論において、志向性一般の存在と、エゴの存在と同じステイタスを受け取らなければならないのか——超越論的身体について語ること、それは、人間存在の核心に確実に位置する身体の実存を唯一われわれに説明させてくれるであろうような諸条件を、意識することである。そしてこのような身体がつまり、一箇の〈私〉であるような身体なのである。

様々な哲学諸体系が身体に関して、きわめて多岐にわたる諸理論を主張してきた。しかしながらこれらの諸理論はすべて、ひとつの共通で決定的な説において一致していた。すなわち、われわれの身体の存在は世界に帰属している、という主張においてである。この点は、あまりにも強力に確立されているように思えたので、誰しもがそれを疑ってみようとは思いもしなかったのである。人類の反省の長い歴史のなかで、われわれの身体を主観的身体として根源的に規定する必要性を理解した最初の哲学者、じつのところ唯一の哲学者は、メーヌ・ド・ビランである。この思索の王者は、われわれによって、デカルトやフッサールと同じ資格で、人間存在についての現象学的な学の真の創設者のひとりとみなされるに値する。以下見るであろうように、主観的身体の発見から帰結することは、無限である。それなのに、どうしてこのような主観的身体の根本的な発見(6)が、まったく気づかれぬままでありえたのか、またどうしてメーヌ・ド・ビランの著作の意義が、これほどにも稀にしか理解されなかったのか、このことは、十九世紀フランスの哲学運動における、その著者の特異な位置について反省してみない限りは、驚かずにはいられないことであろう。なぜなら見かけとはちがって、メーヌ・ド・ビランは、かつて存在したもっとも孤立した哲学者のひとりだからである。ひとは彼をラシュリエ、ブートルー、ラヴェッソン、ラニョ[2]を経てベルクソンに至るまで継続される、ひとつの思想潮流――「内的生」への注意や「内観的傾向」によって特徴づけられるであろうような「スピリチュアリスム」の思想潮流――の起源に位置づけるのをならわしとしている。それは彼に対して、彼の著作の知解を決定的に危うくするにちがいないような重大な誤解を犯すことであった。指摘されたような歴史的系譜は、おそらくは存在する。しかしビランの思索は、内観や、新カント主義者たちが理解しえたような内的生とは何の関係もないし、ましてやベルクソンの直観とは、何の関係もない。それにもかかわらず、このような系譜は完全に理解される。なぜならカント哲学における主観性についてのあらゆる存在論の不在や、とりわけ内的生の問題に関してこのような不在から帰結することどもによって、この哲学の相続人たちは必然的に、このような隙間を或る程度埋めることができるような諸思索へと押しやられざるをえなかったからである。しかしメーヌ・ド・ビランの著作に関心が向けられたまさしくその理由こそが、彼の著作のあらゆる真の理解を禁ずべき理由だったのである。というのもこのような関心は、ビラニスムの中心直観とは両立しえない諸前提の内部を動く哲学者たちの事柄であったからである。十九世紀および二十世紀のフランス哲学は、ある偽装を代償としてしか、ビラニスムの中心直観を受け入れることができなかった。この偽装はまったく非意図的であっただけに、ますます危険であった。そしてこの偽装は、主観性についての真正の考えと「心理学」とのあいだに存在する隔たり全体を測る、真の頽落だったのである。

メーヌ・ド・ビランは、彼の著作を追っていると信じていた哲学者たちからは孤立していたが、ましてや、まさに彼の企図の本性ゆえに、大衆から孤立していたにちがいない。じっさい、もし第一哲学に属する諸探求が、これほどにもわずかの反響しか見出さないとしたら、それは、このような諸探求が困難であったり、あるいはこのような諸探求が、哲学者の気質次第で或る哲学者から別の哲学者へと変化するような、幻想的ないし妄想的な諸構築のうちに存したりするからではない。反対にそれは、このような諸探求が、大多数の人々の眼に「センセーショナルなもの」「興味津々なもの」「独創的なもの」を構成するすべてを欠いているからであり、このような諸探求の対象が、もっとも目立たない、もっともありふれた、もっとも月並なものであるからなのである。このような孤独について、そしてこのような孤独の深い諸動機について、メーヌ・ド・ビランは思い違いをしてはいなかった。「自分でも分かっていたが、旅人もおとなう心とぼしき荒涼たる未開の地に、私の通行をしるすべき、このはかなき記念碑を私が建てたのは、われわれのうちでこの内官〔3〕(sens intérieur) の陶冶に専心する、少数の人たちのためである。この記念碑は、私のあとに来るであろう人たちに、いかなる思索がこのような時代に人間の学の友の心を占めていたのかを、彼が何を省察していたのかを、人間の学の進歩のために彼が何をしようと欲していたのかを、語り続けてくれることだろう。(7)」

この「はかなき記念碑」――あらゆる構成が遂行される根源的な場、第一哲学が動かなければならない根源的な場たるこの「荒涼たる地」のうちにその素材を汲みつつ、人間精神がかつてその歴史のなかで打ち建てたもっとも偉大な記念碑のひとつ――をこそ、われわれは解読して、その教えを受け継ぎ、身体についてのわれわれの存在論的分析のための導きの糸として役立てたいと思うのである。

第一章　身体についてのビランの分析の哲学的諸前提

メーヌ・ド・ビランがこのように主観的身体を「発見」したのは、偶然ではない。この発見は彼においては、この発見を必然化するような文脈のなかに記入されている。そしてこの文脈とは、現象学的存在論にほかならない。メーヌ・ド・ビランは彼の探求の主題として、エゴの問題を取り上げた。そして彼はすぐさま、エゴの問題は主観性概念についての存在論的分析によってしか解決されえないことに気づく。この分析は今度は、その諸帰結において、まったく新しい諸基盤の上に身体の問題を立てることを彼に強いる。そして身体の問題は、正確に解釈され位置づけられるならばエゴの問題に遡及し、身体の問題はエゴの問題と同一視される。したがってメーヌ・ド・ビランの教えは、以下の言葉に要約される。すなわち、主観的であり、エゴそれ自身であるところの身体。人間を身体と定義することによって、メーヌ・ド・ビランは唯物論をかすめる。しかしそれは見かけだけのことであって、この見かけの真の意味は反対に、唯物論をその根拠そのものからくつがえすことなのである。

それゆえ、身体についてのビランの諸テーゼを提示する前に、これらの諸テーゼが当然そこに位置する存在論の一般的企投をたどっておくのがよい。われわれの課題のこの第一部を実現するために、われわれは以下を順に研究することにしたい。

(1) ビラン存在論の現象学的諸前提。
(2) 諸カテゴリーの超越論的演繹。
(3) エゴの理論と魂の問題。

第一節　ビラン存在論の現象学的諸前提

ビランの諸テーゼは独創的であり、諸テーゼの重要性はしばしば決定的なのだが、この独創性と重要性とを理解するのが困難なのは、その様々な諸著作において彼が用いる用語法そのもののせいである。この用語法は、新しいものではない。したがってメーヌ・ド・ビランは、伝統的で、見かけの上では明晰なヴォキャブラリーを利用することによって、彼の基礎的存在論的な諸命題を定式化している。そこでこの基礎的存在論的諸命題のラディカルな新しさや本質内在的な内容が、気づかれぬまま、永久にその理解を禁ずるような諸々の誤解にさらされるおそれがある。このような困難は、それがあからさまなものではないだけに、いっそう危険である。このような困難を避けるためには、言語を転倒して、しばしばやりがいもなく皮肉を招きやすいような課題を前にしてもたじろがず、言語に対して最悪の扱いをするよりほかに手がない。たとえ表現の重苦しさだけが、このような操作の唯一の収益のように思えようとも。このような重苦しさ、このような転倒を前にして、もっとも偉大な人たちはたじろがなかった。しかしベルジュラックの慎ましい郡長［ビラン］[1]は、自らにこのような資格があるとは思わなかった。その結果、逆説的にも、彼の思索を表現する文体の全きフランス的単純さにもかかわらず、彼の思索はカントやハイデッガーのような人の思索よりさらに長いあいだ、理解されないままにとどまるという運命に見舞われたのであった。

ビランの思索の明晰さを、その源泉においてふたたび見出そうとするために、われわれは彼の文体の明晰さを犠牲にすることを恐れなかった。そしてわれわれは、ビラニスムの主要な哲学的諸テーゼを、われわれ自身の用語法の内部で表現する企てを試みた。ひとはわれわれに、メーヌ・ド・ビランの著作や、彼が結局彼の著作に与えるのをよしとした形式に対して、いくぶん無造作な手法を用いている、と不平を言うかもしれない。しかしもしそうだとすれば、それはただ、ひとがわれわれの真の意図を誤認しているからに過ぎない。われわれの真の意図とは、より慎ましく、より忠実に、きわめて偉大な哲学者の教えを受け継ぐことなのである。

メーヌ・ド・ビランにとっては二種類の認識が、したがって二種類の存在がある。第一の認識形式においては、存在は現象学的隔たり[2]を媒介としてわれわれに与えられる。それは超越的存在である。メーヌ・ド・ビランはこの認識を、「外的認識」と呼ぶ。第二の認識形式においては、存在は直接的に、あらゆる隔たりの不在のうちにわれわれに与えられる。そしてこの存在は、もはや任意の存在ではない。それは自我である。このように、自我の存在はもっぱら、それがわれわれに与えられる仕方によってのみ規定される。メーヌ・ド・ビランはこの第二の認識形式を「反省」と呼び、それに基づく観念体系を「反省的体系」と呼ぶ。それゆえ反省という言葉は、メーヌ・ド・ビランの手にかかると、われわれが通常反省ということで理解しているものとちょうど反対のものを意味することになる。というのもわれわれにとって反省とは、われわれに直接与えられていたものがわれわれから遠ざかり、現象学的隔たりの媒介によって存在の超越論的地平の管轄のもとに落ちる働きを指し示しているからである。こういう単純な指摘がなければ、ビランの思索を理解しようとするさいに、或る本質的な混乱が生じてしまう。そしてこのような混乱のせいで、新カント主義者たちや他の多くの哲学者たちが、自らをビラニアンであると思い込んでしまいえたのである。言っておかねばならないことだが、このような混乱は、メーヌ・ド・ビラン自身によっても助長されている。なぜなら彼は反省という言葉に、しばしばその古典的な意味を、しばしばまた第三の意味を与えているからである[1]——しかし根源的な意味はわれわれがいま定義したばかりの意味であるということ、このことは彼の哲学の文脈全体が示しているところである。

あきらかに反省が問われているような諸節が、反省に「単純な」という形容語を付加しているが、この形容語だけでも、古典的反省の媒介的意義を遠ざけるに十分である。ビランは「反省の単純で、完全に明晰な諸観念[2]」について語っている。反省はあらゆる明証性の根源的な源泉と同一視されているが、この源泉のがビランが解するようなコギトなのである。すなわちそれは反省的で知性的な作用ではなくて、ひとつの源泉行為、ひとつの努力、ひとつの運動なのである。ここに反省と自発的意識的運動として理解された努力とを同一視していることが、はっきりと浮かび上がってくるような一連のテキストがある。「反省の視点からは、そしてもし私が意識の事実の外に出ることがないのであれば……（後略）[3]」。「本質的に異なる二種類の学」があり、「ひとはそれらを同化しようとしたが、無駄だった。すなわち想像力ないし外的表象の諸対象に専念する諸学と、反省もしくは内的覚知の主体に集中する諸学とである[4]。」「自我および自我に帰属するすべてがもつ個体性の観念は、自我の内密な反省もしくは努力の感情以外のところからは、引き出されえない[5]。」決定的な諸テキストがビランの「反省」を、反省と反省の対象とのあいだに隔たりを導入するような媒介的認識として、客観化［対象化］として、超越的存在の湧出として理解することを禁じているのである。生理学的視点からすればそこから人間的行為が流出することになる有機的中枢について語りつつ、ビランは、このような中枢においては「じつは自我は、自我に固有の反省的で表象不可能な観念のもとに考えられているというよりはむしろ、或る個体的なイマージュのもとに客観化されている[6]」と述べている。「いかなる仕方でも外には読まれえず、いかなる種類のイマージュによっても表象されえないような、そのような諸思惟、そのような内密な諸意欲が、存在しないだろうか。そのようなものを考えるためには、能動的でしかじかの諸作用を自覚的に産出する力と、つまり自我それ自身と、同一化されなければならないのではないか。自らの諸々の働きのなかで自らを感じ、あるいは自らを覚知しはするが、しかし自らを対象として見ることはなく、自らを現象として想像することのない、そのような自我それ自身と。(7)」さらには、「われわれの内密な反省以外のいかなる途によっても、われわれがその諸観念を獲得することができないようなすべての諸様態もしくは働きは、絶対に表象不可能である。(8)」

「反省」［という語］が指し示すのは、あらゆる志向性のうちに含まれてはいるが、この志向性によってめざされているものの認識ではないような、そのような認識である。それゆえこの言葉が理解されるのは、それが超越を意味するのではなくて、むしろ世界へ向かってゆかないもの、反対に自己へと帰り、あらゆる事物に対して距離を置きながら自らを自己の近くに維持しているものを、意味しているからである。メーヌ・ド・ビランが「反省」という語のもとに表現しているのは、主観性の深さそのもの、主観性の「内密な」生なのであって、それは超越的存在一般に対立する。超越的存在一般は内的な次元を欠き、しばしばビランはそれを、黙して絵画に描かれたかのごときスピノザ的イマージュを思わせる「イマージュという」語によって指し示している。かくしてメーヌ・ド・ビランにおいては、「反省」は超越の運動に対置され、したがってそれは超越の一特殊ケースを、すなわち古典的意味での反省を指し示しえない。反省という言葉そのものを、ビランはロックから借りた。しかしそれは、仕方なくやむをえずしたことであり、コンディヤック[3]の学派およびその感覚論的用語法に反対しようとする、ただそれだけの配慮から行ったのだということを、よく見ておかなければならない。「意識（*conscience*）は……を伴った知（*science avec*

…）を、何かについて……の知を伴った自らについての知を意味する。内的認識がある（中略）。われわれの思惟存在に内密な或る能力があり、それは、しかじかの諸変様が起きているということ、しかじかの諸作用が遂行されているということを知っている（中略）。そしてこのような反省的認識がなければ、イデオロジー［観念学］も形而上学も存在しないであろう。それゆえこのような内的認識のために、ひとつの名が必要である。なぜなら感覚という名では、すべてを言い尽くすことはできないからである。[9]」みずからの思索の中心直観を言いあらわすであろう［反省という語の］このような新たなる用語法を、メーヌ・ド・ビランはすべての願いをこめて、そう名づけた。そして彼は、この新たなる用語法のみが人間存在についての学の、「形而上学的明証」の実在的根拠を、明るみにもたらすことができるであろうと信じた。「もしわれわれが反省にふさわしい明白な言語を持っていたなら、数学的明証と同じように形而上学的明証があるであろうことは、疑いない。[10]」

この「明白な言語」を用いて、われわれはビラン哲学およびすべての哲学の中心問題を、分析し続けてゆきたいと思う。この問題は『試論』では、次のように定式化されている。すなわち、「内的直接的覚知は存在するだろうか。[11]」この問いの射程は、それが「存在論的一元論[12]」とわれわれが呼んだものを直接告訴することに由来する。存在論的一元論とはすなわち、何ものも存在一般の超越論的地平の内部でよりほかには、超越論的地平を媒介としてよりほかには、われわれに与えられえない、とする哲学である。メーヌ・ド・ビランにとって、「存在一般」はない。彼の哲学は、真の存在論的二元論である。彼はわれわれに言う。「私は二つの次元の事実が存在することを知らせ、それらにふさわしい二種類の観察の必要性を認めることが大切であると思った。[13]」メーヌ・ド・ビランは、ベーコンにおいて見出されるような自然の存在論について、反省してみる。この存在論は同時に、ひとつの現象学であり、ひとつの方法論である。

自然の諸現象は、特定のひとつの方法の攻略に服しなければならないのだから。しかしながら「別の諸現象[14]」が存在し、したがって、或るひとつの新しい方法が課されてくるのではないか。問題は以下である。すなわち、「外に諸対象を表象する諸観念についての学から、それ固有の諸限界のうちに自我を集中させる諸変様ないし諸作用についての学へと移行するとき、観察し・分類し・分析する方法は、その目的、その方向、その諸手段において、絶対に同じものでありうるかどうか。[15]」

それは心理学の問題を、自然哲学との諸関係において立てることである。この問題は、ビランの『試論』の主題を成している。[16]「内的諸事実についての学としての心理学を考察するとき、この学がベーコン以来すべての自然科学において用いられてきた方法と異なる方法に基づきうるとは思えない。[17]」メーヌ・ド・ビランは反対に、「内的諸事実」がそれであるところの「別の諸現象」は、或るまったく別の方法に従って研究されなければならないことを示す。なぜならそれらは、まったく別の仕方でわれわれに与えられるからである。――それらは如何にしてわれわれに与えられるのか。メーヌ・ド・ビランは二種類の観察があると繰り返し言うが、第二種の観察は［じつは］観察ではなく、外的観察は自然の諸事実に達し内的観察は心的諸事実に達するというような、外的観察に平行した内的観察ではないのだということを、よく理解しておかなければならない。このような［外的観察に平行した］内的観察ならば、われわれの「内観」や「直観」に、古典的な反省に対応するであろう――しかしそれらはすべて、ビランが彼の心理学を根拠づけるために絶対に斥けている認識の諸様態なのである。彼の眼には意識の生は、超越的内的経験のうちでは、われわれに与えられえない。それゆえ残るは、意識の生が超越論的内的経験のうちでわれわれに与えられるということである。[18]それは次の決定的なテキストが、無条件に肯定していることである。「第一の仕方の内的観察が、幸いにもロックの弟子たる心理学者たちによって育成されたとすれば、第二の、はるかに困難な仕方、内的経験の仕方は、真に実践されてきたであろうか[19]。」

それゆえビランがここで行っているのは、古典的・経験的心理学を超越論的現象学によって置き換えることなのである。そしてこのような現象学の建設と対になって主観性の存在論が構成されることは、明らかである。超越論的内的経験のようなものが存在するからこそ、主観性の存在論が要求されるのであり、また超越論的現象学を、あるいはメーヌ・ド・ビランの言うように、「主観的イデオロジー〔4〕」を彫琢することが可能となるのである。あらゆる諸志向性一般が、したがってまた意識の本質的諸志向性が、それらの存在そのものの内在において、またそれらの直接的遂行において根源的に知られるからこそ、われわれはそれらを名づけ、それらについての観念を得ることができるのである。「諸能力に関しては」とビランは言う、「それらには、それらを外的に反映してくれるような、いかなる種類の固有の鏡もない。眼と同様、それらは自らの管轄に属するすべての諸対象に適用されるが、しかし自己自身を見ることはなく、自己自身を認識することはない[20]。たとえば感性的観念を創造したり再生したりする想像力は、自己自身を想像しない。記憶は現在において自己自身を覚知することができない。このうえなく離れたすべての諸関係を裁く判事たる推論は、自己自身を裁かないし、自己自身を推論しない。これらの諸能力の各々は、認識対象として自らを表象することも、自らに自らを適用することもできないというのに、いったいどのようにして知られうるのか。そしてわれわれはどのような手段によって、想像する、思い出す、判断する、推論する、意欲するといった諸名辞に対応する諸観念を、獲得することができたのか[21]。」それは「或る特殊な感官の行使」によってでしかありえない。この感官は、ビランの用語法とわれわれの用語法とを混ぜ合わせて、超越論的内官（un sens interne transcendantal）と呼ぶことができよう。「この感官の行使と、われわれ自身のうちで生じているものとの関係は、外的視向と諸対象との関係と同じである。しかし外的視向とはちがって、内的視向はみずからその松明を担い、自らが伝える光によって自己自身を照らす。[22]」このような注目すべき仕方で志向性の本性を規定することによって、おのずから根源的真理が主観性として考えられることになる。「それゆえ原初的事実は、自らの規準を別のところから借りることなく、自ら担っている。[23]」このように、根源的真理が遂行される場たる超越論的内的経験はまた、諸能力についてのわれわれのすべての諸観念の源泉でもある。それゆえ超越論的内的経験は、やはりメーヌ・ド・ビランが以下に主張しているように、まさしく超越論的現象学の根拠となっているのである。「知覚する、意欲する、比較する、反省するといった諸々の実在的な働きを表現する諸名辞に結び付いた、いくつかの積極的な観念が存在するということは、否定できない（中略）。〔それゆえ〕それら諸観念の起源を、何らかの特殊な内官（*sens intérieur*）に関係づけることができないかを、吟味〔しなければならない〕。この特殊な内官によって、個体は自らの働きを行使しつつ、自己自身に関わるのである（中略）。したがってわれわれの諸能力についての学の、つまりほんらい主観的なイデオロジーの、自然な根拠が考えられることになろう。[24]」

この「ほんらい主観的なイデオロジー」の企投のうちには、絶対確実性の圏域への回帰という観念も含まれている。このイデオロジーは、このような圏域に基づかなければならないのである。このような確実性は、あらゆる隔たりの不在から帰結する絶対透明性のうちに、内在のうちにその内容が与えられるような、そのような経験の構造そのものに由来する。「われわれの内感（sens intime）は、唯一直接的な認識の仕方なので、もっとも完全な認識の仕方である[25]」とビランは言う。「原初的事実に特にふさわしく、ただそれだけにふさわしい感官を用いることによって、それ〔原初的事実〕を確証[26]」しなければならない。本当を言うと、「事実」と「感官」とはひとつでしかない。これら二つの術語は、唯一にして同じひとつの本質の、前者は存在論的アスペクトを、後者は現象学的アスペクトを指示している。そしてこの本質を明るみにもたらすことは、主観性についての或る存在論を建設することを想定しているのである。メーヌ・ド・ビランは彼の世紀にあっては、このような存在論の不在を痛ましく感じ、このような存在論を構成する必要を理解した、唯一の哲学者である。このことを彼は、きわめて単純に述べている。「おそらく（中略）哲学者たちは、原初的諸事実を認識するためのわれわれのすべての諸手段の無力を、過大視し過ぎている。[27]」「これらの認識諸手段の正しい尺度[28]」を、われわれに与えなければならないのである。そうすれば十九世紀の認識理論を特徴づけているペシミスム、この理論が世界についての理論以外のものではありえず、この理論の画定する認識がけっして対象についての認識でしかないようにしているペシミスムが、一掃されるであろう。このようなペシミスムは存在論的欠乏から帰結するのだが、この存在論的欠乏がこのうえなく有力な諸体系を、特にカントの体系を射抜いている。メーヌ・ド・ビランはカントの体系の本質的な空隙を、一言で画定する。「カントはけっして原初的諸事実を規定しなかった、彼は原初的諸事実を感性の最初の受動的諸変様と混同している。[29]」反対に、われわれのものであるこれらの認識諸手段を正しい範囲で展開すること、それは絶対的認識の存在を、また絶対的認識が限定する絶対確実性の圏域の存在を、垣間見ることである。またそれは、絶対的な学（諸能力についての学はその一要素である）を、必当然的確実性という性格を備えるであろう学たる人間存在についての現象学的な学を、建設する必要性を理解することである――それは、メーヌ・ド・ビランのように語るなら、「人間精神についての学を基礎づける（*élémenter*）[30]」可能性を明るみにもたらすことなのである。

　絶対的実存の圏域でもあるこのような絶対確実性の圏域を明るみにもたらすことは、このような確実性に属するものと、反対に、少なくとも直接的な仕方ではこのような確実性を誇ることのできないものとのあいだに、或る分割が確立されていることを想定している。絶対確実性を備えた学を建設すること、それはこのような分割を行い、人間的認識の広大な領野を、必当然的明証性においてわれわれに現象学的に与えられる認識たる根源的にして絶対的な認識の領野へと還元することであり、換言すれば、それは現象学的還元を遂行することなのである。メーヌ・ド・ビランはわれわれの認識諸力能の外的な目録作成の途中で、「第二種の観察」の存在を「発見」したわけではない。この発見の契機はむしろ、現象学的還元それ自身と交わり、それと一体となっているのである。メーヌ・ド・ビランの著作全体が、ひとつの広大な現象学的還元にほかならない。そのことはより特殊的には、われわれが呈示した諸能力についての理論や、これからわれわれが順に研究することになるカテゴリー、魂、そして最後に身体についての諸理論のなかで見ることができる。このような還元の観念は、ビランの思索がつねに構築、理論、仮説、蓋然性であるようなすべてに反対している、そのような恒常的運動のうちにも読み取られる。このような恒常的運動によって、ビランの思索は「もしわれわれが仮言的［すなわち条件つきの］真理の領分と絶対的真理の領分とのあいだに、もっと確固とした境界線を引いていたなら[31]避けられるであろうすべての誤謬を、あらかじめ告発しているのである。それゆえにこそ科学的諸方法によって獲得された諸結果は、このような絶対的真理に達するとは主張しえない。それはこれらの諸結果が、みずからの領分において暫定的ないし不完全であろうからではない。そうではなくて、それはこれらの諸結果が、何か絶対的真理のようなものが可能であるような領分には属さないからである[32]。「この途によって得られた仮言的ないし条件的な諸結果は、内的検証の手段をもたないので、この次元に属するいかなる問題の解決をも与ええない。こうした諸結果は、どのようなものでありえようとも、反省的視点において立てられた諸々の問いには、言うなれば手をつけさえしないであろう[33]。」人間存在についての絶対的学の圏域が諸科学の圏域とは無関係であるということ、したがって前者が後者にまったく依存しないということが、かつてこれほど力強く言われたことはない。「真に第一なる哲学」は、存在することとあらわれることとが同一であるような現象学的所与だけに留めておかなければならない。そしてこのような同一化こそが、原理上、主観性の圏域において実現されているのである。[34] このような所与だけに留めておかなければ、ひとは哲学的パースペクティヴのなかで、このような所与を様々な超越的諸構築と混同し、あらゆる諸次元をごちゃ混ぜにし、したがって多くの偽問題を立て、最悪の不整合へと追い詰められるおそれがある。たとえば「あたかも私が、光の流れをそれ自身においては知らず、光の流れが網膜に伝える諸振動も知らないので、それらの諸結果を知覚することが私には不可能であるということに基づいて、諸々の色彩の実在的な知覚を否定するかのように。[35]」力、かくも「形而上学的」でかくも怪しげな実体（entité）たる力が、メーヌ・ド・ビランの哲学のなかに介入してくるのは、それが還元の扱いを受けたときでしかなく、「その概念がその究極度の単純性に、われわれにとってそれがそれでありうるものすべてに還元される」[36]ときでしかない。それこそが「諸力の非物質性」についてのビランのテーゼの意味であり、「絶対的な異他的な力」[37]についてのあらゆる可能な叡知概念の否定という、きわめて重要な観念の意味なのである。この観念はすでに、メーヌ・ド・ビランの思索が神秘主義および絶対的内在の哲学の方向へと向きを転じていることを示している。[5]

このような諸実例なら、無限に追うことができるだろう。なぜなら還元というこの思索運動は、メーヌ・ド・ビランのすべての諸分析の根源にあるのだから。しかしながらここでもまた、用語法には注意しなければならない。なぜならメーヌ・ド・ビランは、われわれが絶えず「絶対的」と呼んできたものを「相対的」と呼び、反対に、まさしく還元の一撃のもとに落ち、「可能的」「実体的」「存在論的」「抽象的」でしかないようなものを、「絶対的」と呼んでいるからである。力および能動性の観念について語りつつ、

『試論』は、この観念が「心理学もしくはわれわれ自身についての学の原理」を提供しうるのは、この観念が「絶対的なものとして考えられる以前に相対的なものとして考えられる[38]」ときであると言う。このように、還元によって確実性の根源的な圏域へ回帰することによってこそ、学は真の基盤の上に建てられることができよう。真の基盤は叡知概念ではなくて、実存それ自身であろう。「私にとって、存在論的ないし抽象的ではなくて、実在的もしくは感じられた実存、そのような実存そのものと同一視された学の根源があるのは、そこにおいて〔つまり自我が《顕在的》な力であって、もはや《潜在的》な力ではないとき、エゴの顕在性において〕であり、そこにおいてのみである[39]。」そして他方、諸能力についての学およびすべての絶対的な学のこの現象学的な根拠は、「形而上学の真の対象[40]」となるだろう。「形而上学の真の対象」は、超越的諸構築の総体によって構成されるのをやめて、反対に確実な学として、心理学それ自身と同一視される。「まったく心理学的な領野のうちにこのように画定された形而上学に対しては、ひとはその対象の実在性および確実性を、あるいはその対象の明証性そのものを否認しえないであろう。それこそがまさしく、ひとつの積極的な学であり、相互に結ばれた内感の諸事実についての、またそれ自身によって明証的な第一の事実に結びついた内感の諸事実についての、積極的な学であろう。それ自身によって明証的な第一の事実は、この学の基盤として役立つであろう。（中略）まったく抽象的な形而上学の実在性を攻撃する（中略）諸々の異議は、この学には達しえない[41]。というのもこの学が提起する諸々の問いは、けっして内的諸事実の枠外には出ないであろうからである。」ビランにとって、真の形而上学とはひとつの心理学である。しかしながら彼の思索は、心理主義に陥ってはいない[42]。なんとなれば彼の思索が奨励する心理学とは、じつは必当然的確実性という性格を備えた絶対的学たる、ひとつの超越論的現象学だからである。あらゆる形而上学が彫琢する存在論に関していうならば、それはもはや、「まったく心理学的な」

——すなわち現象学的な——「領野に画定された」形而上学の場合には、現象学的存在論以外の何ものでもないのである。

したがってメーヌ・ド・ビランのような哲学者が、「心理学の諸基礎」についての探求ということで何を理解しえていたかが、理解される。学としての心理学は、或る根拠を要求する。この根拠を提供するのは、超越論的内的諸経験が遂行される圏域たる実存の圏域、還元によってわれわれが連れ戻された絶対確実性の圏域である。しかしその内容からすれば、心理学はむしろ一定数の諸陳述および諸命題によって、すなわち一連の諸判断によって構成されており、それらの諸判断の総体がまさしく、ひとつの学を形成しているのである。そこでビランのテーゼは、心理学の諸判断は根拠づけられた諸判断である、もしくは彼の言うように、「直観的諸判断」であると主張することに帰着する。「直観的諸判断」という表現は、判断は判断以前にあるもっと原初的な何かに依存するということを、よく示している。この先行する何かは、完全に自足し、自らを完成するために自らを表現してくれる判断が介入することを決して要求せず[43]、それゆえ絶対に具体的なものである。そしてこの先行する何かとは、「直接的直観」ないし「内的覚知」、すなわち超越論的内的経験なのである。心理学の基礎に関わる問いがまさに、「直接的内的覚知は存在するか」という『試論』の立てた問いであったことが、そこから分かる。

心理学全体がコギトをめぐって建設されることになるが、ビランの思索における直観的判断の本性は、コギトに関する次のようなテキストから出発して、明晰に理解される。「私は考える、私は自我として存在するというこの命題が、私、考える、存在するという、これらの分離した諸記号によって表現されうる以前に、自我の存在は、内的覚知もしくは直接的直観によって与えられている。思惟と存在とを自我という主体の本質の不可分の諸属性として結び付けている知的作用は、ひとつの直観的判断である。直観的判断は諸記号に依拠する。直観は諸記号に依存しない。[44]」コギトをめぐる果てしない諸議論は、じつは直観的判断に、つまりは述定的形式に関わるのみなのであって、この述定的形式は主語と述語との関係のなかで、それ自身が設けた分裂を克服する。しかし直観は、すなわち超越論的内的経験は、このような分裂を知らない。それは述定的判断ならびに述定的生一般からは独立しており、原理上あらゆる議論、あらゆる推論、あらゆる批判を免れている。しかしながら直観的諸判断は、或る確実性を含んでいる。この確実性は「原初的事実」がもつ絶対確実性の反映のようなものであって、直観的諸判断はこの原初的事実に基づいているのである。「心理学的公理」であるかぎりでのコギトは、直観的諸判断のうちの第一のものだが、これらの直観的諸判断の総体が、その内容がビランの『試論』の内容と一体であるような、合理的心理学を構成している。これらの諸判断は、ほんらいの意味での演繹の糸によって、相互に結び付けられているわけではない。そうではなくて、各々の判断は、言わば直接的に根拠づけられているのである。したがって各々の判断の真理は、もはや根源的真理ではないにしても、それでも記憶の諸変遷を免れている。「私は直観的諸判断の系列を［無際限に］延ばしてゆくことができようが（中略）、直観的諸判断は同じ意識の事実の、異なる多くの諸表現なのである。[45]」「人格的存在についての最初の直観的判断」、つまりコギトは、しかし、たんに「反省的判断[46]」であるのみではない。この反省的判断は、心理学者の特権ではない。それは自然言語において自発的に自然的生を表現するひとつの自然的判断であり、「われわれの実存と同じくらい古くからある判断[47]」なのである。

第二節　諸カテゴリーの超越論的演繹

われわれは、力、原因、実体、一性、同一性、人格、自由といった諸観念を、「諸カテゴリー」と呼ぶ。メーヌ・ド・ビランはこれらを、「第一の諸概念」「反省的抽象的諸観念」「諸原理」「根源的諸観念」といった言葉で、そして恐らくは「諸能力」という言葉でも指し示している。じっさい諸能力についての学たる主観的イデオロジーは、諸カテゴリーについての研究と同様に、想像力、記憶、判断、推論などといった諸概念についての研究をも含んでいる[48]。そのうえ、このようにして「能力」という名辞の正確な外延に関して混乱の生ずるおそれがあるとしても、このような混乱は重要ではない。このような混乱はむしろ、有意義であろう。なぜならメーヌ・ド・ビランにおいては、諸カテゴリーについての理論は狭義の諸能力についての理論と厳密に平行しており、後者同様、あらゆる諸観念——諸能力もしくは諸カテゴリー——が発源する圏域、絶対的主観性のそれである圏域を、明るみにもたらすことに帰着するからである。諸カテゴリーを演繹することは、じっさい、メーヌ・ド・ビランにとっては次のことを意味する。すなわち、諸カテゴリーが本来の意味での諸観念の形式のもとにわれわれに現われるような存在様式があるが、諸カテゴリーはそのような存在様式に先立つ或るひとつの存在様式を持っているということ、そしていっそう根源的なこの存在様式のうちにこそ、諸カテゴリーはその根拠を見出すのだということである。したがって諸カテゴリーについての理論を理解することとは、まずもって根源的にカテゴリーの存在様式であるようなこの存在様式のために或るステイタスをわれわれに提供してくれるような哲学を、所有することなのである。

この存在様式は、絶対的内在の圏域としての主観性である。超越論的内在の観念のみが、メーヌ・ド・ビランにとってカテゴリーが何であるべきなのかを、われわれに理解させてくれる。それは、「感じられず、想定されたひとつの活動」[49]ではなくて、反対に、何か超越論的内的経験のようなものなのである。このように、諸カテゴリーの問題は主観性のステイタスの問題と直接連帯しているので、ビラニスムがまず主観性の存在論であるからこそ、それは諸カテゴリーの問題にひとつの解決を、カントの理論の注目すべき補完者となる解決をもたらしえたのである。主観が「それ固有の諸能力のいずれをも、知ることなしには行使しえず、行使することなしには知ることができない」[50]からこそ、「主観は諸カテゴリーを知っている」と言うことが正しくなるのである。この命題は、カント哲学では脈絡を欠いたままである。必要なのは、経験の可能性のアプリオリな諸条件の総体が、もはや不確定の領域のなかを、ほとんどプラトン的な天空の超越のなかを漂うことのないように、「超越論的」という言葉にラディカルに内在的な意義を与えることなのであった。経験を可能ならしめるものは、たんに哲学的知性を満足させるために必要なものとして立てられるだけであってはならず、「想定された活動」であってはならない。このような活動が「感じられる」と言うことは、このような活動が忌避しえないひとつの所与として、ひとつの経験として現象学的に存在すると言うこと、あるいはメーヌ・ド・ビランの諸術語に従うなら、「思弁的心理学は（中略）同時に実践的である」[51]と言うことである。そしてビランの諸カテゴリー演繹が真に超越論的であるからこそ、すなわち絶対的内在の圏域に支えられているからこそ、それは本当は演繹ではなくて、いずれ見るように、それはむしろエゴの現象学的諸性格のたんなる読解なのである。同じくこの理由によって、各々のカテゴリーの演繹は独立していて、エゴに直接関わっている。それは、合理的心理学の各々の直観的判断が、それに対応する直観に直接基づいているのと、同じようにしてである。

かくしてわれわれは、「内的覚知と根源的諸観念との関係」についての最初の説明を提示したことになる。この提示の言葉は、『試論』のひとつのセクション〔第一部第二篇第四章〕の表題を成し、ビランの独創性をよく示している。そしてその独創性とは、諸カテゴリーの問題を、精神や理性の問題にではなくて、主観性の問題に結び付けたことなのである。「絶対的なものから出発するやいなや、もはや基盤がない。ひとは経験の外にいる」[52]と『試論』は言う。ビランの諸カテゴリー演繹が、内在の圏域への還元であるという、このような意義を受け取らねばならないことは、以下が示すところでもある。すなわち、(a)ビランが自らの思索をそれとの関係において定義しているところの、様々な諸哲学に対して向けられたビランの批判。(b)ビランにおける主要な諸カテゴリーの演繹の呈示。

(a)ビランの批判は、同時に経験論にも合理主義にも向けられている。われわれはこの二重の批判の論拠を、図式的な仕方で呈示しようと思う。問題は諸カテゴリーの存在を定義すること、すなわち諸カテゴリーの本性と諸カテゴリーが属する領域とを定義することである。経験論はひとつの存在論的領域しか、つまり超越的で感性的な存在の領域しか知らない。このような領域には、自然的諸現象の意味での諸事実しか存在しない。それゆえ諸カテゴリーにとって固有の領域は存在せず、諸カテゴリーとは「諸感覚の抽象的諸様態の諸集合でしかないかぎりでの、また比較されたこれら諸感覚の本性に依存するかぎりでの、まったく人為的な諸々のクラスないし類の諸観念」[53]以外の何ものでもないということになる。このような諸観念がどれほど抽象的でありえようとも、感性的所与から出発してそれらを抽象するのがまさしくどのような力能であるのかを、なお理解しなければならない。たとえばヒュームが感情に訴えるのは[8]、主観性への訴えの偽装でしかない[54]。経験論はたしかに、主観性についての理論を与えることがまったくできない。というのも、経験論は存在論的一元論であり、それは一種類の経験と一種類の明証性しか知らないと主張するからである。「観念学派の人たちは[55]」とビランは言う、「すべて表象的感覚に関わる一種類の経験しか認めずに、物理的でないものすべての実在性を絶対に否定する。[56]」ほかの所ではビランは、「ひとはもっぱらあらゆる明晰性もしくは明証性の原型を、外的な諸イマージュのうちにのみ取っている[57]」と述べている。メーヌ・ド・ビランが経験論を拒絶し、同時にまた合理主義を拒絶するのは、経験論が世界についてのわれわれの経験や、この経験によって含意されている諸観念を説明しえないからではなくて、経験論がこのような経験形式しか知らないからである。

二種類の観念がある、とビランは言う。［一方は］抽象的、一般的諸観念で、それらはしかじかの感性的諸性質ないし感性的諸変様を比較することによって形成され、論理的で、必然的に集合的な諸抽象態である。他方は反省的・抽象的諸観念で、それらは外延が増大するからといって貧しくなるわけではなく、つねに普遍的で単純であり、それだけで固有の実在的な価値を享受する。問題はまさしく、これらの「反省的・抽象的諸観念」のステイタスのそれであり、反省的・抽象的諸観念とは、諸カテゴリー以外の何ものでもない。ところで、ビランの批判の最後には、合理主義がこれらの諸カテゴリーにいかなる特定の十分なステイタスをも授けえないことが、あらわとなろう。なぜなら経験論と同様、合理主義も主観性の存在論を所有していないからであり、かくして、厳密な仕方で「生得諸観念」やアプリオリの存在様式を規定する瞬間がやって来るときには、合理主義はまったく貧しいことが分かるからである。合理主義に対しては、あらゆる認識は経験から派生する、と言わなければならない。なぜなら経験の可能性の条件はそれ自身、ひとつの経験だからである。ビランにとってカテゴリーがまさしく、たしかに特殊な経験ではあっても、ひとつの経験であったからこそ、ビランはひとつの絶対に独自な存在論的領域を画定しえたのである。この領域は、あらゆる経験の源泉ではあっても、それでもやはり現象学的に与えられ、知られるのであった。

したがって、経験論と合理主義とは同時に裁かれていたわけである。「なぜ形而上学者たちは、原因、実体、一性、同一性等といった第一の主導的な諸概念がアプリオリに魂のなかにあり」、そして「経験から独立している、もしくは経験以前にあると主張し、他方ほかの人たちは、こうした諸概念が外的経験によって与えられた諸事実の、すなわち諸感覚そのものの一般化ないし抽象によって導出されることを欲しているのか。（中略）それは、このような諸概念はその実在的な源泉においては、原初的諸事実と同一視されるのだが、そのような原初的諸事実の性格や本性を誤認し、それらを言語諸記号の反復的使用によって高められる程度の一般化において理解することによって、彼らが、諸事実であるというそれらの最初の性格を、認めることができないからである。[58]」すでに『思惟の分析』の一節は、「悟性のすべての諸能力を諸形式もしくは論理的諸カテゴリーに還元する」学説と、「ひとつの同じ変形された感覚から抽象された諸性格しかそこに見ない学説[59]」とのあいだに、明示的な対照を確立していた。ライプニッツとコンディヤックが同じ批判の一撃のもとに倒されていたわけなのだが、その批判の意味とは、主観性の存在論を要求することとなのである。

このような存在論が不在であれば、カテゴリーはもはやひとつの抽象的な項でしかありえない。経験論においては文字どおり、カテゴリーはそのようなものである。しかしおそらくは合理主義においても、カテゴリーはそのようなものである。つまりそれは、経験を綜合する責務を負った、経験の可能性の条件なのである。カテゴリーは、或る内在的な理論において理解されるのでなければ、任意の他の超越的項＝Xに類比的な、ひとつの超越的項＝Xになってしまう。なるほどひとは、カテゴリーを認める必要性を示すことはできる。しかしそのようにして構築されたのは、ひとつの説明仮説でしかない。ひとは主観性の圏域たる確実性の圏域の外に出てしまい、その内容が現象学的還元の一撃のもとに墜ちざるをえないような認識についての諸理論を建設しているのである。ひとはまだ、認識の超越論的現象学というものが充たさなければならない諸条件を、意識していない。その結果、経験論的な方法と反省的な方法とのあいだには、本質的な差異はないということになってしまう。経験論的方法は感性的経験から、抽象によって諸カテゴリーを引き出す。反省的方法はこの同じ諸カテゴリーを、或る精神＝Xのうちに実現するだけにとどめているのだが、反省的方法もまたこれらの諸カテゴリーを、感性的経験を説明するために要請されるものとして、いわば感性的経験のうちに読み取ることによって認識することを学んだのである。

　この点でビランの考えがまさしく以上のようなものであるということは、『思惟の分析』の以下の二つのテキストを対照すれば分かるだろう。これらのテキストは、一方は経験論的方法について、他方は合理主義がじっさいに訴えている方法について扱っている。「ベーコンは（中略）知性の或る実効的な諸産物のあいだの実在的な区別から、それらの諸産物を形成するとみなされていた諸能力もしくは諸権能の仮定的な区分へと遡った。かくして百科全書的な秩序が魂の諸能力の実在的でアプリオリな区分に属するのではなくて（中略）反対に、後者の区分がアポステリオリに、百科全書的秩序それ自身にしたがって、慣習的に確立されたのである。」[60]「これらの諸視点[61]においてなされうるようなあらゆる形而上学的な諸区別ないし諸詳述は、それゆえ、諸々の可能的なものの抽象的世界にしか関わらない。このような抽象的世界においては、学が実存そのもの以前に置かれている。しかし、こうした形而上学的な諸区別や諸詳述を諸実在の世界に結び付けようとするやいなや、それらはこの世界では適用先を失う。そしてそれらの作者たちは、経験の最初の所与に帰っても、このうえなく古い諸習慣から帰結するがままにこれらの所与を用いざるをえず、そこから先に遡ることができないことが分かるのである。かくして形而上学は、経験に諸法則を与えることによって経験を裁く権利をわがものにすると主張しておきながら、反対に自らの諸法則を受け取り、自らの諸慣習に屈し、自らの諸慣習を修正するというよりもむしろ、自らの諸慣習を裁可しているのである。(62)」

反対にメーヌ・ド・ビランがわれわれに要求するのは、学知を実存と同一視することであり、すでにして実存がひとつの学知であるということ、それも不完全で暫定的な学知ではなくて、あらゆる学知の根源であり、真理の根源であるということを理解することなのである。経験の源泉が経験の背後に位置しているのではなくて、経験が経験それ自身の根源なのである。ビランがデカルト、ライプニッツ、カントに向ける非難とは、彼らにおいては「すべての実在の源泉が、あらゆる意識の外に実在化されている」ということである。それゆえにこそライプニッツにおいては、形而上学的諸命題の分析が諸方程式を解く幾何学的方法と同一なのであり、カント哲学においては、諸カテゴリーを明るみに出す過程のうちに或る媒介が介入してこなければならず、諸カテゴリーはほとんど認識されるのではなくて、むしろ間接的な仕方で措定されているのである。(63)主観性の存在論が欠けているために、諸カテゴリーは「あらゆる経験の上に高められたこの領域のうち」を漂うことしかできず、したがって、もし合理主義に対して最終的に或る批判が向けられなければならないとするなら、それはまさしく以下のような批判となる。「魂はまさしく反省的諸作用を行い、魂それ自身のうちにあるものを見る力能を有している。それどころか魂は、魂のうちにのみ存在するいくつかの諸形式ないし諸観念を手段としてしか、外にあるものを見ない。それなのにこれらの諸形式ないし諸観念についての直接的ないし顕在的な覚知が存在せず、魂はそれらを、諸事物の直観においてしか捉えることができない。(64)」明らかにこのテキストはライプニッツを念頭に置いているのだが、しかしわれわれの眼には、それは一般的でほんらい無限の意義を帯びてくる。なぜならこのテキストは、いかにしてビラン哲学の深い要求が、まさしく認識の超越論的現象学を構成する要求であり、そして認識の超越論的現象学のほうは今度は主観性の存在論にしか依存しえないのかということを、あざやかに示しているからである。近世哲学の様々な諸体系に向けたばかりの批判の意味を自ら要約しつつ、ビランは以下の言葉で自らの考えを言い表わしている。「ここで問題なのは、精神が事実の諸限界を超えていくつかの逸脱を行うとき、これらの諸体系が持っていた起源を示すことだけだった。事実のみが学に、実在的な基盤を与えうるのである。[65]」

この議論全体の中心にある問題は、アプリオリの問題である。ビランのテキストでは、アプリオリという術語は軽蔑的な意義を有している。それは、われわれが註釈した絶対的という術語と等義である。形而上学について語りつつ、『試論』の最初の附論のなかで、ビランは「ひとは魂の実体についての、あるいはすべての絶対的でアプリオリな原理についての学として、形而上学の対象の実在性を高らかに、アプリオリに攻撃することができる[66]」と述べている。アプリオリ［という語］は、「絶対的なものへの傾向」のせいで「あらゆる可能的観察の外に」「あらゆる経験の上に高められたこの領域のうちに」立てられ実現されるものを指し示している。その場合、アプリオリについてのビランの批判は、何を意味しているのだろうか。本質的には批判は、われわれの経験の根源に或る超越的項＝Xを認めることに対して向けられている。おそらくわれわれの経験の根源にあるものは、われわれの経験の内容でも対象でもありえない。というのも、この内容もしくはこの対象は或る可能性の条件を想定しており、この条件がまさしくアプリオリそれ自身だからである。しかし他方、もしアプリオリが（たとえば経験の可能性を説明するために）われわれが措定する何かであるなら、今度はアプリオリがひとつの超越的項となって、もはや如何にしても、それに期待されていた諸奉仕をなしえないということになってしまう。経験は、経験を可能ならしめるアプリオリなしには考えられえないが、しかしこのアプリオリが経験をわれわれに近づけるようになしうるのは、ただアプリオリがわれわれ自身の内部に位置して、われわれの志向性の存在そのものと一体となっている場合だけである。告訴されているのはアプリオリの観念ではなくて、アプリオリの現象学的なステイタスなのである。つまりビランの批判は、アプリオリは、知られようが知られまいが、われわれの前または背後に位置するひとつの超越的項などではありえず、反対にアプリオリは絶対的内在の圏域に属すのだ、と言うことに帰着するのである。

主観性の存在論の内部で解釈されるなら、したがってそれ自身の内的諸要請に照らして理解されるなら、アプリオリの観念は、結局はビラニスムのなかに迎え入れられることになる。そのことは、次の一節においても分かる。この一節は、合理的心理学の直観的諸判断を扱うようにして綜合的諸判断について扱いつつ、テキスト的にはこう言明している。「これらの綜合的諸判断はアプリオリである、と言うこともできよう。それは、これらがあらゆる経験から独立しているからではなくて、これらが実存の原初的事実から直接的に流出しているからである(67)。」それどころか、「実存の原初的事実」と関係づけられるならば、すなわち、ついにはその真の場所に位置づけられるならば、アプリオリはわれわれに、実存がひとつの学知でありうることを、そしてエゴの存在がひとつの根源的な知のうちに存することを理解させてくれる、唯一のものなのである。生得性を斥けたあとで、「生得的な何かを想定することは、分析の死である(68)」――そのことによって意味されているのは、諸事物の根源にそれ自身においては知られない或る超越的な項を原理として認めることは、精神とか物質とか、ひとがそれに与えたがる名前がどのようなものであれ、デウス・エクス・マーキナー［機械仕掛けの神］に訴えることでしかない、ということである――と言明したあとで、ビランは生得性に還元の扱いを施し、その真の意味を備えた内在の圏域のうちに、つまり彼にとっては究極の実在、現象学的超越論的エゴであるところのものの中心に、ふたたび生得性を見出す。そしてそのときにこそ、ひとつの無限なる問いが提起される。この問いは、もしわれわれがそれを迎え入れる手段を持っているなら、自己性の本質そのものを観想することができるような領域のうちへと、われわれを導いてくれることであろう。その問いとは、「もし自我がそれ自身に生得的でないなら、何が生得的でありうるだろうか(69)」、これである。

(b) 諸カテゴリーの演繹は、ビラニスムにおいては、他のいかなる哲学においても相等するもののない、まったく特殊な意義を帯びている。或るカテゴリーを演繹すること、それはわれわれの見たように、カテゴリーのステイタスを現象学的存在論のなかで規定することであり、根源においてカテゴリーの存在様式であるような存在様式を明るみにもたらすことである。それはカテゴリーを経験の可能性の条件として認める必然性について、あれこれ言うことではない。たしかにカテゴリーは、自らを経験の可能性の条件として顕示するであろう。しかしそれはまったく別の意味において、つまり主観性がなければわれわれにとって世界も経験もない、と言って正しいような意味においてであろう。このようにカテゴリーは、根源的真理それ自身である。そしてこの真理は、あらゆる経験の可能性の条件であり、根源的・存在論的な可能性なのである。しかしこの根源的・存在論的可能性はそれ自身、けっして「可能的」なものではない。それは反対にひとつの事実であり、それは与えられ、それはひとつの超越論的内的経験なのである。存在論的可能性は主観性である。したがってそれは、演繹されるものではなくて、自らの圏域たる独自の存在圏域のなかでたんに読み取られ、認識されるべきものなのである。演繹とは、じつはひとつの還元である。カテゴリーを演繹することとは、カテゴリーの存在をカテゴリーが根源的にそれであるところのものへと、そして今度は「それ以上」還元不可能な仕方でそれであるところのものへと、還元することなのである。

演繹されてしまう以前には——すなわちその存在が還元されてしまう以前には——カテゴリーは事物のカテゴリーであり、それは超越的存在のエレメント［＝境位］において、この存在の一性格として現われる。しかしながらカテゴリーは、このような状況において、根源的に自らのものではないようなステイタスを具えて維持されるなどということはできない。カテゴリーはまさしく、演繹されなければならないであろう。すなわちカテゴリーの存在が変容されて、超越的なものの圏域から内在および主観性の圏域へと移行するであろうような、そのような還元が介入しなければならないであろう。因果性を例に取ってみよう。それはまず、事物の因果性であり、事物のなかの因果性である。しかし事物は空間的で感性的な一規定でしかないから、事物のうちには因果性のための場所はなく、かくして因果性は事物の背後に隠された、或るひとつの昏《くら》い力でしかないということになる。知られざる作因によってこのように動かされる事物は、魔術的な仕方で行動することになる。たしかにひとはこのような行動を、その可視的で客観的な諸性格へと還元しようと努力することはできる。しかし、だからといってひとは原因の観念をまったく追い払ってしまうことに成功したわけではなく、原因の観念は哲学の悔いのようなものとして、残ってしまうのである。経験論や実証主義が遂行する現象学的還元は、超越的存在の次元という自らの次元においては正しい。この還元が示すのは、このような次元においては因果性の観念のための場所がないということ、そしてその場合この観念が引き起こしうるすべての諸表象は、昏い諸力や魔術的な諸権能という幻想的な諸表象でしかありえないということである。因果性の観念は、メーヌ・ド・ビランのように語るなら、外的諸現象がそのもとに表象されるような感性的諸観念のいずれとも、等質ではないのである。ところで、「このような等質性の欠如は、何に由来するのか。（中略）なぜ産出力ないし実効因（cause efficiente）の存在が、かくも執拗にわれわれの精神に呈示されるのか。(中略)他方では、この原因は想像力のまなざしにはどこまでも覆い隠されたままであり、われわれにはその顔やその働き方を永遠に隠しているというのに。[70]」因果性の観念の起源の問題は、ひとつの存在論的な問題である。もし因果性の観念が超越的存在の圏域からは発源しないというのであれば、この観念およびこの観念の起源を説明するためには、別の存在領域を明るみにもたらさなければならない。つまり、たとえば因果性の根源的存在を迎え入れることのできるような、或るひとつの存在論を手中に収めていなければならない。諸カテゴリーの演繹は、主観性の存在論の内部でしか、可能ではないのである。

このような存在論が不在であるならば、超越的存在だけに自らを限定している諸哲学——あたかも超越的存在の可能性およびその根拠についての問題が提起されることもないまま、超越的存在が自足しえているかのように——の批判は、十分に展開されえないであろう。たとえばひとは、感性的直観の多様がひとつの意識へと結合されうるのは、それが因果性のカテゴリーの作用に従う場合のみであることを示すであろう。したがって因果性のカテゴリーは、それなしにはわれわれにとって可能的世界が存在しないであろうようなひとつの条件として現われるであろう[9]。しかし因果性の観念が人間的世界の構成に、人間的経験の存在に不可欠であるということからは、人間がこのような観念を所有しているということは、けっして帰結しない。因果性を経験のアプリオリな条件として立てることは、まだこの観念の起源を提供することではない。もし世界が因果性のカテゴリーに従っているならば、われわれにとって世界が存在する。しかし、われわれがまさしく因果性のようなカテゴリーを意のままにするのは、どうしてなのか。われわれがこの観念を感性的直観の多様から引き出すのでないからには、われわれはどこからこの観念を引き出すのか。この観念は他所に由来し、それはアプリオリである。しかしこの「他所」とは、どのような所なのか。

ひとつの世界がわれわれにとって存在しうるために、どのような神秘によってわれわれはこのアプリオリを意のままにするというのか。そしてひとつの世界がわれわれにとって可能であるのは、それが因果性のカテゴリーに従う場合のみである、ということを示す企投をわれわれが形成しうるためには、われわれはすでに本質的なものを、すなわちこのカテゴリーそれ自身とその観念とを、所有しているのでなければならないのではないか。

それゆえ諸カテゴリーの真の演繹の努力をまず方向づけなければならないのは、因果性観念の起源の問題なのであって、経験の普遍的条件としてのこの観念の反省的含意の問題ではない。このような「因果性観念の起源の」問題の内的諸要請を充たしてしまわないかぎりは、ひとは最悪の諸困難にぶつかるであろう。経験の世界は、事実上、存在する。たしかにそれは、ひとつの実在的世界ではある。しかし経験の世界を可能ならしめるものもまた、やはり実在的であるのでなければならない。そうでなければ、今度は経験の世界が実在的であることをやめて、たんに可能的なものとなってしまうであろう。経験の条件と経験とは双方とも可能的である、そしてその場合、まだ何も存在しない。あるいはそれとも、経験の条件と経験とは双方とも実在的である、そしてその場合にのみ、ひとつの人間的経験とひとつの人間的世界とが存在する。しかし、ただ世界の実在性のみを出発点として、その可能性の条件を可能的なもののうちに立てることは、できないのである。しかしながら、たとえそのようにふるまうことが許されていると思い込んでいたとしてさえ、ひとはこの可能性の条件一般を規定するいかなる手段も有してはいないことになろう。可能性の条件一般の存在は、実在的なものの外のどこかに漂い、それがどこにあるのかをうまく言うことができないであろう。ひとは可能性の条件一般に名を与えて、例えばそれを因果性と呼ぶいかなる手段も、持ちあわせてはいないであろう。本当のところ、因果性を知るのは因果性なのである。そしてもしわれわれが、抽象によって因果性の観念を形成するために経験的諸判断に訴えるにはおよばず、他方、演繹はあらゆる手引きなしに済ませるのだとすれば、それは因果性が、他のすべての諸カテゴリーと同様、「それ自身と直接的な認識関係のうちにある思惟し行為する存在を構成する、いっそう内密な諸事実の次元[71]」に属すからであり、諸カテゴリーの問題は主観性の存在論のうちにしか解決を見出せないからである。因果性について明示的に扱っている或るテキスト[72]のなかで、メーヌ・ド・ビランはこう言明している。「アプリオリな諸概念の神秘全体が、内的経験の松明を前にして消失する。内的経験はわれわれに、原因の観念はその原初的で唯一の原型を努力の感情と同一視された自我の感情のうちに持つことを、教えてくれる。」メーヌ・ド・ビランは主観性の存在をエゴの存在と同一視するので、諸カテゴリーの演繹は同時に、絶対的存在としてのエゴに到達する。諸カテゴリーは究極的には、この絶対的存在としてのエゴから発源するのである。

そのうえもし、このような還元の運動の結果、世界がカッコに入れられたり、世界から諸カテゴリーの作用が取り上げられたりするのでないとするなら――このような帰結ならばビラニスムへの反論たりえよう、というのも、われわれの示したように、世界には諸カテゴリーの存在のための場所がないからである――それは、世界とはエゴによって生きられた世界であって、エゴから切り離された世界ではないからであり、したがって死せる世界というものもまた存在せず、世界はひとつの生を、つまり、まさしくエゴが世界に貸し与えている生を有しているからである。世界の生は、エゴの生である。したがって、世界とは諸々の原因、諸々の力が交錯する世界である。世界とは、利害関心の、牽引や反発の諸中心であるような、諸々の強点や弱点であるような諸地帯を伴った世界であり、私が誤認することも、必ずしもつねに刃向かうこともできない作用・反作用の単位、力能、権能を有するような諸地帯を伴った世界である。世界とは、私の因果性が浸透した世界であり、私の因果性は、世界が私の因果性に呈する拒絶のうちにいたるまで、世界が私の因果性に対置する抵抗のうちにいたるまで、世界を支配しているのである。諸事物はそれらのカテゴリー、それらの働き方、すなわちそれらが自らをわれわれに与える仕方を、それらがエゴにとって存在する仕方を有している。エゴが因果性、力、一性、同一性、自由であるからこそ、諸事物は諸実在のようなもの、諸個体性のようなものなのであり、また諸事物は、それらに固有に属し、われわれの眼にはそれらを定義しているような、一箇の自律的な力能のようなものを有しているのである。私が同じものであるから、世界は同じものなのである。世界の魔術的な存在は、結局のところ還元不可能である。なぜなら世界は、ひとつの人間的世界だからである。科学の世界、諸原因を欠くような世界は、一箇の抽象的な世界でしかない。純粋に科学的な世界など、存在しない。なぜならそのような世界は、ついには無以外の何ものでもないであろうからである。実証主義の世界は表面的な世界であり、けっして人間を触発しえず、最小の悪さえ人間になしえないような諸イマージュの行列であり、人間とは無関係の世界である。しかしながらもしこのような世界が、貧血し、憔悴したかのごときその実在のなかで、なお存続しているのだとすれば、それは、このような世界がなおそれ自身のうちに、自分では説明できず、エゴの諸力能に関わるような何かを、隠し持っているからである。重力の真理、すなわち厳密に科学的な視点の内部においてさえ重力について語ることを私に許しているものとは、私も落ちうるということであり、地面との接触が私を襲う一撃のようなものであろうということである。それに、如何にして実証主義が、あるいは任意の科学理論が、このような接触、すなわちエゴへの世界の現前を、説明しうるというのか。この現前は或る超越論的な関係に基づいており、この現前がわれわれに引き渡す世界は、まずもってひとつの科学的構造であるわけではない。科学的諸関係は他の諸関係に基づいており、後者が組成する原初的世界は人間たちの世界なのである。コスモス〔宇宙〕とは諸元素（éléments）の総体、つまり諸事物がわれわれにとって根源的にそれであるようなものの総体である。水を水たらしめているものとは、私がそれを指のあいだに留めておくことができず、そしてもし私がそのなかに身を浸けるなら、私はそのなかに沈み、適切な技術がなければそこで身を滅ぼす危険がある、ということである。私にとって液体的環境が意味するのは、固体性の支配の終焉であり、大地やあらゆる固定的な支点の不在である。海を観照する喜びには、密やかな不安がないわけではない。万物はその存在の核心に、人間的運命のイマージュを宿し、世界は私の生であるひとつの生によって貫かれている。私は世界の生なのである。

諸カテゴリーについての主観的な理論を与え、主観性とエゴとを同一視することによって、メーヌ・ド・ビランは、例えば科学や合理的言語や論理学の構成のうちにしか介入してこないような反省的思惟の諸規則として諸カテゴリーを理解するような、そのようなカテゴリー解釈を一切禁じていた。諸カテゴリーはエゴの諸力能である。それらは生の基本的諸様態であり、実存の第一の諸規定なのである。それゆえ因果性、一性、力などの諸観念について語られるときには、気をつけなければならない。なぜならそのことによっては、まったく異なる二つのことが理解されうるからである。まずそれは、そこにおいて因果性が思惟の主題となるような因果性観念である。われわれは、海やプロレタリアートや国家についての観念を形成しうるように、因果性観念を形成する。われわれはこの観念を有しており、われわれは、例えば二つの現象間に因果関係を確立し、徐々にひとつの学を構成するために、この観念を利用する。このような因果性観念は、たしかに存在する。しかし、われわれがこの観念を因果性のカテゴリーと混同しうるどころか、この観念はこのカテゴリーに基づいているだけである。カテゴリーはといえば、それは観念などではまったくなくて、それは世界を生きるひとつの仕方であり、自然的生のひとつの構造である。それゆえビラニスムにおいては、諸カテゴリーについての理論はもはや、理性や悟性についての理論ではない。それは実存についての理論になったのである。しかし同時に、ビラニスムにとって実存とはエゴなのだから、エゴとは主観性なのだから、ビラニスムは主観性についての明示的な理論を与えているのだから、ビラニスムは、それ以後の多くの諸思想がこうむった座礁を、避けるべくあったのである。それ以後の多くの諸思想は、実存についての理論を、すなわち主観性の存在論を欠いているために、主知主義を逃れるという口実のもと、諸々の記述、諸々のたんなる示唆に訴えることしかできずに、ついには文学に陥ってしまう。実存のうちに沈潜しつつ、ビランの諸カテゴリー演繹は、存在の不特定の一領域——その不特定性そのものから自らのすべての魅力と力能とを引き出しているような領域——に訴えるのではなくて、絶対的実存の圏域に訴えるのである。この圏域は、特定の圏域である。なぜならそれは、超越論的内在の圏域だからである。

諸カテゴリーの演繹はこのように、或るひとつの領域に支えられている。ひとはこの領域が何であるかを知っている。なぜならそれは、あらゆる知の根源的な場だからである。各々のカテゴリーの演繹は、このような主観性の圏域に、すなわちエゴに連れ戻される。われわれは因果性に関して、如何にしてそれが観念としては、われわれの実存の存在そのものと一体になっているような根源的な力能から出発して演繹されるのかを示した。「力能についての感情ないし内的認識を否定することは、力能の存在全体を否定することである」[73]とメーヌ・ド・ビランは言う。力の観念の演繹は、どのような点にビランの演繹が存するのか、そして如何にして観念の存在がもっと根源的な何かから借りてこられているのかを、よく示している。このもっと根源的な何かとは、エゴの存在そのものである。「力の観念はじっさい、本源的には、努力する主体の意識のうちにしか捉えられえない。そして力の観念が意識の事実からまったく抽象され、外に移され、その自然的な基盤からまったく移動させられるときでさえ、それはその起源の刻印を、つねに保持している。[74]」自らが含んではいない起源、そのような起源の刻印を宿しているからこそ、すでに見たように、世界は魔術的な性格を有しているのである。この魔術的な性格が、世界をしてひとつの人間的な世界にしている。しかしそれはまず、世界がひとつの世界として、エゴの世界として存在することを許しているのである。

一性の観念と同一性の観念の演繹は、同じ意味を有している。「一、同のあらゆる観念は、本質的に原初的事実もしくは自我のうちに含まれて〔いる〕。この観念は原初的事実もしくは自我の、ひとつの形式なのである。[75]」対象の一性は派生的な一性であり、根源的一性はエゴの一性である。エゴの再生は、この再生のなかで一なるものとしての自己自身についての覚知と、一致するのである――エゴによるエゴの現象学的存在の一性についてのこのような覚知は、もちろん、エゴの存在そのものを構成するほどにも、絶対的内在の次元において遂行される。構成するというのは、超越的構成という通常の意味ではなくて、ラディカルに内在的な意味においてであるが。まさにこのようにして、エゴは超越論的現象学的な存在なのである。「自我は（中略）努力において、同じ、なる形式のもとに恒常的に自らを再生する、もしくは自らを覚知する。」世界の一性は、エゴの一性にしか基づきえない。「自我を取り除いてみよ。もはやどこにも一性は存在しない。[76]」自由に関しても、その観念はやはり派生される。このようにして世界は、エゴの諸力能を備給され、世界において支配しているカテゴリーは、真に主観性の領域という別の領域から出発して演繹されて、世界へと導かれる。この後者の領域のうちにこそ、根源的なカテゴリーが位置するのである。根源的なカテゴリーは、ほとんどまだ観念とも言えないほどである。「この観念は」とメーヌ・ド・ビランは自由に関して述べている、「じつは直接的感情でしかないのだから。[77]」このようにしてビラニスムは、諸カテゴリーについての、特殊的には自由についての、ひとつの内在的な理論をわれわれに与えてくれる。そのことによってビラニスムは、自由の場合、自由の観念に関係してはいるが、しかしエゴの存在をも、エゴの圏域たる無限で自由な実存の圏域をも巻き込みえない際限なき諸議論の山を、斥けることになるのである(78)。

諸カテゴリーについての内在的理論のみが、諸カテゴリーは本当はわれわれによって所有されているのだということ、われわれは諸カテゴリーを超越論的次元において根源的に認識し、再認することができるのだということ、したがってまたわれわれは諸事物を認識し、再認することができるのだということを、説明することができるのである。もしカテゴリーが内在的でないなら、われわれが諸事物を認識するのに、カテゴリーは何の役にも立たないことになろう。というのも、われわれはカテゴリーそれ自身を、直接的には認識しないことになろうからである。カテゴリーの内在の必然性を絶対的に理解したから、この内在をラディカルに解釈して、そのことによって認識の諸力能および経験の諸条件を具体的エゴの存在そのものとするにまで導かれたのだから、ビラニスムはたんに永遠の諸哲学の仲間入りをするだけではなく、永遠の諸哲学以上に前進し、根源的真理を実存として解釈するにまでいたるのである。

このあとで実体および必然性の諸カテゴリーについてメーヌ・ド・ビランが与えた演繹を理解することは、容易なことではない。というのも彼はこれらの諸カテゴリーに、もはや主観的エゴの根源的存在ではまったくなくて、超越的存在であるようなひとつの根拠、それどころかあらゆる超越的存在一般の根拠であるようなひとつの根拠を、割り当てているからである。なるほど実体の観念は、まずはエゴの実存の具体的一様態から、すなわち努力から演繹されているように思える。そしてその場合、実体の観念の起源は力の観念の起源と同じである。しかしわれわれは、実体の観念の起源は「混合的」であり、それはもはや努力においてではなく、努力に抵抗する項においても見出されうるということを、知らされている。そして実体の観念が最終的に演繹されるのは、エゴの一性からではなくて、「抵抗する連続体（continu résistant）」という「基体」からであるということが、ますます明らかとなってくる。デカルトのコギトに対して、またこのコギトの存在に与えられた実体という呼称に対して向けられた論争、実体論一般の廃棄、フィヒテやシェリングやトラシーのそれ[10]のような行為主義的な諸哲学への訴えが、このような運動を強調し、メーヌ・ド・ビランが実体をコギトの原初的事実に同化することを、一切禁じている。実体とコギトとはむしろ、世界の存在とエゴの存在とが対立するように対立する。実体の観念の起源、それは世界の他性である。あるいはむしろ、それはこの他性の根拠、すなわち世界を埋め尽くすであろうようなすべてのものがその上に建てられるところの、抵抗する項なのである。

　実体のカテゴリーにとって、超越的存在の圏域のうちにあってあらゆる超越的存在の根拠であるようなものを起源として認めるということは、たしかに主観性の超越論的圏域から派生する他の諸カテゴリーに対する劣等性のしるしではない。なぜならビラニスムにおいて、抵抗する連続体の存在は、主観性の、たとえば努力の確実性と同じ絶対確実性に属しているからである。世界は私自身の実存と同じくらい、確実なのである。たしかにビラニスムのなかには、或る現象学的還元[11]が存在している。しかしこの現象学的還元は、幾人かのフッサール註釈者たちにおいてそうであるように、世界の存在を問いに付すのではなくて、むしろこのような存在のうちにあって根源的で、真の確実性に属するものを、画定しようとするのである。ビラン哲学においてこのような役割を演じるのが、努力の項、すなわち抵抗する連続体なのである(79)。抵抗する連続体に支えられて感性界を構成する感性の諸様態――諸々の色彩、音、香など――のみが、還元の一撃のもとに墜ちる。他方、この抵抗する連続体は、努力へと還元されたエゴの純粋存在とまったく同様に、確実性の圏内にとどまる。原初的事実とは、じつは「原初的二元性（dualité primitive）[12]」なのであり、この二元性の両項は、等しく還元不可能な確実性に属しているのである。そしてメーヌ・ド・ビランが彼の「根源的諸観念」の根拠として、一方の項をも他方の項をも利用しようと考えることができたということ、また彼が実体および必然性の諸カテゴリーを、これら両項のうち、超越的であって世界の根拠であるような項に依拠せしめたということは、一見したかぎりでは理解できる。

実体のカテゴリーの演繹には、ビラニスムがもつ諸々の豊穣性のうちのひとつを明るみにもたらすという長所がある。つまり、ビラニスムのなかには一種の「存在論的証明」があって、それがわれわれに、超越的存在のただなかに絶対確実性を備えた一要素が現前することを、顕示しているのである。しかしながらこの要素の確実性の問題は、カテゴリーの起源の問題とは何の関係もない。いかにしてもカテゴリーその根拠を超越的存在のうちには見出しえないであろう。なぜなら、もしそうなら、われわれはカテゴリーが現われるとみなされる場を直観する手段を奪われ、したがって、カテゴリーはどこまでもわれわれには知られないままになろうからである。実体のカテゴリーを超越的存在のエレメントのうちに読み取るためには、すでにそのカテゴリーを所有しているのでなければならない。そのカテゴリーを認めるためだけでも。しかし、すでにそのカテゴリーを所有していなければならないと言うことは、カテゴリーの存在は超越論的内在一般の圏域に属すと言うことであり、また諸カテゴリーの演繹が哲学的意味を受け取りうるのは、演繹がこのような圏域への回帰というかたちでわれわれに呈示される場合のみであると言うことである。このような圏域が、何か絶対的始源のようなものが可能であるような、唯一の領域なのである。

ビランの演繹は、そこまではきわめて厳密であったのに、実体および必然性の諸カテゴリーに出会うときには、諸々の不確かさを証することになる。これらの不確かさは、或るひとつの問題に関する、より一般的な諸困難に結び付いている。この問題はカテゴリーの問題をはみ出し、ビラニスムのみならず、ほとんどすべての諸哲学が、この問題を全き存在論的昏さのうちに放置したのである。この問題、それは受動性の問題である。(80) この問題がビラニスムにおいて身にまとう特殊なアスペクトに立ち返る前に、われわれは、内在への還元がカテゴリーの問題についての『試論』の学説の本質的なものを表わしているということを既得事項として保持しつつ、身体の分析の哲学的諸前提についてのわれわれの研究を追い続けることにしよう。この視点は、次のことによって正当化されるだけではない。次のこととは、根源的諸観念の準‐全体の演繹に関する限り、この視点がビランの視点であり、そのうえビランは彼自身、必然性の観念についての彼の演繹の不十分さを予感していたということ、そして正確に解釈されるならば、実体のカテゴリーの演繹は、他の諸カテゴリーの演繹と同じ意味をもつということである。それだけではなくて、ビラン存在論の深い統一性と、特に彼の身体論の前奏たる彼のエゴ論とを理解しようと欲するなら、この視点を堅持することが必要なのである。

第三節　エゴについての理論と魂の問題

ビラニスムは、自我についての存在論的理論をわれわれに与えるのを任務とする、たぐい稀なる哲学のひとつであり、おそらくそのような唯一の哲学である。ここで問われているのは、エゴの諸性格やその諸特性ではないし、またエゴが次のようなものと結ぶことのある諸関係でもない。つまり彼の生物学的ないし社会的な環境や彼の時代と、あるいは哲学者たちや心理学者たちや学者たちが考察し、よくこっそりと絶対的なものへと打ち建てるのを好むような何らかの実在と、エゴが結ぶことのある諸関係でもない。問題なのは心理学的、社会学的、歴史的な、いわんや文学的な記述ではないし、ましてやこのような諸記述の諸前提を含み、これらの諸前提を正当化することをめざしている諸理論でもない。問題なのはエゴの存在に、すなわち自我をして自我たらしめるものに、自我のうちにある自己性の本質に関わるような、存在論的分析なのである。このような分析は、エゴの存在と主観性の存在を同定することに帰着する。主観性の存在は、メーヌ・ド・ビランによって厳密な仕方で、そのあらわれ（*paraître*）によって規定された。このあらわれは今度は、やはり厳密な仕方で、諸観念や「諸叡知概念」の、諸イマージュや諸事物の存在に対するそのラディカルな対立から出発して、外的存在一般に対するそのラディカルな対立から出発して規定された。外的存在一般のあらわれ、すなわちまさしくその存在は、その外在性そのもののうちに存する。「二重の観察」の根拠にさかのぼる、すなわち還元し難い二つの顕現の仕方の明証化にさかのぼる問題構成の結果は、以上のようなものであった。エゴの存在を顕現の仕方の内的構造によって規定することは、まさしくひとつの存在論的な意義を有している。このような規定が遂行する措定は、「何かあるもの」の措定、共通の思惟や哲学的思惟が理解するような意味でのひとつの「存在」の措定、つまりひとつの存在者の措定ではない。というのも、反対にこの「何かあるもの」は、その「如何に」によって、まさしくその顕現の仕方の内的構造によって構成されているからである。

かくしてエゴの存在を主観性の存在と同一のものとして指し示すことは、メーヌ・ド・ビランにとっては、自我はひとつの存在者ではないということを意味している。自我がひとつの存在者ではないのだから、自我と非我の対立も、存在者的（ontique）な言葉では定義されえない。なぜなら対立というものは必然的に、等質的な諸要素のあいだに設けられるものだからである。自我と同じく、非我はそのようなものとして、或る存在論的な意義を有しているのでなければならない。ビランにおける自我と非我の対立を、努か、と努力に抵抗する実在的なものとの対立であるとする伝統的な解釈は、受け入れられない。なぜなら努力はやはり何かあるものであり、同様にそれに合わせて努力が測られるところの実在的なものも、何かあるものだからである。自我の自己性を構成するのは、努力の存在であり、努力がそれ自身へと現前する根源的な仕方である。抵抗する連続体にはじめから、つまりその抵抗に先立ち、その抵抗から独立に、他なるものとして、まさしく他なるものであるものそのものとして自らを与えることを許しているのは、抵抗する連続体の顕現の仕方であり、その外在性である。自我と非我の対立は、努力の存在と世界の存在のあいだの対立であり、それは存在論的な対立なのである。

主観性についての理論はビラニスムにおいて、諸能力および諸カテゴリーについての理論によって補完される。しかし主観性の存在とエゴの存在を同一視する哲学にとっては、諸能力および諸カテゴリーについての主観的理論つまり「主観的イデオロジー」は、同時にエゴについての理論でもある。しかし逆に、諸カテゴリーについての主観的理論が、すでに見たように、これらの諸カテゴリーがそこから発源するところの存在としてのエゴに到達するということは、主観的エゴについての理論の一帰結であるとともに、その証明でもある。諸カテゴリーの演繹は、この演繹の内部でエゴが果たす中心的役割のまさにそのゆえに、エゴが絶対的内在の圏域に帰属するというテーゼのひとつの決定的な確証になろうと申し出るのである。一性のカテゴリーの演繹のさいにわれわれが引用した命題、すなわち「自我は努力において、同じ一なる形式のもとに恒常的に自らを再生し、自らを覚知する」[13]という命題は、曖昧に思えるかもしれない。ひとは、再生において自らを自己自身に与える自我の存在が一性のカテゴリーに従うのは、それが他の任意の世界の存在と同じ仕方で一性のカテゴリーによって思惟され、このカテゴリーのもとに包摂されるかぎりにおいてではないのか、と自問することもできよう。ビランにおける諸カテゴリー演繹の哲学的方向が、このような解釈を絶対に斥ける。カテゴリーは、その根源的な存在において、エゴの存在そのものと同一視されるので、エゴがカテゴリーを手段として認識される一対象のようなものであることは、もはや不可能であり、どのような仕方であれエゴがカテゴリーによって構成されることは、もはや不可能なのである。演繹の主要な帰結として、エゴの存在は、つねに構成の産物であるような超越的存在一般の圏域からは引き抜かれる。反対に、エゴは構成されない。エゴは、その存在においてカテゴリーと、すなわち構成の力能一般と一体になっているかぎりで、つまりそれ自身がこのような力能であるかぎりで、構成されることなどありえないのである。

　同時にエゴの超越という主張[14]は、あらゆる根拠を欠いたものとして現われ、またこの主張は自己性の本質そのものを構成する性格を破壊してしまうので、軽薄な理論として現われる。自己性の、あるいはビランの言うようにエゴ性（egoïté）の本質を構成するのは、自己自身への直接的現前の内面性なのである。『試論』は、「自我はそれ自身にとって実存し始めたのでなければならない[81]」と言う。もしエゴが超越的であるなら、そこから帰結するのは、エゴはそれ自身にとって実存するのではなくて、ただそれとは別の何か、力能＝X、超越論的な場、たんに論理的な主観、無、あるいは他のどのような名を与えたいにせよ、そのようなものにとってしか実存しない、ということである。しかしながら内面性は、エゴの概念がひとつの意味を受け取りうるための、ひとつの必須条件（une condition *sine qua non*）ではないのか。もしエゴの存在が絶対的内在の圏域に属しているのでないなら、以後は超越的存在の圏域に属することになるこのエゴを、他人のエゴとしてよりもむしろ私のエゴとして指し示すことを私に許してくれるものが、何もなくなってしまうことになろう。逆にまた、私のものであるこのエゴが追放されたばかりの絶対的内在の圏域のうちに、他のエゴが忍び込んでくるのを何が防いでくれるのかが、分からなくなってしまう。したがって超越的エゴにも内在的エゴにも、明らかにメーヌ・ド・ビランが内在的エゴのために取っておいた以下の言葉が適用されうるであろう。「私は（中略）私が私の個体的実存を感じたり覚知したりするときに、私の代りに実存するのが他の存在ではないのかと疑うことができよう[82]。」

エゴの絶対的内在からは、エゴはその存在において生そのものと同一視される、ということが帰結する。エゴ［という語］は抽象的で類的な名辞ではなく、伝統的に心理学が、外界に関係づける諸現象に対置して自我に関係づけている一定数の諸現象をそのもとに整理しうるような、そのような項目の頭ではないのである。「一にして単純、同一的なものとして実存する、ないしは自らを内的に覚知する自我は、諸感覚のなかにある共通的ないし一般的なものとして、諸感覚から抽象されるのではない[83]。」エゴが絶対的内在の圏域に帰属していることからもうひとつ、メーヌ・ド・ビランの眼には、自己認識はこの圏域の諸性格である諸性格、つまりこの圏域を絶対確実性の圏域として規定している諸性格を身に着けなければならない、ということが帰結する。このような哲学においては、エゴからエゴへ、自己欺瞞[15]にも嘘にもごまかしにも余地はない。なぜならまさに、エゴからエゴへ、いかなる可能的な隔たりも構成も存在しないからである。「自我に帰属せしめられうる唯一の諸変様ないし働きは、自我が意識の事実において顕在的に自らに帰属せしめる諸変様ないし働きである[84]。」エゴが主観性であるから、エゴは自らについて持つ知を、完全に透明な源泉から汲み取る。エゴは「欺くことのない意識という大学校[85]」で学ぶのである。

エゴは超越的ではない。エゴは、フッサールが超越論的エゴを特徴づけるために用いるであろう言葉を彷彿とさせるような言葉でビランが述べているように、「われわれに最も近く、あるいはむしろ（中略）それはわれわれ自身である[86]。」たしかに超越的エゴというものは存在する。そして力の観念に関する『試論』の一節は、このようなエゴを構成する仕方がどのようなものでありうるかについて、われわれに諸々の指摘を与えている。そこで読み取ることができるのは、われわれ自身の力についての意識から切り離された力についての叡知概念には、どれほどこの叡知概念が抽象的でありえようとも、「精神が自我から分離しようとしても、なおもわれわれの意に反して自我に混じってしまうような、自我を構成するこの固有の力についての混乱した感情」[87]がつねに混じっている、ということである。

力の観念については、われわれはそれが人間的世界にその魔術的な性格を付与していることを示した。この力の観念は、より特殊的には、このような世界の内部で、いまは一箇の実存者であるエゴに関わっている。じっさい力の観念は、このようなエゴの存在に構成的である。なぜなら超越的エゴは、実在的世界や想像的世界のただなかで、他の諸対象よりいっそう魔術的な一対象でしかなく、ひとつの隠れた力でしかないからである。この力は、本当のところもし私がこの超越的エゴを意のままにしないならば、私にとって、自然の諸力よりもっと脅威的となるだろう。［それがそうならずに私がこの超越的エゴを意のままにするのは］なぜなら、私はこのエゴが構成されているのだということを、そして諸力能や諸意図をこのエゴに貸し与えているのは超越論的・根源的なエゴとしての私であり、このような諸力能や諸意図についてなら、私は感動するふりしかできないのだということを、けっして完全には忘れてしまうことがないからである。[88]しかし超越論的・根源的なエゴは、もはや構成されない。そして超越論的・根源的なエゴが諸カテゴリーの管轄を免れるということは、諸能力についての理論に関して『思惟の分析』がロックおよびデカルトに対して向けている非常に興味深い批判のなかに含まれている。つまりロックとデカルトは、こうした諸能力を「感覚し思惟する主観がつづいてそのもとで自らの実存を覚知したり、あるいは異他的な諸存在を表象したりするところの、永続的諸形式として」立ててしまい、このようにして諸能力を「自我から分離しつつ（中略）実在化」[89]してしまった、したがって自我はもはや、こうした諸形式を手段として表象

されることしかできず、構成され、超越的であることしかできなかった、といって非難されているのである。(90)

エゴの圏域でもある主観性の絶対的内在の圏域に諸カテゴリーが帰属しているということ、このことによってわれわれは、エゴと存在論的認識との基本的関係を理解することへと導かれる。経験は或る可能性の条件を想定しているが、その条件とは、存在論的認識それ自身である。諸カテゴリーを分析することとは、このような存在論的認識の構造を明るみにもたらすことなのである。哲学は、それなしにはわれわれにとって何も存在しないような、このような認識を問うことから始まる。しかし哲学が第一哲学と呼ばれるに値するのは、哲学が存在論的認識に関わるこのような問題構成を可能なかぎり押し進めるときだけであり、哲学が存在論的認識の存在そのものを厳密な仕方で規定するという課題を断固として引き受けるときだけである。哲学のこの根本問題に対するビランの回答は、以下のようなものである。すなわち、エゴは存在論的認識の存在である、ということである。哲学的伝統がわれわれに引き渡したテキストのなかでおそらくはもっとも重要なもののひとつである或るテキストのなかで、メーヌ・ド・ビランはまず、「自我の感情は認識の原初的事実である」と述べている。あまりにも密度の濃いこの主張を註釈しつつ、彼は自らの考えをこう表現する。「人間は、本来的に言えば、彼が自らの人格的個体性について意識しているかぎりでしか、あるいは彼自身の実存が彼自身にとってひとつの事実であるかぎりでしか、最後に彼が一箇の自我であるかぎりでしか、何ひとつ知覚したり認識したりしない。(91)」

自己性についてのビランの考えについてわれわれが提示した解釈が、ここで不可避となってくる。この解釈について、ひとはそれがメーヌ・ド・ビランの著作の文字と精神とを、いささか超出すると考えるかもしれない。じつは自我があらゆる認識の条件として理解されうるのは、自我が「何かあるもの」でも、すでに述べたように、一箇の存在者でもなくて、まさしく認識の条件にしてエレメントそのものであり、純粋顕現の存在論的エレメントであるかぎりにおいてだけなのである。ただしこの純粋顕現を、そのもっとも本源的な構造において、つまりそれが外在性の顕現と重なり合うのでなくて、それどころかむしろそれが外在性の顕現を根拠づけると同時に、外在性の顕現をそれ自身から排除するかぎりにおいて理解するのでなければならない。エゴが超越論的内的経験において自らをそれ自身に与えるからこそ、あるいはむしろ、エゴがこのように自らを与える事実そのものであるからこそ、エゴの構造がこの経験の構造であり、この経験の実体にして固有の現象性——われわれが他のところで自己‐触発という基礎的存在論的出来事と呼んだもの[16]——であるからこそ、エゴは世界についての経験の第一の条件と、諸事物へのわれわれの接近の実効性とを、自らのうちに実現するのである。それゆえにこそ、エゴの存在と存在論的認識の存在との同一性が立てられた直後に、[92]メーヌ・ド・ビランがこの存在を、それが自らをわれわれに与える仕方によって規定し、それどころか、彼がエゴおよび主観性の現象そのものであるこの自己自身への本源的自己能与が遂行される独自ノ（*sui generis*）仕方を定義しようと専心するのが、分かるのである。この存在は、と彼は言う、「ひとつの現象でも、表象されるひとつの対象でもない（中略）。それは独自ノ（*sui generis*）内的事実であり、この事実はすべての反省的存在にとって、おそらくきわめて明証的だが、しかしそれ固有の特殊な感官の助けを借りて覚知されることを要求する。」このようにしてエゴの存在は、根源的真理それ自身と一体となる。根源的真理は、こう言いたければ、存在論的認識の自己‐認識、すなわち存在論的認識の根拠であり、存在論的認識の真の主観的存在なのである。したがって、「ここではこの事実を証明することは、問題とならない。けだしこの事実はそれ自身、あらゆる証明、あらゆる事実真理に、根拠として仕えるのだから。[93]」

エゴの存在と存在論的認識の存在とを同一視することが哲学的意義を帯びてくるのは、この同一視が主観性についての問題構成の内部で定式化されるときだけである。このような文脈をはずれれば、エゴを存在論的認識の存在として規定することにはもはや形式的な価値しかなく、この規定は、「私は思惟する」はわれわれのすべての諸表象に伴いうるのでなければならないという、カントのテーゼ[17]に似たものとなってしまう。このカントのテーゼは、エゴについての真の理論をも構成しないし、また自己への現前としての現前の本源的な本質を取り逃がすという理由ゆえに、存在論的認識の本性についての十分な解釈をも構成しない。このようなパースペクティヴにおいては、エゴは一箇の論理的な、たんに形式的な主観でしかなく、このような主観にはおそらく、存在という呼称よりも、無という呼称のほうがふさわしいであろう。エゴと同定されないまでも、エゴと関係づけられる存在論的認識を深めていって、それでもわれわれにはエゴの存在について何ひとつ引き渡されるものがないというのは、奇妙な逆説の結果によってである。カント哲学に欠けているもの——主観性についての存在論の現前——は反対に、ビランの思索の論拠を構成しているものである。したがって、主観性についてのこの存在論の内部では、エゴは存在論的認識の存在であるというテーゼによっては、エゴはもはやたんなる形式とはならない。それどころかむしろ、このテーゼはこの認識の可能性を根拠づけ、同時にこの認識を、生および具体的・人格的な実存の存在そのものとして規定するのである。世界の構成は、個体〔個人〕から切り離された、或る非人称的な活動の事柄なのではない。そうなると個体は、経験的なステイタスへと還元されてしまう。そうではなくて世界の構成は、世界についての把捉と一体となり、それはわれわれが世界を生きる仕方であり、われわれはただこの生の内部でのみ世界を認識するのである。存在論的認識はひとつの個体的〔個人的〕認識であり、各々の個体の存在が世界の光なのであり、もっと深く言えば、各々の個体の存在は、根源的真理として、この光の光なのである。

エゴの存在論的規定の条件としてのエゴの絶対的内在ということは、メーヌ・ド・ビランが魂の問題に捧げた分析から出発して、あらためて確立することができる。じっさいこの分析は、もしエゴの根源的存在が一箇の超越的存在でありえないならば、なおさらのことエゴは一箇の超越的［超絶的］項＝Xに同化されてはならないということを、われわれに示してくれるであろう——このことは、エゴの内在を肯定するひとつの新しいやり方である。魂についての問題構成は、デカルトのコギトについての議論のなかで、われわれに告知されている。コギトは、そこにおいてエゴの実存が直接的にそれ自身に与えられる超越論的内的経験として、メーヌ・ド・ビランによって、哲学の根拠そのものとして認められている。そしてこのような根拠を明るみにもたらしたデカルト哲学は、「母なる学説」[94]なのである。コギトはエゴの存在と主観性の存在との現象学的一性を肯定するが、この主観性をメーヌ・ド・ビランは、デカルトとともに思惟または覚知[18]と呼んでいる。もちろんこの覚知は、ひとつの超越論的内的覚知として理解されなければならない。「私は考える、という単純な命題は、私は私自身にとって実存する、という命題と同一であり、この命題は原初的事実を、自我と思惟もしくは覚知とのあいだの現象的な絆を、述べている。したがって、主観がそれ自身にとって実存し始め、実存し続けるのは、主観が自らの実存を覚知ないし感じ始め、覚知ないし感じ続けるかぎりにおいてのみ、すなわち思惟し始め、思惟し続けるかぎりにおいてのみなのである[95]。」議論が及びうるのは、原初的事実の定式化と、この定式化が受け取るおそれのある演繹的な見かけにだけなのだが、まさしくこの見かけは、ひとつの見かけでしかない。

批判が始まるのは、思惟と同一視された自我の存在を指し示すために、デカルト哲学のなかに魂が介入してくるときである。この批判の独自性を理解して、この批判を通常デカルトのコギトに対して向けられている諸批判、とりわけフランス古典哲学によってなされた諸批判と混同しないように、注意しなければならない。このような混同の危険は、メーヌ・ド・ビランがデカルトに対してその実体論を非難しているように思え、じっさい非難しているだけに、ますます大きい。しかし、誰しもが認めるであろうように、これはもっとも古典的で、そしてもっとも月並な批判なのである。しかしながら、実体論との非難をデカルトに対して向けたのは、カントからインスピレーションを受けた哲学者たち、とりわけフランスの新カント主義者たちなのであって、われわれが主観性の問題について、主観性の問題の歴史について、この点でのビランの孤立について述べてきたことすべてのあとでは、『試論』の諸批判が古典的な諸批判に似ているということが、驚くべきことなのであろう。もしわれわれの諸分析が正確ならば、両者の諸批判はむしろ、たんに異なっているのみならず、対立しているのでなければならないはずである。その存在が思惟の存在と同一視されるところのエゴが一箇の実在的存在であるということ、このことをコギトが肯定するからといって、コギトの真理が変質するわけではない。反対に、メーヌ・ド・ビランの眼にデカルトのコギトの真理と深さとを成しているのは、デ、カ、ル、ト、の、コ、ギ、ト、の、存、在、論、的、実、在、論、なのである。古典哲学が、思惟の純粋現象としてのコギトから、自我の存在としてのこの思惟の存在を肯定することへと移行してしまったからといって、デカルト哲学を非難しているのに対して、ビランは、この点においてはデカルトの真正の教えに従いつつ、以下を立てている。すなわち、(1)純粋思惟は、諸事物の顕現様態ではない独自の顕示様態を有しているのだから、やはり独自の存在を有している。この独自の存在は、超越的存在とは異なるとはいえ、それでもやはり一箇の実在的存在である。(2)このように現象学的に規定されたこの存在は、エゴの存在そのものである。——それでは、批判はどこにあるのだろうか。

たしかにコギトの哲学的運動のうちには不当な移行が、正しい考えから誤った考えへの移行がある。しかしこの移行はもはや、メーヌ・ド・ビランの眼には、純粋思惟から――ちなみにこの純粋思惟は、古典哲学においてはまったく未規定であり、古典哲学にできることといえば、精神は物ではない、精神は不在であると繰り返すことだけであり、あるいはせいぜいのところ、古典哲学がこのようなまったく消極的な規定を超出しようとするときには、精神を無として措定することだけである――実在的・存在論的な規定への移行ではない。いまや不当な移行は、主観性および超越論的内的経験の存在として根源的かつ正確に解釈されたエゴの存在から出発して遂行され、エゴを超越的存在の要素として措定することに到達するのである。じっさいそれこそが、ビランがデカルトの魂に対して非難するすべてである。つまりデカルトは、魂をもはや絶対的主観性として、そのラディカルな内在において肯定されたエゴの存在として規定するのではなくて、超越的存在＝Xとして規定してしまっているというのである。もしデカルトがエゴをひとつの魂とかひとつの実体とか呼ぶのが誤りであったとするなら、それは、このようにすることによって彼がこのエゴをひとつの存在にしてしまったからではなくて、この存在がもはや、ビランによれば、デカルト哲学それ自身がもともとその無限の深さにおいて認めていた存在ではないからである。デカルト哲学がもともと認めていた存在とは、或るあらわれによって現象学的に規定された存在であり、そのあらわれの絶対的な独自性によって或る現象学的存在論が、絶対的な独自性をそなえた存在、すなわちエゴの存在を画定することへと、必然的に導かれるはずだったのである。

じっさいビランの批判は、コギトが「魂もしくは思惟する物の実在的で絶対的な実存」を措定しうると信ずる瞬間に介入する。ところでわれわれはすでに、メーヌ・ド・ビランにおいて絶対的という言葉は、われわれが絶対的と呼ぶ内在の圏域に適用されるのではなくて、反対にもはやこの圏域には属さないもの、この圏域の外にあって、それゆえ超越的存在の内部に場所を占めるものを指し示しているということを指摘した。ビランがデカルトに帰せしめる三段論法[96]とは、以下のようなものである。「私は考える、私は私自身にとって実存する（中略）。ところで考えるもの、あるいは自らが実存していることを知っているものはすべて、思惟の外に、実体もしくは思惟する物として、絶対的に実存する。ゆえに、私は実体的に実存する。[97]」われわれは本質的なものを、すなわち「思惟の外に」「絶対的に」を強調した。デカルトのコギトについての批判は、それゆえ、これまでわれわれが出会ったビランのすべての諸分析と、まさに同じ意味を有している。原理はつねに同じものである。つまりそれは、絶対的存在の実存の場としての絶対的内在の圏域に帰れという要請であり、現象学的還元を遂行すべしとの催促なのである。現象学的還元の破壊の仕事によってのみ、同時に具体的実存でも、存在論的認識でも、最後に、哲学を可能にするもの、人間精神についての学のエレメントでもある基本的構造が、明るみにもたらされうるのである。「デカルトは、人格的実存もしくは自我の感情の事実と、思惟する物の絶対的な叡知概念とを分離するインターヴァル全体を、突如として踏み越えてしまうことによって、自我ではないこの物の客観的本性について、あらゆる懐疑への扉を開くのである。[98]」

メーヌ・ド・ビランはけっして、自我をひとつの存在とみなし、エゴを魂として規定したからといって、デカルトを非難しているのではない。まったく反対に、彼は「自我でない」何か、「絶対的」であり、超越的であり、もはや確実でなく、超越論的現象学の手出しと権限とを免れ、もはや項＝X、信念の対象、理論の要請でしかない何か、そのような何かを魂として規定してしまったといって、デカルトを非難しているのである。魂はエゴとは別のものではありえない。そうではなくて、エゴはまさしく魂であるような存在を有しているのである。したがって「次の二つのうちのいずれかである、すなわち」あるいは魂が指し示すのは、絶対的内在および主観性の圏域の内部では規定されずに、反対にこのような圏域の外に位置し、このような圏域に対して超越的であるような存在なのか。その場合、まさにビラン存在論の現象学的諸前提のゆえに、この存在はひとつの仮定として、本当のところ不吉な仮定としてしかみなされえず、それは「形而上学的な仮定における（まだ自我でない）魂[99]」なのである。あるいは［そうでなければ］魂が指し示すのは、主観的存在としてのエゴの存在そのもの以外の何ものでもない。そうすると、魂はたんにビラン哲学のうちに市民権を得るのみならず、それどころかむしろ魂はビラン哲学の根拠を構成し、魂を認容することは、エゴの実在的存在を肯定することに帰着する。エゴはもはや論理的・形式的な純粋主観ではなくて、その具体的にして絶対的な実存における生そのものなのである。このような区別が、「二つの帰属主体、すなわち自我である魂と、さらにまた自我でない魂という二つの帰属主体に、共通の記号が与えられるということから生ずる絶えざる曖昧さから[100]」われわれを解放してくれるのである。

ビランの批判の努力の全体が、エゴの存在を根拠づけることをめざしている。そして根拠づけということの仕事は、このエゴの存在を厳密かつ確実な仕方で規定することが可能なのは、どのような存在論的領域においてであるのかを本質的に探究する反省の進展にしたがって、遂行される。そのとき、このような反省から見れば、エゴの存在はまさしく特定の［＝規定された］一領域の存在であり、本当のところ、絶対に確実な規定というものが可能となるような唯一の領域の存在なのだということが、明らかになる。ゆえにビラニスムは、主観性の存在論を所有しているからこそ、エゴの存在の問題を解くことができるのである。そのことを明晰に示しているのが、デカルトのコギトについての批判の主要な逐条陳述である。「ひとは感情の認識だけに、つまり思惟する主観の内的な直接知覚だけにしておくのか。」その場合、そこでは存在の規定が可能であるのみならず、「完全」でもある。［あるいは］「ひとは思惟の外に、思惟する物の外的ないし客観的な認識を渇望するのか。かくも空しくひとはすべてをこの認識様態に還元しようとするが、この認識様態が原初的認識でないことは確実である。この認識様態は、固有の思惟主観への一切の適用の外にある[101]」、すなわち、エゴへの一切の適用の外にあるのである。

存在論的一元論はエゴの存在に関する問いを仕上げるには絶対に不適当な地平であると、このように存在論的一元論を告発しつつ、ビランの問題構成はたんに、魂、エゴの存在、自己認識に関する近世思想の哲学的諸テーゼがそこから出発して問い直され、まったく新しい諸基盤の上に立って吟味されなければならないような位置に、引き上げられるだけではない。ビランの問題構成は、合理的心理学の誤謬推論についてのカントの批判に対するその絶対的な対立においても、われわれに示されるのである。カントの批判はまさにその重い遺産を、われわれが反対しなければならないと思った現代の諸々の考えの上に伸し掛けているのだが。魂についてのビランの批判の原動力をなしているのは、主観性の存在論の現前であり、現象学以外の何ものでもないような或る思索の富と豊かさとである――こう言ってよければ、カント的批判の原理は、われわれの従事しているケースでは、或るひとつの貧困なのである。この貧困はきわめて完璧なので、カント哲学においては、内的経験が世界経験と同じステイタスに従属すると主張しなければならないのみならず、まさしくこの理由ゆえに、内的経験は世界経験よりはるかにいっそう不完全であり、内的経験は世界経験の青白き模倣でしかない、と主張しなければならないのである〔19〕。本当のところ、カント自身が告白しているように、このような模倣は不可能なのである。しかるにドイツの天才的な思索者は、魂は物体より認識しやすくないというこの奇妙な逆説について、自問する必要があるとは思わなかったし、また彼は、心理学および人間存在についてのすべてのポジティヴな学一般の破滅を結果せざるをえなかったような哲学的諸前提を、けっして問い直すことがなかったのである[102]。

『超越論的［先験的］弁証論』が実体としての魂の構成を、ついで内的経験の構成を統べる諸困難を明るみに出しているのに対して、メーヌ・ド・ビランは、魂はいかなる仕方でも構成されないと主張する。なぜなら、そこにおいてエゴの存在がそれ自身に与えられるところの内的経験は、ラディカルに内在的だからである。この後者の点こそビランの批判が、それも、もはやデカルトのコギトについての批判ではなくて、魂概念一般についての、特に魂についてのスタール[20]の考えについての批判が、確証しようとするものなのである。もし魂が、すなわちエゴの存在が、絶対的内在の圏域の内部で規定されるのでないなら、魂は、あるいは超越的エゴになるか、あるいは、いまわれわれが従事しているケースのように、超越的項＝Xになるかである。その場合後者［超越的項＝X］は、自我の意識的諸規定の源泉に置かれ、それは意識的諸規定の隠れた起源となる。われわれの意識的生がそこから派生するところの絶対的な力としてわれわれの背後に位置する魂、どうしてこの魂が、われわれの自己の身体のうちにわれわれが観察する有機的諸結果の原因でもないということがあろうか。これこそがスタールのテーゼである。それについてビランは、以下のようなまことに注目すべき批判を呈示している。「人間の魂は、知られざる運動原因もしくは産出力とみなされ、したがって、知覚するかぎりでしか実存せず、行為するかぎりでしか知覚しない自我からは区別された。したがって人間の魂は、それによってのみ諸力が自らを顕わしうるところの感性的な諸結果の外にあって、それについては本来の意味での学が存在しないような他のすべての諸力のクラスのうちに、数えられえたのである。このようにして哲学者たちはしばしば、思惟し運動する原理についての或る客観的な観念を作り上げるよう、導かれたのである（中略）。スタールは、魂の実体を自我の外に実在化してしまったので、物質的諸器官のうちに想像ないし表象されるほかない諸機能と、自らに諸作用や働きを帰属せしめる主観の反省のうちでのみ考えられた諸作用や働きとを、この共通の原因（X）に関係づけるよう導かれえたのである。[103]」

自我の意識的諸規定と有機的諸変様には、同一の原因＝Xが割り当てられると主張されるとき、この同一性は二重の仮定を含んでいる。なぜならこの同一性は、(1)これらの意識的諸規定と生理学的諸現象とが、ひとつの知られざる、しかし実在的な原因を持つということ、(2)この原因が同じものであるということを、想定しているからである。この第二の点については、次のことを認めなければならない。つまり「このように関連づけられた有機的諸現象と知性的諸現象とを、こうして産出力という体系的統一へと還元することは、諸事実についての諸学の真の方法に、絶対に適合しているわけではなかった。この真の方法によれば、ひとは観察によって与えられた諸結果間の完全な類比ないし類似によってよりほかには、原因の同一性を想定したり肯定したりするようには導かれえないであろう。[104]」第一の仮定のほうが、はるかにいっそう重大である。これに関していえば、この仮定は、それが意識的諸規定に適用されるときには、思惟が或る超越的な根拠をもち、何かあるもの＝Xが思惟を規定する、と主張することに帰着する。ビランの批判がその破壊の仕事を根本的に遂行するのは、ここにおいてである。われわれの思惟の超越的根拠として措定された魂は、主観性の圏域のうちには画定されず、見える世界の一要素を構成するのでもないから、不可避的にそれは、われわれが超越的［超絶的］項＝Xと呼ぶものになる。この超越的項は、それ自身においてはまったく未規定なのであるから、それが説明すべき諸現象、それが原理上その根拠であるところの諸現象から出発して、間接的な仕方で規定を受け取ることしかできない。しかしこのような規定は変わりやすく、要するに絶対に無根拠である。というのも、ひとはまさしくこの超越的項＝Xを、それによって説明するのが哲学者の気に入るであろうすべてのものの根拠として、割り当てることができるからである。「このような原因には、何でも好きなものを帰属せしめることができる。[21]」

根拠であると主張されているこのものの役割の不確かさは、同じほど、その本質およびそれに与えられる名の不確かさでもある。ビランの批判はここで、弁証法的な歩みを取る。なぜならこの批判が皮肉ろうとしている超越的な夜の世界は、まさしく弁証法の特権的世界だからである。それはいわれなき誤った諸規定の世界であり、それゆえ肯定されたとたんに否定されることができ、まったく同時に保存されることのできる諸規定の世界なのである。こうした諸規定は絶対に空虚なので、それらが現前していようと不在であろうと、何にとっても何の変様もない。問題とされているのは、同じ無に対して与えられた様々の名だけなのである。存在論的疎外の諸説においてはわれわれの意識的諸規定の超越的根拠として立てられるこの超越的項＝Xは、じっさい哲学者の気質しだいで、どんな名でも受け取ることができる。スタールの魂とか、機会原因の神とか、デカルトの神とか、無意識とか、諸器官の戯れとかは、それぞれがそうした偶像であり、これらの偶像は必然的に、これらに固有の空しさへと溶解されなければならない。そしてこの溶解は、或る偶像から別の偶像へとわれわれを導く絶えざる移行のうちに、表現されている。ひとつの広大な同語反復でしかない弁証法が、たしかにここでは勝ち誇る。なぜなら絶対的な諸対立――たとえば神、無意識、あるいは脳中枢のあいだでの――は、少しも真剣なものではないことが、あらわとなるからである。というのも、様々な諸項は、じつは同じ実在を、あるいはむしろ同じ非実在、同じ幻影、同じ錯覚を覆っているからである。「分割のすべてを行っているのは、知られざるものに対して与えられた記号の差異である[105]」とメーヌ・ド・ビランは述べている。彼は別のテキストで、以下を順に確立する。

(1) マールブランシュの立場とスタールの立場の同一性。「機会原因の体系を、効力因（cause efficace）としての思惟する魂に生命的ないし有機的な諸機能を帰属せしめる体系から分かつ見かけ上の隔たりにもかかわらず、私には、それらが同じような諸基盤に依拠し、同じ株から出ているのが見えるように思える。」両説の同一性が依拠するこの共通の基盤は、諸行為の原理としての魂に割り当てられた存在論的ステイタスである。この原理はもはや魂を、絶対確実性の内在的源泉にではなくて、或るひとつの知られざる項にする。「私自身の諸作用の内的原理について私を照らしてくれる松明を消してしまったあとで、私はその影を外的な闇のなかに追い続けながら、自我において、あるいは私の諸器官において、自我なしに自我によって行われるすべてのものの、或る共通の幻想的な原因を捜しに行くであろう。したがって形而上学は、もはや私の知性的・能動的な諸能力についての本来の意味での学へのいかなる根拠も持たないので、私の眼には形而上学は、もし私がマールブランシュのような人であれば神学と、もし私がスタールのような人であれば生理学と、同一視されるにちがいないであろう。」

(2) これら二つの立場とデカルトの立場との同一性。「デカルトは、魂が動物精気や神経についていかなる客観的認識も有していないのに、如何にしてこれほどにも正確に動物精気や神経を活動させ、導くことができるのかを空しくも考えようとして（中略）、至高の効力に訴えるが、しかしながら彼はこの効力の観念もしくはモデルを、彼自身の力についての経験ないし感情のうちにしか見出すことができなかった。」[106]

(3) 無意識の観念についての網羅的な精神分析。無意識の観念は、もし根拠のあるものなら、人間存在にとって超越的項＝Xとしての魂という考えが含む存在論的疎外に比肩しうるような存在論的疎外を、意味するであろう。現代の新たなる偶像は、古き形而上学的実体（entité）をあらわす別名でしかない。そしてビランの予言者的な天才が告発するのは、このような本質および意味の同一性なのである。ビランがスタールの理論の発生を説明しつつ次のように言うとき、彼はこの告発を行う。つまりスタールは、如何にして意識を特徴づける目的原因論的諸現象を、なまの生ける物質の諸法則と調停すべきかが分からずに、この物質のなかに「能動的で知性的な原理」を移し置いたのだが、そのさい彼は「この原理にとって、実存するために、そして行為するために自らを知ることは本質的ではないと想定した」[107]のである。

(4) もはや魂や無意識としてではなくて、「生理学的なもの」とみなされた超越的項＝Xの批判。「他の人々は（中略）有機的つまり自我に異他的なのであれ、知性的つまり意識を伴うのであれ、そのような諸作用、諸機能、諸結果のこの総体のすべてを、諸器官の戯れに〔帰属せしめる〕。（中略）それゆえ、受け取られた諸印象を（それもしばしば自我の知らないうちに）感じ、それに続く諸運動を行使し、あるいは規定し意欲するとさえ言われるであろうのは、もはやスタールの魂ではなくて（中略）諸系のうちで結合され、ひとつの共同中枢に対応する、生ける諸部分であろう[108]。」

この最後のテキストを註釈すれば、われわれは身体に関するビランの問題構成のまさにその中心へと導かれることになろう。それゆえこの註釈の占めるべき場所は、もっと先〔＝次章以下〕にある。しかしここでわれわれは、われわれの諸思惟の超越的原理が生理学的諸過程の系になることによってこうむった価値変様に、言及しておかなければならない。ちょうど夜がその不安のうちに、どうしようもなく昼の法則に服することを渇望するように、そのようにわれわれの意識的生を説明するとみなされている超越的項は、もはやたんにわれわれの背後に位置するのみならず、われわれの前にも現われる。したがって、それはもはやたんにひとつの超越的項＝Xであるだけではなく、このXは規定されるように思われる――身体についてのビランの批判の全体が、じつはこのような規定が錯覚であることを示すことに存するであろう――なぜなら今やXは、客観的世界のうちに場所を見出したからである。かくして「生理学的なもの」は、ひとがそれをわれわれの諸思惟の原理にすると主張するときには、夜の超越的なものの粗雑な実在化、可視的宇宙のうちへのその直接的で稚拙な受肉でしかない。メーヌ・ド・ビランは、この新たなる言い抜けを告発する。「自我の感情から抽象された魂について語る形而上学者」は「この物を脳の一点のうちに客観化するように導かれる」おそれがあり、このような形而上学者が「生理学者」に変わってゆくのである。[109]

いったいなぜ形而上学者は、このような運命をこうむらなければならないのだろうか。なぜ「形而上学」が、このうえなく粗雑な唯物論的実在論の姉妹なのだろうか。なぜなら超越的項＝Xとしての魂は、ひとつの影でしかないからである。いにしえの神話のなかの、かたちを得てふたたび味わい、感じ、抱擁することができるような場所を求めてさまよいやまぬ死者たちの魂にも似て、形而上学の魂には一貫性も存在もなく、それは軽くておぼろげだ。そしてもしそれが至る所にいて、生者たちの夢のなかにまで滑り込んでくるのだとすれば、じつはそれはどこにもいないからである。近代人の擬似主観性のように、何であれそれで有ることができずに、形而上学の魂は実存を渇望するが、しかしそれは無でしかない。それは身体を持たねばならないであろう。短絡的な唯物論を伴った生理学主義的形而上学の建設は、まったく現代の絶望哲学のように、このような要請の予感でしかない。しかし客観的身体はまさしく宇宙のようなものであり、それはそのなかに魂が受肉されることのできないもの、魂がさまよいながら駆け巡るが、そこに住居も滞在所も見出すことのないものなのである。身体を持たねばならないであろう、しかしおそらくはまた、このような要請を満たす諸手段をも持たねばならないであろう。われわれは主観性の存在論の建設の主要な諸位相を、できるかぎりたどってきた。そしてまさしくこのような主観性の存在論の建設によって、メーヌ・ド・ビランはわれわれのものであるような身体を、魂の実在として、エゴの真正の存在として指し示されうるような身体を、手中におさめることができたのである。

第二章　主観的身体

コギトを規定するさいに、メーヌ・ド・ビランは明らかにデカルトに反対した。彼はデカルトの、思惟についての静態的な考えを非難している。このような考えは、『省察』の著者においてはあまりにも頻繁に、それ自身に閉じられた実体として現われている。この実体の生全体が、継起する諸様態によって変様されることにある。諸様態はまったくこの実体の諸契機でしかなく、したがって諸様態は実体に、他のものへのいかなる超出も、他のものへのいかなる作用（*action*）も、すなわち本来の意味でのいかなる行為（action）も許してはくれないのである。意識は「われ思う」であり、意識の生のすべての諸変様は思惟の諸規定、すなわち諸観念でしかない。もはやわれわれが本来的な意味での考え（conception）に携わるのではなくて、欲望、行為、運動に携わるときには、われわれはコギトについてのデカルトの規定によって、問題なのは本当はつねに諸観念だけ、つまり欲望の観念、行為の観念、運動の観念だけなのだと言わざるをえなくなる。それ自身において考察された行為や運動に関して言えば、それらはもはやコギトの圏域に属するのではない。それらはもはや思惟の諸規定ではなくて、反対に延長の諸規定なのである。それゆえ、たとえば或る運動についての観念からこの運動の実在的遂行にかけて行われる正常な過程は、純粋主観性の圏域の内部では解決されえないし、直面されることさえできないような或る問題を立てることになる。そして実在的な諸運動が遂行される場である身体は、主観性の存在論的領域とは別の存在論的領域を意のままにする哲学のうちにしか場所を見出しえないということになる。主観性の存在論的領域の内部には、行為にとっても身体にとっても場所がない。そしてもし自我が純粋思惟に還元されるなら、自我は受動的諸変様の場でしかなく、このような場においては、われわれの欲望が生まれることはあっても、それが実現されることはありえないだろう。

メーヌ・ド・ビランはエゴの存在と主観性の存在の同一性を肯定したが、しかし自我を諸々の偶有性によって変様される実体として規定しようと決心しているわけではない。「自我が原初的事実においてそれ自身に与えられるのは、変様される実体としてであろうか、それとも或る諸結果の原因ないし産出力としてであろうか。[1]」ビランの思索はまさしく、コギトを産出の力能として規定しようと努力する。ちなみにこの規定は、諸カテゴリーの内在という主張のうちに含まれていた。じっさい因果性のカテゴリーの演繹が中心的な場所を占めていたということによって、エゴの具体的存在が原因として、またビランの言うように、努力として解釈されることが予描されていたのである。それゆえデカルトのコギトは、ラディカルな価値変様をこうむって、ビランの思索がもつ根本傾向の諸要請に従うのでなければならなかった。デカルトのコギトは、思惟‐実体がもつこの不動性を脱ぎ捨てて、ビランによれば、反対に、遂行しつつある努力についての経験そのものとならなければならなかったのである。ビランにとって、このような努力とともに自我の存在そのものが始まり、そして終わる。「私の個体的実存全体を構成するとみなされる原初的、実体的な思惟(中略)、私はそれが、その源泉において、行為もしくは意欲された努力についての感情と同一であると考える。[2]」それゆえエゴの存在は、もはやその本質が延長についての認識や諸事物についての観想に尽くされるような純粋思惟としては、規定されない。いまやエゴの存在は、私自身の実存の継続を世界において可能ならしめるためだけであろうと、絶えず私が世界を変様させる行為と、また私が宇宙に到達したり宇宙を逃れたりするために宇宙に対して向ける諸運動と、同一視されることが明らかとなる。エゴの存在は、こうした諸運動のエレメントそのものなのである。エゴはひとつの力能であり、コギトが意味するのは「われ思う（je pense）」ではなくて、「われ能う（je peux）」なのである。

ビランのコギトとデカルトのコギトとのこのような古典的な対立のうちには、しかし、メーヌ・ド・ビランの思索の独自性も深さも宿ってはいない。他の多くの哲学者たち、そしてまずビランがあからさまに援用している哲学者たち自身――シェリング、フィヒテ、カバニス、デステュット・ド・トラシー[1]――が、自我意識をひとつの表象としてではなく、ひとつの努力、ひとつの力、ひとつの生、ひとつの作用として規定していたのである。意識を活動［＝能動性］および努力と解釈するこのような視点だけに限っていうなら、あまたの行為主義的諸哲学のなかで、メーヌ・ド・ビランの哲学はそのうちのひとつしか代表していないということを、認めなければならない。そしてひとは、観想的で理論的な思惟への対立ゆえに、もっと豊かで、もっと輝かしく、またそう思えるのだが、もっと示唆的な諸展開を遂げた他の多くの世界観を、引用することもできるだろう。思索の深さに関していうなら、われわれが思うに、それはまさしくこのような諸対立のうちには、たとえば観想的ないし理論的なテーゼに直面して建てられた行為主義的アンチテーゼの介入のうちには、見出されえないのである。この類の諸々のアンチテーゼから出発して構成される諸哲学は、それらの諸記述の美しさによって、それらの諸定式のロマンティシズムによって、それらの視点の一般性が提供するのを許してくれるように思える諸々のパースペクティヴの広がりによって、最後に、たとえば人類を通して賢者たちと英雄たちとのあいだにそれらが描く大きな諸区分によって、しばしわれわれを魅了することはできる。それらは行為を称揚し、危険を讃え、アンガジュマンを褒めそやし、それらが選んだ諸概念に照らして歴史を区分することはできる。それらは、それらが糾弾するものをすべて、もはや存在しないようにすることしかできない。そしてこうした諸構築の哲学的な稚拙さとはまさしく、われわれに人間本性についてのしかじかの他の考えよりも、むしろしかじかのこの考えを呈示し、人間は行為する存在である、さもなくば思惟する存在である、としてしまうことなのである。思索の深さとは、厳しさである。そして第一哲学において問われうる唯一の厳しさとは、存在論的な厳しさである。存在論的な厳しさは、いわれのない諸々の主張や、誘惑的ないしは雄大な諸々の対立を、あやまたず遠ざける。メーヌ・ド・ビランの哲学は、観想ないし思惟の哲学に対立するひとつの行為哲学なのではない。それは行為についてのひとつの存在論的な理論なのである。メーヌ・ド・ビランの哲学の独自性、その深さは、コギトをひとつの「われ能う」として、ひとつの行為として、ひとつの運動として規定したことにあるのではない。それはこの運動の、この行為の、この力能の存在がまさしくコギトの存在であることを、肯定したことにあるのである。

　このテーゼの存在論的な帰結は、計り知れない。運動の存在が主観性の絶対的内在の圏域に帰属すると主張することによって、メーヌ・ド・ビランはわれわれに、それによって運動がわれわれに与えられるところの認識の仕方についての、ひとつのまったく新しい理論を提示しているのである。この認識の仕方は、まさしく超越論的内的経験のそれである。それゆえ運動は直接的な、絶対に確実な仕方でわれわれに知られる。そして運動についての研究は、第一哲学の企投のうちに含まれるのである。また、もし以上のようなものが運動の根源的にして絶対的な存在であるならば、運動は知られるために主題的思惟の対象となる必要はなく、より一般的には、運動は如何なる仕方でも、これまで運動について思惟されえていた一切に反して、超越的存在の圏域には属さない、ということも分かるのである。運動の根源的存在は、構成されない。そしてもしわれわれが、今からこの基本テーゼの多くの諸帰結のうちのひとつに直面すべきであるなら、われわれはこう言うであろう。つまりこの基本テーゼのおかげでわれわれは、今からすでに、たとえばなぜ子供たちや人間存在一般が、自らの諸運動のことを思惟することなく、しかしそれでも自らの諸運動を知らないわけではなく、自らの諸運動を遂行するのかが、理解できるのである。それどころか、如何にしてわれわれが世界へのわれわれの諸力能を意のままにしうるのか、如何にしてわれわれは、ただたんにわれわれの諸運動を遂行しうるのみならず、そもそもまずわれわれの諸運動に合流しうるのかを理解するさいの困難が、すでに除去されているのである。われわれがわれわれの諸運動を遂行するとき、われわれは諸運動に合流しており、いかなる瞬間にもそれを離れない。われわれはつねに、たしかにわれわれがその独自性とその例外的性格とを示したところの或る知によって、諸運動について知らされている。なぜならわれわれは、これらの諸運動と一体になっているからであり、超越論的内的経験のあらわれ方というそのあらわれの仕方によって現象学的に規定されたこれらの諸運動の存在は、主観性の存在そのものだからである。同時にわれわれは、後者［主観性］の具体的な性格を理解する。われわれは、主観性がけっして抽象的なものではなく、けっして知性的なものではないということを理解し、主観性は世界をその思惟のなかで上空飛翔してしまうような哲学のやり方で世界を思惟するのではなくて、主観性は世界を変形し、主観性はひとつの産出であるということを理解するのである。逆にこの産出は、生物学的な生や力動的無意識や力への意志やエラン・ヴィタール［生の跳躍］や不確定ないし三人称の〈実践〉や何らかの昏い力、そういうものの事柄や働きではない。この力は「自覚的に（*sciemment*）産出的[3]」なのであり、それが知っている以上のことをけっして為さない。習慣や抑圧や他のすべての原因によって無意識になってしまったであろうような、このうえなく些細なわれわれの日常的な身振りでさえも、じつは超越論的主観性の透明性と絶対確実性との圏域に属しているのであって、この力の存在は、根源的真理の存在そのものなのである。

ビランのコギトは、けっしてデカルトのコギトには対立しない。「われ能う」を「われ思う」に対立させる必要などない。というのも反対に、努力についてのビランの分析の全体が、その唯一の本質的な結果として、この努力を主観性それ自身の一様態として規定しているからである。デカルトが研究した思惟は、多くの点で反省的思惟、諸対象についての明示的な思惟、すなわち延長の諸規定についての主題的な認識であると思われるかもしれない。しかし、たとえそうだとしても、たとえデカルトのコギトが反省的コギトだとしても、この反省の存在が運動の存在と同一であるということは、認められなければならないであろう。じっさい、意識の基本構造はつねに同じものであり、意識はつねにひとつの超越論的内的経験なのであって、われわれの生がそこにおいて表現される様態がどのようなものであろうと、われわれの生はこのような経験と一体となっているのである。反省はひとつの志向性であり、反省の存在を成すのは、あらゆる志向性の存在そのものである。反省的コギトと前反省的コギトの区別[2]は、曖昧である。いずれにせよ、反省は何であれ何かについての、たとえばエゴそれ自身についての主題的認識である以前に、まずもってひとつの超越論的内的経験であるということに、気づくべきなのである。そして反省についてのこのような根源的理解のうちにこそ、われわれは反省の存在が超越論的生の任意の他の様態の存在と、たとえば運動の存在と同一であるという主張の理由を汲むのである。このような同一視はけっして、運動が反省によって知られるということを意味しているのではない。このような結論をひとがわれわれに難じうるとすれば、それはただひとが、超越論的主観性の一規定としての反省がそれ自身、或るひとつの「別の」反省によって知られると想像している場合だけである。それどころか反対に、主観性のすべての規定はそれ自身において知られるのだから、まさしくこのような一規定である運動もまた、少なくともその根源的な存在においては、けっして思惟の媒介によって知られるわけではないのである。

かくしてわれわれは、メーヌ・ド・ビランとデカルトがわれわれに提示するコギトについての諸規定が、けっして対立するものではないということを理解する。ただ言えるのは、デカルトが反省のコギトを、すなわち超越論的内的経験としての反省を、あるいは不適切な言葉を用いるなら、あらゆる反省に内在してその存在そのものを構成する前反省的コギトを研究したのに対して、メーヌ・ド・ビランはコギトを運動の中で、あるいは運動に関して捉えた、つまり彼は、主観的運動の存在全体を成す超越論的内的経験を捉えたのである。ビランのコギトとデカルトのコギトとのこのような比較からひとつの教訓を引き出すべきであるとするなら、それは以下のようなものであって欲しいとわれわれは思う。つまり、「われ思う」と「われ能う」とは同じひとつの存在論的ステイタスを有しているのだが、このステイタスとは、主観性のステイタス、および主観性がその場となっている超越論的内的諸経験のステイタスだということである。この場について、この場の存在論的ステイタスについて、この場が自らをわれわれに顕示する現象学的な仕方について、二人の偉大なフランスの哲学者たちの意見は一致している。そして彼らの思索の根拠は、広大な現象学的還元の実行によって表現される共通の企投の構想であり、この共通の企投がめざすのは、主観性の存在論を建設すること以外のなにものでもない。われわれはただ、メーヌ・ド・ビランはこのような企投の実現において、デカルトよりもいっそうデカルトを動機づけていた第一哲学の諸要請に忠実だったのだと指摘しておかなければならない——この指摘は、以下のことに気づくとき、そのまったき重要性を帯びてくるであろう。つまりメーヌ・ド・ビランは、デカルト哲学の中心直観に或るラディカルな意義を与え、この直観が明るみにもたらしていた絶対的実存の領域の探査において可能なかぎり前進し、主観性の存在論の諸前提が彼の諸探究に割り当てていた輪柵を踏み越えることができるなどとはつゆ思わなかったからこそ、まさしくそれだからこそ彼は、このようにして彼の分析の発展を制限されるどころか、反対に彼の分析を深め、ついには主観的運動の「発見」にまで、身体についての存在論的な理論の構想にまで進むことができたのである。

デカルトは反対に、コギトが特権的領域を発見したばかりだったというのに、この特権的領域の諸構造を忘れ、身体について語る段になると、すべての真正の哲学が遂行する還元の一撃のもとに落ちざるをえないような超越的諸構築に身を委ねてしまう。したがってデカルトの身体論、われわれはいずれ［第五章で］この身体論に立ち返ることになろうが、デカルトの身体論にはもはや、メーヌ・ド・ビランの天才が建設しようとしていた身体論とは、何の共通点もない。そしてもしわれわれが気をつけていなければ、主観性に関するビランの存在論的諸理論をコギトについてのデカルトの考えに同化することによって――たったいま示したように、このような同化は完全に根拠のあるものとはいえ――主観的運動についてのわれわれの存在論的解釈において、われわれははなはだしい矛盾に巻き込まれるおそれがある。じっさいデカルト哲学においては、運動を主観的運動として規定することは、運動の真の存在を切断することを、あるいはこう言ったほうがよければ、運動の実在的存在をカッコに入れることを意味しよう。デカルトのコギトのただ中で運動に残るのは、すでに述べたように、運動についての観念のみである。実在的運動は別の所で、つまり延長において遂行され、かくして主観的運動は、この実在的運動の、それだけでは有効性に欠ける内的な意図でしかないということになる。実在的な運動が遂行される場所、それは身体［物体］なのである。デカルト哲学や他の多くの諸哲学においてこのことが意味するのは、運動は超越的存在に属し、超越的存在の一規定であるということである。たしかにひとは、相互外在性の等質的な場としてのデカルト的延長の本質について、相互外在的ナ（*partes extra partes*）物体観について、このような場の内部で遂行されるかぎりでの運動の本性に関してこの物体観から帰結する諸結果について、議論することはできる。しかしながら、機械論を告訴するだけでは十分ではない。身体［物体］が超越的存在の一要素であるかぎりは、運動について力動的［動力学的］な解釈をしようと、構造［論］的な解釈をしようと、このような考えの本質には何ら変わるところがないであろう。

反対に主観的運動についてのビランの規定は、デカルトの身体観のラディカルな批判となっている。なぜならこの規定は、運動についての観念をではなくて、運動の存在そのものと実在とを超越的存在の圏域から奪い取ることによって、もはや身体についての観念をではなくて、実在的身体を、ひとつの主観的にして超越論的な存在として定義しているからである。次のことをよく見ておかなければならない。つまり根源的真理をひとつの存在として、超越論的エゴを論理的主観や無としてではなく、ひとつのスム［われ有り］として考えた哲学にのみ、主観性の規定というこのような作業を完成し、存在論的かつ根源的な認識に身体の名を与えるという見かけ上の不条理を前にしてもひるまないという可能性が、与えられるのである。じっさいその存在論的な展開において、ビランの思索の原理にある直観とは、このようなものである。つまりそれは、主観性の圏域であるような独自の実存圏域を認めることであり、エゴの存在と同一のものとしてあらわとなるこの主観性の存在を、或るひとつの現象学的存在論のなかで考えることであり、エゴの諸構造を存在論的認識の諸構造および存在として理解することであり、エゴの存在であるところの存在論的認識の存在を、身体の存在そのものとして規定することであり、最後に、存在論的認識とこの身体それ自身の存在論的本性とが同一だと［みなすと］いうことである。

身体についての理論と全体において考察されたビランの存在論とが連帯しているということが、このようにしてはっきりしてくる。ちなみにわれわれはこの連帯性を、『試論』の主要な諸主題のひとつを構成している問いのうちに発見する。その問いとは、「われわれがわれわれの自己の身体について持つ認識の起源」(4)についての問いである。身体――すなわちメーヌ・ド・ビランにとっては、その遂行のうちに感じられる運動、努力の感情――は、或る認識様態によってわれわれに与えられるのだが、まさにこの認識様態をこそ規定しなければならない。そして身体についてのわれわれの本元的な知ということの問題は、同時に身体の存在論的本性についての問題でもある。というのも、現象学的存在論においては存在は、ただそれがわれわれに与えられる仕方によってのみ規定されるからである。一体をなすこれら二つの問題に対するビランの回答は、こうである。つまり身体は、或るひとつの超越論的内的経験のうちでわれわれに与えられるのだということ、身体についてわれわれがもつ認識はこのように、真にひとつの根源的な認識なのだということ、したがって身体の存在は、このような超越論的内的諸経験が可能であって、実際に遂行されているような存在論的領域に属している、すなわち主観性の圏域に属しているのだということである。身体の現象学的な存在、すなわち身体の根源的で実在的で絶対的な存在は、このようにひとつの主観的な存在なのである。それと同時に、身体の絶対的内在が肯定される。このような肯定は、身体はその根源的な存在において何か超越的なものであるという前提、そのような前提によって支配されている一切の諸分析を拒絶することを含意している。この前提は、暗黙の前提であることがきわめて多い。なぜなら自明とされているすべての主張のなかでも、身体はひとつの物であり、ひとつの構成された実在であり、世界の一部であるという主張には、おそらくは貴賓席が用意されているからである。根源的身体が超越論的主観性の絶対的内在の圏域に帰属するということ、このことが意味するのは、身体に関する諸現象が、あるいはむしろ身体の諸現象が、「それ自身と直接的な認識関係のうちにある」諸事実の次元に属しているということである。したがってわれわれは、以下のようないくつかの決定的な諸成果を定式化するように導かれる。

(1) 運動はそれ自身によって知られる。運動は他のものによって、たとえば反省のまなざしによって、あるいは運動に向けられるであろうような任意の志向性によって知られるのではない。運動とわれわれとのあいだには、いかなる現象学的隔たりも介在しに来ない。運動はけっして超越的なものではない。

(2) 運動はわれわれによって所有されている。われわれの身体は、世界に対してわれわれが持つ諸力能の総体なのである。しかし如何にしてこれらの諸力能は、そもそもまずわれわれの力能の内にある［すなわちわれわれの意のままになる］のだろうか。如何にしてこれらの諸力能は、真にわれわれのものなのだろうか。如何にしてわれわれは、これらの諸力能を実際に活動させ、それらを媒介として諸事物に近づくことができるのだろうか。われわれが諸対象を奪おうとするか、諸対象を回避しようとするかに応じて、このような接近の性格がポジティヴなのであれ、ネガティヴなのであれ、どのような性格なのであれ。われわれがここで出くわす問題は、新たな問題構成を彫琢しなければ解決できないような、そのような新たな問題ではない。それはつねに同じ問題、ビランの分析の中心問題であり、すなわちわれわれの身体についての根源的認識という問題なのである。われわれの自己の身体についてのコンディヤックの理論[3]を批判することが、メーヌ・ド・ビランにとって、彼の基本的諸テーゼを定式化するためのひとつの新たなる機会となっている。コンディヤックの人間は、多様な諸感覚によって触発される。しかし諸感覚は、それらを特定の部位に局在化することをわれわれに許してくれるようないかなる性格も、自らのうちに担ってはいない。コンディヤックによれば、われわれを押してこれらの諸感覚を超え行かせ、諸感覚の背後に、諸感覚が指示し、諸感覚がそのなかに場所を占めるような実在的なものを規定させるのは、固体性の感覚であり、手がこの固体性の感覚の器官である。われわれの手は、われわれの身体の様々な諸部分に適用されて、固体性の感覚を通して少しずつ、われわれの身体の存在とわれわれの身体の実在的諸形式とをわれわれに顕示してくれる。このようにしてわれわれの手は、われわれの自己の身体についての認識の道具なのである。しかし根源的身体は、このようにしてその諸部分がわれわれの手の移動によって画定されるような身体ではない。それどころかむしろ根源的身体は、まさしくわれわれの身体や他の諸事物に適用されてそれらの輪郭を限定するかぎりでの、この手それ自身なのである。われわれの根源的身体の本性の問題、すなわち、たとえばわれわれの手についての根源的認識の問題を、コンディヤックは完全に黙過している。かくして彼の理論は、ひとつの広大な循環でしかない。というのも彼の理論は、それが説明すると主張する当のものを前提しているからである。コンディヤックによれば固体性の感覚の器官であるところの手、その手は、われわれにわれわれの身体の諸部分を規定させてくれる道具である。「しかしこの道具それ自身は、そもそもまず、如何にして知られるのだろうか。」

見てのとおり、これは決定的な問い掛けである。そしてこの問い掛けは、やはりコンディヤックに対して、相変わらず手に関してメーヌ・ド・ビランが立てている、以下のような別の問いに連れ戻される。すなわち「如何にして任意の運動器官は、知られることなく、つねに導かれたのであろうか。[5]」手の運動はたぶん、それが構成されないという意味では、知られない。しかし、もし手の運動がわれわれによって導かれうるなら、それはわれわれが手の運動について知らされているからであり、われわれが手の運動に関して或るひとつの本元的な知を所有しているからではないか。そしてそのような本元的な知とはまさしく、いかなる現象学的隔たりも介入することなく、いかなる構成も行われることのないような類の知ではないのか。手の運動は世界のうちで把捉されることなく知られ、それはこの運動の存在そのものと一体となった超越論的内的経験において直接的に与えられる。手の運動は構成されるのではないのだから、それはひとつの超越論的経験なのだから、手の運動は客観的空間や任意の超越的な場のなかでの移動とは、何の関係もない。根源的にして実在的な運動とは、ひとつの主観的な運動なのである。同じくこの理由ゆえに、手の運動は私の力能のうちにある［すなわち私の意のままになる］。それは、たとえば諸対象が私のものであるようなひとつの力能の影響力に服するという意味においてではまったくなくて、手の運動がそれ自身この力能であり、手の運動がそれ自身諸事物に影響力を及ぼすものであるという意味においてである。したがって主観的運動というテーゼは、以下のような帰結をも有することになる。

(3) 運動は、エゴと世界のあいだのひとつの媒介者なのではない。運動はひとつの道具ではない。ひとはしばしば、身体は世界に対する私の行為の道具であり、私が私に都合のよい方向に世界を変様させうるのは、身体を媒介にしてであると言うことによって、身体を特徴づけている。さらにひとは私の身体について、それは世界に対する私の力能の「乗り物」だとも言う。なるほどひとはこの「道具」、この「媒介者」、この「乗り物」の存在について、詳しい説明を与えないよう、よく気をつけてはいる。これらの言葉によって理解しなければならないのは、おそらくは自明のものである。しかしひとは、なぜ各人がこの点に関してはどのようなものだけで満足しておくべきかを実際に知っているのか、なぜ或る人間存在が任意の行為を遂行する運動が彼にとって何の問題も立てないのか、こうしたこともわれわれに述べてはくれない。もし私が私の諸運動のことを考えることなく諸運動を遂行するのであれば、それはこれらの諸運動が機械的であったり無意識であったりするからではなくて、諸運動の存在がすっかり主観性の絶対的透明性の圏域に属しているからなのである。魂と運動とのあいだに、媒介者は存在しない。なぜなら両者のあいだには、隔たりも分離も存在しないからである。したがって魂は、その諸運動を遂行するために、どのような媒介者も必要としない。魂と、それによって魂が世界のなかで行為するところの諸運動との、これら両者のあいだの媒介者たるかぎりでの身体など、存在しない。そんなものは反省的思惟の虚構でしかない。子供たちはしかじかのことを為し、しかじかの結果に到達するために彼らが活動させなければならないであろうような諸手段の総体としての身体のことなど、けっして意識しない。われわれの諸行為は、われわれがひとつの手段としてのわれわれの身体に訴えることなく、遂行されるのである。それゆえわれわれは、けっしてこのような手段やこのような身体について反省する必要などない。われわれにとって身体は、けっして一箇の問題でも、問題を解くための一要素でもない。われわれの諸運動は自発的に、自然に遂行される。われわれの諸運動は、それらをわれわれが行使するのに役立つような「諸道具」など、有してはいないのである。「魂はその意欲の対象のことや、意欲を行使してくれるはずの諸道具、魂の知らない諸道具のことを、前もって考えたりなどしない(6)」とメーヌ・ド・ビランは述べている。かくしてエゴは、世界に直接働きかける。エゴは身体を媒介にして行為するのではない。エゴは諸運動を遂行するさいに、いかなる手段にも訴えない。エゴはそれ自身、この身体であり、それ自身この運動であり、それ自身この手段なのである。エゴ、身体、運動、手段は、唯一にして同じひとつのものでしかない。そしてこの唯一同じものは、きわめて実在的なのであって、無意識の夜のうちにも無の空虚のうちにも溶解されない。それはひとつの存在であり、この存在は、超越論的内的経験においてわれわれに与えられるすべてのものの存在である。この存在は、エゴの存在そのものなのである。

　身体はひとつの道具ではない。なぜならわれわれが道具と呼ぶものは、つねにそれを利用する何か別のものに奉仕しているからである。利用というこのような関係において、自らに奉仕させるために身体を利用するであろうこの何か別のもの——すなわち主観、思惟など——は、仮定により、自分とは異なるひとつの実在としての、すなわちひとつの超越的実在としてのこの身体について、或るひとつの認識を持っていなければならないことになろう。ひとつの道具となるとき、身体の運動はもはやわれわれには、超越的経験においてしか与えられない。その場合、思惟の主題はこの道具であって、もはや思惟が遂行したいと欲している行為もしくは運動の目的ではないことになろうが、それは不条理である。なぜなら、主観が彼の行為の手段をも目的をも同時に思惟しうると想定してみたところで、だからといってそれで主観がこの行為を遂行するわけではなく、主観はたんに行為を表象するだけで、主観は彼の目的およびその目的に達するための諸手段を表象しはするであろうが、しかし行為しはしないであろうからである。目的や手段についてのこのような思惟は、たしかに存在する。しかし運動についての思惟は、運動ではない。運動は、運動についての思惟に対しては、ひとつのまったく新しい現象なのであって、問題とされているのはまさしくこの現象なのである。それゆえわれわれの行為の道具としての身体についての考えは、運動についてのわれわれの表象の一要素ではあっても、けっして実在的運動それ自身についての理論に成り変わることなどできないのである。

かくしてわれわれには、主観的運動についての存在論的理論が、運動を運動についての観念に還元するどころか、反対に運動の実在性とわれわれの身体の実在性との唯一可能な根拠をわれわれに考えさせてくれるのだということが、ますますはっきりと見えてくる。身体は魂と宇宙への魂の行為とのあいだにある媒介者などではないと主張すること、それは、身体の実在性を否定することではない。それは、構成された身体——それについてはいずれふたたび話すことになろう——はわれわれの根源的身体ではなくて、反対に根源的身体の存在はあらゆる構成を免れ、構成の力能それ自身と、構成が遂行される場と同一化されるのだと言うことなのである。このような条件においてのみ、身体は実在的に宇宙に働きかけることができる。つまり身体は超越的な塊——たとえば諸神経や諸筋肉の——ではない、という条件においてである。このような塊についてなら、如何にして絶対的主観性がそれを始動させ、そのようにして世界のうちに任意の移動や変様を産出することができるのかが、まったく分からない。行為において絶対的主観性とその世界とのあいだに或る道具ないし媒介項が介在しに来ることを否定すること、それは、身体の絶対的内在というテーゼ——この絶対的主観性の存在とわれわれの根源的身体の存在とのあいだに何らかの分離を確立する権利を、まさにわれわれに拒まねばならなかったテーゼ——に、そのラディカルな意義を与えることである。それは、どうして運動の存在が「われわれに最も近い」という条件においてのみ、この運動が観念における運動としてではなく、実在的運動として可能になるのかを、理解することである。それは、この運動がわれわれのものであり、われわれがこの運動に合流し、この運動を所有するようになることができ、最後にわれわれが、運動とともに始まり運動とともに終わるような、運動についての或る内的な認識をもつことは、如何にして可能なのかを理解することである。われわれがこの運動を所有するようになるのはなぜなら、じつはわれわれがけっして運動から離れないからである。運動が遂行されているあいだ、われわれは運動を知っており、この認識は完全なものである。なぜなら運動の存在とは、その存在全体がまさしくわれわれに与えられることであるような、それもひとつの超越論的内的経験においてわれわれに与えられることであるような、そのような現象学的実効性だからである。この運動がわれわれのものであるというのはなぜなら、このようにして定義されたこの運動の存在が、エゴの存在そのものだからである。エゴの生は、そのすべての諸様態とすべての諸規定とにおける超越論的主観性の生そのものにほかならない。最後にこの運動は、主観性の実在性としての絶対的実在性によって実在的である。そしてこの運動をたんに表象されただけの運動に対立せしめているのは、まさにこの運動が、たんに表象されただけの運動のように超越的存在の圏域に属しているのではない、ということである。以上が、運動の存在は主観的存在であると言うことにおいてある意味のすべてである。

　根源的身体の絶対的内在という主張は、因果律に関するヒュームの諸テーゼを問いに付すさいの原理を構成している。ビランの批判は、ヒュームによって申し立てられた諸命題を逐一論駁することにあるのではない。それは、われわれの因果律の起源を規定し把捉するためにヒュームがなした試みがその内部で為されているような哲学的諸地平を破壊すること、すなわちそのような諸地平を開明することなのである。それゆえにこそこの批判は、じつはひとつの存在論的探究なのである。この探究は、どのような次元においてヒュームが彼の諸問題を立て、諸問題を解決したり陳述したりするさいに介入してくる様々な諸要素を位置づけているのかを、われわれに示そうとする。またこの探究は、如何にしてヒュームがぶつかり、彼がいわば諸事物の本性のうちに含まれているがゆえに決定的なものとしてわれわれに与えたいと思っている失敗が、じつはこれらの諸問題と、これらの諸問題をそこにおいて解決すると主張している存在論的諸次元とのあいだに存在する不適合に由来するのかを、われわれに示そうとする。このように存在論的開明が欠如しているからこそ、まさしくヒュームは運動に関して、ビランが『試論』のなかで定式化しているような諸テーゼとは正反対の諸テーゼを主張するはめになるのである。

　そして何よりもまずヒュームにとっては、運動は自己によっては知られない。このテーゼは、結果はその原因のエネルギーのうちには予見されえないという主張によって、彼の用語法の曖昧さを通して表現されている。この用語法は、外的諸現象についての記述から発源しているように思われる。ひとつの客観的過程が或る初期状態に分解され、この状態が或る最終状態の原因であると言われる。しかしこの最終状態を考察するとき、そこにはそれを因果的に規定するとみなされていた最初の状態は見出されない。あるいは逆に原因を分析するとき、なぜその原因にしかじかの結果が後続するのかが分からない。ゆえに因果性の観念は、別のところから来るに違いない。そこでヒュームは別の過程に直面すべく導かれるのだが、不幸なことにヒュームは、このような過程の記述については、その内部でこのような記述が正確に行われうるような存在論的地平を、手中に収めてはいない。この別の過程とは、まさしく身体的運動の過程なのである。デカルト的二元論の重い遺産を担うヒュームの分析は、この身体的運動の過程を、運動を遂行しようとする意志ないし欲望という第一の位相と、それに対応する物質的過程のうちにある第二の位相とに区分する。欲望や意志を吟味したところで、そこにヒュームは、われわれにそれを後続する物理的運動の原因と呼ばせてくれるようなものを、何ひとつ見出さない。したがってここでもまた、「結果はその原因のエネルギーのうちにはけっして予見されえなかった[7]」のである。たしかにわれわれは、すべての自然的諸過程を経験するのと同じように、身体的諸器官への諸意欲の影響を経験する。しかしわれわれのすべての諸運動の遂行の原理においてあるこの影響は、われわれにとって神秘的である。「われわれは、このような働きについて直接的感情を持つどころか、かくも並外れたこの働きを遂行する効力的な諸手段を、永久に知ることのない定めにある[8]。」

この最後の一節は、特に重要である。なぜならこの一節において、われわれは運動についての直接感情をもたないと主張するテーゼと、この運動がそれによって遂行されるところの諸道具についてわれわれがまったく無知であることを立てるテーゼとの連帯性が、明らかになるからである。それどころか、このような諸道具についてのいかなる認識もわれわれが有していないからこそ、運動についての直接感情はわれわれに与えられえないとヒュームが主張するのだということが、明らかとなる。どうして自然という超越的存在しか知らない経験論的存在論のなかで、このような直接的運動感情を正確に解釈することができるのか、すなわち主観的運動のために場所があるのか、それはたぶん分からない。主観的運動を正当に評価し、その基本的な役割を認めうるためには、内的生についての経験論的な考えではなくて、主観性の存在論を手中に収めていなければならないであろう。内的生についての経験論的な考えとは、外的諸関係によって結合された諸存在で満たされた超越的な場に、内的生を同化してしまうような考えである。しかしながらヒュームが申し立てている論拠が、われわれの行為の諸道具に関するものであるということ、すなわち諸々の超越的な塊の総体とみなされた身体、「われわれの四肢の諸運動において意志が活動させるとみなされている諸神経や諸筋肉の内的な働き[9]」とみなされた身体に関するものであるということは、意味あることである。われわれはまさしく、われわれの諸運動の遂行のうちにはいかなる道具も介入しないということを、われわれが解剖学者や生理学者の身体を知らないことこそがまさしく、われわれの行為が生じうるための条件なのだということを示した。われわれの行為はひとつの主観的経験として遂行されるのだが、この主観的経験が諸神経や諸筋肉の働きと無関係なのは、われわれの根源的身体が三人称の過程とも、それを支える物質的諸要素とも無関係なのと同じである。「解剖学者や生理学者が認識しうるようなわれわれの諸器官の位置や働きや諸機能についての表象的認識と、これらの諸機能に対応する実存についての内密な感情とのあいだに、どのような種類の類比があるというのか[10]。」

　そこでもしひとが、われわれの諸運動のうちのひとつの遂行を説明するために、あるいは記述するためだけでも、ヒュームが持ち合わせている諸要素を調査してみるなら、ひとはこの英国の哲学者が、本当はあまりにもわずかの要素しか知っていないことに気づく。なぜならきわめて厳密に言うなら、彼はこのような諸要素を、何ひとつ知らないからである。われわれの諸運動の諸道具を、彼はまったく知らない。そしてこの点では、道具という言葉がそのうちに超越的意義を担っているかぎりは、ヒュームに理ありとせざるをえない。しかし彼は、他方ではいかなる主観性の存在論も手中にしてはいないので、遂行されつつある運動についての感情もやはり知らず、かくして彼は、彼自身が仕掛けた罠に自らをはめる機会を、メーヌ・ド・ビランに与えることになるのである。なぜなら、もしわれわれが本当にわれわれの諸行為の諸道具を知らないのなら、なぜわれわれがそうした諸道具を、少なくとも探したり認識したりしようと思うのかが、分からなくなるからである――もしわれわれが別のルートで、まさに遂行中のこうした諸行為についての感情を有しているのでないなら。われわれの運動については、「いかなる仕方でも諸手段を知らなくても、われわれは感情をもつことができる。[11]」このテキストは、根源的身体の問題についてのビランの思索の本質的なものを含んでいる、決定的なテキストである。それではヒュームには、何が残るのだろうか。ヒュームの観点からは、如何にして人間は行為することができるのだろうか。如何にして人間は、自らの諸運動を所有し、意のままにすることができるのだろうか。人間は自らの諸運動についての感情を有してはいない。そしてもし諸手段や諸道具について語りたいなら、人間はそういったものを知らない。ごく厳密に言うなら、ヒュームは運動を遂行したいとおもうわれわれの欲望や意思について語ってさえならないということになろう。というのも彼は、自我の心的諸状態が自我に帰属することを説明しうるいかなる理論も、持ちあわせてはいないからである。ひとは、ヒュームにとって行為する者は、少なくとも彼の行為の諸結果を自然的諸現象として知っている、とでも言うのだろうか。

経験論のみならず、次のようなすべての哲学の完全な破産が、まさにそれらが勝ち誇るべき領分において、ここでわれわれに暴露される。次のような哲学とは、運動をひとつの超越論的内的経験にすることのないようなすべての哲学、すなわち運動を根源的にエゴの生そのものの一様態として規定する諸手段を持ちあわせていないようなすべての哲学である。もしひとが、われわれの諸行為によって世界のうちに産出された諸結果を考察するなら、これらの諸結果は、諸々の自然的な出来事としてわれわれに現われる。諸結果は自然という超越的存在に帰属し、この観点においてはこれらを他の任意の空間‐時間的現象から区別しうるものがまさしく何であるのかが、まったく分からなくなる。客観的移動としての私の手の運動は三人称の運動であって、この運動をエゴに結び付ける依存関係、この運動をしてまさしくエゴの行為の「結果」として現われさせるべき関係は、どこまでもまったく神秘的なままである。このような運動、例えば紙の上にこれらの文字を書いている私の手の運動と、外に落ちるのを私が眺めている雨の運動とを区別する原理は、はたしてどこに存しうるのだろうか。これら諸運動の、他方よりもむしろ一方をエゴに結び付けることを私に許しているものは何か。前者は私の行為の結果だが、後者では事情がちがう、と私に言わせているものは何か。自己の身体の運動についての理論が満たさなければならない最初の条件は、私が自ら遂行する運動についての、私のものであるところの遂行中の力能についての、このような感情を説明することができるということである。この要請がまさしく満たされうるのは、運動が根源的かつ直接的に、エゴそれ自身の具体的生の一規定として知られ、生きられる場合のみである。このような絶対的内在の圏域を離れるや否や、運動はもはや宇宙の任意の出来事に同化されうるような、疎遠な一現象でしかない。そしてもし、それにもかかわらず自我から流出するものとして、自我の行為の「結果」として構成されるような超越的運動が存在するのであれば、このような構成はまさしく主観的運動の根源的存在のうちに見出されるような或る根拠を要求することが、われわれには分かるだろう。私の身体の力能が問題とされるとき、根源的視点に身を置いて、次のように言うことがどこまでも真であり、必然なのである。つまりこの「力能は、われわれが運動的存在の場所に身を置くかぎりにおいてのみ知られ、予感される。努力や運動は、われわれがそれを帰属せしめる存在からわれわれが完全に身を引き離すかぎりにおいてのみ、表象される。かくしてこの存在は、それが対象もしくは異他的現象として知られるというまさにそのことによって、その原因において感じられることはできないし、したがってまた、この存在の原因がこの存在において知られ、この存在がそれ自身知られるようにこの存在の原因が知られるということも、ありえないのである。[12]」

それゆえメーヌ・ド・ビランの眼には、問題はひとつの存在論的な問題である。運動をその根源的存在において、超越論的主観性の圏域へのその帰属において規定してしまうのでないかぎりは、また「感じられる」かぎりでの運動のこのような根源的なエレメントと、他方、世界という超越的領域のなかで自らをわれわれに顕わす構成された運動の存在とを、厳密に乖離させてしまうのでないかぎりは、ひとはわれわれの自己の身体の運動を分析するさいに、ヒュームのように混乱から混乱へと行き交うことしかできないのである。しかしそれは恐らくヒュームだけでなく、この問題を正確に立てることを唯一われわれに許可しうるような存在論的諸地平を持ち合わせることなくこの問題に着手した、ほとんどすべての哲学諸体系の為しているところでもある。ヒュームの分析は、一度も明示化されたことがなく全面的な存在論的昏さに浴している哲学的諸前提の内部では、精確なのである。「このような表象しか考慮しないなら、そして意志がその原因であると想定されるような結果として外的運動を考察するなら、力能は結果においては認識されえず、逆モマタ然リ（*vice versa*）と言うことは、たしかに正しいのである。なぜならこれら二つの考えは、一方がもっぱら内官（sens intérieur）に、他方が外官（sens extérieur）に基づくからには、異質だからである。」「努力の主体が自らを運動の原因として内的に覚知する」のは、「因果性の原初的関係の両項のあいだの等質性」を再確立することによってであり、「意識の事実のうちに」帰ることによってである。そしてもしヒュームが、産出の力能として自らを直接的に自己自身に顕示する努力、そのような努力の実在を認めなかったとすれば、それは彼が、運動の存在がその内部で根源的にわれわれに与えられるような主観性の実存圏域についての存在論を、持ち合わせていなかったからである。「もし彼〔ヒューム〕がこの原因〔努力する自我〕の実在を認めることを拒むとすれば、それは彼がこの原因を、この原因のものではない観念のもとで、あるいはこの原因の宿る固有で直接的な感官には疎遠な何らかの能力によって、考えたいと欲しているからである[13]。」

　運動の根源的存在がひとつの超越論的内的経験においてわれわれに与えられ、それ自身によって知られるという主張は、ビランの思索にその独自の性格を授け、この性格ゆえにビランの思索は、経験論からも主知主義からも等しく遠ざかっている。経験論および主知主義というこれら二つの哲学においては、じっさい、運動はそれ自身とは別のものによって知られるとされている。前者では、それは筋肉感覚によってであり、後者では、それは知性によってである。しかしながら主知主義は、筋肉感覚を捨象するわけではない。主知主義の心理学は、ひとつの経験的心理学である。主知主義はこの〔経験的〕心理学が出来上がったものではないということを、またわれわれが従事しているケースでいえば、筋肉感覚がわれわれに運動を知らしめるというその意義を持ちうるのは、筋肉感覚がカテゴリーの作用に従う場合のみであるということを、示すだけで満足している。このようにして主知主義が再構築しようとする運動は、じつは運動の表象でしかなく、運動の存在と運動の根源的認識についての問題とが、主知主義には完全に欠落しているのである。

　ビランは古典的心理学の諸々の考えに反対しつつ、運動についての解釈を深化させていった。しかしながらこのような深化は、われわれがまず古典的心理学の諸々の考えに真に哲学的な意義を付与しうる場合にのみ、実在的なものとなる機会を得るのである。どうしてそのようなことができよう、J・ラニョに問い合わせるのでなければ。けだしラニョこそはフランス新カント主義者たちのなかで最も深い人であり、そのうえ彼は長いあいだビランの諸テーゼを省察してきたのである。われわれとしてもはるかに劣った諸手段によって、ビランの諸テーゼを再考しようと努めてはいるのだけれども。『知覚についての講義』においてわれわれは、筋肉感覚の問題および運動の問題についてのその明示的な議論に、特権的な出会いをする。そしてこの特権的な出会いのおかげで、どこまでラニョの天才がビランの努力哲学についての理解を押し進めていたのかが、われわれに示されるであろう。しかしそれだけではなく、この理解の諸限界がどのようなものであったのか、十九世紀末のフランスの哲学的地平においては如何にしてこのような諸限界が必然的に引かれなければならなかったのか、最後に、このような諸限界が心理学一般の発展においても身体や運動についての理論の発展においても、どのような諸帰結を巻き込もうとしていたのかも、われわれに示されるであろう。

『知覚についての講義』が「行為の感情」を主題として確立している議論は、その全体が、運動はわれわれが超越論的内的経験と呼んだものであるか否か、という問いのまわりをめぐっている。そしてこの議論は、二重の方向に展開されている。第一の時期においてラニョは、彼の立てる「ひとは自らの行為を感じうるか」という問いに対して、肯定的に答える必然性を理解している。ためらいは、ただちに表明される――「自らが行為するのを感じることに、矛盾はないだろうか。こうむった変様を体験するというのでないなら、感じるとは何なのだろうか」――。このようなためらいにもかかわらず、彼はこれらの問い掛けの直後に、こう肯定している。「しかしながら、われわれはわれわれの行為をきわめてよく感じる。」このような立場表明は、ビランの或る論証から帰結しているのだが、ラニョはこの論証のすばらしい厳密さを、他の誰にもまして理解したのである。この論証は、運動は筋肉感覚によって知られうるであろう、つまりそれ自身とは別のものによって知られうるであろうというテーゼを、決定的に斥ける。われわれの諸筋肉において生じる諸変様をわれわれに知らせる筋肉諸感覚は、この諸変様の起源がどのようなものであれ、諸変様がわれわれの意欲の結果であろうと、外的原因の結果であろうと、同じものである。この諸変様がまさしくわれわれの行為の結果としてわれわれに現われうるためには、諸変様はこの行為についての観念に関係づけられるのでなければならないが、この観念は、他の所からわれわれにやって来るに違いない。「行為が或る結果を産出するという観念がこの結果の感覚に結び付けられるためには、この行為が、行為の結果によって顕示されるのとは別の仕方でわれわれに顕示されるのでなければならず、行為はそれ自身においてわれわれに顕示されるのでなければならない。[14]」

まことにこれはビランの思索についての、すばらしい註釈である。しかしラニョはいかなる主観性の存在論も持ち合わせてはいないというのに、どうして運動、行為、あるいは努力がそれら自身によって知られるなどと、主張しうるのだろうか。彼は新たにフランスに導入されたカント的パースペクティヴにおいて哲学し、このパースペクティヴにおいては経験的心理学のためにしか場所がないというのに、どのような知的動機づけによって、彼は心理学をひとつの超越論的現象学にするように導かれるというのだろうか。そのときが『知覚についての講義』の分析の、第二の時期である。この時期においては、われわれはラニョの思索が、運動を超越論的内的経験とみなす理論のおかげでのみ彼の思索が示すことのできた諸点を保持しようとしつつも、超越論的内的経験としての運動の理論からは完全に遠ざかっているのを見る。われわれはわれわれの筋肉的行為についての感情を持つと主張した後で、ラニョは、まったくそうではないと言明する。「われわれは、自らが能動的［行為的］であると感じるのではなくて、そう判断するのである。」われわれが原因である運動、そのような運動を産出しているということについてわれわれが持つ感情を筋肉感覚が説明できないのは、われわれが直接経験においてこのような運動の顕示を有しているからではなくて、筋肉感覚に或る判断が付け加わり、この判断が筋肉感覚に、われわれがその原因であって、動的であると感ずることとは、次のように判断しつつ、或る諸変様を体験することである。つまりこれらの諸変様は思惟から帰結し、必然的に思惟から帰結し、諸変様は思惟の諸結果であり、思惟とこれらの諸変様とのあいだには因果性の関係が、つまりそれを考えそれを肯定することが思惟に課せられるような必然的な関係が存在する、という判断である。行為についての観念は、因果性の観念を含む。因果性の観念は、必然性の観念を含む。ところで必然性は感じられえず、それは［そうで］有らねばならぬと肯定されるのである。」(15)

まず、この解決を定式化するテキストがどれほどすばらしいものであろうとも、この解決は解決といえるようなものではないということを、示しておこう。メーヌ・ド・ビランにとってと同様、ラニョにとっても問題なのは、われわれが或る運動を遂行するとき、われわれの諸筋肉に生ずる諸変様を翻訳するとみなされる諸感覚が、われわれの行為の諸結果として規定されるのはなぜなのか、またこのようにしてこれらの諸変様が、類似してはいるが、しかし今度はもはや主観の意欲の諸帰結ではないような筋肉諸感覚から区別されうるのはどうしてなのか、ということであった。ラニョの回答は、第一のケースでは筋肉感覚には、それがまさしくひとつの結果であるという観念が結び付いている、というものである。つまりその観念とは、この感覚がこの場合、或る因果関係によってわれわれの意欲に、またわれわれの思惟の諸規定に結び付いている、ということを表現するような観念である。しかしながら、なぜこの因果性の観念は、行為するのが実際に私であるケースでは、筋肉感覚に適用されて筋肉感覚を私の意欲の結果として現われさせ、そして別のケースでは、たとえば或る外的原因が意志的運動が規定したのと同じ筋肉諸感覚を私のうちに産出したときには、そうでないのか。ラニョが持ち合わせている二つの要素――筋肉感覚と因果性の観念――は、両ケースで同じものである。前者〔筋肉感覚〕は仮定によりそうであり、後者〔因果性の観念〕はそれがつねに自己同一的なひとつの普遍的観念だから、そうである。それなのになぜわれわれは、これら二つのケースを差別して、あるときには行為するのはわれわれだと言い、あるときにはそれはわれわれではなく、だから結果は他のものによってわれわれのうちに産出されたのだと言うことができるのだろうか。そこには二つの異なる判断がある。しかしこれら諸判断の真理とはどのようなものであり、これら諸判断の根拠とはどのようなものなのだろうか。もし私が行為するとき、この行為によって私のうちに産出された変様が或る外的原因の結果であると〔誤って〕私が判断するとすれば、私の誤謬の原理はどこにあり、誤謬はどの点に存し、如何にして私は誤謬を認めたり誤謬を避けたりすることができるのだろうか。そしてもし異他的な原因が私のうちに或る印象を産出するとき、私が或る判断によって〔誤って〕この印象を私から流出するような行為に結び付け、この行為を原因とし、この印象を結果とするならば、ここでもまた、如何にして私は私が誤っていることに気づきうるのだろうか。如何にして――もし私が私の行為それ自身について、或る根源的な認識を有しているのでないなら。もしこの行為がまずひとつの超越論的内的経験において私に与えられ、したがってこの本元的で絶対確実な知が、私の筋肉的諸感覚を私の諸運動に結合するような依存関係について私が下すであろうすべての諸判断の根拠となりうるであろうというのでないなら。私は私が行為すると判断するがゆえに、行為するのではない。そうではなくて、私は私が実際に行為するがゆえに、私が行為すると判断するのである。問題なのは私の実効的な運動なのである。そしてただ主観性の存在論だけが、そして主観性の存在論の内部では主観的運動についての理論だけが、如何にしてこの運動が同時にひとつの知であるのかを、したがってまた、如何にしてこの運動が、筋肉感覚によっても判断によっても知られるのではなくて、反対に、筋肉感覚をひとつの結果として措定するような判断の介入を可能ならしめる当のものであるのかを、われわれに説明することができるのである。

ラニョが主観的運動についての理論を［あからさまに］斥けた、というわけではない。そうではなくて、彼がその内部で哲学しているところの存在論的地平のせいで、彼にはこのような理論が、思いも寄らぬものだったのである。主観性の問題に関するカントの諸前提は、存在論的には欠如あるものだが、このような欠乏ゆえに、じじつラニョはメーヌ・ド・ビランの思索の基底を理解することができず、ビランの思索に関して、重大かつ有意義な或る歴史的にして専門的な誤謬をさえ犯さざるをえなかったのである。身体についての存在論的理論の建設およびエゴの存在の開明において、努力という現象がどのような中心的役割を演じているかを、われわれはすでに見た。努力という現象を註釈しつつ、ラニョはこう述べている。「彼〔メーヌ・ド・ビラン〕が筋肉的努力の感覚と呼ぶものにおいてこそ、彼によれば、自我のそれ自身への顕示が産み出される。」そしてもう少し先で、ラニョはこう付け加えている。「しかしメーヌ・ド・ビランが気づかなかったこと、それは、この認識は感覚とは呼ばれえないということである。われわれは、自らが能動的［行為的］であると感じるのではなくて、そう判断するのである。[16]」――これは重大な歴史的誤謬である。なぜならメーヌ・ド・ビランは、筋肉的行為についての感情を、けっして感覚とは呼ばなかったからである。[4] 彼の哲学全体がまさしく、行為についての感情は感覚から結果するのではないという主張、行為は主観性の圏域に属するかぎりで、それ自身と直接的認識関係のうちにあるひとつの事実であるかぎりで、それ自身において知られるのだという主張のうちに存するのである。このような認識様態が感覚という言葉によっては指し示されえないということ、このことはわれわれが引用したテキストのなかで、ビランが表明的に言明していたことである。われわれはここで、このテキストの本質的な命題を喚起しておく。「このような内的認識のために、ひとつの名が必要である。なぜなら感覚という名では、すべてを言い尽くすことはできないからである。[17]」──しかしながら、これは有意義な誤謬である。なぜならラニョがこのような誤謬を犯さざるをえなかったのは、確かに彼の無知や誠実さの欠如のせいではなくて、それはカント的パースペクティヴにおいては、感覚と判断という認識の二源泉しか存在しないからなのである。ラニョは、行為についてのわれわれの感情が筋肉感覚に還元されえないことを理解したので、それを判断の産物とするのを余儀なくされたのだが、それと同様に彼は、必然的に以下のように考えなければならなかった。つまりビランは、その一要素が知性的判断によって構成されるような、そのような複合的感情を努力のうちに見るような哲学からはラディカルに遠ざかったので、そこでビランはこの感情の存在を、感覚の存在に還元せざるをえなかったのだ、と。

したがって、ラニョの分析はひとつの深い矛盾に陥ってしまう。彼は「筋肉感覚を行為についての感情と混同してはならない」と述べ、これはまさしくメーヌ・ド・ビランが彼に教えたことだというのに、こう述べたあとで、このような混同を犯したといって、ついにはビランを非難するにいたっている。しかしながらこのような混同を犯しているのは、ラニョなのである。なぜなら筋肉感覚が行為についてのわれわれの感情の、唯一の要素ではないにしても、少なくとも決定的な一要素であり、行為の感情が誕生するのに不可欠な要素であり続けるのは、ラニョのパースペクティヴにおいてだからである。「この感情はわれわれ自身の一変様である」と彼は言う、すなわちそれは、彼のようなカント主義者にとっては、感性の受動的一変様であり、ひとつの感覚である。ただこのような変様だけでは十分でなく、この変様が「われわれがその原因であるという肯定に結び付けられている[18]」と言うことは、相変わらず正しいのである──わ

いてもつ根源的な認識においては、筋肉感覚は絶対にいかなる役割も演じていないと主張するのだが、『知覚についての講義』がわれわれに与える行為の感情についての説明においては、このようにしてじつは筋肉感覚が、ふたたび市民権を見出している。もしカント主義においては本当に、認識はつねに感性的経験的所与とカテゴリーという二つの項の共働の産物であるならば、どうしてこれ以外でありえようか。しかしながらこのような認識は、宇宙についてのひとつの主題的認識であり、このような認識が構成するのは、自然という超越的存在なのである。しかしながらこのような存在論のうちでは、エゴの存在はどこに場所を見出し、エゴの具体的生、彼の行為、彼の運動はどこにあるというのか。私が私の身体についてもつ認識が、世界のうちにはいかなる支点をも見出しえず、観念から生じうるのでもないとすれば、このような認識の起源はどこにあるというのか。行為するのは私であるということを、如何にして私は知りうるのか。私の努力についての感情、その直接認識は、どこから私に来るのか。私自身の生が私自身に与えられるというのでないなら、私が私自身の生でないなら、如何にして私は生きうるというのか。

このような諸々の問いは、第一哲学の占有物である。これらの問いに答えうるためには、カント的存在論を斥け、まずもって生の存在論、主観性およびエゴの存在論であるような存在論を、所有しているのでなければならなかった。なるほど私は、行為するのは私であると判断しはするし、このような判断は、私の精神のうちに因果性の観念が介入することを想定してはいる。しかし諸カテゴリーの超越論的演繹はまさしく、諸カテゴリーは宙に浮いているわけではなく、偶然にわれわれの精神を占めにやって来るのではないということ、諸カテゴリーはひとつの根拠を有しており、この根拠とはまさしくエゴの具体的生であり、エゴの行為、エゴの運動であり、一言でいえばエゴの身体なのだということを、われわれに示してくれた。ラニョの演繹を逆転して、必然性の観念は因果性の観念を想定し、因果性の観念は行為の観念を想定する、と言うだけでは足りない。さらに次のことも見なければならない。つまり、行為の観念は行為それ自身を想定するということ、われわれが行為の観念について語りうるのは、一瞬ラニョが理解したように、行為が「それ自身において顕示される」場合のみであるということ、したがって、根源的に主観性に帰属する運動の絶対的内在の理論のみが、後からたしかにわれわれが運動をそのもとで思惟しうるようになるような諸観念を、説明することができるのだということである。換言すれば、筋肉諸感覚をわれわれの諸行為の諸結果としてわれわれに感じ取らせてくれる自我の因果性、そのような自我の因果性は、因果性の観念というひとつの観念の媒介によってまず知られるのではなくて、この因果性は、観念である以前にひとつの力能であり、この力能はエゴの存在と同じ仕方でわれわれに顕示され、そのうえエゴの存在と一体になっているのである。

かくしてわれわれは、身体の根源的存在を、超越論的内的経験のただなかで志向性の自己顕示が遂行されるような領域に属しているものとして規定した。このような根源的真理の領域に属しているので、主観的運動の存在は、自己の自己への直接的顕示である。しかし、このような顕示において主観的運動の存在がそれ自身に現われるのは、現象学的隔たりの媒介によってではないし、超越的存在のエレメントにおいてではない。まさしくこの理由ゆえに、われわれは運動が直接われわれに知られることを肯定したのであり、本元的な知において筋肉感覚や他のあらゆる形式の媒介がいささかでも役割を演じることを否定したのである。本元的な知とは、われわれのものであり、われわれの身体についての知というよりはむしろ、この身体それ自身の現象学的な存在であるような知である。しかしあらゆる意識は何ものかについての意識であり、超越論的内的経験はつねに、ひとつの超越的経験でもある。もし運動が真にひとつの志向性であるとすれば、それは運動が根源的真理の遂行される場そのものだからであり、このような遂行によって、何かが超越的存在の真理のうちにわれわれに告知されもするからである。その場合にのみわれわれは、身体の存在は真に存在論的認識の存在であると主張したことが、正しかったのだということになろう。なぜなら身体それ自身の自己顕示においては、世界の存在もまたやはり、身体に顕現されることになろうからである。

しかしながら、運動は独自ノ（*sui generis*）志向性である。そしてわれわれに与えられる超越的項がこのような志向性の厳密な相関者であるとき、この超越的項はまさしくわれわれに、特殊な諸性格をともなって与えられる。こうした特殊諸性格の独自性を示すことは、大切なことである。われわれが運動によって接近するときに自らをわれわれに顕わすものは、ドクサ［臆見］的定立を含む志向性によって到達されるような他のいかなる超越的内容とも、いかなる点においても比較されうるようなものではない。運動は言葉の通常の意味での認識ではないのだから、すなわち運動はわれわれの理論的生の存在を成している志向性のような志向性を自らのうちに担っているのではないのだから、自らを運動に顕わすものは、けっして表象されない。ここでは超越的要素は、表象においてとはまったく別の仕方で生きられる。超越的要素が生きられる仕方はまさしく、いまエゴの生が身にまとう固有の仕方における、すなわち運動におけるエゴの生そのものなのである。

しかしながらもし運動が、たんに他の諸々の志向性にならぶひとつの志向性であるだけではなくて、エゴの生の最も深い志向性であり、したがって超越論的主観性の他のすべての諸規定のうちにふたたび見出されるような志向性であるということが示されるならば、それならば、それに現前しつつわれわれが生きているところの超越的存在は、それがわれわれにとって取りうるすべての諸形式の統一原理を、自らのうちに担っていると言わなければならないであろう。この統一は、われわれの構成力能の基本様態が主観性の生のうちに現前しているということから、あるいはこう言ったほうがよければ、われわれの最も深い志向性が運動として規定されるということから帰結する。この統一は、たんに世界がわれわれにとって取りうるすべての諸アスペクトの共通のアスペクトであるのみならず、これらすべての諸アスペクトの根拠のようなものとなる。この根拠は、ビランが理解するような超越的存在の本質なのだが、この根拠は、他のすべての諸志向性が、われわれの世界にその人間的諸述語の全体を授けるために、規定しにやって来るであろうところのものである。しかしながらこの根拠が、すなわち運動的志向性の相関者がわれわれに知られるのは、それ自身においてであり、われわれの構成力能の他の諸様態の介入からは独立にである。この根拠がわれわれに知られるのはまさしく、理論的認識の志向性によって到達される一対象としてではなくて、われわれがこのような仕方でそれを知ろうと思いつくずっと以前に自らをわれわれに顕わすものとしてであり、反対に或るひとつの新しい志向性の誕生を可能ならしめるであろうものとしてである。この新しい志向性は、世界の実在的存在がすでにそれに与えられているからこそ、別の次元に属する主題的で知性的な認識において世界を認識するという企投を形成しうるようになるのである。

　しかしながら、もしわれわれの運動が経験し、いかなる表象の媒介もなしにわれわれに与えられる超越的項が、それにもかかわらずたんなる現象学的な無ではなくて、超越的存在の真理のなかでじっさいに発見されるのであれば、そのことはただ、以下の理由による。つまりわれわれの身体の運動は、無意識的ないし生理学的な過程でもなくて、その根源的な存在において、実在的運動としては、主観性の絶対的内在の圏域に属している、という理由である。主観的運動の存在は最も根源的な真理に浴しているが、この真理のおかげで、主観的運動が経験する超越的内容が、世界のすべての諸規定の根拠となるような一規定として、またわれわれの運動の相関者であるということ以外の何ものによっても規定されないような一規定として、われわれにとって存在の真理のうちに立てられるのである。われわれの身体が世界を知りうるのは、ただわれわれの身体が主観的身体であり、超越論的身体であるからである。逆にまた身体のこの世界は、根源的には身体によってしか知られない世界、すなわちわれわれの運動によってしか知られない世界なのである。

いま、エゴの生の最も深い志向性は運動であると言うことは、われわれに根源的に与えられる世界は、まさしく身体のこの世界であると言うことである。この世界は、その存在が根源においてはこのように運動の超越的項でしかないような世界である。世界の存在を運動の超越的項として、努力に抵抗する項として規定することは、ひとつの本質的な規定である。この規定は、他の何ものも前提してはいない。この規定は、暗黙のうちにそっと諸叡知概念や諸カテゴリーを利用してなどいない。諸叡知概念や諸カテゴリーが実在的なものの構成のこの段階にじっさいに介入するなら、このような規定がもつ本質的と思われている性格が、錯覚だということになってしまおう。しかしながら抵抗する要素は、じつはひとつの抵抗する何かであって、したがってわれわれはここで、実在的世界の根拠を構成するとみなされる要素を規定するさいに、実体のカテゴリーの役割を認めざるをえないのではないか。［たしかに］実体の観念は「抵抗する連続体」と無関係ではない。しかし抵抗する連続体が実体の観念によって構成されうるどころか、反対に、ビランの諸カテゴリー演繹の諸術語そのものにしたがって、抵抗する連続体は実体の観念の根拠なのである。

こういうわけで、われわれは次のようなラニョの異議を受け入れるわけにはゆかない。「われわれは抵抗を直接感ずるように思える。それは錯覚である。なぜなら抵抗の観念は、われわれに抵抗する外的物体の観念と、延長において接触し合っている二つの物体の表象とを、想定しているからである。[19]」たしかに抵抗は、感覚によって知られるという意味において感じられるのではない。しかし、抵抗する項への運動の関係についてわれわれがもつ認識をそれによってラニョが説明すると主張しているところのすべての諸観念は、じつは私が経験するこの実在的な関係に依存しているのである。おそらく或る観念が或る事実から生まれるなどということは、ありえないだろう。しかしもしわれわれが、抵抗する連続体は表象や理論的認識を免れるとはいえ、それでも超越的存在の場においてわれわれに顕わされるのだと言うとすれば、それは抵抗する連続体への運動の超越がひとつの超越論的内的経験だからであり、かくして諸カテゴリーがそこから発源するところの所与は、けっしてひとつの粗野な事実ではなくて、それ自身と直接的な認識関係のうちにある事実だからである。そしてもしこのような所与が理論的認識の根拠であるとすれば、それはまさにこの所与が、内在的に遂行されつつある根源的真理それ自身だからである。このようにして諸カテゴリーの超越論的演繹は、われわれの眼には、ますます深い意味を帯びてくる。つまり、もし諸カテゴリーがわれわれの生のうちに根拠づけられているのだとすれば、それはわれわれの思惟するものが、われわれがそれで有るところのものに依存しているからである。観念が実在的なものの根拠なのではない。その反対こそが真なのである。しかしこの反対のことを主張しえたのは、じっさいにわれわれの諸観念の起源でありうるような実在的なものを、われわれに考えさせる諸手段を有している哲学だけであった。この実在的なものがじっさいにわれわれの諸観念の起源でありうるのはなぜなら、それが真理の根源的に実現される場だからである。

超越的な実在者は、運動志向性の端的な相関者として規定されて、「抵抗する連続体」という名を受け取った。われわれが示そうと試みたのは、抵抗する項ということで何を理解しなければならないかということであり、またビランの独創性が、抵抗する項は、理論的ないし知性的な認識の主題となることなく、人間の最も具体的な経験のただなかで人間にとって存在しうるということを説明することにあったのはどうしてか、ということであった。われわれは、『試論』の著者がここで用いている「連続体」という言葉の意味について一言述べることによって、この点についてのわれわれの註釈を了えることにしたい。「連続体」ということで空間的連続性を理解するのは、適切ではない。じっさいビラニスムにおいては、空間は実在的なものについての私の経験を構成する形式ではない。空間はむしろそれ自身、この経験が発展してゆくことによって構成されるのである。運動に抵抗する超越的相関者がこの広がりを獲得するのは、運動の展開において、運動の展開によってであって、かくしてこの広がりは、私の第一次的経験の条件であるというよりもむしろ、その産物なのである。抵抗する要素は私の努力に連続的に対立する。抵抗する要素は私の努力がつねに限界として見出す項であり、また自らの遂行の支点として見出す項でもある。

　そこでひとは、抵抗する要素に与えられる連続という形容語を、私が原初的二元性の経験を遂行するさいの時間形式の表現として解釈しようと思うかもしれない。しかしながらこの経験の時間性格が、空間構成に対して特権を有しているとは思えない。むしろ時間性格は、空間構成が遂行される仕方そのものと同一視されるように思える。じじつ、抵抗する項を連続的なものとして指し示すことは、いっそう根源的な或る意義を有しているのである。このことは、この抵抗する項が実在的なものの根拠を、諸事物の本質を構成しているということに、しかも原理的に構成しているということに関わっているのである。原理的にというのはなぜなら、そこにあるのはひとつの権利問題だからであり、実在的なものを抵抗するものとして規定することは、ひとつのアプリオリな規定だからであり、われわれはこのような規定がけっして実在的なものについてのわれわれの経験に欠けているのではなくて、つねにこの経験の根拠を構成するであろうことを確信しているからである。この確信はといえば、それはわれわれの理性の或る要請に依存しているのではなくて、実在的なものについてのわれわれの経験の本性そのものに依存しているのであり、次のことに、つまり運動は根源的志向性であり、エゴの生のいわば永続的な一志向性である、したがって経験においてわれわれに与えられるものは、われわれの運動に与えられるというこの本質的な性格を不可避的に呈示するのだということに、依存しているのである。われわれの具体的生はそれ自身を、主観的運動として、内的かつ超越論的に経験するのだが、まさにそのことによって同時に、われわれの具体的な生は世界を、この運動の超越的項として、抵抗する連続体として経験するのである。

運動に抵抗する項が運動の確実性を分かちもつことの理由は、運動の超越論的内的経験の相関者の形相的規定のうちにある。それゆえにこそこの超越的項は、現象学的還元の攻略を免れるのである。なぜなら、われわれの根源的な運動が遂行される絶対的内在の圏域に内属する確実性はまさしく、この運動が到達する抵抗する項の確実性だからである。そしてわれわれの運動が経験するものに与えられた「連続」という呼称のうちには、あやしげなすべての観念論の廃棄を伴うこのような意義が含まれているのである。ビランのこのテーゼをカントの批判[20]と対照すること――おそらくは感覚作用の統一性と宇宙の統一性との関係についてのラニョの美しい分析の根源にある対照――によってはしかし、外界の存在はわれわれの内的生の存在と同じほど確実であるという共通の結論の諸前提が、両者においてきわめて異なっていることが、忘れられてはならない。何といってもカントの証明は間接的である。それは、われわれの内的生の構成は外界の構成に対していかなる特権も要求しえないということ、反対に前者は後者をその条件として前提するということを、浮き彫りにするだけに限られている[5]。ビランのテーゼはまったく異なる。それはまず、われわれの内的生の構成に必要な諸条件を論拠とはしえない。というのもビランのテーゼにとっては、少なくとも内的生をその根源的な本性において正しく考察しようと欲するかぎりは、われわれの内的生はいかなる仕方でも構成されないからである――このことをカント哲学は、たしかに、ほとんど気にも留めない。なぜならカント哲学には、絶対的内在の次元において主観性の存在を規定することができないからである。そこで、反省的なインスピレーションではなく、現象学的なインスピレーションを受けたビランの論拠は、以下のようなものとなる。つまり、主観性としてのわれわれの内的生が絶対確実性の圏域であるからこそ、われわれの内的生にとって確実なものもまた絶対確実なのである。かくして、抵抗する項が還元不可能なものとして、還元の攻略を免れるものとしてわれわれに与えられるという性格はまさしく、抵抗する項についてわれわれがもつ絶対確実性に、すなわち抵抗する項を経験する運動の主観的存在に、基づいているのである。われわれの確実性は、存在の真理の根源である。まさしくこの理由ゆえにこそ、われわれはわれわれの諸探究の端緒から、この確実性を根源的真理として規定し、或るひとつの存在論を彫琢するように導かれたのである。そしてこの存在論によってわれわれは、真理が根拠を見出しうるのはただラディカルな主観性のうちのみであるのはどうしてかということを、理解したのである。真理は人間の内にこそ住まう[6]。われわれが従事しているケースでは、われわれは次のように言わなければならない。つまり、世界の実在性についてわれわれがもつ確実性を自らの内に担うのは、運動の主観的存在なのだ、と。

第三章　運動と感覚作用

運動についての存在論的理論は、身体についての存在論的理論と一体となっている。身体はたんに運動であるのみならず、感覚することでもある。しかし思惟の分析は、ここではそれが感覚能力の分析であるかぎりにおいて、まさに感覚することの本質が運動によって構成されることを示している。何よりもまず、感覚する作用は感覚によって知られるのではなくて、反対に、それは感覚を知るものなのである。ビランは感覚することの超越論的実在性と感覚の超越的存在とを、同時に肯定する。身体は、それが主観的身体であるかぎりで、感覚する作用と一体となっているのである。諸感覚のうちに発見されうる統一性、たとえば相関的な諸変化のなかでの統一性がどのようなものであろうとも、身体はけっして諸感覚の合成体ではない。じっさい、このような統一性は構成された統一性であり、ひとつの超越的な塊の統一性なのであって、それゆえそれは、けっしてわれわれの身体の根源的存在の統一性ではない。視覚印象と自我との関係に関する或るテキストのなかで、メーヌ・ド・ビランはこう述べている。「混乱していようと判明であろうと、斉一的であろうと多様であろうと、任意の視覚印象が彼〔＝個体〕のうちに、すなわち器官のうちにあろうと、彼のそと、空間のなかにあろうと、彼〔主観〕〔＝個体〕が視覚印象を覚知するや否や、視覚印象は彼ではなく、彼の自我は視覚印象と同一視されないということは、つねに真なのである。[1]」内在の圏域から引き剝がされ、超越的存在のエレメントのうちに投げ入れられたとしても、だからといって感覚は、理論的表象の対象となるわけではない。なぜなら感覚は、それによってわれわれがわれわれの身体を認識するところのものではなく、この身体それ自身でもないのだとしても、感覚は身体によって知られ、しかも、まさしく表象されるのではなくて、感覚することにおける運動の努力という主観的過程を展開しつつある運動に、与えられるからである。

感覚能力は、それ自身において直面されるなら、感覚から独立している。それゆえこの能力の存在に関する問題構成は、一種の還元によって始まらなければならない。この還元の結果、われわれの感覚力能が抽象され、感覚に属するすべてのものから感覚力能が分離されることによって、感覚力能が純粋な状態で捉えられる。それこそが本来の意味で、思惟の分析なのである。しかしながらこのような思惟の分析の抽象過程は、あたかもそれがわれわれに、自足せずなおも根拠を要するような或る項を引き渡すかのように理解されてはならない。分析が抽象するものとは、反対に、本質的なものであり、それは感覚なき身体、感覚以前の身体であり、すなわちまさにそれ自身において考えられ、一箇の純粋な力能とみなされた感覚作用なのである。したがってわれわれは、この「純粋身体」があらゆる対象の不在のうちに、それゆえまたあらゆる感性的特性の不在のうちに感覚することに専心すると、想定することができる。そのときわれわれが見出すもの、われわれの感性的な生において超越的であるすべてのものを取り除いたときに残るもの、それはこの生そのものである。そして各々の感官の根底にメーヌ・ド・ビランが各々の感官の固有の存在を構成するものとして規定しているのは、この生そのものなのである。「対象を遠ざけてみよう。同じ意志的規定が、あらゆる外力の協力なしにふたたび行使されることができ、諸作用は再生され、変わることのなかったそれらの権能の固有の規定のうちに覚知されることができる。（中略）絶対に欠けている

唯一のもの、それは感覚である。」(2)

われわれの諸感官の各々がもつ根のようなものである純粋力能を、このように抽象するとき、メーヌ・ド・ビランは直接、あらゆる曖昧さを排除するにふさわしい仕方で、この力能の本性を主観性として規定している。われわれの感覚力能のこの根源が主観的に規定されているおかげで、このような力能を行使しているということをそれによってわれわれが意識するところの諸運動は、われわれの諸器官の生理学的諸規定なのではなくて、反対に、われわれが直接所有する根源的な諸運動としてわれわれに与えられるのである。自らに与えることがわれわれにとって問題となるような諸感覚の本性がどのようなものであろうと、問題となるのが視覚的諸感覚なのであれ、嗅覚的諸感覚なのであれ、聴覚的諸感覚なのであれ、触覚的諸感覚なのであれ、われわれがそれらに向かってゆき、それらを獲得するのは、つねに、唯一にして同じひとつの力能を介してなのである。たとえば視覚的諸感覚は、われわれのまなざしの運動に直接依存している。この運動こそが、私の正面にある私の寝室の壁の黄色を私に手渡し、ついで、この運動が横切る窓を通して、公園のなかの冬の枯れ木の色合いと、その上にある空のライトブルーを私に手渡す。われわれの視覚的諸感覚の統一性は、構成された統一性である。しかしこの統一性にはひとつの根拠がある。この根拠はまさしく、この統一性を構成する力能のうちにあり、この力能とは、まなざしの主観的運動にほかならない。

　可視的世界の構造を構成する規定としての、視覚空間における視覚的諸感覚の規定は、けっしてしかじかの感覚としかじかの空間規定とのあいだの直接関係から帰結するのではない。じっさい空間は、それだけではまったく未規定で、長いあいだ信じられてきたように、空間のなかに視覚感覚を挿入したからといって、空間に規定を授けることなどできないであろう。なぜなら視覚感覚とその場所との関係は、考察される感覚がどのようなものであろうとつねに同じであるからには、普遍的で空虚な関係だからである。感覚はつねに、それがあるそこにあり、この「そこ」はまさにまったく未規定であることをやめず、私のまなざしの実在的ないし可能的な運動という条件のもとでしか、本来の意味での空間的規定とはならない。私のまなざしの実在的ないし可能的な運動が「そこ」を位置づけ、私に対して空間的に「そこ」を規定するのである。そのときにこそしかじかの視覚感覚が、ここかそこにあると言えるようになり、空のライトブルーが、冬の森の黒、青、紫の上にあると言えるようになるのである。われわれの視覚的諸感覚の統一性は、それゆえ、諸感覚のあいだに直接的に確立されるわけではない。それは直接的な統一性ではなくて、諸感覚へのわれわれの力能を媒介とすることから、すなわちわれわれのまなざしの主観的運動の統一性から帰結するのである。世界の統一性が根源的に存するのは、世界へのわれわれの力能のうちにおいてである。この統一性は、宇宙を感性的に構成するまさにその段階において遂行される。そしてこの遂行の仕方は、他のすべての諸感官から切り離されてそれぞれ特殊的に取り出されたわれわれの諸感官の各々の行使に、内在している。私が万物を我がものとするのは、私の両眼の諸運動によってであり、まず私の両眼を開くことによってこそ、視覚的光景が自らを私に顕わすのである。

視覚についてわれわれが述べたことは、他のすべての諸感官について当てはまる。例えば嗅覚を分析すれば、一方ではまさしくそれによってわれわれが匂いを嗅ぐ作用であるところの主観的作用が、他方ではわれわれの諸々の吸気運動の超越的諸項としてのこれらの匂いそれら自身が、明るみに出される。このような諸運動は、じつは唯一にして同じひとつの運動でしかない。そして当の感官世界の統一性は、この運動の同一性にこそ依拠しているのである。同様に聴覚においては、「運動行為は（中略）内的に遂行され(3)」、そして諸音はこの運動行為にこそ与えられる。メーヌ・ド・ビランが「異他的原因によって生ぜしめられた印象を知覚可能にする」のに協力する「運動機能」を明るみに出したのは、とりわけ「声の能動的器官」の分析においてである。じっさい声は、聞かれた音を反復し、音響的要素を把捉する主観的運動も、このようにしてそれ自身が反復され、強められ、意志的な作用となる。しかしながらこの意志的作用の存在論的なステイタスは、最初の主観的な把捉作用のステイタスに似ている。主観的運動の根源的存在のステイタスという、同じステイタスの内部でのこのような同一性によってこそ、まさしくわれわれは第一の作用を反復する第二の作用について語ることができるのである。「音響的振動が聴覚に伝えられる瞬間に、感覚を補完する（中略）同時的な運動的反応のほか、さらに同じ次元に属する或る規定があって、それが声の道具を活動させようとする。声の道具は外的な音を反復し、それに応える。つまり聴覚は、二つの印象によって打たれることになる。ひとつは直接的な印象であり、もうひとつは反省された、内的な印象である。これらは加算された二つの刻印であり、あるいはむしろ二重化された同じ刻印なのである。」[4]二つの音響的諸印象は双方とも構成され、構成の力能は両ケースで同じものである。それは運動的反応［反作用］もしくは運動的行為［作用］であり、主観的運動の根源的存在であり、それは身体なのである。

身体の根源的存在を主観的運動と規定することによって、記憶の現象学の原理がわれわれに提供される。かくして記憶の現象学の可能性は、まったく身体についての存在論的理論に依存しているのである。或る音が聞かれるとき、音響的印象が構成される。しかしここで働いている構成力能がそこに存するところの主観的運動は、ありのままに根源的に知られる。というのもこの主観的運動は、ひとつの超越論的内的経験においてわれわれに与えられるからである。音響的印象の内的な構成法則をまさに所有しているからこそ、私は好きなだけこの印象を反復し、この印象を自らあらたに再生し、この再生のあいだ、絶えずこの印象を再認することができるのである。なぜならまさに、構成力能の認識が構成力能の行使に内在し、構成力能の行使と一体となっているからである。音響的印象を反復するもの、それは身体であり、それゆえエゴである。このことは、音響的印象の構成力能がエゴそれ自身であると言うことに帰着する。私が音響的印象を反復するあいだ、私は次のことを知っている。つまり私はすでにこの印象を経験したのだということ、いま私はそれを反復しているのだということ、反復しているのは私なのだということ、そして私がいま反復しているのは私がすでに経験した同じ印象なのだということである。本当のところ、この現象のうちに含まれている想起は、本来の意味での反復たる想起としての構成力能についての想起と、反復ないし再生された項についての想起たる音響的印象についての想起とに、二分化される。第一の想起は超越論的内在の次元において遂行され、それはいかなる構成の介入もなく産出され、自己自身をそのようなものとして内的かつ直接的に知る。第二種の想起は、音響的印象がそこで再認反復される以前に構成されるところの超越的次元に関わる。メーヌ・ド・ビランは第一種の想起には「人格的想起(réminiscence personnelle)」の名を与え、第二種には「様態的想起(réminiscence modale)」の名を与えた[1]。

ところでいま、このような区別は分析を明晰にするためにしか介入してこないのだということを、しっかりと見ておかなければならない。なぜなら、じつは様態的想起は人格的想起に基づいているからであり、というよりはむしろ、人格的想起と一体となっているからである。じっさい、もし超越的存在のエレメントにおいて構成された音響的印象が、それが反復されるあいだ再認され、まさしく反復された印象として再認されるのであれば、それはこの印象の構成を行う力能が、その反復において自己自身を根源的に再認するからであり、かくして印象の反復および認識が、エゴの構成諸力能の展開ならびにそれらの行使の反復を通しての、エゴの統一性および永続性以外のなにものでもないからである[5]。原初的に聞かれた音響的印象を声によって反復するとき、われわれは統一性と多様性との関係、つまり、音を聞き音を発するエゴの統一性と音響的諸印象の多様性との関係を前にしている。音響的諸印象は、それらの存在においては同一的であっても、それでも時間のなかでそれらが占める位置、或る印象が最初で別の印象は二番目である、等にしている位置によって、個体的に差異化されている。統一性と多様性とのこのような関係はしかし、まさしく記憶がひとつの身体的現象であるがゆえに、任意の感官活動のうちに、それを構成する要素として見出される。「諸感覚が変化し継起し合い、その間努力は同じものであり続ける」のだから、「統一性のうちに感覚ないし知覚された数多性がある。[6]」このようにして運動の主観的統一性としての身体は、感性的諸印象の無限の多様性がそれへと与えられるところの力能の統一性の原理なのである。「同じ運動性原理から出発して、私はこの原理を（中略）各々の特殊感官の行使において追求した。」それゆえわれわれの感覚力能の根を構成しているのは、「運動性の、すなわち諸運動をなし、そして諸運動を意識する能力の行使[7]」なのである。そのことを、やはり触覚の運動機能の分析が示している。

この分析は触覚の主観的運動を、われわれのすべての触覚的諸感覚の原理として直接明らかにしている。他のいかなる感官にもまして触覚において、われわれは、如何にして運動という「この基本様態」が「様々な諸感官の行使と協力しうる[8]」のかということを、理解する。なぜならわれわれは、われわれの諸運動を諸事物のほうへ、諸事物に対して向けることによってこそ、われわれのうちに触覚的諸感覚を生ぜしめるからである。触覚的諸感覚は、実在的なものの実体そのものを覆うかのようにしてやって来る。というのもメーヌ・ド・ビランによれば、触覚の行使においてわれわれがわれわれの努力の超越的項として直接に到達するのは、この実体だからである。このゆえに、運動的触覚がわれわれに引き渡すものは、実在的なものの直接的顕現であるという超越的意義をなおもまだ受け取らなければならないような、それ自身によっては未規定の感性的な層とは、まったく別のものである、ということが理解される。運動的触覚がひとつの運動であるので、自らを運動的触覚に顕わすものは、われわれに抵抗するかぎりでの諸事物そのものである。そしてこの抵抗する連続体のなかに挿入されたかのような触覚的諸感覚は、抵抗する連続体に属し、世界の実在的存在の感性的諸規定なのである。運動的触覚についてのわれわれの経験の超越的内容がもつ意義は、本来の意味での感性的所与に対しては超越的であるけれども、しかしそれは、この感性的所与がまさしくわれわれの運動に与えられるかぎりで、感性的所与のうちに含まれているのである。

しかしメーヌ・ド・ビラン自身によれば、運動はわれわれの諸感官の各々がなす行使に内在している。したがって触覚の特権は、他のすべての諸感官によって分かちもたれているのでなければならず、それは感官活動一般に原理上帰属しているのである。次のようなわけではない。つまりわれわれに実在的世界を知らせるような或る感官があって、次いでわれわれに諸感覚しか引き渡さない他の諸感官がある、そして実在的存在それ自身をわれわれに顕わすという意義は、たとえば諸感覚がわれわれの触覚的諸知覚と恒常的に連合されるおかげで諸感覚に付け足されうるだけなのだ、というのではないのである。感官活動一般に主観的運動が内在しているというテーゼにラディカルな意義を与えたので、われわれはビランにおける触覚の特権を斥ける。あるいはむしろ、われわれはその特権をすべての諸感官一般の生に広げ、同時にわれわれは、感性的世界一般は実在的世界であると主張する。因果性の感情が「様々の諸印象と多様な仕方で、これらの諸印象が意志に属するなら派生関係によって、これらの諸印象が本性上受動的ならたんなる共存もしくは同時性の関係によって連合する」[9]と言うことが真であるなら、次のことを肯定することもまた真であり、肯定する必要がある。つまりわれわれの諸印象はすべて主観的運動の根源的存在によって構成され、主観的運動は、抵抗する連続体という地の上にいわば諸印象を投影するこのような構成運動において、諸印象に、実在的存在それ自身の直接的顕現であるという超越的意義を、したがって感性的なもの一般の意義に内在する超越的意義を授ける、ということである。われわれの諸感覚の多様性や、その偶然性でさえ、存在が自らをわれわれに顕わす無限に多様な仕方の表現でしかない。しかし、いたるところつねに、このような顕現の遂行される仕方がどのようなものであろうと、この顕現は真にひとつの顕現であり、それは存在の開示そのものである。存在は、その真理においてわれわれに露開されるのである。

したがって視覚はたんにわれわれに、実在的なものとわれわれとのあいだに広がる間隔のなかで宙のどこかに浮いているような、もの言わぬ諸イマージュのようなものを提供するだけではない。諸音や諸色彩も感性的な薄膜のようなものを、つまりその赤貧ゆえに、古代人たちの質料にも似て、それを思惟し規定するために或る知性的な形相を要求するのだが、ちなみに他方では触覚世界のみがそれだけで一貫性と充足性とを有しているというような、そのような感性的な薄膜のようなものを合成しているわけではない。各々の感官世界はひとつの実在的世界であり、ひとつの自律的な世界なのである。しかしながらこのような充足性およびこのような自律性の理由はまさしく、この世界が孤立した一箇の世界を形成しているのではなくて、じつは他のすべての感官諸世界と一体となっているということの理由なのである。視覚世界は、それが私に顕現する諸事物に私が触れることもできるがゆえに実在的なのではない。視覚世界はまさにそれ自身によってすでに、色のついたイマージュではなくて諸事物を、私に顕現していたのである。そしてまさしくそれゆえにこそ、私はこれらの諸事物に触れることもできるのである。なぜならひとは諸事物にしか触れず、諸幻影に触れなどしないからである。それゆえ、視覚世界がひとつの実在的世界であるようにしているものこそがまた、この世界が他のすべての私の諸感官によって私に近づけるようにもしているのである。私が見るものは、私が触れたり聞いたり感じたりすることのできるものでもある。「でもある」の「も」の根拠こそがまさしく、各々の感官世界の実在性の根拠なのだが、それはこれらの諸世界の各々に内在している抵抗する連続体である。抵抗する連続体がこれらの諸世界の各々に内在しているというのはなぜなら、主観的運動が各々の感官の行使に内在しているからであり、主観的運動が身体の存在そのものだからである。抵抗する連続体を構成する力能がこのように様々の諸感官に内在するということによってこそ、抵抗する連続体が感性的所与に対して超越的なのではなくて、反対にわれわれのすべての諸印象の共通の場のようなものを形成しうるのだということが、説明される。それゆえにこそわれわれは、われわれの日常経験の世界の実在性を根拠づけるために、実体の観念とか実在的なものの観念とかいった観念に訴える必要などないのである。なぜならこの実在的なものは、感性的経験それ自身のうちにすでに含まれているからである。それに、どのようにして観念をもとに実在的なものを根拠づけることができるというのか。その逆こそが真であることは、火を見るより明らかではないか。

そこでわれわれは、われわれの諸感官の統一原理を、如何にしてこの統一性が知の統一性であるかを、最後に、感性的個体性としての人間存在の個体性がいかなる点に存しているのかを、われわれに理解させてくれるような、いくつかの結論を定式化することができる。

第一節　諸感官の統一性およびわれわれのイマージュとわれわれの運動との関係の問題

われわれの諸感覚は、それだけではいかなる統一性も有していない。それらは異質的である。それらがわれわれに提供するのは、まったくの多様性でしかない。しかしそれ自身において考察されたわれわれの諸感覚などというものは、抽象でしかない。なぜならじっさいは、それらはつねに主観的運動が内在する力能によって構成されているからである。ということはつまり、この力能はわれわれの身体の力能であり、この力能が構成するのは実在的なものそれ自身なのであって、この力能は、抵抗する項としてのその存在においてこの実在的なものそれ自身に到達する、ということである。この項はわれわれの諸感官の行使とともに構成されるのだが、この項は、われわれの経験の特殊感性的な内容によって、いわば付帯現前化されている。この付帯現前化という現象のうちには、次のことが存している。(1)感性的なものが、何かあるもの＝Xの存在をわれわれの眼に覆い隠しているような非実在的な白粉としてではなくて、存在それ自身のひとつの直接的顕現としてわれわれに与えられることの理由。(2)感性的世界の超越的統一性の原理。このような統一性は、抵抗する連続体の統一性であり、抵抗する連続体は様々な感官諸世界を横断して、それらの各々のうちでその実在性を根拠づけ、同時に他のすべての感官諸世界への各感官世界の開けを根拠づけている。それゆえにこのような統一性は、実在的にして一なるこの連続体を構成する力能の統一性に依存し、われわれの主観的身体の統一性に依存しているのである。われわれの主観的身体の統一性はといえば、今度はそれは、主観性それ自身の内的構造に依存している。すべての可能的統一性一般の究極的な根源および本質は、主観性それ自身のうちに存しているのである。[10]

この根源的な存在論的圏域の外には、じっさい、構成された統一性しか存在しない。そして最も流通している哲学的錯覚は、世界の統一性を次のような統一性に基づいて建築することにある。次のようなとは、根源的でないがゆえに、期待されている役割をいかにしても果たすことができず、反対に自分のほうで或る根拠を要求するような、そのような統一性である。ラニョのような哲学者が、外的な感性的世界の統一性をわれわれの内的諸感覚の統一性に、彼が「感覚する者の固定的秩序[11]」と呼ぶものに依存せしめうると信じたとき、彼はこのような錯覚にひっかかったのである。われわれの感性的経験が依存するのは、おそらくは感覚することの固定的秩序にである。しかし感覚することのこの固定的秩序は、われわれの内的諸感覚の相伴的諸変化の統一性のうちにはありえない。あらゆる諸感覚一般と同様、われわれの内的諸感覚は超越的であり、これらがわれわれに顕わす統一性は、ひとつの構成された統一性なのである。このような統一性を説明しうるのは、感性的世界一般を構成する力能の統一性のみである。このような構成力能が帰属している主観的圏域のことを考えることによってのみ、われわれはこの力能の統一性と、この力能がその原理であるところの超越的諸統一の起源とを、同時に理解することができるのである。われわれはこの最後のテーゼを、正確な実例にもとづいて明らかにすることにしたい。

　われわれの諸イマージュとわれわれの諸運動との関係という問題は、つねに心理学者たちを没頭させてきた。彼らはこの問題に、ひとつの解決を与えようと努力してきた。もちろん、空しくではあるが。『想像力の問題』のなかではサルトルが、今度は自分の番とばかりにこの問題に挑戦する。彼は私が私の指で行う運動、それによって私が空中にカーヴと円をえがく運動を、例に取る。問題なのは、このカーヴの視覚的イマージュと、このカーヴをえがくために私が行う諸運動との関係を、理解することである。サルトルはまず或る心理学者、ドゥヴェルスオーヴェル[2]のテーゼを批判する。ドゥヴェルスオーヴェルは当の過程の全体を、以下のような仕方で分析する。(1)遂行すべき運動についての観念。(2)無意識的な運動的態度へのこの観念の受肉。(3)「運動的反応の記録として意識のうちに喚起されるが、この反応の諸要素そのものとは質的に異なるイマージュ」[12]。このテーゼは古典的テーゼの諸々の定式化のうちのひとつでしかないのだが、明らかにこのようなテーゼは受け入れられない。まず最初に、われわれの自然的な生においては、われわれは諸運動を行う以前にわれわれの諸運動についての観念を形成するわけではないということは、まったく明らかである。私が私のポケットのなかのマッチ箱を取り出すとき、あるいは私がマッチを擦るとき、私の意識においていかなる表象も、あるいはそれに加えて何であれ、きわめて単純なこれらの諸運動に先立つということはない。われわれが有していないこのような観念が、われわれの知らない三人称の運動的態度のうちへと受肉されるということ、これが第一のミステリーである。このような無意識的運動過程の結果として、私が意識する視覚的イマージュが現われるということ、これが新たなるミステリーである。このイマージュとこのような運動過程とのあいだに或る関係が存在すると主張することは、じつは、イマージュの出現という単純な事実を、反省的な無意識神話の言語で表現することでしかない。イマージュの出現は、いささかも説明されてはいない。そしてイマージュの出現と、生理学的と言われる運動過程との関係は、このような関係を説明することにこそ問題のすべてが存しているというのに、まったく不可解である。

それではサルトルの解決とは、どのようなものなのであろうか。この解決は、われわれの諸印象を構成する時間的な仕方に関するフッサールの諸分析に訴えるものである。しかし、それ自身においては確かに妥当な諸テーゼ、そのような諸テーゼにこうして訴えるということは、われわれの従事している問題へのあらゆる真の回答が欠落しているということを、包み隠しているに過ぎない。私の人さし指がえがく軌道の視覚的イマージュは、視覚的諸印象から出発して、具体的現在が分かつ一連の未来予持と過去把持とによって構成される。サルトルによればこの具体的現在とは、キネステーゼ的現在である。しかしながらキネステーゼ的諸印象もまた、過去把持的諸作用と未来予持的諸作用とによって構成され、統一化される。もっとも、じじつ存在する超越的な運動形態を意識することに、すなわちキネステーゼ的な知覚に到達するこの後者の構成は、じつは私の人さし指の軌道の視覚的知覚の影においてしか遂行されない。じっさい、もしそうでないとすれば、このような運動形態が意識野のうちに出現するにともなって、サルトルが述べているように、イマージュが消失してしまうだろう。したがって、通常遂行されるようにカーヴが視覚的に知覚される場合には、そしてこのような知覚がわれわれの諸運動についてのキネステーゼ的知覚によって遮られないかぎりは、われわれは「過去把持と未来予持は、運動の消失した諸位相と未来の諸位相を、もし私が視覚の諸器官によってそれらを知覚したならそれらが持つであろうアスペクトのもとに把持し、予期する」[13]と言いうるのである。したがってあらゆる過去把持は転換的な過去把持、すなわちキネステーゼ的なものの視覚的なものへの転換である。けれどもサルトルの分析が専念するのは、未来予持の記述のみである。この記述のほうが、もっと容易でもっと単純であるに相違ない。「なぜなら未来の印象は転換される必要がないから」である。

それゆえわれわれは、空間における私の手と私の指の顕在的な位置に対応する「現在の感性的内容から出発して」、「意識が視覚感覚を期待する」ケースを考察する。こうした諸志向の支えとなる感性的印象は、キネステーゼ的である。というのも、カーヴの視覚形態の遂行を私が期待するのは、私の腕の運動から出発してだからである。この印象は「それゆえ、自らを視覚的なものとしては与ええない。」けれどもこの印象は、「自らを視覚的なものとして与える過去の、極点である（中略）。かくして、一方ではこの印象は志向された形態の唯一の具体的要素であり、この印象こそが志向された形態に、現前というその性格を授け、程度の落ちた知に、この知がめざす何かを提供する。しかし、他方ではこの印象はその意味、その射程、その価値を、視覚的諸印象をめざす諸志向から得る。この印象それ自身は、視覚的印象として期待され、受け取られたのである。たしかにこのことだけでは、この印象を視覚の感覚とするに十分ではない。しかしこの印象に視覚的意味を与えるには、それ以上必要ということもない。それゆえ視覚的意味を付与されたこのキネステーゼ的印象が、視覚的形態のアナロゴン［類同代理物］として機能することになろう。[14]」これでは私が水上飛行機を知覚するのを予期していて、その代わりに起重機が到着するのを見るときには、私はこの起重機を水上飛行機と取り違える、あるいは少なくとも、それを起重機として知覚しつつも、それでも私はそれに水上飛行機であるという意味を授ける、と言うも同じである。サルトルがドゥヴェルスオーヴェルに対して向けた批判[3]は、サルトル自身の理論を直撃する。

どうしてこのような特異な対照に驚いてなどいられよう、もし本当に二人の著者が、ひとつの基本的な要請を共有しているのであれば。基本的な要請とはすなわち、サルトルがはっきりと言明しているように、「われわれはキネステーゼ的諸感覚という特殊なタイプの諸感覚によって、われわれの身体の諸運動について直接的な仕方で教わる」という要請であり、この要請ゆえにサルトルは、ドゥヴェルスオーヴェルや古典主義者たち一般と同じ言葉で問題を立てざるをえなくなるのである。つまり、「如何にしてキネステーゼ的諸感覚が、視覚的諸知覚によって提供される対象をめざす想像的意識にとっての素材として、役立ちうるのか。[15]」このような言葉で立てられると、問題は解けなくなる。なぜならこの問題は、キネステーゼ的なものから視覚的なものへ移行する通路をただちに見出すようにわれわれに命じ、そしてこの移行は感性的なものの次元そのものにおいて遂行されなければならないからである。ところで感性的なものの存在とは、不透明で還元不可能なひとつの全体である。ひとが感性的なものの意味について語るときには、何を言っているのかに気をつけなければならない。感性的なものはもちろん、或る意味の担い手となりえ、たとえば青がわれわれに赤を指示する場合には、この意味が感性的であることさえある。しかし青は青であり、赤は赤である。青の意味がこの青それ自身を、その固有の感性的存在において、赤であるようにすることなどできない――このような命題は、現象学的観点からは、不条理の典型そのものである。ましてや或る感官領野から別の感官領野に移行するとき、いかなる策略をもちいても、キネステーゼ的感覚が視覚感覚に変形されることなどありえないと言うことは、正しいのである。キネステーゼ的なものは全体がキネステーゼ的なのであって、それはキネステーゼ的でしかない。そしてこのことは、各々の感官に固有の感性的性格についても同様である。まさに感性的世界がひとつの実在的世界であるからこそ、感性的世界を、それがそれであるところのものとはまったく別のものにするいとまなどないのである。ひとは欲するものを感覚するわけではない。われわれのものである志向性力能は、いたずらに行使されるわけではない。或る与えられた感性的内容をめざす志向性は任意のものではなく、それは厳密に規定されていて、私は水上飛行機を構成する志向性を、起重機に対して向けることなどできない。それだから視覚的イマージュの構成、たとえば私の人さし指が空中にえがくカーヴの構成は、いかにしてもキネステーゼ的感覚によっては支えられることができない。諸々の感性的所与は厳密に異質的であり、各々の感性的内容は特殊な構成様態に関わっている。換言すれば、各々の感性的内容は、それがそれであるところのものとは別のものであるという意味を受け取ることなど、できない。時間が介入したからといって、キネステーゼ的なものとしてのキネステーゼ的なものと視覚的なものとしての視覚的なものとのあいだにあるラディカルで還元不可能な異質性を取り除くことなど、できないのである。そしてわれわれの諸イマージュとわれわれの諸運動との関係は、絶対に不可解であり、本当のところ、それは不可能である——ただし、われわれの身体の運動はわれわれのキネステーゼ的諸感覚を介してわれわれに知られ、他方、カーヴの視覚的イマージュは視覚的諸印象の数多性に対していわば二番目である、というのが正しいとしての話だが。

身体についての存在論的理論は、キネステーゼ的諸印象と視覚的諸感覚とを、主観的運動と視覚作用とに置き換える。如何にして身体についての存在論的理論が、われわれの経験の統一性が依拠している関係としてのわれわれの様々な諸感官のあいだの関係の根拠をわれわれに提供することになるのかを示す前に、われわれは古典的諸理論の諸々の不整合を、十分に明らかにしておきたい。これらの不整合は、ひとがキネステーゼ的感覚に演じさせると主張する役割に関わる。サルトルの分析においては、この役割はかなりのものである。一方ではじっさい、われわれの身体の運動についてのわれわれの認識の起源はキネステーゼ的感覚であり、したがって、例えばわれわれの諸運動とわれわれの諸イマージュとの関係が確立されるのは、この感覚を媒介としてのみ可能であろう。他方、考察された実例において現在を定義するのに役立っているのは、この同じキネステーゼ的感覚である。したがってこの現在は奇妙にも、経験論者たちの体感的現在（présent cœnesthésique）[4]か、あるいはベルクソンの感覚‐運動的現在（présent sensori-moteur）[5]に似ている。現在は感性的な現在ではなくて、存在論的な現在なのである。しかしここでは、次のことに注意しておくことが大切である。つまりキネステーゼ的感覚に割り当てられた役割の重要性は、他の点ではこの感覚の精確な本性に関して猛威をふるっている全面的な不確かさとは一致していない、ということである。『想像力の問題』の或る註(16)のなかでサルトルは、彼は「努力の感情の末梢起源について」のジェームズのテーゼだけにとどめつつ「イマージュの運動的基盤」を説明した、とわれわれに言明している。彼は――幾人かの同時代人たち、とりわけムルグによってなされた――「仮説」を考慮に入れなかった。その仮説によれば、「下書きされ、素描され、制止された諸運動、筋肉的諸収縮を起源としないような運動的諸印象」が存在する。この仮説が確証されるようなケースでは、「想像的志向がこれらの非末梢的な運動的諸印象に適用されると考えれば十分であろう」とサルトルは付け加える。

　このことは現象学的パースペクティヴからすれば、奇妙である。つまり、現在の存在を構成するとみなされ、われわれの諸イマージュとわれわれの諸運動との関係の根拠をも構成するとみなされたキネステーゼ的印象は、まったく未規定の何かあるもの＝Xであり、本当を言うとこの何かあるものは、まさに心理学者たちや学者たちの諸仮説の対象となるほどにも、たんに仮定的なのである。それだけではない。「イマージュの運動的基盤」としてのキネステーゼ的感覚の存在に関するこのような不確かさは、その真の名を受け取らなければならない。つまりキネステーゼ的感覚は、じつはひとつの絶対的な無意識なのである。私が空中に円のイマージュをえがく運動についての認識の要素と主張されているキネステーゼ的感覚が無意識であるということは、次のような存在論的テーゼから直接的に帰結する。そのテーゼとは、ひとつの超越論的内的経験であるかぎりにおいてわれわれに直接的に現前している運動は、他方、それによってこの運動が遂行されるとされているいわゆる諸道具についてはまったく知らない、というテーゼである。このような無意識は、サルトル自身によっても認められている。けだし彼はそのドゥヴェルスオーヴェル批判において、キネステーゼ的感覚の出現はイマージュの消失をともなうであろうと言明していたからである。キネステーゼ的感覚の存在は諸理論の諸思弁に委ねられ、キネステーゼ的感覚がわれわれに運動を知らしめることもなく、キネステーゼ的感覚が意識に現前するだけでイマージュの現前を排除するに十分であるという、そのようなキネステーゼ的感覚が、それではいったい如何にして、われわれの諸運動とわれわれの諸イマージュとの関係の原理を、そしてその関係についてわれわれが持つ認識の原理をわれわれに提供することができるというのか。たしかにキネステーゼ的諸印象は存在し、それらを構成することが思惟の明示的な主題となることもある。その場合私は、私の諸運動のひとつについての主題的な認識をもつが、しかしまさしく私は、私の指で空中に形象をえがくことをやめたのである。われわれが研究しているのはこの後者のケース［すなわち指で空中に形態をえがくケース］なのだが、このケースでもやはりキネステーゼ的諸印象のための場所はあり、それゆえ現象の総体的構成にキネステーゼ的諸印象が欠けているわけではない。しかしそのことは、それらが演じていない役割をキネステーゼ的諸印象に演じさせる理由とはならない。そしてもしわれわれがキネステーゼ的諸印象を無意識と呼ぶのであれば、それはわれわれが或る還元の態度のうちに留まっているからである。この還元の態度は、考察されている現象の本質的なものを明るみに出すことをめざし、したがって、われわれの諸運動とわれわれの諸イマージュとの関係の根拠をわれわれに引き渡すことをめざしているのである。

この根拠とは、以下のようなものである。つまり私の人さし指で空中にカーヴをえがく行為という根源的な現象において、カーヴの空間形象を構成する私のまなざしの運動は、カーヴをえがく私の手の運動と同じものであり、そして一体をなすこれら二つの運動の統一性は存在論的な統一性であり、それは主観性の絶対的内在における統一性なのだということである。ここでは思惟の主題はカーヴの視覚的イマージュであり、カーヴは私のまなざしの超越的対象なのだが、しかしカーヴは、まさしくこのようなカーヴをえがき、いわばカーヴに触れ、カーヴを創作する私の手の主観的運動の、超越的対象でもある。それゆえ私の手の運動の主題、あるいはもっと単純にいって私の手の運動の項は、けっしてキネステーゼ的印象ではない。キネステーゼ的印象は、主観的運動およびその超越的相関者によって構成される中心的にして根源的な現象には、不在なのである。そしてその印象が無意識だと言明することによってわれわれが示したかったのは、このような不在なのである。キネステーゼ的諸印象の構成は、欄外的で副次的な現象であって、これらの諸印象がもつ次のような性格も、そのことに由来する。つまりこれらの諸印象が姿を見せるのは、影のなか、いわばわれわれの身体の内部において、白日のもと超越的存在の最も明白なる真理のうちに現われることなき光景の一部においてなのである。光のなかでこのような場所を占めるもの、それは私のえがくカーヴなのである。

しかしながらキネステーゼ的諸印象の構成という欄外的現象は、それなりに決定的な現象である。なぜならこの現象とともに、構成された運動の存在が始まり、この現象とともにわれわれの自己の身体が、超越的存在のエレメントにおいてもわれわれに告知されるからである。超越的存在のエレメントにおいては、われわれの自己の身体は、主観的身体の根源的存在の航跡として現われる。われわれの身体のこの最初の構成された層——身体構成のこの最初の位相において捉えられたわれわれの構成された身体に、つねに世界の手前にあり、われわれが関わる光景の欄外にある、という性格を与えている層——を、身体の根源的存在と、すなわち絶対的主観性と混同しないよう、十分に用心しなければならない。私の手が世界のうちにえがき、われわれに外的なものとして与えられるカーヴとは反対に、キネステーゼ的諸印象は「われわれのうちに」あるものとして与えられるが、キネステーゼ的諸印象のこのような性格は、まったく相対的な内面性しか組成せず、この内面性は絶対的内面性たる主観的運動の内面性とは、何の関係もない。こちらの絶対的内面性には、われわれは存在論的内面性の名を与えるが、それはこの内面性が、自己への直接関係が現前することによってまさに特徴づけられるような独自の存在領域に帰属しているということを、正しく意味するためである。それに対し、構成された身体の内面性——それに関しても、「われわれのそと」との対比で、「われわれのうち」についてわれわれが語るようにさせているような内面性——は、それ自身構成された内面性であって、この内面性はいかなる存在論的性格ももたない。すなわちそれは、けっしてひとつの存在領域を定義するのに役立ちえない。というのも、まさしくこの内面性は、「われわれのそとに」あるものとまったく同様に、超越的存在一般の圏域のうちに位置しているからである。

われわれのキネステーゼ的諸印象の構成という欄外的な現象が、超越的存在のエレメントにおけるわれわれの身体の最初の顕現を意味し、このかぎりでまた、われわれの諸イマージュとわれわれの諸運動との関係が完遂されるような中心現象の記述からは遠ざけられなければならないにしても、それでもこの欄外的現象を考察することは、このような根源的な関係がどのような点に存するのかをわれわれがいっそうよく理解するのを、助けてくれる。じっさいわれわれのキネステーゼ的諸印象の構成は、私が空中にカーヴをえがく主観的運動にともなうだけではない。このような構成は、視覚の行使にもともないうるのである。われわれが「われわれの諸眼球の諸運動」について語るようになるのは、このような欄外的構成が働いた結果によってである。したがって視覚現象にともなうキネステーゼ的諸感覚が存在するということは、主観的運動がわれわれの様々な感覚諸力能の存在に内在しているというテーゼをあざやかに確証してくれるのみならず、われわれの諸運動とわれわれの諸イマージュとの関係がけっしてわれわれのキネステーゼ的諸感覚とわれわれの視覚的諸感覚との関係に連れ戻されるのではないということを、われわれに理解させてもくれる。というのもこれら二つのタイプの諸感覚は、たとえば視覚だけを行使するときでも、両方とも現前しているからである。

もしわれわれが今までの諸分析に照らして、私が私の人さし指でカーヴをえがくという現象について正確な現象学的記述を与えてみたいと思うのであれば、われわれは以下を区別しなければならないことが分かる。

(1) 副次的で欄外的な構成作用。この構成作用は、じつは、私の手の運動にともなうキネステーゼ的諸印象を構成する作用と、他方、私のまなざしの運動にともなうキネステーゼ的諸印象を構成するまったく類似した作用とに、二分化される。この二重の作用は、一方では「私の手の運動」、他方では「私の両眼の運動」という、二重の運動の構成に到達する。これら二つの運動は構成され、これらは主観的身体の根源的作用が、すなわち本来の意味での運動がただちに自らのあとに湧出せしめる二重の航跡のようなものである。しかしながらこれら二つの運動は、薄明のうちに遂行される。これらが思惟の主題を形成するとき、中心現象は消失する。

(2) この中心現象は、(われわれの諸器官の諸運動という形でのキネステーゼ的諸印象の構成の結果、「内的」身体のうちにこの行為が残す航跡を捨象して)まさしく私の人さし指の先端でカーヴをえがく行為のうちに存しているのだが、この中心現象は、二種類の諸要素に分解される。つまり絶対的主観性の内在に属す諸要素と、他方、構成される諸要素とである。主観的運動の理論は、これらすべての諸要素を貫く深い統一性を、われわれに理解させてくれる。この統一性は、一方の諸要素においては根源的統一性として、他方の諸要素においては根拠づけられた統一性として見出される。空中にえがかれたカーヴを捉える運動は、たしかに私の手の運動と私のまなざしの運動とに分解される。しかしこの分解は、超越論的圏域の内部で遂行され、いかなる真の区分にも到達しない。この分解はむしろ、エゴの具体的生の統一性を表現している。エゴの具体的生の統一性は、エゴのすべての諸力能の展開に内在している。なぜならエゴの諸力能の根は、まさしく主観的運動の根源的存在なのであって、われわれは主観的運動の本性を理解するや否や、主観的運動の統一性に思い当たるからである。その本性とは、ひとつの超越論的内的経験においてわれわれに与えられることなのである。

まなざしの運動と手の運動とのこのような統一性が何であるか、そのことをわれわれに明確にしてくれるのは、これらの諸運動が到達する超越的項の本性である。もっともこの統一性はそれ自身、根源的主観的統一性たる第一の統一性に基づいているのだが。じっさい、私がえがき、私が見、そして、たとえばもし私の人さし指の先端を特定の或る感覚で触発するような新鮮な空気の流れのなかで私がカーヴをえがくならば、私が感じることもできるであろうのは、唯一にして同じひとつのカーヴなのである。ところで、運動の超越的項についての理論は、すでにこのようなカーヴの統一性の原理をわれわれに提供してくれた。

えがかれたカーヴがあり、見られた別のカーヴがあり、最後に感じられた別のカーヴがある、というのではないとするなら、それは各々の感官世界がひとつの実在的世界だからであり、したがって、すべての感性的諸世界が唯一にして同じひとつの世界を形成するからである。そしてやはりわれわれが示したように、感性的世界の統一性および実在性の根拠は、まさしく主観的運動の根源的存在なのである。

われわれがエゴの絶対的生の統一性について語るとき、われわれはけっしてこの生が単調なものであると言いたいのではない。じつはこの生は、無限に多様なのである。エゴはその同語反復のうちに閉じ込められた、一箇の純粋な論理的主観［主語］なのではない。それは無限なる生の存在そのものなのである。それでもこの無限なる生は、諸形象をえがき、諸形象を見、諸形象を感じる多様性と活動性とのなかで、一なるものであり続ける。なぜなら無限なる生のものであるこの多様性は、まさしくそれがひとつの超越論的内的経験においてこの生に与えられるかぎりで、この生に属しているからである。繰り返すが、この生の存在論的ステイタスこそが、この生の統一性の原理であり、したがって世界の統一性の原理なのである。諸感官の統一性、よりいっそう深くには、身体的生の統一性は、主観性の存在論的構造のうちにその根拠を見出す。したがってこの統一性についての理論は、身体についての存在論的理論のうちに原理的に含まれているのである。(17)

第二節　知の統一性として解釈された身体の統一性。習慣と記憶

諸感官の統一性の原理を捉えたあとでは、われわれは、如何にしてこの統一性が真に知の統一性であり、どのような点にこの知が存するのかを、理解することもできる。

(1) われわれの身体は、ひとつの超越論的内的経験であるかぎりで、自己についてのひとつの直接的な知である。しっかりと見ておかなければならないのは、われわれの身体についての直接経験は、その経験それ自身以外のなにものもわれわれに引き渡さない、ということである。身体はまずもってひとつの存在であって、それから、そのあとで、われわれがこのような存在についてもつであろうひとつの経験である、というのではない——その場合、そのような存在がこの経験に先在する、あるいはこの経験から独立して存在することになってしまおう。なるほどわれわれの身体は、それについてわれわれがもつ経験をはみ出すものとして、自らをわれわれに告知する。しかしそのような身体は、われわれがいま話題にしている根源的身体ではない。根源的身体が問題となるとき、その存在は、それについてわれわれがもつ直接経験の存在である。それはひとつのあらわれ (paraître) であるような存在であるが、しかしすでに見たように、このあらわれは特定のタイプのあらわれであり、それはあらゆる現象学的隔たりの不在のうちにわれわれに引き渡され、このような与えられ方と一体となっているような現われ (apparence) なのである。このことによってこそ、われわれの身体は根源的にひとつの知なのである。われわれの身体はひとつの力能である。しかしこの力能は、自己についてのひとつの直接的な知であり、存在の真理の地平がすでにわれわれに開かれていることを前提せず、反対にこのような真理の根拠にして根源であるようなひとつの知なのである。

(2) われわれの身体は、ひとつの超越論的内的経験であると同時に、ひとつの超越的経験である。根源的身体の自己知が主題的な知ではないからこそ、身体の「自己」および自己性がこの知の項ではなくてこの知の条件であるからこそ、この知は自己に閉じ込められてはおらず、自己についての知ではなくて、超越的存在一般についての知なのである。われわれはここでふたたび絶対的主観性の存在を、その根とその最も深い構造とにおいて見出す。このような存在は、構成されないからこそ、ひとつの構成力能なのである。このような存在は自らをそれ自身に与え、自らをそれ自身に与えるというこの作用において、いかなるときにも超越的存在のエレメントのうちに現われることがないからこそ、超越的存在のこの領域が絶対的主観性の存在にとって自由なままであり、何かがこの領域のエレメントにおいて絶対的主観性の存在に与えられうるのである。古典的な諸パースペクティヴにおいては、それによってわれわれの身体が世界を認識するとみなされていた「諸道具」、そのような「諸道具」を認識することなくわれわれの身体が世界を認識するということの理由や、身体の世界認識がいかなる種類の「諸手段」に訴えることもなく遂行されるということの理由もまたやはり、絶対的主観性としての身体のこのような根源的な存在論的構造のうちに見出されるのである。

たしかにわれわれの身体は、自らの四肢や、身体の存在を合成していると言われる様々な感官諸器官を、認識する力能を有してはいる。しかしそのとき身体が認識するのは、まだ世界の一要素である。身体の認識はこの場合、まだ世界についての認識であり、それはけっして世界についての身体の認識の道具についての認識ではない。もし私がそれを用いて世界を認識するところの「諸道具」が、もし私の身体の諸力能が、超越的存在のエレメントのなかで私の前に立ち上がるのであれば、私はもはや世界を認識しないだろう。あるいはむしろ、私は世界の新しいひとつの区域、つまり超越的身体の区域を認識することになろうが、他方、他の諸区域は薄明のうちに消え去ってしまうだろう。たとえば私が私のキネステーゼ的諸感覚に注意していたときには、私の手の運動が空中にえがいていたカーヴはもはや、欄外的意識の不確かで漠然とした対象でしかなかったのである。それゆえ私の身体の諸力能が世界の存在を私に引き渡すのは、諸力能が絶対的内在の圏域に帰属するという条件においてのみ、つまり世界概念がいかなる役割も果たしていないような認識において諸力能が知られるという条件においてのみである。しかしながら身体による世界認識と自己による根源的な身体認識とは、二つの異なる諸認識なのではない。というのも、後者は反対に、前者の実体そのものだからである。超越的認識は、それ自身においては、ひとつの超越論的内的経験である。根源的経験とは、そのなかで世界の存在も身体の存在もわれわれに現前しているような経験なのである。もっとも、このような現前が実施される仕方は、両者においてラディカルに異なっている。つまり身体は主観性の絶対的内在においてわれわれに現前し、世界は超越的存在のエレメントにおいてわれわれに現前するのである。

ところでいま、もしわれわれが身体の占有物であるような世界認識に注意を向けるならば、すでに述べたように、この認識は知性的ではないし、表象的でさえない。たとえば私が私のポケットのなかにあるマッチ箱を手で取る行為を考察するとき、私がこの箱についてもつ認識はもっぱら、この箱を摑みこの箱を利用する運動がこの箱についてもつ認識である。このような認識は、それがその存在そのものを構成しているところの過程にすっかり内在しているのだから、われわれはこのような認識を、もっと曖昧でない仕方で、ひとつの過程と呼ぶことができる。このような認識のなかに介入する諸関係は、客観的な空間的諸関係ではなくて、私が遂行する諸運動の精確な応答であり、いわばその連続的な相関者であるような諸関係である。諸対象は、根源的にも、普通にさえも、観想された諸対象ではなくて、われわれの諸運動の諸対象なのである。この意味においてこそ、諸事物の根源的な存在はフォーハンデネス［眼前にあるもの］ではなくて、ツーハンデネス［手許にあるもの］[6]であると言って正しいのである。しかしながら、われわれの諸運動に対する諸事物の存在の関係が根源的であるということを肯定し、諸対象はまずもって表象されるのではなくて、そのおかげでわれわれが諸対象に関わるような諸力能によって直接に生きられるのだと述べることによって、われわれはけっして、たとえば視覚に対する手の優位のような、手の優位を設けようと主張しているのではない。反対にわれわれは、視覚が手による把捉や運動的触覚と同じタイプの認識であると、すなわち知性的ないし理論的な認識ではなく、表象ではないような或る認識なのだと主張しているのである。なぜなら感覚能力の分析がわれわれに示したように、視覚は身体によって行われるからであり、視覚はひとつの身体的認識だからであり、視覚は主観的運動の事柄だからである。われわれは、われわれの身体が認識する世界の本性を理解するためには、われわれの身体が展開している諸力能の内部に身を置かなければならない。じっさいこの諸力能の内部にこそ、われわれは置かれているのである。それゆえにこそ身体的認識は、たぶん原初的ではあっても、しかしすぐさま知的人間によって超出されるような、そのような暫定的な認識なのではない。反対に身体的認識は、本元的で還元不可能なひとつの存在論的認識なのであり、われわれのすべての諸認識の、特にわれわれの知性的諸認識や理論的諸認識の、根拠にして土壌なのである。

(3)　この身体的な世界認識は、顕在的な認識ではない。正確にはわれわれの身体は認識ではなくて、むしろ認識する力能であり、無限に変化のある、多様な、しかし連携し合った諸認識の原理であり、身体は真にそのような諸認識の所有者なのである。メーヌ・ド・ビランは存在論的認識の存在をエゴの存在と同一視した。しかしエゴとは身体である。それゆえにこそ存在論的認識は空虚な可能性ではなく、それゆえにこそ存在論的認識の実存は、顕在化されるために異他的実在の協力を必要とするような、そのような潜在的な実存ではないのであり、それゆえにこそ最後に、存在論的認識はひとつの実在的な存在なのである。なぜならそれはわれわれの身体の存在そのものであり、われわれの身体の具体的で無限な生だからである。如何にして純粋な可能性が、具体的存在たりうるのだろうか。身体の存在がまさしく純粋な存在論的可能性の具体的存在であるなら、身体の存在とはどのようなものなのだろうか。

この点については、メーヌ・ド・ビランの或るテキストがわれわれに明らかにしてくれるだろう。「手が行使したすべての諸運動、手が固体に触れ回ることによって取ったすべてのポジションは、この固体が不在でも、意志的に反復されうる。これらの諸運動は（中略）第一次諸性質に関わる様々な基礎的諸知覚の諸記号である。それゆえこれらの諸運動は、こうした諸知覚についての諸観念を喚起するのに役立ちうるであろう。そしてこのような喚起は、意のままになる諸記号を手段として行使されるなら、本来の意味での記憶を構成する。それゆえ触覚的諸形態についての真の記憶が存在することになろう[18]。」手の運動を再生するときに固体が不在であるという仮定は、感覚能力の分析という一般的な企投に属している。ここでもまたこのような仮定は、考察されている現象の本質を明らかにするためのひとつの虚構でしかない。したがって、音響的印象を聴き、意志的に再生するケースにおいてと同様に、われわれはまず最初に、固体の把捉運動の再生というこの現象において、以下の四つの諸認識を区別しなければならない。(1)運動のそれ自身による根源的な認識。(2)すでに遂行された運動と同じものとしてのこの運動の再認。(3)運動の超越的項すなわち固体の認識。(4)すでに同じ運動によって到達された項としてのこの超越的項の再認。これら様々な諸認識の本性をつまびらかにすること、なぜこれらの諸認識が同じひとつの本元的な知のただなかで同定されるのかを理解すること、それはビランにおける記憶の現象学を十分に展開させ、同時に記憶の根拠に遡るよう導かれることである。記憶の根拠とはまさしく、身体の存在と同一であるような存在論的認識の存在なのである。

まず最初に固体についての認識および再認について反省するならば、われわれには固体がわれわれに与えられる仕方が、絶対に一般的な意義を有していることが分かる。つまり諸事物は、けっして一度限りであらねばならぬという性格を内に担った経験のなかで、身体に現前しているわけではない。反対に諸事物はいつも、二度見られるであろうものとしてわれわれに与えられているのである。対象の存在は、或る運動という条件のもとに私が達しうるものである。この運動は他方、私の身体の固有の、還元不可能な、侵すべからざる、要するに存在論的な可能性なのだから、世界の存在は私がいつでも達しうるものであり、原理上私に近づけるものである、ということが帰結する。或る対象が私の身体に与えられるたびごとに、その対象は私の身体に、現前する経験の対象としてというよりも、私の身体が達しうる何かとして、身体がもつそれへの力能に従属する何かとして与えられる。われわれにそう思えないとき、たとえばわれわれが二度と見ることのないであろう風景や顔を見るとき、われわれの経験に結び付くこの新しい意義は、そのもとで世界がわれわれの身体に与えられる一般的な意義の、消極的な一規定でしかない。そしてこの消極的な規定は、原理的にそれに従って私の身体的経験の項が私に近づけるような意義を排除するどころか、反対に、この一般的な意義を根拠とし、まさしくこの一般的な意義の一規定でしかないのである。

私の身体の諸力能の任意のひとつの、たとえば視覚の事実上の消失や、あるいは死の観念においてわれわれに表象される、それら諸力能の全体的な消失についても、同じ指摘を行うべきである。死の観念は、われわれの世界経験の一般的意義の一規定でしかない。このように、世界とは私の身体のすべての諸経験の諸内容の全体であり、それは実在的ないし可能的なすべての私の諸運動の項なのである。この項は、際限なく呼び起こすことができ、これらの諸内容は、原理上つねに、私に近づける。なぜなら私の運動は、私の身体の現在の、いうなれば経験的な一状態ではなくて、反対に私の運動の存在は、存在論的認識の存在そのものだからである。われわれが次のように言うことによって、つまり身体は一箇の力能であり、身体の認識は瞬間に限定されているのではなくて、それは認識一般の可能性であり、或る世界が私に与えられる実在的かつ具体的な可能性である、と言うことによって表現しているのは、運動の根源的存在と存在論的認識それ自身の存在との、このような同一性なのである。われわれは存在論的可能性の実在的にして具体的な存在を、習慣と呼ぶ。[7] そしてわれわれは、身体がひとつの習慣であり、われわれの諸習慣の総体であると言うことによって、身体が一箇の力能であるという観念をも表現しているのである。世界に関していえば、世界とはわれわれのすべての諸習慣(habitudes)の項であり、この意味においてこそ、われわれは真に世界の住人(habitants)なのである。住むこと(habiter)、世界に通うこと、それこそが人間存在の事実であり、居住(habitation)というこのような性格は、世界をも世界の住人たる身体をも定義するのに役立つような、ひとつの存在論的な性格なのである。

もしいまわれわれが、われわれの議論しているビランの実例に戻り、この実例のうちに含まれている四つの基本的な認識(手の運動と手の運動の超越的項との認識および再認)に戻るならば、われわれには、なぜじっさいには認識と再認とを区別する必要がないのかが分かる。あらゆる認識が再認でもあるとすれば、それは認識が孤立した一作用の事柄ではなくて、主観性それ自身の、すなわちひとつの力能の事柄だからである。あるいはこう言ったほうがよければ、それは経験的認識ではなくて、ひとつの存在論的認識だからである。固体について私がもつ認識において固体がそれへと現前しているところのものは、私の手であり、それは摑むという単独の行為ではなくて、把捉の一般的可能性である。この可能性はその現在において、すなわち存在論的現在において、この固体および世界のすべての諸固体一般の、過去および将来のすべての把捉をもうちに担っている。私の身体の存在は習慣である、すなわち諸認識の一般的にして無際限の可能性である、と言うことにおいて存在する意味は、以上のようなものである。この可能性はエゴの実在的存在であり、エゴの存在論的顕在性であり、身体の同一性であり、さらにメーヌ・ド・ビランの言うように、「われわれの人格的個体性の持続的なものそのもの」[19]でもある。身体はひとつの瞬間的な知ではなくて、私の実存そのものがそれであるところの永続的な知である。身体とは、記憶なのである。

感覚し行為する力能に内属している記憶性格――触覚および触覚的諸形態についての記憶は、一例でしかない――は、メーヌ・ド・ビランの思索の恒常的主題を形成している。「自我のみが、彼が彼の構成力によって覚知ないし操作したものを思い出す」[20]と彼は言う。この構成力が自我のすべての諸覚知や諸操作に内在しているからこそ、諸覚知や諸操作がうちに担っている知はつねに記憶であり、すなわちつねに知一般の可能性なのである。思い出す身体は、身体をして諸事物へと導いた最初の諸々の歩みからは切り離されず、それはそれを取り巻くあらゆる諸対象への接近の秘密を自らのうちに蔵しており、それは宇宙の鍵であり、存在するすべてのものにその力能を広げる。身体の射程外、身体の手出しの外に留まるものが、身体に拒まれるというこのような意義を得るのは、世界への接近および世界への開けという、いっそう原初的な力能の内部においてのみである。このように、運動が絶対的内在の圏域に帰属するからこそ、運動のものであるわれわれの宇宙認識は、けっして新しい認識ではないという性格を身にまとうのである。われわれの宇宙認識は、その経験的内容においてではないにしても、少なくともその存在論的構造およびその第一次的可能性においては、われわれ自身の実存と同じくらい古い認識なのである。

われわれは、身体とは習慣であると言った。われわれはいま、身体とは記憶であると言う。これら二つの主張を、どのように理解しなければならないのだろうか。記憶と習慣のあいだには、どのような関係があるのだろうか。両者は唯一にして同じひとつの現象を指し示すための、二つの異なる名でしかないのだろうか。この現象は、いかなる点に存しているのだろうか。この現象は、本当にひとつの根拠なのだろうか、そして記憶と習慣とはこの現象に対して、どのように位置づけられるのだろうか。

これらの問いに答えるために、もう一度、手が固体を摑むというわれわれの実例に戻ることにしよう。この把握に内在する四つの認識様態は、じつは二つに連れ戻されるということを、われわれは示した。すなわち、一方は運動についての認識および再認（それらはひとつでしかなく、主観的運動の存在そのものと一体となっていた）であり、他方は超越的項についての認識および再認である。超越的項についての認識と再認もまた、意味の超越的統一性のただなかで同一化され、そしてこの意味の超越的統一性はまさしくその根拠を、運動の根源的に主観的な統一性のうちに見出していた。このように再認を認識に還元すること――認識に、もはや個別化された瞬間的な認識ではなくて、ほんらい存在論的な認識であるというその性格を与えている還元――このような還元においてこそわれわれは、習慣という現象を定義したのである。われわれが記述する現象（たとえば私が毎日、日に幾度も、タバコを吸う前に私のポケットのなかにある私のマッチ箱を取る行為の）においては、過去といういかなる意義も明るみに出てこない。このような現象はそれゆえ、本来的に言えば、記憶には属さない。私のマッチ箱を取るという行為はしかし、時間のなかで個別化された行為、私がそれを遂行する瞬間には現前しているが、つづいて過去に落ちてしまうであろうような行為ではない。過ぎ去ったものは取り返しようもなく失われ、永久にわれわれの掌握やわれわれの力能から奪われる。せいぜいのところわれわれは、その思い出を保持しうるだけだが、しかし思い出とは過ぎ去ったものとしての何かについての意識である。つまり思い出は、時間の中で背後に沈んだものそれ自体をわれわれに返すどころか、そのイマージュをしかわれわれに提供しない。そしてこのイマージュの意味はまさしく、われわれにその対象を、われわれが失ったものとして引き渡すことなのである。このような記述がけっして固体を把捉する行為に適合しないことは、ただちに明らかとなる。この行為は過ぎ去ったわけではない。この行為は本質上、私に提供される永続的な可能性であり、過去・現在・将来を支配する力能なのである。この力能の存在論的構造が習慣として定義されたわけなのだが、この存在論的構造こそがまさしく、存在論的認識の純粋な可能性の実在的存在が何であるかをわれわれに分からせ、理解させてくれるのである。

同時に、それに劣らず本質的な、もうひとつの真理がわれわれに告知される。つまり主観的運動が固体を把握する認識が存在論的認識であり、この固体についての認識の一般的な可能性なのだから、この認識は固体を、時間のなかで個体化されたこのものとして認識するのではなくて、この同じ運動の内部でいつでも認識しうるであろうものとして認識し、運動が産出し、いつでも再生しうるであろう認識、そのような認識のなかで認識し、再認するのである。おそらく習慣についての理論は、再認を認識に還元した。しかしもっと正確に言うなら、習慣についての理論はこの認識を、自らのうちに再認を担っているものとして理解したのである。この再認、つまり運動による固体の認識に内在し、運動による認識をまさにひとつの存在論的認識にしているこの再認は、いつでも思惟の明示的主題となりうる。そのとき生まれるのはひとつの新しい志向性であり、その志向性においては、固体の再認が明示的思惟の主題となり、固体はすでに認識されたものとして再認される。あるいはさらにまた、固体を把捉する運動が、すでに産出された運動として明示的に立てられる。そのとき私は、第一のケースでは固体についての思い出、第二のケースではかつて私がこの固体についてもった認識についての思い出、過去において私によって遂行された把捉運動についての思い出をもつ。習慣が記憶の根拠なのである。そして習慣が身体の存在論的構造を定義するのだから、身体の存在のうちにわれわれの記憶作用や喚起作用の原理を見るのは正しい。じっさい、主観的身体の根源的存在が存在論的認識の実在的存在であり、認識一般の可能性、その不在における世界についての知だからこそ、主観的身体の根源的存在はまた、そしてこの理由ゆえに、世界についての知であり、世界の諸形式についての記憶であり、世界の存在および世界の諸規定についてのアプリオリな認識なのである。限りなく深い或るテキストのなかで、メーヌ・ド・ビランはこう述べている。「或る作用についての思い出は、その作用を反復する権能についての感情を含んでいる。[21]」

作用を反復する権能についてのこのような感情は、思い出に内在し、思い出の根拠なのだが、われわれはこの感情に、その真の名を与えることができる。それはわれわれの主観的身体の根源的存在についての超越論的内的経験なのである。われわれの身体の統一性とは、産出し反復するこの権能がわれわれの具体的生のすべての諸様態に内在しているという感情であり、この存在論的力能についての直接経験である。それゆえこの統一性は、存在論的認識の統一性でもある。この統一性において、この統一性によってこそ、世界の統一性が構成される。この統一性はそれ自身、世界の統一性の根拠である超越論的統一性であり、この超越論的統一性は超越論的次元それ自身において、われわれの諸運動やわれわれの諸作用の各々に、次のような性格を授けている。つまりこの運動やこの作用は、唯一にして同じひとつの力能としてわれわれによって生きられ、この力能の行使は、これこれの作用、これこれの運動の規定には、つまりその存在が時間によって運び去られるべく定められているような認識の個体化には、還元されないという性格である。その根源的な存在においては、われわれの身体は時間を免れる。絶対的主観性とまったく同様、われわれの身体は、時間を構成するという関係よりほかに、時間との関係をもたないのである。

それゆえわれわれの根源的存在の統一性、身体の統一性、あるいはエゴの統一性を、記憶に依拠させようなどと思ってはならない。私の固有の存在の基本的諸力能が遂行もしくは行使する諸作用および諸運動の総体が、ひとつの統一性のうちに集摂されるのは、思い出によって、すなわち時間の媒介によってではない。時間を通して記憶が構成する私の存在の統一性は、ひとつの根拠を要求する。その根拠とは、習慣である。あるいはこう言ったほうがよければ、私の身体の存在そのものがまさしく、思い出すという作用を可能にし、そしてそれは純粋可能性の実在的存在として理解された存在論的認識の存在にほかならない。記憶によってエゴないし身体の統一性を説明することは、ひとつの誤謬推論を犯すことである。それは根源的な統一性を、反対にこのような統一性のうちに自らの根拠を見出すような能力によって、説明することである。換言すれば、われわれの存在の統一性は構成されるのではなく、われわれの諸々の未来予持および過去把持の力能によって時間から獲得されるのではない。反対にわれわれの存在の統一性は、われわれの存在論的認識の存在に内在し、これと一体になっているのである。われわれの存在の統一性はまさしく、存在論的認識の存在をして存在論的認識の存在たらしめている当のものなのである。

メーヌ・ド・ビランはきわめてよく似たことを述べた。われわれがエゴの統一性の根拠に関して告発した誤謬推論を、あからさまにロックのせいにして非難しつつ、彼はいっそう根源的な統一性に準拠したが、この統一性の存在論的ステイタスは、ビラニスムの文脈全体から明らかに、絶対的主観性のそれである。「努力の主体は直接、自らの同一性、自らの連続的持続を認める。いかなる偶然的印象が諸々の判明な思い出や、現在時と過去時とのあいだの何らかの特定の関係を動機づけにやってくることがなくても、彼は彼が眠りの前と同じものであることを感じている。それゆえ内感のこの単純な経験から、以下のことが帰結する。(1)人格的同一性は(中略)その固有の意味を有している。(2)この同一性が、もしくはわれわれの人格的実存の持続的なものが、思い出ないし記憶の基盤なのだから(中略)、ロックは、われわれの同一性は反対にわれわれの多様な、もしくは継起的な諸々の有り方についての記憶ないし想起に基づいているると言うとき、真の悪循環に陥っているのである。[22]」

しかしながらもしわれわれが、いま従事している主要点について、メーヌ・ド・ビランの思索に通暁したいのであれば、用語法に関してひとつ注意しておく必要がある。メーヌ・ド・ビランはエゴの存在の、あるいはこう言ったほうがよければ、主観的身体の根源的存在の根源的統一性は、記憶には、あるいは彼自身の用語で言い直すなら、想起には依存せず、反対にこうした心理的諸能力の根拠を構成すると主張する。しかるにわれわれの存在の統一性たるこの根源的統一性に名を与えることが問題となるときには、メーヌ・ド・ビランはそれを想起として特徴づけている。「人格的想起（réminiscence personnelle）は、連続した同じ実存についての感情と異ならない[23]。」しかしながら、曖昧さは言葉のなかにしかない。メーヌ・ド・ビランは、過去についての明示的な思惟としての本来の意味での記憶と、心理的記憶の根拠となるエゴの下‐時間的統一性とを、完全に区別した。以下のテキストがそのことを示している。「もし諸項ないし基本的諸様態の継起のうちに保存されている自我の連続性ないし人格的想起が存在しないならば、最も単純な知覚でさえ〔それはつねに諸印象ないし諸作用の継起的数多性を想定している〕（中略）存在しえないであろう。しかし同じ連続的運動についての感覚のうちに保存されているこの想起は、本来の意味での記憶からは、はっきり区別されなければならない[24]。」このように、身体が記憶だからこそ――たしかにまだ過去の観念があからさまではないような記憶ではあるが――身体は過去を自らの思惟の主題としつつ過去を思い出すような記憶でもありうるのである。われわれの身体の根源的な記憶は、習慣である。すでに述べたように、われわれの身体は、われわれのすべての諸習慣の総体なのである。

　ところでいまや、こうした諸習慣はわれわれの思い出と同様、無意識ではないのだということを、よく見ておかなければならない。無意識の概念があらわれるやいなや、それはわれわれが或る根源的な領域に近づいているしるしなのである。なぜなら無意識とはしばしば、背後世界の夜のなかに根拠を投射することによってよりほかには根拠の本質を捉えることのできないような諸哲学によって、絶対的主観性に与えられたひとつの名でしかないからである。〔8〕この背後世界について、われわれは精神分析を行ったわけである。諸習慣は、次のような完全配備のメカニズムではない。つまり、どこか或る領域＝Xにおいて、われわれの意志や欲望の運動が開始する機会を与えてくれ、その諸過程や諸分節の旋律的な活動を展開する機会を与えてくれるのを待っているような、そのような完全配備のメカニズムではないのである。都合よく構造化されたこのような心理学的小存在ならば、それを利用し、それを運動させようという観念がけっしてわれわれに思い浮かばないという結構な理由ゆえに、それがいる遠隔の地の埃のなかに、延々と留まり続けることもありえよう。おそらく今度は、この観念あるいはこの欲望が、無意識なのだろうか。たぶんそうなのだろう。絶えずふくらんでゆくのが、神話の固有性なのである。各々の神話は、その赤貧ゆえに、それを説明してくれる別の神話を要求する。そしてこのようにして次から次へ進み、ついにはわれわれの心理的生の全体が、それが生じるのをわれわれが明証的に見ているような次元を離れて、別の領域に移動し、ここで、粗雑で単細胞的な諸想像力が喜んでそれに貸し与えてくれるような新たなる生を、生きることになる——幻想的な諸存在と不条理な諸概念とのただなかにある生を。

われわれが習慣の根源的存在を捉える機会を得るのは、存在論的探究の果てにおいてのみである。この存在論的探究はわれわれに、個体化された経験的存在の概念を超出させ、またこのような存在の場とこのような存在の超越論的地平との概念を超出させて、われわれを主観性の根源的存在の概念へと高めてくれる。そのとき問題となる存在の実在性は、もはやこの存在の個体化のうちにも、あらゆる可能的個体化一般の場のうちにもなくて、この存在の可能性そのものの実在性のうちにある。なぜならこのような存在は、存在論的認識の存在だからである。身体を絶対的主観性として理解することによってこそ、われわれはまた習慣という存在論的現象を理解することもできるのであろう。この現象においては、身体の存在がその存在論的現在のうちに世界についてのあらゆる可能的な諸認識を含んでいて、いついかなるときにも、これらの諸認識が絶対的内在の圏域の外に出現して、超越的諸項の散在や穴だらけの雑多性のうちに失われたり、無意識の夜のうちに失われたりすることがない。身体は自らのうちに、その過去の深さを担っている。しかしながらこの深さは、あらゆる深さの不在でもある。なぜならそれは、絶対的な透明性だからである。

第三節　感性的個体性としての人間存在の個体性

身体の主観的統一性——われわれの諸感官およびわれわれの諸運動の統一性、それらについての知の統一性——のおかげで、今度はわれわれは、感性的個体性であるかぎりでの人間存在の個体性を理解することができる。ここでは個体性についてのすべての経験的な考え方、古代から現代にいたるまで哲学的思索の歴史を支配している考え方を、捨て去るのがよい。まさに身体ならびに人間存在の身体的条件に訴えることで、ひとはエゴの存在の個体性を、空間‐時間的な個体化という経験的な考え方に連れ戻す手段を見出すのだと思い込んでいたのである。じっさい、人間がひとつの身体をもち、この身体が時間のなかで個体化された経験的一対象とみなされるのだから、この身体の存在が空間‐時間的個体化の一般的諸条件を人間の存在に適用する原理となったのは、まったく自然なことであった。それだけではない。つまり身体は、たんに個体性の一般的形式を人間存在に適用する点であっただけではない。身体は、たんにこのような適用の手段にして根拠であっただけではなくて、身体は真にこのような適用の起源にして原因なのであった。換言すれば、人間は身体をもっていたからこそ、一箇の個体として理解されることもできたのであった。この身体を捨象したなら、人間にはもはやたんなる精神〔霊〕の存在しか残っていなかった。このような存在は、本来的な意味での存在ではなかった。というのも、まさしくそれはもはや個体化されておらず、一種の非人称的な「ヌース」、等質的で差異化されていない実体だったからである。人間は真に二重の人間となった。人間は、一方では純粋で普遍的な意識であり、他方では経験的個体性であった。しかしながら、人間である、すなわち一箇の個体であるというこの特性を真に人間に付与したのは、後者〔経験的個体性〕であった。人間が世界へ来たのは、その身体のおかげであり、経験的個体化は、真に人間の誕生の原理だったのである。

この奇妙な哲学的錬金術は、諸々の半‐理論的、半‐道徳論的な小論文の主題をなしてきたし、いまでもなしている。なぜなら精神〔霊〕と経験的諸性格との二元論は、ただちに価値論的意義をおび、それはこうした諸規定を乗り越えてその真の自我に合流するために、人間に提示された努力の枠組みなのである。ちなみにこの真の自我とは、もはや自我（moi）ではなくて〈自我〉（Moi）であり、〈精神〉（Esprit）であり、あるいは何でもお好みのものである。経験的な要素は克服すべき要素であり、たとえばそれは義務が超克する病的な内容であり、腐敗すべく定められた何か時間的なものであり、偶然的な亡骸である。たしかに人間存在の個体性を侮蔑的意義を備えた要素に基づけることとは、奇妙なことである。なぜならその場合、人間の活動全体がもはやこの要素に対する闘いのうちにしかありえず、そして、もしこの闘いが勝利を収めるなら、その結果、われわれの個体性の原理が消滅するだけであり、したがって人間の道徳的な努力は、自らの固有の存在を破壊することへと向けられていることになってしまうであろうからである。しかしながら当面われわれにとって重要なのは、このような夢想的な諸構築の諸帰結ではない。われわれは他のところで[25]個体性についての理論を与えたが、われわれが理解したいのは、如何にして個体性が感性的個体性であるか、ということである。

ところで身体についての存在論的理論は、何よりもまず身体のうちに経験的個体化の原理を見ることをわれわれに禁ずる。もし個体性が絶対的主観性の次元で出会われないなら、もしそれが超越論的個体性でないなら、このような主観性を身体に関係づけたからといって、この主観性にそれが必要としている個体化の原理がもたらされうることにはならないであろう。というのも身体それ自身がその本質において絶対的主観性であり、したがって自らのうちにいかなる経験的な個体化の原理をも担ってはいないからである。個体性の問題は、絶対的主観性の次元で立てられる。ゆえにこの問題は、エゴの存在についてと同様に身体の存在について立てられ、じつを言えばそれは唯一にして同じひとつの問題でしかなく、ただ身体について考察すれば、われわれはこの問題をさらに先に進めることができるというだけである。絶対的主観性の個体性の根拠は、この主観性の存在がエゴの存在そのものであるという理論のうちに見出された。エゴの生が身体の具体的生であるとき、この個体性は感性的個体性となる。感性的個体性は経験的個体性ではない。なぜならそれは感覚の個体性ではなくて、感覚することの個体性だからである。たしかに感覚は、時間のなかで個体化されている。しかし感覚し諸運動を遂行する力能は原理上、時間を免れるのと同様、経験的個体化を免れている。この力能は習慣の絶対的存在であり、この点においてこそ、それは真に一箇の〈個体〉なのである。

ビラニスムにおいて、主観的身体の存在の個体性は、特殊な一テーゼの対象ではなくて、それはむしろ理論全体の根拠である。努力の個体性について語ることは、一種の同語反復を行うことである。なぜならそこにあるのは、自我の実在という唯一にして同じひとつの実在を指し示すための、二つの言葉だからである。したがってこの個体性は、身体の統一性と同じ資格で身体についての存在論的理論のうちに含まれているのだが、しかしこの個体性の存在論的根拠を、よく見なければならない。自らの思索を要約しつつ、メーヌ・ド・ビランはこう述べている。「このように人格性は、超有機的〔9〕な力の最初の完全な行為とともに始まるのだが、この超有機的な力がそれ自身にとって存在する、あるいは自我として存在するのは、それが自らを知るかぎりにおいてのみであり、それが自らを知り始めるのは、それが自由に行為し始めるかぎりにおいてのみである。(26)」それゆえ運動の根源的存在が主観性であるかぎりにおいてこそ、運動の根源的存在はまた、そしてまさにそのことによって、エゴの存在でもある——このようにして個体性は、あるいはこう言ったほうがよければ自己性は、内在において独自ノ（*sui generis*）顕示が遂行される場以外のなにものでもなく、すなわち、まさに主観性それ自身であるところの実存の存在論的な場以外のなにものでもないのである。われわれのすべての感覚諸力能に内在する運動の存在が主観的な存在であるからこそ、われわれの感覚権能の生はひとつの個体的な生であり、それは個体性の生そのものなのである。

　われわれの感覚力能の本質をなす個体性を理解することにおいて最も前進したのは、J・ラニョである。われわれが、運動および行為についての彼の理論を批判し、身体についての彼の考えを主知主義と非難したあとで、このように『高名なる講義』の著者に訴えるとするなら、必ずやそれは驚くべきことのように思われるであろう。しかしながらそれに劣らず驚くべきことは、『知覚についての講義』の末部で、まさしく個体の問題がいくつかの手短な、しかし決定的な諸反省の主題となるにいたるときに行われている、思索の運動である。自らを養ってくれた哲学的伝統を深めつつも、哲学者がこの伝統を免れ、将来に向かってこの伝統を超出する瞬間こそは、天才の瞬間である。知覚についての主知主義的な理論を与え、感性的世界の本性をわれわれの諸判断がそれに授ける諸意義の総体に基づけたあとで、ラニョはこのようにして構成されたこの世界の真理について自問するにいたり、何よりもまず彼は、そこにはまさしく真理が欠けていることに気づく。真理は判断の作品である。しかし、ラニョによればそれによってわれわれがわれわれの諸表象を規定するところの判断は、実践的で功利的な意義しか有していない。そのような判断は、正常な知覚の仕方しか定義せず、要するに、われわれにふたたびわれわれの習慣的世界のうちに自らを見出させてくれるような知覚の仕方しか定義しない。このような判断の原動力は、本来的に言えば観念ではなくて、むしろ一般的なイマージュであり、図式であり、われわれを取り囲む世界のなかでわれわれが自らを方向づけるための手段である。「感性的認識の真理は存在しない。(27)」感性的認識は、本来的に言えば認識ではない。なぜなら認識というものはつねに客観的真理を含み、すべての諸精神の一致を根拠づけるものだからである。反対に、各々の個体は自分流に「それなりの仕方で」感覚する。「知覚することとは、感覚する個体の視点に帰って、それに固執することである。」したがって知覚は、「真とか偽とか言われえない。(28)」知覚はそれがそれであるところのものであり、われわれが感覚するものは、何か還元不可能で、われわれの各々に固有のものなのである。

たしかに本質的に個体的な感覚作用の存在は、真理の源泉にして領分たる知性的認識に比すれば、評価を落とすように思われる。ラニョは本来の意味での真理を知性的認識と観念とのために取っておき、彼が感性的生を誤謬から奪い取るのも、それを錯覚の領分に閉じ込めるためでしかない。そのかぎりでラニョは、厳密に古典的な路線に従っているのではないか。「あらゆる知覚は要するに錯覚であり」「諸事物や諸観念を見る主観的な仕方(29)」である。だが少なくとも感性的生の独自性、理論的生へのその還元不可能性は、高らかに肯定されている。かくしてわれわれの感性的生の存在は、もはや判断によっては構成されない。われわれのうちには原初的な生、根源的な生があって、それは知性的な生ではなく、それどころか、それは理論的認識および抽象的真理の根拠として現われようとしている。ここではわれわれに、特異な縮図のうちに、たとえば『経験と判断』のフッサールの諸テーゼがすでに告知されている。理論的生は根拠づけられているのである。[10]「まったく抽象的な真理などというものは存在しない」とラニョは言い、こう付け加える。「もしわれわれが、或る真理が存在すると考えるならば、われわれはそれを、われわれが感覚するものの真理として考えているのである。[30]」このように知性的真理、判断の真理は、すでにそれに与えられている土壌のうえに展開される。この土壌はわれわれの感性的生それ自身であり、素朴な知覚の具体的な生なのである。

ところで、この生の基本的な役割がこのように肯定されているわけなのだが、この生はひとつの個体的な生であり、個体の生そのものである。したがって個体的なものは、もはや経験的なものとは混同されえない。個体的なものは、純粋意識に言わば偶然的かつ綜合的に付加されたものではない。個体的なものは、この意識の生そのものの原初的なあり方を定義しているのである。この生にこそ、今度は述定も基づくことになるのであって、かくしてわれわれの諸判断でさえ、われわれのうちにある個体的なものの表現以外の何ものでもないことになろう。根源的な生は、ひとつの個体的な生である。しかしこの生は、まさしく感性的な生であり、身体の生である。それゆえ感性的個体性は、われわれのうちにある最も原初的なものに関わっている。すなわちそれは経験的な一要素にではなくて、絶対的主観性の具体的にして本源的な生に、絶対的主観性の最も深い規定に関わっているのである。この規定は、そのなかでこの生が表現されうるであろう他のすべての諸規定および諸様態の、根拠となるであろう。したがって以下のラニョの言葉が、その決定的な意味を受け取る。「ひとは、与えられた諸周況のなかでわれわれにとって真であるとみなされなければならない感じ方を、考えることができない。じっさいこのことは、われわれの感性的本性が変化しないことであれ、われわれの感性的本性の発達が或る厳格な法則に従うこと、すなわちこの本性がわれわれのうちでこの本性と外界との関係から完全に帰結し、この本性が外界の結果、成果でしかないことであれ、そうしたことを想定するであろう。しかしその場合には、われわれのうちには自発性が存在せず、感性的本性が存在しないことになろう。ところで、われわれが諸個体であると言うことと、これら諸個体のうちには感性的本性があって、この感性的本性においては何かは環境の作用から帰結するのではないと言うこととは、同じことである。もし感性的本性におけるすべてが必然性に従属していて、もし真の感じ方であるようなひとつの感じ方がわれわれにとって存在し、もし各瞬間にわれわれの感じ方が外界から帰結するのであれば、われわれは感覚しないであろう[31]。」感性が真理を欠くかぎりで、ここでなおも明るみに出されているように思われる感性の貶めは、じつは知性的真理の貶めを意味している。知性的真理は、われわれの具体的実存が動く根源的領域には十全的に適合せず、それは派生的で副次的な真理でしかないのである。本質的なものとして、真に根拠であるものとして肯定されているのは、何か個体的で感性的なものであり、身体の生なのである。われわれの個体性の根拠であるのは、たしかに身体である。なるほどそれは経験的身体ではないが、しかしそれは超越論的身体の根源的に主観的な存在なのである。

　他方、ラニョがあからさまに感性的本性をひとつの自発性として指し示しているということによって、いかにして彼の分析が、まずもって彼の探究の枠をえがいていたカント的諸前提を突如として打ち破っているのかが、われわれに示される。われわれの感性的生の自発性は、われわれの感性的生のほんらい主観的な本性を指摘する。なぜならただ絶対的主観性のみが、自発性だからである。われわれの感性的生に内在し、その存在を構成しているのは、まさしく運動の主観的存在である。運動の主観的存在が、われわれの身体の力能をも、われわれの個体性の固有の性質をも、同時に定義しているのである。ひとつの個体であること、それは世界と絶対に独自の関係をもつことである。しかしそのことは、決然として企てられた或る努力の果てに、或る倫理的な決断のおかげで生ずるのではなくて、いついかなるところでも、ロマンティックな高揚においても日常的な凡庸さにおいても生ずるのである。私が宇宙と関わる仕方が独自であるのは、ひとつの存在論的な必然性であり、それは習慣の存在論的構造に内属している。私が世界を感じる仕方が私が私の主観性についてなす経験そのものであるからこそ、この仕方は、私の身体の根源的に主観的な存在についての超越論的内的経験のなかで、私にのみ与えられるのである。私は比類なき者である。しかしそれは、私がそうあろうと決心したからではなく、私が私の耽美主義において希有なる諸感覚という例外的なものしか、またキーツのようにしおれたすみれの香りしか賞味しないからではない[11]。そうではなくて、まったく単純に、それは私が感覚するからなのである。「ひと（on）」は感覚しない[12]。感性はエゴの存在の固有のひとつの可能性であり、その最もすぐれた可能性なのである。なぜなら感性は、存在論的可能性それ自身にほかならないからである。感覚すること、それはエゴの唯一的な生の個体性において宇宙の普遍的な生を体験することであり、それはすでに「諸存在のなかで最もかけがえのない存在」であることなのである。

第四章　諸記号の二重の使用と自己の身体の構成の問題

身体の構成の問題は、われわれの諸探究の領野を免れる。なぜならこの問題は、絶対的主観性と根源的エゴとの存在に集中する反省の主題ではないからである。しかしながらわれわれがいま、先延ばしにすることのできないひとつの問いを考察しなければならないかぎりにおいて、われわれには構成された身体の存在に注意する必要性が課せられてくる。もし身体の存在が、すでに示したように、根源的に主観的なひとつの存在なら、もしわれわれの身体の生が絶対的主観性の生の一様態でしかないなら、どうしてわれわれのものであるこの身体が、様々な哲学諸体系によっても心理学によっても、学的反省によっても素人の思考によっても、超越的存在の一要素としてよりほかにはけっして考察されることがなかったなどということが、起こるのだろうか。そのさいひとが、この存在領域の内部で身体を他の諸存在から区別するために身体に割り当てようとした諸性格が、どのようなものであろうとも。他の諸存在は身体と同じ資格でこの存在領域を満たし、身体はこれらの諸存在のなかで、内属諸関係や相互諸作用の系を設けるのを妨げるどころか、反対により高圧的にこのような系を要請するように思えるような諸規定を伴って現われる。じっさい身体は、構成された実在であるかぎりでのみ、諸科学がわれわれに考えさせてくれるような諸関係を他の自然諸存在と結びうるのである。ちなみにそれは、その妥当性が普遍的に承認された諸関係である。

たしかにわれわれの身体は、超越的存在の真理のうちに自らを顕わす。どんな意識でも、このような真理のうちにわれわれの身体を発見することができる。われわれの身体はひとつの空間的布置として現れるが、この布置は数多くの客観的諸移動や諸運動が遂行される場でもあり、このような諸移動、諸運動によってこの身体は外的諸物体と接触し、それらにぶつかり、それらを牽引したり排斥したりする。どうしてわれわれが見ているものが、錯覚であると決めつけられえようか。どうしてこのような錯覚が、これほどまでにも普遍的に分かちもたれえようか。驚くべきは、われわれにわれわれの身体をひとつの対象とみなさせている共通見解ではない。いかなる点でこの見解が根拠あるものであるかは、いずれ示すことにしよう。驚くべきはむしろ、われわれの身体の根源的存在に関わる省略が、この見解のうちに含まれているように思えることである。じっさいこのような考えにおいては、あたかもわれわれの身体がわれわれの見ているこの対象以外の何ものでもないかのようだし、あたかもわれわれが存在論的に分析した身体の根源的存在が、われわれの実在的経験のうちにその痕跡を捜し求めても空しいようなひとつの妄想でしかないかのようである。身体の根源的に主観的な存在を、諸事物のあいだで自らをわれわれに顕わす身体［物体］に吸収してしまうこと、そのような吸収のごときものがあって、前者［身体の根源的に主観的な存在］は後者［諸事物のあいだで自らをわれわれに顕わす身体］の内部にあるようなものとなり、われわれの身体の存在全体が、その構成された存在へと連れ戻されてしまう。そしてこの超越的現象の外には、それを思惟する意識、それを上空飛翔する精神ないし魂のほかにはなにもない。われわれの身体のうちにありうる主観的なもの、われわれが内在的と特徴づけた要素は、なるほどそのような内在的なものではあるが、しかしそれは自然に属する超越的身体に内在的な一要素なのである。もし私が私の身体の内在的要素を、この［超越的］身体の中核にして核心とみなすのであれば、この要素はまさしく、私が見たり私が触れえたりする身体‐客体の中核にして核心として私に現れる。われわれが内在と呼ぶものはこのように、超越的なものの本質そのものとなってしまった。このような変形の遂行をつかさどる根本的な存在論的曖昧さを明るみに引き出す前に、われわれは如何にしてこのような変形が、われわれの身体についてもつ知覚ないし認識の起源にあるのか、少なくとも日常言語において常識が表現している認識の起源にあるのかを、示しておかなければならない。その次にラディカルな存在論的開明の主題となるべきは、この言語の哲学的諸前提であろう。

この言語は、眼が風景を見る、手がテーブルのほうへ動いてそれに触れる、耳がメロディーを聞く、と言う。眼、手、耳は超越的身体の諸要素であり、それらは存在の真理のうちで自らを意識に顕わし、そこに場所を占め、そこに空間的布置をもち、そこですべての自然諸対象と知覚的な、もしくは科学的に規定された諸関係を結ぶ。そしてまさにこのような超越的諸要素こそが身体の核心を、すなわちそれによって身体が見、動き、触れ、聞くところの諸力能の総体を、うちに担っているのである。しかしながらわれわれはこれらの諸力能を、ラディカルな内在の圏域に属するものとして、主観的身体の存在を構成するものとして特徴づけていた。それではこのような降格、つまりそのせいで内在がわれわれの絶対的実存の圏域を定義するのをやめて、或る存在へと外在化され、その存在に内在が一種の内密性と深さとを付与するというような、このような降格は何を意味しているのだろうか。内密性とか深さとかは、われわれがその存在を主観性の存在として規定することによって捉えたと思っていた感性的で運動的な諸力能が、われわれの超越的身体のうちに現前しているということを、表現しているのではないだろうか。これらの諸力能のステイタスとは、本当はどのようなものなのだろうか。

われわれには、われわれの身体の根源的存在についての存在論的分析の諸成果に戻ることは、問題とならない。これらの諸成果は絶対に確実で、絶対知の部分をなしている。現象学的存在論は、このような絶対知によって建設されるのである。それに、われわれが見て触れるもの［われわれによって見られ触れられるもの、つまり身体‐客体］が、見て触れる者［つまり身体‐主体］でもあるなどという戯言の不条理を、どのようにして擁護しうるというのか。われわれが見、たしかにわれわれがわれわれのものと呼んでもいるこの身体は、ビランがわれわれに示したように、見て触れる別の身体を前提している。別の身体が、すべての諸事物を見てそれらに触れ、また諸事物のなかで、見られ触れられるこの身体を見てこれに触れるのである。この別の身体こそが、根源的身体なのである。根源的身体の存在は絶対的主観性の圏域に帰属するものとして規定されたが、このような圏域のそとに出現するなら、根源的身体は根源的身体をして根源的身体たらしめているすべてのものを、ただちに失ってしまうほかないのであった。この存在論的な力能はじっさい、超越的存在のエレメントのうちには移行しえない。それは自然の一要素と同一視されたり合体させられたりはしえない。このような同一視は稚拙な表象であり、じつをいえば、一箇の錯覚である。メーヌ・ド・ビランが、彼が「諸記号の二重の使用」[1]と呼ぶものについての分析のなかでわれわれに提示しているのが、このような錯覚についての一般理論なのである。

　視覚経験を考察してみよう。それはひとつの超越論的内的経験である。この経験は世界に向かって自らを超越するが、しかしこの経験はすっかり、ラディカルな内在の圏域において遂行される。われわれがいまこの視覚経験を言語において表現するなら、われわれは「見る」という言葉を用いる。この言葉は、メーヌ・ド・ビランのように語るなら、この視覚経験の「記号」である。この記号がどのようにして視覚についての内的経験に関わるのかということ、一般的にいって、言語はどのようにして言語が表現する絶対的主観性の生に基づくのかということ、それはここでは開明されえない。ただ、言語の根拠づけということの作業は、まったく異なる二つの仕方で遂行され、これらの仕方は、一方では主観性の生を直接に表現する自然的言語を引き起こし、他方では間接的な働きに依拠する反省の言語を引き起こす、とだけ言っておこう。われわれはここで後者のケースを、それが重大な諸混乱を引き起こしうるがゆえに吟味するが、この後者のケースでは「私は見る」という表現は、視覚についての私の超越論的内的経験に基づくのではなくて、この経験に向けられた反省に基づいているのである。したがってこの経験は、内在的内容であることをやめて、まさに私の反省というひとつの新しい経験の対象となるのである。視覚についての私の原初的な経験であるこの反省の項は、いまやひとつの超越的実在になってしまった。そしてここにおいてこそ存在論的分析が、いっそう厳密にならなければならないのである。

じっさい、視覚が或るひとつの志向性の項として提示される瞬間から、視覚には超越的存在の一要素のうちに、たとえば私が見、自然に属しているところの身体‐客体のうちに画定される態勢がととのっている。視覚は超越的存在の圏域のなかに滑りこんだあと、自然の一要素の特性として指し示されうるというテーゼを認めるなら、そこには以下のような存在論的誤謬推論が含まれていよう。つまり、視覚に対して私が向ける反省のなかで、絶対的主観性の生のたんなる超越的相関者になってしまった視覚は、もはや見る視覚ではなくて、見る視覚のたんなる表象なのである。それはもはや視覚世界の超越をわれわれに発見してくれる存在論的認識ではなくて、この認識のたんなる外的顕現なのである。しかしながら視覚についての表象は、その根拠として、実在的な視覚を前提している。反省はけっして自らの対象を創り出すのではなくて、ただ反省が自らに対象を与える仕方を創り出すだけなのである。私が見るからこそ、私は視覚について反省することができる。視覚が絶対的内在の圏域において根源的に私のものであるからこそ、私は視覚を表象することができるのである。それゆえ、もし反省的言語においては「見る」という言葉が、私が反省している視覚を、すなわちひとつの志向的相関者を指示しているのであれば、この志向的相関者の超越的性格によってわれわれが誤謬に導かれることはありえない。私の反省の主題は、たしかにひとつの超越的顕現ではある。しかしこの顕現の内容、この顕現が表象しているものの実体は、われわれの絶対的身体の主観的生から借りられている。反省的言語を根拠づける過程は、結局のところ、自然的言語を根拠づける過程に連れ戻されるのである。しかしながら、「私は見る」という言葉が指し示すのが私の視覚の表象であって、私の視覚それ自身ではないと想定するにしても、これらの言葉の意味が究極的に依拠するのは、私の視覚それ自身にであり、私の視覚のラディカルに内在的な経験に、それのみにである。

メーヌ・ド・ビランが「諸記号の二重の使用」という名のもとに記述している現象の存在論的な曖昧さの全体が、他方では、「私は見る」という言葉と生理学的一器官とのあいだに或る関係が確立されているということのうちに存している。したがって、「見る」という記号はまさしく二重の使用を有し、視覚の超越論的内的経験と同様に眼をも、あるいは少なくとも眼の或る特性をも指し示している。ひとは、見るのは眼だと言う。眼は自然の一存在であり、まずもって一箇の延長せる存在である。それゆえ視覚はひとつの自然的現象であり、そのうえ、空間的伸張をそなえた現象だということになろうが、これこそがまさに想像しうる最大の不条理である。このような存在論的無意味を無視したいと思っても、それでもひとはこのような無意味を、次のような別の困難の形でふたたび見出すであろう。つまり、もし視覚が空間のなかに局在化された一現象であるなら、どのようにしてこの視覚が、それのいる場所の外に出て、あそこに出かけ、丘の上に、私が見ている家にまで、さらに高くさらに遠く、森のはずれにまで、さらになお高く天に、そして星々にまで出かけることができるのかが、まったく分からない。おまけにこのような視覚なら、まったくなにものも見ることがないであろうし、視覚があると主張されている場所にあるものさえ見ることがないであろう。このような視覚はじっさい、自然的な一現象、すなわち超越的存在の一要素である。超越的存在はまさしく、それ自身の外に出ることも、自己自身を知ることもできない。超越的存在は、まず自己自身を知ることができなければ、それ自身の外に出ることができないであろうし、まず自己へ現前していなければ、諸事物へ現前することができないであろう。自己へのその根源的な現前の内部で諸事物へ現前しているということ、これこそがまさしく存在論的認識の現象、すなわち絶対的主観性の存在そのものなのである。視覚はまさしく、それがひとつの超越論的内的経験、すなわち絶対的生の一様態であるかぎりにおいてこそ、可能なのである。この唯一可能な視覚をこそ、見るという言葉は指示しているのである。他方、この言葉を何か別のものに関わらせることができるとすれば、それはただ全面的な存在論的混同と昏さとのおかげでしかない。

「われわれの諸感官の各々は、それ自身で、その行使によって定義される(1)」とメーヌ・ド・ビランは言う。やはり彼の言うように、われわれの身体の根源的存在は、「その固有の観念がまったく反省のうちにあるような(2)」意欲なのだが、『思惟の分析』の用語法でこのことが意味するのは、われわれの身体の根源的存在は絶対的生の一様態であって、絶対的生の存在はわれわれがそれについてもつ認識と一体となっている、ということである。われわれの諸器官やその諸特性についての表象のうちにではなくて、根源的に自己自身を知るこのような感性的かつ運動的な生のただなかにおいてこそ、われわれが生の様々な諸様態を表現する諸記号にも、内容と意味とが見出されるのである。しかしながら、このような生がまさしく多様な諸様態において自らをわれわれに顕わすがゆえに、この多様性がふたたび、われわれの生理学的有機組織の多様性と混同されるおそれがある。じっさいわれわれには、もしわれわれがわれわれの諸感覚力能のあいだに区別を確立することができるとすれば、それはわれわれの感覚諸器官の物質的な分化および分離に基づいてのことであるように思われる。が、正しいのはその反対である。もし自然が「われわれの外的な感覚能力の一種の分析を準備(3)」したのであれば、われわれの感覚諸器官の区分であるかぎりでのわれわれの諸感官のこのような区分は、じつはわれわれの感覚諸力能の超越論的な区分に依拠しているのである。超越論的な区分とは、視覚、聴覚、触覚等のあいだに存在している区分であり、それはわれわれがわれわれの身体の主観的存在についてもつ超越論的内的経験において、根源的にわれわれに与えられているのである。われわれが根源的かつ原初的な或る知によって、視覚とは、聴覚とは、あるいは触覚とは何であるかを知っているからこそ、そのあとでわれわれは、固有で相互に還元不可能な諸才能(capacités)をそなえた諸器官として眼や手や耳を表象し、かくして「われわれの感覚能力の外的な分析」の観念に到達することができるのである。

それはメーヌ・ド・ビランが、きわめて重要な或るテキストのなかで述べていることである。「各々の能力の行使に帰属せしめられる諸部位の区別は（中略）それ自身必然的に、あらゆる生理学的な観察や仮説からは独立に、論理的な仕方であれ反省的な仕方であれ、あらかじめ確立された別の諸能力の区分に準拠しなければならない(4)。」われわれの感覚諸力能の、したがってまたこれらの諸力能がそれへと向かって自らを超越するところの諸感覚の論理的な区分とは、もしひとが欲するならわれわれの感性的な生の諸可能性の目録をわれわれに提供してくれるような、そのようなひとつの名目的な区分であり、クラス分けである。反省的言語が表現するこの論理的区分は、明らかに「反省的区分」に、すなわちわれわれが超越論的区分と呼ぶものに基づいている。このような論理的区分に「有機的諸部位の想定され・証明されたひとつの多様性」が対応させられるとしても、後者は「イデオロジー的諸区別の実在性」には、この多様性およびこの多様性の内容を根源的な状態でわれわれに提供してくれる超越論的な諸区別には、何ひとつ付け加えることができないであろう。というのもわれわれは、超越論的経験のうちにこそこの内容の――すなわちわれわれの感覚諸力能の総体の――観念や、それら諸力能の多様性の観念を汲むからである。もし「生理学的区分」が、「形而上学的分析」がわれわれに提供する区分に、すなわち超越論的現象学がわれわれに提供する区分に対応しているとすれば、それはまさしく「生理学的区分」が、後者が根源的に引く区分を下敷きにしているからである。かくしてこの生理学的区分は、「たんに諸様態ないし諸操作についての諸観念を、或る有機的部位のうちに実現ないし表象するのに適しているだけであって、これらの諸観念は思惟する主観の外には存在しえないし、思惟する主観の最も内密な反省の外では考えられえない[5]」のである。

そこでわれわれは、まさしく感性に関わる或るテキストのなかでメーヌ・ド・ビランが白日のもとにさらしている二重の使用という現象が、どのような点に存しているのかを理解することができる。「生理学者は感性という言葉を、まずその本来の意味で、或る能力の記号、あるいはその能力の個体的存在の内密な一特性の記号として使用したあとで、つづいて、おそらくそれと気づくことなく、単独の感覚主体の内的視点のうちにしか存在しえない、もしくはそのうちにしか考えられえない諸事実の次元の表現を、外に、有機的諸道具の活動のうちに表象ないし想像される複合的諸現象の、平行してはいるがしかしまったく異なる次元へと移し換えてしまう。このようにして彼らは、二種類の異なる考えを同じ諸記号のもとに包括し、ついで諸観念もしくは諸事実の実在的同一性について、それらに適用される論理的諸形式の慣習的同一性によって判断する。そこから生理学者と形而上学者のあいだの、しばしば錯覚的な関連づけが生ずる。彼らは同じ言葉を使用しているため、同じ諸事物に従事している、あるいは同じ観念体系を採用していると思い込むことができるのであろう[6]。」身体の根源的存在と生理学が研究する諸器官の系との関係は、ビランによれば、ひとつの象徴的な関係でしかありえない。この象徴的関係の果てには生理学的区分が、超越論的区分の象徴ないし記号として現われる。たとえばもし運動を考察するなら、生理学は、そこから出発してこの運動が展開される起源のごときものである行為中枢を、脳のなかに想像することによって、運動を説明していると考えるであろう。「しかしそれこそが、象徴とは別のものだろうか。個体的自我は、何らかの有機的中枢と同一視されうるだろうか。われわれが客観的にこのような中枢に関係づける行為は、努力についての内密な意識においてわれわれが自らに帰属せしめる行為と、同じものだろうか。それらはまさしく、まったく異なる次元に属する二つの諸観念、二つの諸事実ではないだろうか。如何にして精神は、一方から他方へと移行することができるというのか。[7]」

これら二つの「諸事実」のあいだの、すなわち生理学的身体とわれわれの身体の根源的存在とのあいだの関係は、記号と意味される事物との関係に類比的なので、この関係の哲学的意義は二重である。一方で記号は、われわれが意味される事物を理解するのを補佐する。「形而上学的分析全体は、諸器官やそれらの諸機能やそれらの働きについての生理学的区分に安心して依拠しつつ、この区分から見かけ上の明晰さと容易さとを受け取る。ちょうどそれ自体においては昏いものを説明するのに適した諸象徴のように、諸々のイマージュは反省的諸概念と結び付くことによって、このような見かけ上の明晰さと容易さとを反省的諸概念に伝えるのである。」他方でこのような補佐は、錯覚である。このような補佐は「いくつかの有機的諸運動の組み合わせから（中略）内感（sens intime）によってしか確証されえない心理的諸事実を演繹」できると、われわれに信じこませる。したがって「これらのいわゆる諸説明は、問題となっている主題について何ひとつ教えることなく、反省の単純で完全に明晰な諸観念を混乱した諸イマージュに置き換えることによって、当の主題を昏くすることにしか役立たない。[8]」この最後のテキストは、超越論的内在の圏域に内属する明証の絶対的性格をあらためて肯定しているのだが、このテキストによって、生理学的諸探究がほんらい心理学的な諸探究の必然的かつ有益な補完者として現われるような多くのビランの諸分析が、ふたたび疑問に付されることになる。ここでは彼は、このような協力はむしろ混乱を招き、絶対的主観性の圏域を昏くするにいたることを示し、超越論的内的諸経験をこのような諸経験とは何の関係もない超越的存在の諸要素であるような諸記号に結び付けることがどれほど危険なことであるか、したがってひとは記号を意味される事物と取り違える危険を犯し、ついには眼を視覚の中枢とみなすはめになるのだ、と強調する。こうすることによってメーヌ・ド・ビランは、われわれの身体の根源的存在を組成する主観的諸規定と、外的で延長せるわれわれの身体の構造を形成する生理学的諸区分とを、関連づけるかのように思えたあとで、ラディカルに分離するのである。

そこでわれわれの前には、或る重大な困難が立ちはだかる。もし、そこにおいてわれわれがわれわれの身体の根源的諸力能を経験する主観的生と、他方、われわれの身体‐客体の生理学的構造とのあいだに、いかなる関係も存在しないのであれば、それにもかかわらず、メーヌ・ド・ビランなら絶対に異質な二種類の考えと呼ぶであろうもののあいだに或る関係が設けられるなどということが、どうして起こるのだろうか。このような関係を確立することは錯覚に属し、二重の使用の理論がこの錯覚をまさに告発したばかりではないか、とひとは言うだろう。しかしながら哲学の課題は、諸々の錯覚を告発することではなくて、むしろ、少なくとも諸錯覚を可能ならしめている根拠を、そこから出発して諸錯覚が発展してくるような存在論的構造をあらわにすることによって、諸錯覚を正当化することなのである。じっさい、われわれがここで探究しているのは、まさにひとつの根拠であり、以下のことをわれわれに理解させてくれるような理由なのである。すなわち、(1)なぜわれわれは、ただひとつの身体ではなくて、いわば二つの身体を持つそれにもかかわらず、なぜわれわれの身体の存在は、根源的に主観的な存在と、他方、世界の真理のうちで自らをわれわれに顕わす超越的存在とに、二分化されるのだろうか。(2)そして如何にして、諸記号の二重の使用がまさしく可能なのだろうか。なぜ、そして如何にして、同じひとつの記号が、同じように一般的で普遍的な仕方で、絶対に異質的な二つの諸要素に、あるいはむしろそれらの現象性そのものにおいて異なる二つの諸現象に適用されるなどということが、可能なのだろうか。(3)なぜこれら二つの諸現象は、まさしく私の諸現象であるという性格を受け取るのだろうか。なぜ、そして如何にして、絶対的主観性の本質的一規定であるこのような性格が、ここではその支配を超越的存在のエレメントにまで拡げるように思えるのだろうか。というのも、或る構成された実在が私のものとして私に現われるからであり、また、まさしくエゴへのこのような帰属によってこそ、私はこの実在を「私の身体」として指し示し、このようにしてこの実在をこの超越的領域の内部で他の自然諸存在から区別し、この実在を他の諸物体に対置することができるからである。

これら様々な問いの助けを借りて、われわれは自己の身体の構成の問題を画定することができる。それと同時にこれら様々の問いは、この構成の理論が取り組まなければならない主たる諸困難を、明るみに出してくれる。このような諸困難は、われわれがいま従事している問題の実体のようなものを形成しているのだが、しかしながらこれらの諸困難は、多くの点でこの問題の枠そのものをはみ出してしまう。諸困難のいくつかは、じっさい、存在の最も一般的な諸構造に関わり、存在の具体的で本質的な諸規定に関わる。それらが巻き込むのは、現象学的存在論の諸根拠そのものである。たとえば二つの身体についての問いに関する諸困難のケースが、そのようなものである。不可解な仕方で私の身体の存在の一性を分割しにきて、この存在がいわば私に二度与えられるようにしている二元性は、真理の存在論的構造のうちにその根拠を見出すのだということが、ただちに明らかとなる。真理のこの存在論的構造のおかげで、何かは絶対的内在の場におけるいっそう根源的な顕示という条件のもとでしか、超越的存在の真理のうちに自らをわれわれに顕わさないのである。存在論的二元論が、諸記号の二重の使用の根拠なのである。メーヌ・ド・ビランの言うように、「明証性の二つの源泉」が存在するからこそ、われわれの身体はわれわれに、次のような仕方で与えられる。つまりわれわれは、身体の本質を構成する運動についての主観的経験のなかで、身体の根源的諸力能の各々を直接的に認識するのだが、そのような身体の根源的諸力能の各々は、或る器官というかたち、あるいは任意の生理学的ないし空間的な規定というかたちでも自らをわれわれに顕わす、という仕方である。この力能の根源的な存在と、他方この力能の道具であるようにわれわれに思える器官とのあいだの差異は、けっして存在者的（ontique）な次元には位置づけられない。それは、何かあるものと何か別のあるものとのあいだの差異ではない。それは存在論的（ontologique）な差異であり、個体性における差異ではなくて、有り方における差異、すなわちそのただなかで存在が自らを顕わし、現実に存在するところの領域に関する差異なのである。

　メーヌ・ド・ビランは力能と器官とのあいだに割ってはいる区別のほんらい存在論的な性格を、力強く示した。じっさい彼においてこの区別は、個体的諸特性には依存しない。個体的諸特性ならば、二つの存在を両者の相互対立のうちに規定するであろうが、他方これら二つの存在は、存在一般の可能性の諸条件であるような同じ存在論的諸条件に従属するであろう。反対にこの区別は、これらの諸条件そのものに関わっている。この区別は、力能と器官という二つの存在が、それらの内的構造と同時にそれらの可能性の条件を見出すような、そのような諸領域に関わっているのである。器官の存在を構成する存在論的性格は、超越である。それは、われわれの諸感官が「われわれの外で、一種の浮き彫りとなって」[9]われわれに与えられる、ということである。反対に、今度はわれわれの固有で直接的な諸力能を定義するかぎりでの、われわれの身体の根源的存在を組成するかぎりでのわれわれの諸感官の本質的な存在論的規定となっているのは、絶対的内在の圏域への帰属である。われわれはメーヌ・ド・ビランとともに、これらの主観的諸力能の各々に、「反省的概念」の名を与えることができる。反省的概念に固有なのは、『試論』によれば、「いかなる直接的な顕現記号ももたない[10]」ということである。いかなる記号によっても自らを直接的に顕現することのできないものは、しかし、無意識の夜や粗野な物質の不透明ではない。あらゆる超越を奪われたものは、それ自身に閉じ込められた、それ自身の厚みに囚われた、自己自身や宇宙について無知なる事物などではない。反対にそれは、それによってあらゆる超越が可能になるところのものである。それは、そこにおいて自己自身と世界との真理の根源的な顕示が完遂されるところの、絶対的内在の領域なのである。

われわれは、如何にしてこれら二つの真理が一体となっているのか、如何にして存在論的二元論が自我と諸事物との、主観性と宇宙との分離という形式のもとに、存在のただなかに裂け目のようなものを設ける結果とはならないのか、反対に、如何にして存在論的二元論は、自己への根源的な現前への存在の現前を可能ならしめるものであり、絶対的な近しさのただなかでの諸事物の真の近しさをわれわれにとって生ぜしめてくれるものであるのかを示した[11]。二元性の観念は、それが存在の究極的な諸構造を特徴づけに介入してくるときには、まったく特殊な価値をもつ。そのときもはや二元性の観念は、われわれが通常理解しているように、同じ存在論的一領域の内部での二つの諸項の二元性を意味するのではなくて、むしろあらゆる二元性の不在を意味する。なぜならそれは経験を可能にするものであり、経験はつねにひとつの統一だからである。経験の統一は、生と超越的存在との統一であり、その根拠は、ひとつの世界へと向かって自らを超越するひとつの絶対的主観性の実存のうちに見出される。なぜなら絶対的主観性はそれ自身において、この超越の作用の自己への顕示が根源的な仕方で遂行されるような場だからである。われわれが存在論的二元論について語るとき、われわれが意味したいのは、ただ、それなしにはわれわれの世界経験が可能でなくなるような絶対的主観性の圏域、そのような圏域が実存することが必要だということだけである。それゆえ存在論的二元論は、ほんらいの意味での二元性と、つまりわれわれが世界の内部で確立する諸対立を統べている存在者的な二元性と、混同されてはならない。存在論的二元論について語ること、それはまさしく、このような二元性の観念を排除することなのである。二つの身体の問題に内属する困難においてわれわれにあらわとなる二元性が、存在論的二元論に関わるものであるということは、まったく明らかである。それゆえこのような二元性は、言わばわれわれ自身の存在を、対立する二つの諸部分に分割してしまうような、そのような真の二元性の前にわれわれを置くなどという結果にはならない。むしろこの二元性は、経験の統一の存在論的可能性を構成する一般的諸条件を満たしているのである。われわれの身体の根源的に主観的な存在と超越的身体とは、つまり力能と器官とは、メーヌ・ド・ビランのように語るなら、「二つの事実」ではなくて、「諸事実の二つの次元」なのである。この二つの次元の二元性は、存在論的二元論の特殊な一表現として、われわれの経験の統一と可能性とが依拠しているところの基礎的存在論的構造の一規定でしかないのである。

かくしてわれわれは、自己の身体の構成の問題が提起する第一の問い、すなわちわれわれの身体が自らをわれわれに顕わす仕方の二元性に関する問いに、答えたことになる。残るは二つの身体、つまりそのひとつは主観的運動についての経験においてわれわれに顕示し、もうひとつは超越の真理において自らを顕現するのだが、これら二つの身体の一性の問題に関する問い(2)と問い(3)である。ところでわれわれの分析でわれわれが到達した地点においては、われわれはたしかにこの［内在的］顕示とこの［超越的］顕現との二元性を理解する。しかしわれわれには、なぜ自らを根源的にわれわれに顕示するものと、他方では自らを顕現する超越的存在とが、唯一にして同じひとつのものとして、つまりわれわれの身体の存在そのものとしてわれわれに現われるのかが、分からない。経験の一般的な統一(unité)、すなわち世界の存在とエゴの存在との現前における統一は、二つの身体の一性(unité)には根拠として役立ちえない。経験の統一において絶対的主観性の生に自らを現前化するものは、まさしくこの生がそれ自身によってそれでないところのものであり、それは超越的存在の一般的な意味であるところの他なるもの、非‐エゴである。われわれはただちに、問い(2)と問い(3)とを結ぶ絆を見る。われわれはまた、如何にしてそれらの問いが関わる困難が同じものであるのかをも見る。もっとも、困難は問い(3)において全開して現われている。問い(3)においては、困難は見かけ上では解決不可能という性格を帯びている。もし存在論的差異が、すでに示したように、自我と非我の差異であるなら、如何にして超越的存在の一要素が、この場合われわれの客観的身体の存在が、われわれのものであるという意義を、すなわちエゴに属しているという意義を受け取りうるのかが、分からない。反対にエゴの存在は、絶対的主観性の存在と同一視されているのだから。なぜ超越的身体と主観的身体とが唯一にして同じひとつの身体でしかないのかを理解することと、なぜこの超越的身体が私によって私のものである身体として指し示されうるのかを理解することとは、同じ問題である。じっさい、もし超越的身体が主観的身体と同じものであるなら、その場合、超越的身体は私のものであらねばならず、絶対的エゴそれ自身であらねばならないだろう。というのも、根源的にして主観的な身体の存在全体をなしているのは、まさにこのようにしてエゴへ帰属していることだからである。しかし、如何にして主観性の絶対的内在における生であるところの絶対的エゴが、他方では一箇の超越的存在でありうるというのだろうか。如何にして絶対的エゴは、内在の圏域から身を引き離して、世界のどこかに現われうるというのだろうか。

なぜこの困難がわれわれにとってひとつのラディカルな困難であるのか、そのことを理解しなければならない。じっさいわれわれには、たとえばわれわれの身体（あるいはこう言ったほうがよければ、われわれの自我）はそれ自身においては唯一にして同じひとつの身体なのだが、しかしこの身体がわれわれには二つの異なる仕方で、つまり外から、また内から知られる、などと言っているいとまなどない。同じ仕方でひとはときどき、われわれの固有の存在は、諸行為や諸行動の総体によって構成されるが、しかしこれらの諸行為やこれらの諸行動の存在に接近する二つの諸手段が、内からの認識あるいは外からの認識というかたちでわれわれに与えられる、などと主張する。このようなパースペクティヴにおいては、唯一にして同じひとつの行動しか存在しないのに、われわれは二つの異なる側面からそれに到達するということになる。その場合、行動の存在もしくは身体の存在は、それによってこの存在がわれわれに提示される二つの現象の彼方にあるということになる。そしてこの彼方においてこそ二つの諸現象の一性があり、この彼方のうちにこそ、われわれは唯一にして同じひとつの身体の二つの顕われ方を所有しているとわれわれが言うとき、われわれが依拠している根拠があるのだということになる。しかしながら現象学は、かくも欺瞞的な解決を申し立てることなどできない。なぜなら現象学は、存在をそのあらわれ（paraître）に還元するからであり、現象学にとって諸現象の彼方には何もなく、われわれに与えられ、すべてわれわれがその存在論的構造を研究した二つの本質的なタイプに連れ戻されるような様々な諸顕現の背後には、何もないからである。現象学は諸外見（apparences）についての理論ではなく、その背後に諸事物の実在的な存在を放置しているような理論ではない。この実在的な存在、それはすっかりそれがわれわれに与えられる仕方のうちに、諸々の現われ（apparences）のうちにあるのだと、まさしく現象学はわれわれにそう示してくれる。現象学はわれわれに、存在とはそれ自身の顕示であると示してくれるのである。したがって二つの諸現象が対立し合うところでは、われわれは二つの諸存在に現前しているのだとも言わなければならない。そしてそれらの二元性を克服しようとする配慮が、それらの背後に位置づけられた神秘的な或る項に、いわゆる絶対者に委ねられるようなことがあってはならない。いわゆる絶対者の魔術的な力能は、われわれの経験そのものの具体的で実在的な次元では説明することのできないような一性が満たさなければならない諸要請を、形而上学的天空のうちに投影したものでしかない。この魔術的な項は、多くの形態を取ることができる。そしてスピノザかシェリングの絶対者やマールブランシュの神が問題であるときには、この項がもっと慎ましい、外見上「科学的」なアスペクトを身にまとい、たとえば「行動」概念になるときよりも、この項の正体を暴くのはいっそう容易なのである。

　われわれの行動は二つの異なる仕方でわれわれに与えられる、と言うことは、問題の陳述そのものを、ひとつの解答として与えることである。そして行動概念は、そのなかでこの行動が自らをわれわれに顕示し顕現するところの二つの諸現象の一性を根拠づけるのだが、じつはこの行動概念は、これら諸現象の彼方でしかなく、空虚な項でしかない。この空虚な項は、ひとがそれに演じさせようとしている役割に還元され、一から十までこのような役割のために発明されたのである。主観的身体は、その背後に身体の実在的存在を残しているような現象ではない。もしそうなら、このような存在には他の諸現象によって、客観的身体によって自らをわれわれに顕わす可能性が残されていることになろう。主観的身体は身体それ自身の実在的存在であり、身体の絶対的存在なのである。それはこの身体の存在全体であり、絶対的透明性であるような存在、そこにおいてはいかなる要素も根源的真理の顕示を免れないような存在なのである。私の身体は、あるときには或る側から、あるときには別の側から私が見る山のようなものではない。私の身体は、私がいつも同じ側から見るであろうような対象でもなく、私があるときには外から、あるときには内から到達するであろうような何かではさらにない。私はけっして私の身体を外から見ることはない、なぜなら私はけっして私の身体の外にいることがないからである。以上が、私の身体の存在は絶対的内在の圏域に帰属するという理論とその言葉とに、われわれが意味を与えたいなら、われわれが主張しなければならないことである。

そこで、身体についてのわれわれの分析の枠を形成している主な存在論的諸テーゼによって、われわれは、自己の身体の構成という問題のあらゆる可能な解決から遠ざけられてしまうように思われる。諸記号の二重の使用の根拠は、存在論的二元論のうちに見出されるように思えた。しかしいまわれわれには存在論的二元論が、われわれが身体の一性を理解するのを禁じるものとして、現われてはこないだろうか。われわれは、そのもとで身体がわれわれに与えられるような身体の諸々の現われを区分したのではなくて、まさしく身体の存在そのものを区分したのだから。というのもわれわれは、一方では主観的運動の根源的顕示とわれわれの身体の存在そのものとの同一性を主張し、他方ではこの身体の超越的顕現と身体‐客体の存在であるべき存在との同一性を主張したからである。そうすると、われわれはたしかに二つの諸存在を前にしていることになる。そして存在論的二元論は、世界の二要素間に存在する二元性に類比的な或る二元性に到達するのではないにしても、それでもやはり或るひとつの実在的な二元性を立てることになる。それは本当のところ、ラディカルな二元性である。というのも、ここで問題とされている二つの諸存在は、ひとつの共通構造という地のうえに際立ってくるのでさえなく、それらの本質そのものにおいて、絶対に異質的な二つの存在領域に関わるそれらの存在論的根源において、異なっているからである。

このように乗り越えがたい諸困難にぶつかるようにわれわれに思えるときには、しかし、存在論的二元論および主観的身体論がわれわれに確立させてくれた積極的な諸要素を明らかにしておくのがよい。これらの諸要素はまさしく、身体の一性およびエゴへの身体の帰属という諸問題に関わっている。じっさいわれわれは、身体の一性も、身体の存在とエゴの存在との同一性も依拠しうるような根源的なステイタスを身体が受け取るのは、ただ主観性の存在論の内部においてのみである、ということを理解した。それゆえ、われわれがこの一性およびこの同一性についての理論を仕上げなければならないというときに、われわれは、唯一このような理論に根拠を与えることができるような存在論的諸前提を、ふたたび疑問に付そうなどと考えることはできない。このような理論はまさしく、身体の根源的存在の一性と、身体の根源的存在とエゴの存在との同一性とが、いわばその支配を拡げ、超越的身体の存在にまでいたることを許してくれるような諸条件をわれわれが明らかにしてしまったときに、完成されることになろう。そのとき同時に、超越的身体の存在と主観的身体の存在との同一性が、堅固な根拠を得ることだろう。それゆえわれわれは、解決の全要素を手中に収めていることになる。つまり二つの存在諸領域の二元性と、身体の存在の一性およびエゴへのその帰属とである。しかしながらこの一性とこの帰属とは、絶対的主観性の圏域の内部に設けられ、根源的には身体の主観的存在にしか関わらない。もしわれわれが自らに立てている問題が、如何にしてこれらの存在論的諸規定が超越的身体の存在にまで拡張されうるのかという問題であるならば、われわれは今からすでに、次のことを理解している。つまりこのような拡張は、身体の根源的存在に依拠しなければ行われないであろうということであり、超越的身体の一性およびエゴへのその帰属は、主観的身体の根源的存在を根拠として、主観的身体の一性およびエゴへのその帰属を、すなわち根源的には絶対的内在の領域という或る特定の存在論的領域の専一的特権であるような存在論的諸規定を根拠として、構成されるのだということである。少なくとも以上が、長々とした諸分析がわれわれに教えてくれたことである。これらの諸分析は不毛に思われたかもしれないが、われわれは今やこれらの諸分析が、身体についてのわれわれの分析がその内部で行われているような存在論的諸前提を正当化することをめざしていたのだ、ということを理解する。そのためにわれわれは、これらの諸前提は自己の身体の構成についての理論を、解きほぐし難い諸困難のもとに導くのではなくて、むしろこの理論が必要としている諸要素を、この理論に提供してくれるのだということを示したのであった。これらの諸要素がなければ、われわれの身体の一性という問題は、立てられさえしえないであろう。

いまやわれわれは、自己の身体のこのような構成を記述しなければならない。いままでのところわれわれの分析の努力は、とりわけ運動の主観的存在を開明することに向けられ、絶対的内在の圏域からまさしくこの圏域に帰属しないすべての諸要素を、そしてそれを考察することによってはわれわれの身体の存在の根源的な本性が昏くなり、変質されざるをえなくなるようなすべての諸要素を、排除することで満足していた。しかしながら、われわれが還元の態度において絶対的主観性の圏域の内部に留まっていたまさにその瞬間に、われわれは運動が直接それへと向かって自らを超越する項、すなわち努力に抵抗する項を、考察するよう導かれていたのである。この項は抵抗する連続体として自らをわれわれに顕わしていたが、抵抗する連続体は現象学的還元を免れ、あらゆる超越的存在の根拠としてわれわれによって考察されねばならず、かくしてわれわれに「諸存在（existences）の大問題[12]」の解決を提供していたのであった。いまもしわれわれがこの抵抗する連続体をそれ自身において直視するなら、抵抗する連続体の存在論的な等質性にもかかわらず、そこには或る分化が認められるということ、それも本当のところ本質的な分化が認められるのだということが、われわれには分かる。というのもこのような存在論的等質性は、超越的物体一般のこの領域の内部で、異他的な諸物体にまじってわれわれのものであるようなひとつの物体〔身体〕を、われわれに区別させなければならないからである。このような分化がなければわれわれは、メーヌ・ド・ビランが述べているように、魂のなかに宇宙の原理を見て、かくしてそれを「世界の魂〔宇宙霊魂〕」にしてしまったストア派の人々の立場に似た立場に導かれてしまうことになろう[2]。エゴの直接的な力能は、じつは或るひとつの特殊な物体にしか及ばない。その物体とは、エゴの物体〔身体〕である。エゴが宇宙に働きかけるのは、間接的な仕方によってでしかない。ということはつまり、世界の内部でわれわれの超越的身体が他の諸物体から区別され、弁別的な諸特性によって他の諸物体に対置される、ということである。この弁別的諸特性を説明しなければならない――もちろん問題なのは、表象された差異ではなく、あるいはむしろわれわれの自己の身体の表象と外的諸物体の表象とのあいだの差異ではなくて、われわれによって根源的に生きられるがままの、それを経験する主観的運動に与えられるがままの身体や諸物体、そういう身体と諸物体とのあいだの差異である。

ここで問題とされている分化は、ビラニスムにおいては、次のことに基づいている。つまり、或る場合には運動は絶対的抵抗にぶつかるが――そしてこれこそが異他的物体の存在の現象学的な根拠である――他方、自己の身体の超越的存在が問題となるときには、この抵抗は努力に譲る、ということである。メーヌ・ド・ビランは、このようにわれわれの運動の努力に譲る超越的な場を、「内的延長[3]」と呼んでいる。現象学的存在論から見れば、自らを与えるこの独自ノ（*sui generis*）仕方のうちに、われわれの超越的身体の存在全体があり、この超越的身体とわれわれの身体の根源的存在との直接的連帯性は、運動という基本的な超越関係の表現でしかない。かくしてわれわれの身体の根源的な存在に、一種の有機的身体が結び付く。メーヌ・ド・ビランが引用しているライプニッツの言葉によれば、魂はけっして有機的身体からは分離されない。努力の適用点であり、努力に結び付くこの有機的身体は、原初的には「漠然として限定されない」[13]有機的空間であり、これは繰り返しておくべきだが、この有機的空間の存在論的等質性は、まったくその根源的な顕われ方に基づいている。この空間は表象されず、主観的運動が、それのみがこの空間を体験し経験するがゆえに、この有機的ないし内的な空間は、外的空間とは何ら共通するところがない。この空間はまた、デカルトの延長やカントの空間についての純粋直観がわれわれに引き渡すもののような空虚な、あるいは奥行きのない連続体、一種の単調で生命を欠いた空間でもない。反対に、それは抵抗する項であり、一箇の実在的な存在であり、努力が動かす塊である。この塊は、休止状態においてさえ、一種の潜在的緊張によってつねに無のそとに持ち上げられ、無のそとにとめられているかのようである。一種の潜在的緊張とは、絶対的主観性の生がここでは根源的身体の生であるかぎりで、絶対的主観性の生そのものなのである。

われわれの生が支え、われわれの生がとめる（われわれが息をとめると言うように）この塊はしかし、未分化で無定形の塊のままであり続けるわけではない。この塊は自らのうちに諸構造をあらわにし、われわれはこれらの諸構造に、われわれの身体の様々な諸部分の名を対応させることになるのである。われわれにとってこれらの諸部分は、われわれの四肢、われわれの上半身、われわれの首、われわれの筋肉等であろう。しかしこれらの諸部分は、もともとはけっしてそのようなものではなく、ただわれわれの身体がいわれわれの努力に譲渡される様々な仕方を表現する諸々の現象学的な系として、われわれに与えられるだけである。われわれの超越的身体のもともとの塊は、それが従うこのような構造化という現象において、われわれの諸運動に服従する様々な諸部分、われわれの諸運動が直接的な力能を有するこうした諸部分に分割される。かくしてわれわれの有機的身体は、たしかにわれわれの諸器官の総体ではあるけれども、しかし、(1)これらの諸器官は、延長の諸部分ではない。したがって、それらは空間のなかに並置されているわけではない。これらの諸器官のもともとの現象学的な存在は、科学が対象とするような解剖学的ないし生理学的な諸規定のそれとは、何の関係もない。(2)これらの諸器官は、主観的運動の根源的諸様態に直接に服従する諸項にほかならないのだから、これらの諸器官は、われわれが力能と権限とをもつ帝国として、われわれがそれに行使する力能のまさしくその内部においてわれわれが認識する領域として、われわれに与えられるのだということが理解される。この力能は領域全体を横断し、領域それ自身の基底までゆく、ということが理解される。というのもこの領域は、この基底以外の、われわれの力能のこの限界以外の何ものでもないからである――この限界は、消極的な一規定として解釈されてはならない。つまり、そこまではわれわれの運動の影響が及ぶであろうが、しかしその背後になおこの運動の達しえないような何かを残しているような、ほんらいの意味での境界〔つまり項とも言われたterme〕として解釈されてはならない。反対に、この場合われわれの力能の限界とは、われわれの力能の完成を、われわれの力能の結果を、運動の主観的存在が力能の意思ではなくて一箇の実在的な力能であることを運動の主観的存在がそこにおいてあらわにするところの成果を、意味しているのである。

われわれの有機的身体の存在は、われわれの諸器官のうちのしかじかのものの存在には還元されず、これらすべての諸器官がそのなかに統合されるような総体として規定された。そこでわれわれはいまや、この「総体」ということによって何を理解しなければならないかについて、存在論的な解釈を施さなければならない。この解釈は、われわれの眼にはきわめて重要である。というのもこの解釈は、これらすべての諸分析を支配する問題、すなわちわれわれの身体の一性のそれであるような問題に関わるからである。有機的身体をわれわれのすべての諸器官の総体として解釈すること、すなわちわれわれの超越的身体の一性についての解釈はまさしく、この一性は主観的身体の根源的存在の超越論的一性以外のなにものでもない、ということをわれわれに示すことになろう。じっさい有機的身体の一性は、本質的に実践的な一性なのである。それは、それによって、そこにおいてわれわれのすべての諸器官が等しくわれわれの意のままになるような一性である。これらの諸器官の一性は、すなわち、ビランによればわれわれの超越的身体の存在を特徴づけているところの相対的抵抗を、われわれの諸運動に対置することによって、われわれの諸運動に従っている現象学的諸系の内的な整合性は、これらの諸器官がその動く諸項であるところのわれわれの諸運動の一性でしかない。そしてわれわれはまさしく、われわれの諸運動の一性は根源的に主観的な一性であり、絶対的内在の圏域に属していることを示したのである。このようにしてわれわれの諸器官は、ひとつの全体のうちへと統合され、この意味で、それらは相互間に側面的な諸関係を有している。しかしながらこの全体と、この全体において顕われ、この全体を定義する諸関係の総体とは、それらだけではいかなる根源的な性格ももつことはない。この全体とこの総体とは、けっしてわれわれの超越的身体の一性を根拠づけず、反対にこの一性に依拠しているのである。換言すれば、われわれはわれわれの諸器官の各々を直接に意のままにし、そしてこれら様々の諸器官がそれらの一性を見出すのは、主観的身体の力能であるところの力能に、諸器官が共通に関わるからなのである。超越的身体の一性は、超越的一性ではない。有機的空間の様々な諸部分を動かす力能の一性こそが、これらの諸部分にその一性を授け、それらがひとつの構造の整合性のうちに現われることを許しているのである。この構造はこれら諸部分のすべてを含み、われわれはこの構造を、われわれの身体の真の図式とみなすことができる。

　この図式がイマージュでないことは明らかである。この図式はけっして表象されたものでも、理論的なものでもない。もしわれわれがいくばくかなりとも厳密にこの図式の存在論的ステイタスを思惟したいと思うのであれば、われわれは、このような図式は二重の関係の存在を含んでいる、と言わなければならない。すなわち、一方ではわれわれのすべての諸器官が相互間に維持する関係であり、他方ではこれらの諸器官の各々が主観的運動の根源的存在と保持する直接的な関係である。後者の関係は、世界-への-存在という超越論的関係の一様態であり、超越という一般作用の一特殊態である。この特殊態においては、運動はそのつど、抵抗する諸構造のうちのしかじかのものに向かって自らを超出する。抵抗する諸構造は運動の努力に譲り、このようにして有機的身体のもともとは等質的であった塊を規定しにやってくるのである。いまやこう繰り返しておかねばならない。つまりわれわれの身体の図式を構成しているこれら二つの諸関係は、同じ次元にはないのである。つまり有機的身体の内的整合性を根拠づけているように思えるわれわれの諸器官の相互関係は、じつはこれらの諸器官の各々の、それらを動かす力能への関係に依存しているのである。もしわれわれのすべての諸器官が、唯一にして同じひとつの有機的身体をしか形成しないのであれば、それはこれらの諸器官が服従している力能が、唯一にして同じひとつの力能でしかないからであり、この力能が、われわれの根源的身体の一性そのものであるところの、運動の根源的に主観的な存在の一性であるところの、主観的一性だからである。かくして有機的身体の一性は、絶対的主観性の超越論的一性にほかならない。われわれの根源的身体の存在を成す力能の超越論的内的経験の一性のうちにこそ、われわれのすべての諸器官をひとつの総体構造へと統合する原理が、すなわちそれによってわれわれの有機的身体がわれわれに、ひとつの整合的で実践的な全体として与えられるような図式の原理が、宿っているのである。

　次のように言ってさえならない。つまり、われわれの諸器官の一性——すなわちそのおかげで諸器官が、それらに対してわれわれが有する力能のなかで、ひとつの「総体」に帰属するものとしてわれわれに与えられるような性格――は、ひとつの超越的な一性であって、ただこの超越的一性は根拠づけられており、かくしていっそう根源的な主観的一性の存在を含むということが認められなければならないだけだ、と言ってさえならない。有機的身体の一性はわれわれの主観的な身体の根源的一性と異ならない、と主張しなければならないのである。というのも、運動についての超越論的内的経験のうちにこそ、この運動が展開する有機的諸構造の一性が宿るからである。なるほどわれわれの身体の超越的一性というものは、存在する。しかしそれは、この身体のイマージュないし表象の一性である。われわれがここで記述し、われわれの有機的身体の図式のそれであるような現象は、この種のイマージュや表象とは、何の関係もない。自らの有機的身体に対するエゴの力能が、イマージュとして考えられた、あるいは根源的に主観的な運動とこの運動の項とのあいだの何らかの媒介として考えられた身体図式を介して行使されると言うことは、ふたたび主知主義のテーゼに陥ることである。主知主義のテーゼによれば、運動ないし運動の諸道具についての表象が、つねに運動の実在的遂行に先立つとされるのである。反対に次のように主張すること、つまりわれわれの超越的身体の一性は、有機的身体の様々な抵抗系に向かって自らを超越する力能の一性のうちに宿り、この力能がこれらの諸系にひとつの総体構造の整合性を授け、これらの諸系はこの総体構造のうちに取り込まれて諸々の亀裂線のようなものとなり、これらの亀裂線に沿って有機的身体が主観的身体の一なるこの力能に譲渡されると、このように主張することは、主観的運動の実在性に関して、この運動の項がこの運動に与えられるさいの直接的性格に関して、最後にこの超越的項、それはここでは有機的身体なのだが、この超越的項のすべての存在論的諸規定は、この項をめざしこの項に支えられている主観的作用の厳密な相関者であるということに関して、以上のことに関してわれわれが主張した諸テーゼに、その[4]

全き意味を与えることなのである。換言すれば、有機的身体を一性のうちに引き留めるのは主観的生であり、かくしてこの一性は、根源的には主観的生の一性なのであって、そのようなものとして絶対的内在の圏域に帰属しているのである。

しかしその場合、もし超越的身体の一性が主観的身体の絶対的生の一性そのものであるならば、同時に肯定されるのは、二つの身体の一性であり、それとともに有機的身体がエゴに帰属していることの根拠が明らかにされる。この根拠はまさしくエゴの一性のうちにあり、この一性は絶対的主観性の、すなわちエゴの生そのものの一性なのである。このようにして今度は、自己の身体の構成という問題に関する問い(2)と問い(3)の解答が見出される。この解答はこれらの問いを結ぶ連帯性をよくあらわしているが、われわれはこれらの問いを立てたまさにその瞬間に、この連帯性に言及しておいた。この連帯性はじつは一性であり、以下のように表現されうる。つまり、超越的身体の一性が根源的身体の主観的一性であるからこそ、これら二つの身体はひとつでしかなく、唯一にして同じひとつの生によって貫かれているのである。なるほど超越的身体は、絶対的内在の圏域には属さない。そして超越的身体の存在をエゴの主観的存在である根源的身体の存在と同一視することには、何らかの濫用があるように思われる。いずれにせよわれわれが行ったのは、このような同一視ではない。われわれはむしろ、有機的身体の存在は一箇の抽象的な存在であるということ、この存在はそれ自身によっては自律も存在論的充足も有してはいないのだということを、示したのである。この存在を根拠づけ、この存在を有らしめているのは、じつはこの存在の一性であり、そしてこの一性はエゴの絶対的生の一性なのである。有機的身体の存在全体を成しているのは、エゴの存在なのである。もっとも視覚が見られた項と混同されないのと同様に、エゴの存在が有機的身体の存在と混同されることはないが。有機的身体が存在し、諸部分の整合的な全体としてわれわれに与えられるのは、運動の項としてである。諸部分の各々は或るひとつの運動の項であり、諸部分の総体は、われわれの身体のすべての可能的諸運動の潜在的全体に関わる。それゆえ有機的身体の存在を支え、同時に有機的身体にその一性とエゴへのその帰属とを授けているのは、運動なのである。そして有機的身体は、それを活生化しそれを担ってくれる運動のこの具体的な主観的実在からまさしく不可分であるからこそ、現象学的還元を免れるのである。ちなみに現象学的還元を免れるという点では、運動一般の超越的項と同様であるが。私は私の身体の生であり、エゴはその有機体の実体、その諸運動の実質にして原理である。われわれの超越的身体にとって主観性の絶対的な生がそれであるところのこの根拠がなければ、超越的身体は無であろう。それゆえにこそ、この生の境でしかないわれわれの超越的身体は、その一性と、それをエゴの身体たらしめている存在論的諸規定の原理とを、この生のうちに見出すのである。

有機的身体の存在が、それを支えそれを担うためにそれに向かって身を差し出すエゴの生によってしか、そのようなエゴの生においてしか具体的存在とならないということ、このことにひとは異論を唱え、この命題を逆転しようとか、あるいは少なくとも、エゴと有機的身体との二つの存在のあいだに或る対称を確立しようという気になるかもしれない。対称を確立するというのは、両者の関係のみを何か具体的で絶対的なものとすることによってであり、この関係の両項の各々のうちには、それだけでは抽象的で、他項を指示することにおいてしか実在的とならないような要素しか見ないということによってである。もし主観的運動の超越作用がなければ有機的身体の存在はないというのであれば、われわれは逆に、根源的身体の存在はそれだけでは存続しえず、反対に、それを有機的身体の超越的存在に結合する超越論的関係においてしか存在しない、ということを認めなければならないであろう。存在論的内面性と「超越的に」顕現された存在とのこのような連帯性のうちにこそ、この連帯性が表現する関係の両項がともに還元を免れ、絶対的な諸項として、あるいはむしろひとつの絶対的な関係の両項としてわれわれに与えられることの理由が、存するのではないか。

　しかしながら有機的身体が還元の一撃のもとに落ちないということは、けっして有機的身体が主観的身体の根源的存在と同じ存在論的位階を有しているということを意味してはいないし、また絶対的主観性の存在論的充足が簒奪され、いわば移動させられて、もはや内在の圏域のうちにではなくて、主観性と存在との交換地帯のうちに位置づけられに来なければならなくなる、ということを意味しているのでもない。その場合この存在論的充足は、このような地帯の本質および根拠を構成することになってしまおう。たしかにこのような交換地帯は存在し、われわれはそれに現象学的隔たりの名を与えてきた。しかしわれわれはこのような地帯が或る根拠を要求するということ、そしてこの根拠はまさしく主観性の根源的真理の本質のうちに存するということを、知っているのである。それゆえ主観性は、それだけでは抽象的に留まるような一項などではない。主観性は或る超越論的な関係によって有機的身体に直接に結び付けられているが、主観性は、有機的身体の超越的存在のうちに自らの実在性と自らの完成とを見出すどころか、反対に、この存在の根拠なのである。この存在は、主観性がそれへと向かって自らを超越する項として、われわれには主観性の限界として現われるが、しかし、やはり主観性に帰属する限界としてである。

　存在論的観点からすれば、主観性が真の根拠の役割を果たしている。このような性格を、メーヌ・ド・ビランは見逃しはしなかった。彼は、原初的事実は二元性である、すなわち原初的事実は主観性と世界とのあいだに、またわれわれが従事しているケースでは、根源的身体の主観的存在と有機的身体とのあいだに超越が設ける根源的な関係のうちにある、と示したあとで、それにもかかわらず「もっと単純で、先の関係に先立つ関係がある」[14]と主張する。あらゆる関係のうちで最も根源的なこのような関係は、主観性それ自身の内部に設けられ、そのおかげで主観性が超越論的内的経験という現象において自らをそれ自身に直接的に顕示するような関係でないとすれば、いったい何でありうるというのか。本当をいうと、この関係はもはや関係ではない。というのもそれは、あらゆる媒介の否定そのもの（弁証法的な否定ではなくて、直接的な否定）だからである。そうではなくて、それは絶対的生の存在そのものなのである。根源的身体の生であるこの生こそが、有機的身体の様々な諸部分を展開し、それらを一性のうちに引き留める。この生のうちにこそ、エゴへの有機的身体の帰属の原理が宿るのである。かくしてこの帰属は、エゴの生であるところの生への有機的身体の帰属以外のなにものでもない。根源的身体の生の一性および自己性が、有機的身体の絶対的生の一性および自己性なのである。なぜなら有機的身体の生、有機的身体に住みつき有機的身体を活生化している運動は、まさしく根源的身体の、すなわちわれわれの身体の主観的で超越論的な存在の、生にして運動だからである。

われわれの自己の身体の構成についての理論を完成するためには、有機的身体の構成についてのこのような理論と平行して、表象された客観的なわれわれの身体の構成についての理論が要求されるであろう。じっさいわれわれの超越的身体の存在は、われわれの有機的身体の存在には還元されない。われわれは、われわれの有機的身体は表象や理論的認識の対象ではないことを示した。しかしながらわれわれは、われわれの身体を表象することができ、われわれの身体を次のような認識の相関者にすることができる、つまりわれわれが他の諸対象についてもつ認識に類比的な、あるいはわれわれがそれについての学を構築しようと欲するとき、しばしば世界の特定諸領域に向ける明示的で概念的な認識にさえ類比的な、そのような認識の相関者にすることができる、ということはたしかに正しい。メーヌ・ド・ビランは、その内部でわれわれがわれわれの超越的身体に到達できるような二つの認識様態を、注意深く区別した。彼はわれわれの有機的身体についての根源的認識には、「自己の身体についての直接的な認識」の名を与え、われわれの超越的身体についての客観的ないし表象的な認識には、「自己の身体についての二次的な認識」の名を与えた。私が私の身体についてもつ外的経験は、「直観もしくは外的表象の対象としての自己の身体についての二次的な認識にもっぱら結び付き、自我の内的直接的覚知の項としての身体についての認識が基づくようなまったく内密な感官を、まったく遠ざけておく。」「意欲された努力と意志に譲り服従する有機的抵抗との応答にのみ基づく、自己の身体についての直接的な認識がある。」「かくして、触覚と視覚の諸感官に相対的な対象としてのわれわれの身体の諸部分の形態や形象についての外的認識からは独立に、或る特殊な筋肉感官にまったく相対的な、自己の身体の現前ないし一貫性についての内的覚知が存在する。自己の身体は、外に自らを表象することができずに、内においてしか行為し自らを知ることができない[15]。」

　われわれの有機的身体についての直接的な認識によって、それのみによって、われわれは有機的身体を動かすことができる。なぜなら、この身体を動かし、この身体の様々な諸部分を次々と展開する可能性のうちにこそ、まさしくこの直接的認識のすべてがあるからである。この直接的認識は、主観的運動がその具体的な行使において展開する超越的項についての、主観的運動による認識なのである。それゆえ、われわれの自己の身体についての表象的ないし客観的な認識に対する、われわれの自己の身体についての直接的な認識の優位というものがある。そしてあらゆる古典的諸理論の誤謬推論とは、客観的認識だけのために、この直接的な認識を忘却したことなのである。客観的認識のみがわれわれに、われわれがわれわれの身体についてもつ知の全体を提供する、とみなされてしまっていたのである。かくして「コンディヤック[5]は（中略）如何にして自我が直接、諸器官についての内的認識を獲得しうるのかを探究しなかった。彼は諸器官の外的諸形態についての客観的で二次的な認識にしか従事していない。」やはりビランがなしているように、われわれの身体についての「客観的」認識に、われわれの身体の存在と運動において内的に生きられたその諸器官の各々とをわれわれに引き渡す「人格的」[16]認識を対置することは、われわれの身体を、科学的一対象ではないにしても、表象された一対象に還元するような諸々の考えを、告発することなのである。客観的知覚や科学の、世界‐の‐客体‐身体は、すでに見たように、それを認識する別の身体を含意している。そして一般的にいって、客観的な現われの感性的な実在は、つねに或る認識力能の内部で捉えられるのだが、この力能とは、主観的身体の根源的存在にほかならないのである。

このように、超越的身体についての客観的認識がもっと根源的な認識を、われわれの身体についての本元的な知を前提しているのだとしても、それでもやはりこのような客観的認識は存在し、われわれの身体は、世界の他のすべての諸対象のあいだで自らをわれわれに顕わすひとつの客観的存在でもある。したがってわれわれが区別しなければならないのは、二つの身体ではなくて、まさしく三つである。つまり、

(1)　主観的身体の根源的存在。すなわち、運動についての超越論的内的経験において顕示される絶対的身体。この根源的身体の生は、主観性の絶対的生である。この生においてこそわれわれは生き、われわれは運動し、われわれは感覚する。この生は、われわれの世界経験のアルファにしてオメガであり、存在が世界に生起するのは、この生によってである。この生が経験する抵抗のうちにこそ、実在的なものの本質が自らをわれわれに顕わし、万物が一貫性と形式と価値とを得る。しかしながらこの抵抗は、等質的ではない。この抵抗はしばしば、主観的運動に譲る相対的抵抗でしかない。この相対的抵抗は、いわば固定した諸構造を描く諸々の永続的な線にしたがって、主観的運動に譲る。これらの諸構造がわれわれの諸器官であり、この相対的抵抗の一般的な場が有機的身体なのである。

(2)　有機的身体は、主観的身体の絶対的運動の、直接的な動く項である。あるいはむしろ、それは運動

が作用しうる諸項の総体である。この有機的身体の構造化が存在するから、有機的身体は様々な超越的な塊に区分されるのだが、しかしこれらの塊の多様性は、根源的身体の絶対的生の一性のうちに引き留められている。有機的身体の内部にこのような諸構造が存在するということは、われわれがまだ語っていない問題、すなわち内的諸感覚の問題に関して、きわめて重要である。もし有機的身体の塊が未分化のままなら、われわれの内的諸感覚はこの塊の内部で浮遊し、けっしてそこに局在化されえず、したがって相互にはっきりと区別されることができないであろう。内的感性は混乱のなかの一性、多様性なき一性であり、したがってほんらいの意味での諸感覚は存在せず、ただ或る未規定の感性的実存についての、一般的で漠然とした、混乱した感情が存在するだけであろう。多くの点で体感がこの種の記述に答え、厳密に規定され局在化された諸感覚の多様性よりはるかに多く、感性的かつ情感的な全体調性《トナリテ》をわれわれに提供してくれることは、認めなければならない。しかしながらわれわれの内的諸感覚の分化は、つねに実現されている。情感的な諸地帯は、未分化で等質的な地の外へと湧出する。そしてこれらの諸地帯は、われわれがそれを諸々の他の感覚総体から区別・対置するのを許してくれる固有の諸性格をともなって自らをわれわれに顕わすような、そのような感性的な諸地帯でもある。諸々の他の感覚総体もまた内的感性に属してはいるのだが、しかし情感的かつ感性的な現在において顕在化されている感覚総体とは、ラディカルに異なっている。

内的感性のこの分化の原理はおそらく、われわれの様々な諸感覚の、還元不可能なほどに異質的な性格のうちにある。しかしこれらの諸感覚は、まだ諸要素の塵芥しか形成せず、諸要素は或る複合体のなかで相互にごちゃまぜに混ざり合い、意識はこのような複合体のうちに失われ、解消されるおそれがあろう――もしこの感性的な多様性が別の多様性に、つまりエゴが影響力を有し、エゴが彼自身の生の一性である一性の内部で意のままにするような多様性に、依拠しているのでなければ。内的感性的な多様性に或る根拠を保証してくれるこのような多様性は、まさしく有機的身体の諸構造の多様性である。有機的身体の諸構造は、主観的身体の絶対的生によって一性のうちに維持されているということを、われわれは示した。われわれの内的諸感覚はそれからこれらの諸構造のまわりに組織化され、これらの諸構造はそのもともと純粋だった性格を失って、感性的な性格を身につける。この感性的な性格は、生あるものに対してではないが、哲学者や心理学者に対して、これらの諸構造の真の起源を隠すことがある。

メーヌ・ド・ビランは、われわれの根源的な超越的身体のこのような感性的構造化について、すばらしい記述を与えたが、この記述は、このような構造化が要求する有機的根拠（それ自身、われわれの身体の絶対的生に基づいている）を、白日のもとにさらしている。「諸印象が自己の身体の内的空間の様々な諸部分に局在化されうるためには、諸部分が、それら固有の直接的感官を繰り返し行使することによって区別されたのでなければならない、あるいは、いわば相互の外に置かれたのでなければならない。しかし一般的な筋肉系は、いくつもの部分的な諸系に自然に区分されており、これらの諸系が運動的意志に、同じだけ多くの異なる諸項を提供する。こうした区分点が増えれば増えるほど、内的直接的覚知はますます明晰判明化され、ますます努力の永続的主体の個体性ないし一性が、運動的諸項の数多性や多様性との対立そのものによってあらわとなる。諸項の各々の外に自らを置きつつ、自我はそれらの諸項を互いの外に置き、それらの共通の諸限界を認識し、そこに諸印象を関係づけることを学ぶ。」(17)

われわれの諸印象の、その部位に対する、すなわち或る場所に対する関係という問題は、ひじょうに重要な問題ではあるが、しかし以下のことを理解するなら、ここでひとつの解決が得られる。(a)この場所は、根源的には外的空間ではなくて、有機的身体の内的延長、すなわち主観的運動が展開し、主観的運動の項であるところの超越的な場である。(b)かくしてこの場所は、それを満たすであろう諸印象以前に認識される。ただしこの場所についての認識は、表象的認識でも理論的認識でもなくて、この認識は運動に内在し、運動に帰属している（ということはつまり、この空間はまさしく外的空間ではなくて、「内的延長」だということである）。(c)主観的運動が諸印象のために展開し、諸印象のために開く超越的な場のなかに諸印象を挿入することが可能となるのは、以下のことによってである。つまり、これらの諸印象は盲目的で還元不可能な諸々の塊ではないということ。そのような塊ならば、なぜそれらがこの超越的な場のうちにまさに席を占めに来るのかが、いまだ分からないだろう。そうではなくて、これらの諸印象は構成されている、すなわち感覚されているということ。そしてすでにわれわれが示したように、これらの諸印象を構成し、われわれの超越論的な感覚力能であるところの力能は、主観的運動の根源的な存在と異ならないということ。以上のことによってである。換言すれば、私が私の運動の項であるところの有機的身体の超越的な場を展開するのと、私が内的諸感覚をこの場に位置づけられこの場に帰属するものとして知覚するのとは、唯一にして同じひとつの作用によってなのである。

しかし、この最後のテーゼを十分に理解するためには、受動性についての存在論的理論の介入が要求されるであろう。そして受動性についての存在論的理論は、感性についての一般的理論を構成するのに不可欠であろう。これら二つの理論が、ビラニスムには欠けている。しかし、さしあたりわれわれには、内的感性的経験が有機的身体の根源的構成から、すなわちわれわれの自己の身体についての直接的認識から不可分であることを理解すれば、十分である。われわれの自己の身体についての直接的認識は、それ自身によって完全な認識であり、自律と充足とを有している。われわれの身体についての本元的な知の全体が、この認識のうちに含まれ、そして当然のことながら、主観的身体についての根源的な認識のうちに含まれている。自己の身体についての直接的認識は、主観的身体についての根源的な認識を含み、それから不可分なのである。主観的運動と有機的身体とによって形成される系は、ひとつの閉じられた系であり、自己完結し、自らの上に自らを閉ざす系なのである。この系は、外的空間に属する客観的存在としての超越的身体についてのあらゆる表象的認識が不在であっても、そのままであろう[18]。

(3) 外的知覚の対象であり、科学的探究の主題をなしうる客観的身体は、哲学的伝統が知っている唯一の身体である。そしてこのような排他的な客観的な考えこそが、多くの偽問題の――とりわけ心身合一についての名高き問題の――起源にあり、またそれらを解決しようと努力した多くの諸理論の起源にある。ちなみにこのような努力は、もちろん空しかったが。メーヌ・ド・ビランは、このような視点が徹底的に不十分であるということと、身体についてのあらゆる客観的な考えが派生的で副次的な性格しかもたないということを理解した、最初の哲学者である。そのことは、以下の注目すべきテキストからもうかがえる。「哲学が《感性的かつ運動的な存在は如何にして、彼の自己の身体を認識することをまず学ぶか》という問いを提起したとき、哲学には、外的で客観的な認識の仕方しか眼中にない。哲学はふたたび副次的な現象を、原初的で単純な事実と取り違えてしまった。(中略) 身体についての表象的認識の起源を問題にすれば、ひとはすでに実存の問題が解決されてしまったと想定している。というよりむしろ、ひとは問いを立てるべき余地があると信じていない。しかしながら、様々な諸部分を次々と散策し、感性的な表面を測る尺度単位となる動く手、この動く手は、眼が自らを見ないのと同様、自己自身を触診しない。それでも手は、道具ないし尺度として用いられる以前に知られうる〔し、知られなければならない[19]〕。」メーヌ・ド・ビランに続いてわれわれは、客観的身体についての表象的認識が前提しているわれわれの身体についての根源的認識を、説明しようと試みた。いまやわれわれは、この客観的身体の構成について、いくつかの指摘をしておかなければならない。主観的身体および有機的身体についての理論がまさしく、この構成の本質的な諸要素をわれわれに提供してくれるであろう。

世界のなかで自らをひとつの対象として顕わすかぎりでは、われわれの超越的身体は、あらゆる諸対象に属する第二次諸性質ないし第一次諸性質をそなえた、たんなる空間的一布置に過ぎない。しかしながらわれわれの客観的身体の存在は、空間的ないし感性的な諸規定のこのような総体には還元されえない。なぜならもしそうなら、それはもはや他のすべての諸対象のなかでのひとつの匿名の対象でしかなく、デカルトの言うように、そのおかげで私がこの物体［身体］を私のものと呼ぶような特殊な権利の根拠が、いったいどこに存しうるのかが、分からなくなってしまうであろうからである。それゆえ、任意の諸対象の構成には介入してこなかった何かが、われわれの客観的身体の構成には介入していることになる。この何かが客観的身体に、そのおかげでこの身体が内を、それも特定の本性をもった内を有するものとしてわれわれに与えられるような性格を、授けているのである。われわれの客観的身体をして、まさしく一なる身体、われわれに属する身体、われわれが内的かつ直接的に経験する身体と同じものであるような身体として、われわれに現われるようにさせているこの「内」、この「内」は、何に存するのであろうか。このような対象を他のすべての諸対象から区別しているこの独自ノ（*sui generis*）内面性の次元について、われわれはどのような認識を有しているのであろうか。

客観的身体の内面性が、存在論的内面性に依存するということ、またこのようにして超越論的身体とエゴの根源的に主観的な存在とから借りることによってのみ、客観的身体はそれがそれであるところのものであり、弁別的な諸性格を伴ってわれわれに与えられるのだということは、明らかである。自然的存在（たとえば眼や耳）が自然の規定および自然の部分として、自己超越し認識するあらゆる可能性を欠いているということは明らかだが、それでもそのような自然的存在が、見るとか聞くとか言われるということ、このことは、すでに十分に示されたように、われわれがさらに「見る」とか「聞く」とかいったこれらの言葉によって意味されているものを所有している場合にしか、すなわち主観的身体一般についての超越論的内的経験がわれわれに与えられている場合にしか、可能ではない。それゆえ客観的身体に内属する意義、客観的身体をしてまさにわれわれのものである身体、見たり諸運動を遂行したりする身体として規定している意義を、客観的身体が汲んでいるのは、われわれの身体についての根源的な主観的経験の内容においてなのである。如何にしてこのような客観的意義がそのつど、対応する主観的経験に基づいているのか、という問いに対して明示的な回答を提供することは、自己の身体の構成という問題を、それ自身のために取り扱うことである。ここではわれわれは、超越的客観的身体の一性およびエゴへのその帰属に関して、ひとつの指摘をしておくだけにとどめよう。

超越的客観的身体の一性は超越的一性であり、それは根拠づけられた一性である。そのようなものとして、超越的客観的身体の一性は、有機的身体の一性と混同されてはならない。有機的身体の一性は、絶対的身体の根源的主観的一性にほかならなかった。この最後の一性にこそ、まさしく超越的身体の一性が依拠しているのである。それは、超越的身体の一性が絶対的身体の根源的主観的一性のたんなる表象であり、客観的身体が占める延長部分へのその投影だという意味においてである。エゴへのこの客観的身体の帰属ということに関していえば、それは客観的身体の一性と同じ仕方で理解されねばならない。換言すれば、客観的身体の生は絶対的生ではなくて、絶対的生の一表象なのである。したがってわれわれは、われわれの客観的身体とわれわれの根源的身体とのあいだにはひとつとして絶対的な同一性は存在せず、両者のあいだには真の二元性が存在するということを、認めなければならないのである。われわれの客観的身体はわれわれの根源的身体の一表象でしかないのだから、これら二つの身体の二元性と両者を結ぶ意義の一性とが立てる諸問題は、超越的エゴと絶対的エゴとの諸関係に関する諸問題にまったく類比的である。このようにして、根源的身体とわれわれの有機的身体との実在的同一性には、あるいはむしろ、根源的身体の存在であり、有機的身体をその一性のうちに引き留め、このゆえに有機的身体の生でもあるような絶対的生、そのような絶対的生の同一性には、われわれの客観的超越的身体とわれわれの絶対的身体との表象された同一性が、対置される。もちろんこの同一性は、主観的身体の存在の、すなわちエゴの存在の根源的同一性に依拠しているのである。

われわれの客観的身体の構成というこの問題に関しては、他の多くの問いが立てられるが、これらの問いをわれわれは、この諸探究の枠内で吟味することはできない。われわれにとって大切だったのは、ただこのような構成がその内部で行われるような存在論的地平を、明るみにもたらすことだけだったのである。諸記号の二重の使用が依拠するのは、客観的身体のこの構成にである。このような二重の使用が全面的に不当なものでないことは、見て取れる。というのも、構成された身体はその存在の本質的なものを、じっさいに根源的身体から借りているからであり、そして根源的身体の絶対的生ではないにしても、少なくともこの生の表象が、構成された身体に内在しているからである。われわれの根源的身体についての超越論的内的経験からその意味の全体を引き出している記号は、しかし、客観的身体という自然的存在をもやはり指示することができるし、客観的身体の諸部分のうちのひとつをさえ指示することができる。というのも、この超越論的内的経験についての表象が、われわれの身体‐客体を構成するさいに、すなわちわれわれの身体‐客体に授けられる一般的意味を仕上げるさいに、介入しているからである。

われわれがわれわれのものである身体について自らに形成しうるイマージュないし諸イマージュを、われわれが順に研究してきたわれわれの身体についての三つの諸現象（主観的身体、有機的身体、客観的身体）と混同しないようにしよう。このような諸イマージュはたしかに存在し、それらを記述することは身体の現象学に立てられるひとつの課題ではある。この点に関してわれわれが述べうるすべては、これらの諸イマージュは或る根拠を要求し、この根拠は客観的身体の実在的存在によって構成されるが、しかしまたわれわれの有機的身体の存在によっても構成される、ということである。われわれの有機的身体の本性によって、少なくとも直接的な仕方ではわれわれの客観的知覚がわれわれに到達させてくれないわれわれの身体の或る諸部分のイマージュをわれわれがもちうるということが、説明される。じっさいわれわれの有機的身体には、われわれが客観的には知覚しない諸器官をも含めて、われわれのすべての諸器官が属している。そしてそのようにして、有機的身体に基づくイマージュが、われわれの客観的身体の存在にしか関わらないイマージュ[20]によってわれわれに与えられる表象より、はるかに豊かではるかに完全な、われわれの身体についての表象をわれわれに提供するということが、理解される。客観的表象についてのイマージュであるこの最後のイマージュは、たしかに根源的身体および有機的身体から借りられた諸要素を含んでいる。というのも、われわれの客観的身体の構成は、このような諸要素の介入を含んでいるからである。

　自己の身体についての、たとえば有機的身体についての現象学的記述は、この記述が設けた態度、そしてその内部でこの記述が行われているような態度に、欺かれてはならない。なぜならこのような態度は、自然的態度ではなくて、自然的態度の変様だからである。それについて現象学者が向ける哲学的な問い掛けのなかで思惟の主題となるような超越的身体は、われわれの日常生活においては、その構成が影のなかで行われるような、ひとつの欄外的な現象でしかない。自らの身体に従事することは、直接的ないし通常的な態度ではない。直接的ないし通常的な態度においては、身体は世界に従事するが、これはまったく別のことである。たしかにわれわれの身体が現象学的領野のうちに出現するのは、それについて哲学的に問い掛けられるときだけではなくて、日常生活の部分をなす他の多くの機会においてもそうであり、特にわれわれの情感的ないし身体的な生のいくつかの本質的な諸様態においてそうである。それはわれわれがわれわれの身体およびわれわれの身体の様々な特殊性について、鋭い意識をもつような諸現象である。身体についての諸記述や一般理論への誤謬推論の影響は、深刻なものとなるおそれがあるが、そのような誤謬推論がなければ、次のことを認めなければならない。つまりこのような諸現象は、自然的態度から出発してしか理解されえないし、これらの諸現象は、どれほど重要な変化であろうとも、この自然的態度の一変化でしかない、ということである。

もしわれわれがふたたびこの自然的態度に没頭するよう努力するならば、その場合われわれには、自我とその身体との諸関係に関する、「心身合一」に関する解決不能とみなされてきた諸問題が、解明されてゆくのが分かる。そして哲学的反省がこのような諸問題に着手したとき、はまり込んでいた諸困難のもつれは、われわれには問題の立て方のせいであるように思える。この立て方はまさに、われわれの根源的経験とも、人間の自発的生とも、何の関係もない。魂と身体との二元論、すなわち主観的身体の根源的存在と超越的身体との二元論は、存在論的二元論の一特殊ケースでしかない。主観的運動が手を、それが内的に認識する有機的な塊として、その知性的ではなくて運動的な認識がそれへと向かって自らを超越する項として展開する作用は、私のまなざしがあそこにある、丘のうえに立っている木をめざし、この木に到達する作用にくらべて、より神秘的なわけでもなく、より神秘性が劣っているわけでもない。これらの諸現象の記述が明るみに出す二元論は、存在者的（ontique）な二元論ではない。それは、根源的真理と超越的存在の真理とのあいだにわれわれが認めた二元論と異なるところのない二元論、そしてこれら二つの諸真理の統一性を、経験の統一性を根拠づける関係を表現している二元論である——それはデカルト的二元論とは何の関係もない二元論である。

第五章　デカルト的二元論

物体〔身体〕についての存在論的分析は、デカルト哲学の主要部門のひとつである。この分析はひとつの本質的な分析であって、延長を物体の本質として明るみに出すにいたる。いくつかの延長諸形式を区別する必要はない。われわれが考えたり想像したりするのは、同じ延長であって、ちがいは延長を把捉する精神の作用のうちにあり、延長の本性のうちにあるのではない。延長は、諸運動が遂行される場である。諸運動はまったく機械的で、あらゆる場合に、相互に押し合う延長の様々な諸部分の移動へと連れ戻される。延長諸部分が押し合う働きは、瞬時に行われる。物体〔身体〕の本質を延長として存在論的に規定することは、デカルト哲学において、絶対に一般的な意義を有している。つまり、物体〔身体〕が本質的に延長として理解されなければならないということは、物理的自然の惰性的物体について妥当するだけでなく、この主張は生ける物体〔身体〕や人間的物体〔身体〕にも関わるのである。そこから帰結するのは、或る場合には有名な動物機械論[1]であり、人間的身体〔物体〕の場合では、人間的身体を延長における諸部分の集合とみなす考えである。これらの諸部分はそれら自身が延長しており、機械的関係によって相互に結ばれている。本当を言うと、人間的身体と動物の身体とのあいだにいかなる差異もないのは、他方において動物の身体と任意の物理的物体とのあいだにいかなる差異もないのと、同様である。

さて、物体一般についての本質的分析の諸成果を、われわれのものである特殊な物体［身体］と比較してみよう。もっとも明白な経験においてわれわれに委ねられるがままのわれわれの身体と、デカルト哲学がアプリオリにこの身体に授ける本質とのあいだに、いったいどのような関係が存在しうるというのか。いかなる関係もない。このことが真であるからには、ついには人間の現象学的身体を考察するにいたるとき、デカルトはもはやこの身体に本質的規定として延長を帰属せしめるのではなくて、反対に、ひとつの新しい単純本性の存在を認めることによってしか、この身体――この身体［物体］はもはや、その本質に関しては、任意の他の物体とは同一視されえない――の精確な本性を説明することができないと考える。この新しい単純本性は、多くの点でデカルトの体系全体が依拠しているように思える延長と思惟という二つの原初的本性に劣らず、基本的なのである。この新たなる基本的な単純本性は、心身合一の単純本性[2]である。デカルト哲学はもはや二元論ではなく、三つの原初的な単純本性は、それらの位階およびそれらの自律性において、平等である。それらはまた、それらを絶対的実体すなわち神に結び付ける依存関係という点でも、平等なのである。

合一の原初的本性をどのように理解すればよいのか、このことが註釈者たちを困惑させてきた。一方ではじっさい、思惟と延長実体との合一は不可解である。他方では、もしこの合一がひとつの事実だということが正しいならば、哲学的反省は、まさに不可解な事実であるにもかかわらず、この事実を認めなければならない。デカルトは、合一の不可解な性格をも、合一が、悟性や悟性の諸要請[3]が屈服しなければならない、否定しようのない事実であるという性格をも、誤認しはしなかった。スピノザに続きその理論の不条理を告発する者たちに対して、多くの註釈者たちは反対に、デカルト哲学の深く人間的な性格を強調した。深く人間的な性格とは、心身の実体的合一が定義するように思える人間「本性」を前にして、デカルト哲学が証言している哲学的な謙虚さのことである。

しかしながら、かつてデカルトにおける合一の単純本性について、哲学的な解釈が提供されたためしがあっただろうか。かつてこのような解釈を可能ならしめるような諸条件が、立てられたことがあっただろうか。純粋に哲学的な観点からは、なによりもまず、われわれが議論しているデカルト説の構成を支配している根本的な両義性が、認められなければならないのではないか。この両義性は、理論のもつ本質的に昏い、あるいは不可解な性格と、混同されてはならない。この両義性はむしろ、われわれには、理論がデカルト自身によって、あるいは理解するのにきわめて困難であると言明され、あるいはきわめて明晰できわめて明証的であるので否定されえないようなものとして呈示されている[1]、という事実においてあらわとなっているのである。いったい問題とされているのは、同じものなのだろうか。あるいはこの説の関わる問題ゆえに、そしてまた、この説が容認されたのであれ、斥けられたのであれ、この説が巻き込んだ哲学的な諸帰結のゆえにも、きわめて重要なこの説、この説について省察しているわれわれには、じっさいにきわめて明晰できわめて判明なので否定できないようなものと、反対に説明するのにきわめて困難で、きわめて昏いので、おそらく不可能であり偽であるとわれわれがみなさなければならないようなものとのあいだに、或る区別を確立するという課題が、課せられているのではないだろうか。

そして次のような条件においてでないとすれば、どのようにしてわれわれはこのような区別を行うことができるというのか。その条件とはまさしく、われわれに確実な仕方で、確実なものを仮定的なものから区別させてくれるような哲学的地平を手中に収める、という条件である。換言すれば、ここでもまた、主観的経験の絶対確実性においてわれわれに引き渡されるものは受け入れるが、反対に、デカルト哲学の独断的内容のなかでたんなる超越的仮定、つまりその不条理がその場合もはやいわゆる事実性格をよりどころにしえないようなたんなる超越的仮定とわれわれがみなさなければならないようなものは、われわれに拒絶させるような、そのような現象学的還元を遂行する、という条件である。まさに唯一にして同じひとつの運動によって、同時に現象学的反省は事実の絶対的明証を出現せしめ、かつ、理論の仮定的な、そのうえ不条理な要素を還元の一撃に委ねることになろう。そのときデカルトの立場の両義性が、白日のもとにさらされることになろう。なぜならこの両義性は、一方では二つの視点を解きほぐしがたく混淆させ、理論でしかないものを事実として与えることにあるのだが、しかし［他方では］この両義性は、とりわけ、かぎりなく不実な仕方で、事実の陳述や定義そのもののなかに、こっそりと理論をしのびこませることにあるからである。したがってひとは、当然のようにして事実を認めることによって、それと注意することもなく、ありそうもない理論を容認させられてしまうことになるのである。

問題とされている疑いえない「事実」とは、いったいどのようなものなのだろうか。それは心身合一の事実であるとでも言うのだろうか。反対に、どうしてこの事実を心身合一の原初的本性として定義することのなかには、すでに理論が、すなわち延長実体と思惟実体の混淆という主張が入り込んでいるということが、分からないのだろうか。このような混淆（*permixtio*）は、本当にひとつの事実なのだろうか。この混淆の現象学的ステイタスとは、どのようなものなのだろうか。この最後の問いを定式化したからといって、われわれはけっして問題をそのデカルト的文脈の外に引き出して、いわばわれわれ自身の哲学的地平の内部で問題を立てようとしているのではない。じっさいデカルト哲学それ自身によって、思惟および延長の諸本質が彫琢されたのは、まさに或るひとつの現象学的存在論の枠内においてなのである。そして第三の原初的本性の本質を規定するにも、同じ仕方の手順を踏むべきであることは、明々白々である。このような本質が存在することをわれわれに主張させてくれる現象学的内容とは、いったいどのようなものなのだろうか。魂と身体の混淆が、何らかの仕方でわれわれに与えられているのだろうか。必ずやひとは、こう述べるだろう。つまりデカルトならこのような問いの正当性を認めるであろうのみならず、じっさいに彼は鮮やかにそれに答えたのだ、と。彼は繰り返し、心身合一を正確に考えるためには、もはやこの現象のことを反省せずに、この現象に身を委ね、この現象を生きることが必要であると、言明したのではなかったか。これ以上明白な経験に訴えようと主張することなど、できようか。

ここで、次の本質的な指摘を行っておかねばならない。つまり、当の経験とはひとつの超越論的内的経験であって、その内容はそれ自身、超越論的だということである。この内容を構成する諸事実はコギトの圏域に属し、それらは諸体験（Erlebnisse）なのである。問題とされるのが感性的認識に関する諸体験なのであれ、想像的生に関する諸体験なのであれ、われわれの諸感情やわれわれの諸情念に関する諸体験なのであれ、日常生活におけるわれわれの行為についての経験に関する諸体験なのであれ、ここでわれわれが携わっているのがまさしく諸事実であり、疑いえない諸事実であるということに、変わりはない。これらの諸事実は、それぞれがコギトの諸規定であり、したがってこの実存領域の特権たる、絶対確実性という性質を帯びているのである。しかしそれでは、このような超越論的内的諸経験のうちに心身の実体的合一が含まれているのは、如何なる点においてであるのかという問いを、どうして避けて通ることができようか。なぜデカルトはコギトの、あるいは彼の言うように、思惟の原初的本性の圏域とならんで、別の存在圏域を、つまり諸体験（Erlebnisse）である諸事実、したがって絶対的主観性に、これのみに属する諸事実を受け取るべく定められた混淆（permixtio）の領域を、発明したのだろうか。

おそらくデカルトが第三の原初的本性に関係づけている諸事実は、特殊な性格をともなった諸体験（*Erlebnisse*）である。これらの諸事実はコギトの内部で、独自ノ（*sui generis*）実存地帯を定義している。

この実存地帯は、情感性の王国であるように思え、たとえば方程式を解くことに専念している数学者の純粋思惟からは、確実に区別される。諸体験（*Erlebnisse*）という特定の一範疇をその固有の刻印でしるすこの特殊性格、デカルトはそれを合一の結果として、純粋思惟の領分のうちへの身体の介入から帰結する動揺として現われさせることによって、説明していると考えている。この介入は、魂への身体の作用にほかならず、この作用は今度は、合一をそれ自身の可能性の条件として前提している。しかしこのような推論においては、われわれは知らず知らずのうちに、事実から理論へ移行してしまったのではないか。理論は事実を説明しようとし、したがってもはや理論はひとつの超越的な構築物でしかなく、この構築物のステイタスは、この構築物が説明すると主張している諸体験（*Erlebnisse*）のステイタスからは、注意ぶかく区別されなければならないのではないか。このような理論が真でありうるとでも言うのだろうか。それでもこの理論は、その内的で特殊理論的な諸困難にもかかわらず、事実はたとえ不可解であろうとも否定されえない、という唯一の口実のもとに、容認されてきたのではなかったか。しかしもし事実が理論ではなく、もし事実が本当のところ理論とは何の関係もないというのであれば、理論のまゆつばがなお、どのような信用をひけらかしうるというのだろうか。

あるいはその場合、身体的諸体験（*Erlebnisse*）と呼ばれうるような或る諸体験の内的構造・本質そのもののうちにこそ、いわば実体的合一が含まれているのだということを、示さねばならないであろう。たしかに身体的諸体験は、存在する。しかしわれわれが主観的身体について語るとき、われわれが言いたいのは、当の身体はその場合、すっかり主観性なのであって、その存在においてこの絶対的主観性の存在そのものと一体となっている、ということなのである。デカルト哲学においては、事情がちがう。あるいはむしろ、そしてこれこそがデカルト哲学の両義性のすべてなのだが、問題とされるのは、あるいはじっさいに主観的身体であり、デカルトはたしかに主観的身体について、天才的な予感をもっていた。あるいは問題とされるのは、そしてこれはまさしく実体的合一の理論においてのことなのだが、問題とされるのは魂と身体の合一である。この身体はまぎれもなく物理的かつ機械的な自然に属する三人称の身体であり、その本質が延長であって、顕在的にではなくても、少なくとも潜在的にはつねに相互外在性（*partes extra partes*）のカテゴリーに従属しているような身体である。そしてこのカテゴリーが、思惟の本質と身体とのいわゆる混淆を不可解なものにするのである。われわれがわれわれの実践的行為やわれわれの諸情念を経験するような諸体験を、吟味することにしよう。このような諸体験を考察することによって、デカルトは真のコギトの分離を行うにいたる。じつはこのような分離は、これらの諸体験の本質がまさしく思惟であることをやめて実体的合一それ自身になるかぎりで、これらの諸体験を絶対的主観性の圏外に置くことになる。こうした条件においてのみ、このような諸体験は合一を証明しうるであろう。つまりこれらの諸体験を成している実体そのものが、もはや思惟ではなくて、まさしく第三の原初的な単純本性である、という条件においてである。しかしながらこれらの身体的諸体験は、絶対的で確実で忌避しえない諸事実というそれらの本性を、まさしく超越論的主観性から得ているのだが、これらの身体的諸体験をしてそれらがそれであるところのものにしている性格、それによってこれらの身体的諸体験が超越論的主観性の諸規定として現象学的にわれわれに与えられる性格は、どこからこれらの身体的諸体験にやってくるのだろうか。デカルトはあいかわらず同じ両義性によって、これらの諸体験をそれらがじっさいに存在するところで、つまりコギトの絶対的圏域において捉えたあとで、つづいてこれらの諸体験を、いかなる真正の存在論的性格ももはやもたないような領域のうちに、移し置く。いかなる真正の存在論的性格ももはやもたないというのはなぜなら、この領域はあらゆる現象学的層を欠いており、一箇の超越的な構築物でしかないからである。この超越的構築物はその不可解な性格によって、諸理論と諸仮説とを糧としているような哲学にとってさえ、受け入れ難いものになってしまう。

しかしながらデカルトは、或る諸体験（それらが思惟実体の諸様態として思惟実体に属することは、この場合否定されないであろう）の特殊性格を説明するのにふさわしい仮定として合一を主張するだけでは飽き足らずに、しばしばこの合一を、これらの諸体験の現象学的構造のうちに、いうなればそれらの生地そのもののうちに、いわば読み込んでいるように思える。そのかぎりで、彼のテーゼをさらに深く破壊することが、課せられてくる。この破壊によって、特殊デカルト的な一定数の先入見があらわとなろうが、これらの先入見を告発することが、いまや大切となる。

身体的諸体験は主観性のうちに自然に場所を見出し、それらの存在をコギトの存在と異なるものとして考えることは不可能でさえあるというのに、なぜ身体的諸体験を受け取るべく定められた場として、思惟とは別の原初的本性が存在することを肯定しなければならないのだろうか。なぜなら、少なくとも思惟を純粋な状態で考察するかぎりは、デカルトは思惟について、ついには思惟からこのような諸体験を排除するはめになるような観念を、心に抱いているからである。じっさいデカルトの理想は、理論的で知性的な認識のそれである。このような認識は、数学的存在についての無感動な把捉のようなものであり、このような認識のうちには、諸感情にとっても諸情念にとっても場所はない。そこから情感性一般は何か低級なものであり、そのようなものとして思惟の純粋本質には属しえないという観念、ちなみにこれはあらゆる主知主義に固有の観念であるが、そのような観念が生まれてくる。最後にそこから、純粋思惟が情感性に降格するということは、純粋思惟の本質のうちにはその原理を有しえないからには、必然的に思惟のうちに或る異他的な要素、すなわち身体が干渉することによっているのだという仮定が、生まれてくる。しかしながらこの身体は、もはや主観的身体ではない。この身体は、身体的諸体験に固有の情調性（tonalité affective）とも混同されない。この身体は、蜜蠟についての本質分析が引き渡してくれたままの、延長－身体［物体］なのである。したがって、ここで理論の現象学的アスペクトと説明的アスペクトとの分裂が生じるのは、明らかである。それと同時に、これらすべてのデカルトの諸分析を導いている両義性が、溶解する。つまり一方ではわれわれは、その固有の心理的性格をともなった体験をもつ。そしてこの体験について、この体験についてのみ、それはひじょうに明証的なので否定されえないものである、と言うことができる。他方ではわれわれは、純粋思惟の本質のうちへの延長－身体［物体］の介入という、問題のある介入についての、たんなる考えをもつ。

　少なくともデカルトのテーゼは、コギトの次元でわれわれに引き渡される体験は、それに加えてもし思惟実体への延長実体の作用が生じなければ、それがあるところのものではないであろう、と主張することにある。しかしここにおいてこそヒュームとともに、結果のうちには――身体的体験がひとつの結果であるとして――われわれはもはやその原因のエネルギーを読むことはない！　と言うべき時である。体験はそれがそれであるところのものであり、それは完全な透明性であり、そのようなものとして絶対的な存在論的充足をもつ。思惟の本質はひとつの実体である。われわれはここでけっして、アルノーの諸異議[4]をわれわれの責任において取り上げ直したいと思っているわけではない。これら二つの完全な諸実体の合一が必然的ではなくて、たんに偶然的であるに過ぎないということを認めるならば、いつでもひとはこれら二つの完全な諸実体が、完全ではあっても、それでも合一しうるのだということを、ゆうゆうと主張することができるであろう――そして人間「本性」はまさしくわれわれに、理解不可能な偶然の産物として与えられているのではないか。しかしここで問題なのは、諸実体の本性および諸特性について議論することではない。じっさいに訴訟にかけられているのは、そして訴訟にかけられえないのは、コギトの絶対的で還元不可能な価値なのである。体験の存在は、その主観的で超越論的な現われと一体になっている。この現われのうちには、延長せる身体も、魂へのそのいわゆる作用も、含まれてはいない。それゆえ心身合一は、ひとつの事実ではない。もし原初的本性ということによってほんとうに、忌避しえない現象学的所与に基づくひとつの存在論的領域を理解したいのであれば、心身合一はひとつの原初的本性なのでもない。心身合一は、デカルトの――そして他の多くの哲学者たちの――無能から帰結する、たんなる一主張である。その無能とは、情感性が純粋思惟の本質に帰属しうることが理解できない、ということなのである。

ところで、まさにここには理解しなければならないようなものは何ひとつなく、確証すべき諸事実しかない。もし情感的諸体験（*Erlebnisse*）が存在するというのであれば、してみると思惟はその本質そのものにおいて、情感性でありうるのである。そしてわれわれは、このときデカルトの諸立場が逆転され、自己破壊するのを見る。ひとは思惟の本質たる純粋本質において、思惟が情感性もしくは感情でありうることを否定する。その場合ひとは、この情感性を思惟のうちに産出するであろうような外的作因の作用を想像している。ひとは実体的合一についての理論を構築する。この理論の出発点、この理論の実在的根拠は、思惟の情感性という事実そのものでないとしたら、いったいどのようなものだというのか。そしてそれにもかかわらず、この理論が検証しようとしているのは、デカルトの先入見でないとすれば、つまり思惟はそれ自身においては情感性ではないという先入見でないとすれば、何だというのか。思惟は情感的だということが、真理である。思惟は情感的ではありえないということが、デカルトおよび主知主義者の先入見である。明らかにコギトは真理の言い分を認め、諸々の情感的思惟が存在することを示している。事実に依拠するどころか、実体的合一論はその場合、事実を否定するための、コギトによって顕示された真理すなわち思惟の情感性を否定するための、ひとつの迂回した手段以外のなにものでもない。この手段は、この思惟がコギトにおいてまさしく情感的思惟として発見されたのは、一箇の偶然のせいであると主張するための手段でもあり、この偶然について、架空の理論が与えられているわけである。しかるに、ついにはこの理論を証明すべきときがくると、ひとはコギトに、つまりは思惟の情感性に訴えているではないか！　デカルトの実体的合一論の告白されざる目的は、このように、事実を否定しつつも、他方ではしかし、理論は自らを支えるために事実を引き合いに出し、理論は事実のひとつの忠実な翻訳であると自称することなのである。

　デカルト哲学を特徴づけているのは、われわれの従事している問題に関していえば、情感性についての超越論的な理論の不在である。このような本質的な欠落は、おそらくすべての主知主義的哲学において暴くことができる。しかしながらこのような欠落の起源をデカルト哲学のただなかに探るということは、この欠落の一般的意義を、すなわちこの欠落のうちに含まれている思惟観を、さらにいっそう理解することである。コギトの内容を考察するなら、すでに述べたように、われわれの諸体験（*Erlebnisse*）のあいだには、かなりの諸差異が確証される。しかしながらこれらの諸差異はそれら自身、超越論的な［すなわち超越論的な次元における］諸差異であり、コギトの次元においてこそ、これらの諸差異は明るみに出る。たとえば憎しみが数学的な考えから区別されるのは、その内在的主観的な内容においてである。実体的合一論は、このような区別を根拠づけるどころか、反対に、先行するこのような主観的差異に完全に依存するひとつの思弁的な変奏でしかない。それにもかかわらず、われわれのすべての諸体験はそれらの現象学的にして存在論的なステイタスにおいては等しい――それらの心理的差異化は、絶対的主観性の様態化をしか表現していない――というのに、デカルト哲学はそれらのあいだに、或るヒエラルキーを確立する。

このヒエラルキーは、別の次元に属する、すなわち価値論的次元に属する諸考察にしか、基づきえない。数学的な考えは、それらの現象学的ステイタスの同一性にもかかわらず、情念より上位のものであると評価されるのである。つづいて純粋思惟が、思惟の本質が、数学的タイプの思惟、知性的で理論的な認識と同一視される。あらゆる情感的ないし感性的な思惟は下位のものであると、そして或る仕方で純粋思惟に対して異質的なものであると言明されるのである。

情感性のこのような過小評価の、あるいは純粋理論的認識のこのような過大評価の起源とは、どのようなものなのであろうか。この起源は、知性的認識がもつ情調性のうちに、知性的認識の固有の確実性がもつ特殊なパトスのうちにある。思惟の或る形式が（そしてけっして思惟の純粋本質が、ではない。思惟の純粋本質は、すべての諸体験の共通の現象学的ステイタスから出発してしか定義されえない）情感的思惟より優遇されているというのに、その理由はといえばしかし、この特権的形式がもつ情感性のうちに見出されているのである。つまりはあらゆる思惟は情感的思惟であり、あらゆる体験はその固有の調性をもつというのでないなら、何だというのか。それは情感性についての超越論的な理論、絶対的主観性の存在論的構造に基づく理論が、まさしく示しているところである(2)。情感的生の様々な諸形式は、たしかに類似してもいないし、等価的でもない。これら様々な諸形式のあいだに或るヒエラルキーを確立することは、このヒエラルキーの性格が純粋に価値論的ないし実存的なものであることを認めるのでさえあれば、まったく正当である。われわれがきわめて妥当な仕方で、愛は憎しみにまさると言うとき、だからといってわれわれは、二つのケースにおいて思惟の本質が異なるなどと主張するつもりはない。同じようにして、ひとは意識の理論定立的な生を、意識の情念的な生の上に置くこともできる。しかしそれは、情念的体験の本質が思惟一般の本質ではないと主張する理由にはならない。もしデカルトがそれにもかかわらず知性的認識の優位を主張するのであれば、それは彼が知性的認識のうちに或る特殊な実存様態を、つまり、まさしく彼が探している経験であるような、すなわちあらゆる懐疑を超えて高められる確実性の経験であるようなひとつの情感的経験を、見出したからなのである。そしてもしデカルトにおいて、不当にも数学的経験が特権視されているのだとすれば、一般的にいって、もし哲学的思惟の歴史のなかで三角形が、われわれがわれわれの具体的生において三角形に対して認めている利害関心とは確実に不釣り合いな或る役割を演じているのだとすれば、それは、三角形の諸特性がわれわれに課されるさいの必然性、そのような種類の必然性が、このようにして数学的対象に身を捧げている意識にとっては、或る休止を、或る保証を、あれほどまでにもデカルトが探していた保証の内部にある一種の恍惚のようなものを、意味しているからなのである。

おもうにこうした諸指摘は、他のデカルト主義者たちにも、たとえばスピノザにも当てはまろう。三種類の認識[5]を経てすすむ意識の進展の実存的意義についてよく反省したいとおもうなら、おそらくは第三種認識は合理的認識から情感的内容を抽象することから、そして今度は第二種認識からは独立に、この情感的内容をそれ自身のために立てることから生ずるのだということが、気づかれるであろう。スピノザの経験の実存的意義は、『エティカ』の哲学の独断的開陳を通して、つねに透けて見えている。そのうえこのような実存的意義は、スピノザ自身によって、とりわけ『知性改善論』冒頭[6]において、はっきりと認められている。知性的認識および知性的認識がわれわれに引き渡すとみなされている合理的な永遠の諸真理に、デカルトとスピノザが要求したのは、われわれの歴史的実存の諸変遷や偶然性に面して、出来事がわれわれから奪い取ることのできないような確実性を経験することであり、アランのイマージュを繰り返すなら、外套以上にわれわれに起因する幸福を経験することなのである。

それゆえ、純粋情感性の過小評価についての主知主義的な先入見の誤りを自ら正しているのは、デカルト哲学の密やかなる諸意図なのである。各々の体験はその体験と実体を同じくするひとつの調性を有しているのだから、情感性は思惟に外的な供与から帰結するどころか、反対に思惟の形相的な一規定なのである。或る情感的な諸体験と、情感的でないような他の諸体験とを区別する必要などない。そうではなくて、われわれのすべての諸経験は、それらがわれわれの様々な生き方であるかぎりで、まさしくあらゆる生およびあらゆる経験の第一の性格であるところのものを自らのうちに担っており、このものをわれわれはここで、やむをえず情調性（tonalité affective）と呼んでいるわけなのである。理論的認識の諸体験の無感動性は、このような調性の、他の諸規定にならぶひとつの規定でしかない。それは、その性格の見かけ上の欠如性のゆえに、おそらくはいっそう微妙な規定ではあろう。しかし情感性の本質をなすものを欠いているどころか、むしろまさしく固有の情感的性格のおかげでこそ、理論的生は多くの諸体系のなかで、しばしば専一的な或る特権を受け取ったのである。要するに、過小評価されていたのは情感的生一般ではなくて、ただ情感的生の諸様態のうちのいくつかであるに過ぎなかったのである。それに対し他の諸様態、われわれがわれわれの理論的生において生きている諸様態は、まさしく情感的次元に属する諸理由、これらの諸経験の特殊情感的な内容のうちにある諸理由のゆえに、積極的な価値を身にまとっていたのである。デカルト自身、たとえば彼が純粋に知的な喜び（joies）や歓び（plaisirs）があると言ったとき[7]、情感性の超越論的な本性を認めたのではなかったか。ゆえに情感性であるかぎりでの情感性は、実体的合一からは帰結しえない。というのも、デカルト自身が告白しているように、このいわゆる合一がいかなる役割も果たしていないような情感的な諸状態が、存在するからである。

そこで、もし他の情感的諸状態が過小評価され、思惟の圏域のうちに身体が干渉することから帰結すると考えられているのだとすれば、それはもはやそれらの情感的性格のせいではありえない、ということが明らかとなる。デカルトをしてもはやコギト一般ではなく、まさに情感的コギトそれ自身を、いわば純粋な情感的諸体験と、合一に属する情感的諸体験とに分割するよう導いている理由とは、いったいどのようなものなのだろうか。それはこれらの諸体験の固有の情感的内容に負う感情、すなわちわれわれの情感的生は、あるときはわれわれ自身の実存の拡大にして開花そのもののようなものであり、あるときは反対にわれわれの依存、われわれの有限性、われわれの悲惨についての経験のようなものである、という感情である。情念についてのデカルトの理論は、実存的疎外の問題に関わっているのである。そこでこの問題の解決が、デカルト哲学においては或る一般図式に従い、この一般図式は実存的疎外を、その原因であるとみなされる存在論的疎外に基づける試みのうちにある、ということを見るのは難しいことではない。しかしこれら二種類の疎外のあいだにある差異(3)は、まさに事実からたんなる理論を分かつ差異である。事実とはここでは、われわれがわれわれの実存そのものにおいて生きるがままの情念についての内的経験である。このような経験にこそわれわれは、われわれがわれわれの諸感情についてもつ知のすべてを負うているのである。これらの諸感情の意義とこれらの諸感情を区別する原理とを同時にわれわれに引き渡してくれるのは、このような経験だけなのである。

しかしここでデカルトは、われわれの様々な諸情念の理由はすっかり、盲目的でいかなる意図ももたない諸運動たる動物精気の諸運動のうちに見出されるのだ、と主張してしまう。そこから帰結するのは、一方では人間的情念はあらゆる種類の意義を欠いているということ――そしてそれは人間についてのあらゆる精神的な学の崩壊である――であり、他方では人間は、たとえば彼の静脈の血液循環に対して責任がないのと同様に、彼の諸情念に対しては責任がない、ということである――そしてこれは道徳を一種の機械技師の知に還元することによる、あらゆる道徳の崩壊である。自らの情念を超えて高まる意識の進歩は、じつはけっしてこの情念的意識それ自身の進歩ではない。このような進歩は、意識が自らの生を引き裂く諸矛盾についてなす経験からも、意識を意識自身からこれらの諸矛盾の彼方に向けて運んでくれる運動からも、これらの諸矛盾の意義についての反省からも帰結しない。じっさいこのような進歩は、それ自身機械的な装置に対して行使された、外的で機械的な或る介入の産物でしかありえない。自らの情念を治療するデカルト主義者は、コンプレックスから解放されたいと欲しているフロイト主義者に似ている。双方とも、見出すのがたしかに困難な諸手段によって、或る第三の実在＝X――生理学的ないし心理的な無意識――に働きかけようとするのだが、この実在が、その展開がわれわれの知をもわれわれの意志をも免れるようなそのメカニズムのうちに、われわれの情感的実存の、われわれの生の、そしてわれわれの運命の秘密を含んでいるというわけである。人間の実在的疎外を、人間がこの疎外を生きる経験を開明することから出発して積極的に解釈しようとする哲学的課題は、完全に放棄されてしまっている。人間的実存は、もはや自らのうちに自らの不幸の原理を担っているのではないのだから、自らが疎外の劇場であるように思えるにもかかわらず、もはや疎外の問題の中心ではない。原因と結果、この場合諸対象とみなされた原因と結果、これらのあいだの三人称的関係という図式にしたがってすべてを説明しようとする執拗な意志のために、疎外についての理論が満たさなければならない第一の諸条件（現象学的所与がわれわれに引き渡す諸条件）が、もはや考慮に入れられてさえいない。じじつ疎外の問題は、一人称の哲学においてよりほかのところで、立てられうるであろうか。たとえば一箇の石が疎外されていると言うことに、何らかの意味があるのだろうか。存在論的疎外の理論がなしているように、三人称の結果という境遇へとエゴを還元してしまうことは、人間の実在的疎外という問題を解決することではなくて、たんにその問題を削除することであるに過ぎない。存在論的疎外は、実存的疎外についての理論の根拠を構成しえない。存在論的疎外は、実存的疎外の説明ではなくて、たんに粗雑な実在論者の想像力が、神話の昏き天空のなかに実存的疎外を投影したものであるに過ぎない。

しかしながらデカルトの実体的合一論は、明晰判明な思惟という主知主義的な考えの理想に対して、混乱した思惟が存在することを説明するという関心に答えてしかいないのだろうか。この理論はむしろ、それが真正に哲学的な或る問題に関わっている限りで、或る別の要請に従っているのではないだろうか。その問題とは、身体への魂の作用という問題である。哲学的反省はたしかに、このような問題を避けて通ることができないであろう。しかし、実体的合一論によってデカルト哲学がこの問題にもたらしている擬似解決の唯一の成果といえば、この問題がその内部でデカルトによって立てられ、また彼の後継者たちによって立てられることになるであろう哲学的地平の性格が、存在論的には不適切だということを明らかにしたことだけなのである。じじつ身体についての存在論的な理論、より正確にいえば、主観的運動と有機的身体に対する主観的運動の関係とについての理論は、行為についての、そして身体的行為についての理論にほかならなかった。しかしながらこの理論が、デカルト哲学や、デカルト哲学に続いてこの主題に関わるほとんどすべての哲学的な考えがぶつかるアポリアや諸困難と類似のアポリアや諸困難に、われわれを直面させたなどということが、どこで分かるのか。ビランの反省の明示的な諸目的のひとつは、まさしく次のことを示すことであった。つまり、多くの諸哲学の十字架たる問題は、神秘的で理解不可能な出来事にではなくて、むしろそれ自身によってきわめて明晰できわめて明証的なひとつの事実に関わっている、ということである。ただしまさしくそれは、この事実をひとつの現象とみなし、厳密に所与だけに留め、所与についてのみ反省したいと欲して、この事実を不可解なものにしている一切の超越的諸構築を捨象すればのはなしであるが。それゆえわれわれにとって重要なのは、魂が身体に対して行使する作用を透明にすることであるというよりは——この要請に対しては、身体についての存在論的理論が答えた——むしろ、如何にして哲学的伝統のなかで、このような作用がまさしく理解不可能となったのかを理解することなのである。

ところで、身体についての存在論的理論の独断的な提示によって、われわれはすでにこのような課題を企てるまでに導かれた。すでにヒュームの諸立場を破壊することによって、われわれはデカルト的二元論およびその哲学的後裔についての一般的な批判の中枢にまで導かれていたのである。ヒュームの懐疑論の不条理は、ここではデカルト哲学の真理であり、この不条理は学説の整合性と学説の諸演繹の厳密さとを通して、出発点の不条理を示している。ヒュームはデカルト的二元論の不条理を証明したのである。この不条理は、平行論や機会原因論や予定調和といった諸理論の駄弁が、なおも偉大なデカルト主義者たちにおいて隠していた不条理である。(4) ヒュームの諸テーゼを、したがってまたデカルトの諸テーゼをビランが破壊したことの哲学的意義は、アンジェルがベルリン・アカデミーに提出した『覚書』[8]についての批判のなかで、明確にされている。この覚書は、『力の観念の起源』(5)についての研究に捧げられたものである。

まずもってアンジェルは、ヒュームに反対しているように思える。アンジェルはヒュームが力の観念の起源を、それがじっさいにあるところに、すなわち「筋肉感官の行使」[9]のうちに求めることができなかったので、発見しなかったのだといって非難する。アンジェルは筋肉感官および筋肉感官がその現象であるところの力について、特殊ビラン的な或る表現を用いている。「力はその固有の感官の助けを借りて感じられることを欲する」[10]と彼は言う。しかしアンジェルがふたたび古典的な諸因習に陥っていることが、ただちに明らかとなる。そしてそれゆえにこそ彼は、デカルトやヒュームと同じ困難、一見すると超克し難い困難にぶつかることになるのである。われわれはわれわれ自身の力を経験するということ、力の観念一般が発源するのはこの経験からであるということを認めたあとで、アンジェルは他方で、われわれは「一方は精神的、他方は物質的という二つの諸本性が、如何にしていつか相互に作用し合えるのかを、いつか考えることができるという希望」[11]を断念しなければならない、と言明する。如何にしてアンジェルは、われわれの行為経験の直接的性格を肯定したあとで、ついには厳密にデカルト的で古典的なこのような視点にいたるのであろうか。換言すれば、身体への魂の作用という偽問題とそのデカルト的擬似解決との発生とは、どのようなものなのだろうか。

　われわれの行為の根源的事実を、すなわち主観的運動と、この運動がそれへ向かって直接的に自らを超越する有機的項との関係を、考察してみよう。この関係は、ひとつの超越論的な関係である。そこで、デカルトの観点や、遅かれ早かれ思惟と延長とのあいだの相互作用を考えることの不可能性にぶつかるすべての哲学において、対峙し合う諸項についての考えのなかに、気づかれはしないが、しかしラディカルな或る変様が介入したということが、容易に見て取れる。一方では、主観的運動についての超越論的内的経験の、そしてそれのみの項である有機的身体は、純粋悟性の作用の対象たる、デカルト的本質分析が示す延長‐身体［物体］になってしまった。かくして、メーヌ・ド・ビランの表明的な言明によれば、「表象されるのではなく、内的に感じられ」ていたものが、まさしく何か表象されたものと取り違えられてしまう。他方では、運動の根源的存在が内在する絶対的主観性は、降格させられ、思惟‐実体になってしまった。絶対的主観性はその真正の存在論的性格を失って、端的に、超越的存在の一般的な場のなかに場所を占めにやって来たのであり、いまや絶対的主観性は、この場の内部で、叡知的延長もしくは延長‐実体とならんで現われるのである。これら二つの諸実体のあいだの関係は、もはやわれわれが世界のうちに発見する諸関係に類比的なひとつの三人称的な関係でしかありえず、それはもはやひとつの因果関係でしかありえない。心身関係の問題はそれ以後、超克し難き困難として呈示される。その最も合理的な解決ではないにしても、少なくともその最も意味ある解決は、おそらくは平行論だが、じつは平行論は、それについて反省するなら、このような関係の存在を肯定したとたんに否定することに存しているのである。アンジェルの立場が特に印象深い仕方で、行為の超越論的関係のこのような降格を例証している。彼はこう述べている。「われわれは即自的な意志の規定についての表象をもつ。われわれは即自的な諸筋肉の諸運動についての表象をもつ。われわれは前者を内官から汲み、後者をわれわれの諸外官のひとつから汲む。われわれに欠けている唯一のもの、それは両者の絆もしくは複合についての表象である。[6]」

しかしながら、われわれの身体の根源的存在、すなわち主観的運動の存在は、なるほどこの絆についての表象ではなかったにしても、この絆についての経験にほかならなかったのである。「まさにこの絆が努力の感官の行使のうちにすっかり含まれていて、内感の事実そのものと同一であるからこそ、われわれはこの絆を認めざるをえないのである。[7]」そこでアンジェルの『覚書』についての批判は、明らかにデカルトに対してビランが向けた批判に合流する。デカルトは有機的身体を、表象された、もしくは悟性によって考えられた身体と混同した。つづいて彼は主観的運動を、運動についてのたんなる表象と混同した。その場合、後者［運動］は延長のなかのひとつの移動へと還元されてしまっている。最後に彼は、この純粋な表象と、他方、延長せる身体［物体］ないし運動とのあいだの関係および作用を、どのように考えたらよいのかを自問した。しかしながらこのような問題が立てられえたのは、ただ現象学的所与が、すなわち主観的運動についての超越論的内的経験およびその超越的相関者が、久しいあいだ放棄されていたからに過ぎない。ひとはこの根源的な「事実」から、「絶対的」諸実体へと打ち建てられた、すなわち二つの客観的諸実在へと変形された二項を、抽象してしまっていたのである。そうなると、これら二項を合体させようと、空しくも推論が努力しなければならず、そこから「諸実体の絶対的本性に基づいたアプリオリな推論と、内感の証言に基づいた経験の原初的事実とのあいだの、きわめて明白なこの矛盾[8]」が生じたのである。このような矛盾をあらわならしめるような降格が生ずるのは、絶対的内在という視点を放棄したことの直接的な結果である。絶対的内在の視点はひとつの絶対的な視点であり、そこから出発してすべてが開明され理解されるようなエゴの視点である。デカルト的二元論は、このような降格の産物なのである。

このような降格の本性は、『試論』の或る別のテキストを参照して戴けるなら、明確となろう。このテキストでは、原初的と言われる「現象的視点」と、派生的なものとして理解される「叡知的視点」とのあいだに、或る区別がなされている。現象的視点において——すなわち現象学的所与だけにしておくとき——われわれに提供されるのは、一方では主観的運動についての経験、「努力の感情」であり、他方ではこの努力が展開される有機的な項である。この経験の内在的および超越的な内容の代わりに、「叡知的視点」は「二つの現象的項の下に隠された」二つの叡知体とみなされた、魂と身体という二つの「絶対的な実体を置き換える。それゆえ魂と身体との諸関係という問題は、この叡知的視点の内部では、二つの項＝Xの相互作用という問題になる。しかしながらわれわれは、この二つの項＝Xについては次のこと、つまり一方は延長しており、他方は延長していないということを、知っている。心身関係は、コギトの内部では完全に明晰で、そのときには主観的運動とその超越的項との超越論的関係と一体になっていたのだが、反対に、「精神は、諸叡知体の対応ないし相互作用と相互影響の諸手段を明晰な考えにもたらすために、つねに空しい努力をするであろう[9]」ことは明らかである。

おそらく行為の問題がわれわれに直面させる二元論は、叡知的なものとしての叡知的な視点に内属しているわけではない。厳密に現象学的所与だけにとどめている哲学的反省もまたやはり、二つの「現象的(phénoménique)」な項を区別しなければならないのだが、その二項とは、主観的運動についての経験と抵抗する連続体とである。しかし後者の二元論は、世界‐への‐存在という超越論的関係の内部で、このような関係にあって絶対的内在の圏域の内部で自らを顕示するものと、他方、超越の真理において自らを顕現するものとを区別するが、このような二元論は、われわれも知ってのように、存在論的二元論にほかならない。もしメーヌ・ド・ビランの言うように、叡知的視点は現象学的視点に比して派生的なものであるとするなら、これら二つの視点に対応する二つの形式の二元論は、無関係ではないはずである。デカルト的二元論はまさしく、存在論的二元論のひとつの降格なのである。そしてわれわれはすでに、この降格についての理論を与えた。われわれはこの降格が到達する擬似二元論は、じつは超越論的関係の二項を、超越的存在の領域という同じ存在論的領域のうちに投げ棄てることにあるのだということを見た。このような投棄は、絶対的主観性に関するかぎり、そのラディカルに内在的な性格を忘却することを、つまり結局は、その固有の存在論的性格を破壊することを含んでいる。このような破壊が行われるときにはもはや、一方は延長、他方は主観性、あるいは主観性というよりはむしろその表象、外在性の場におけるその影という、二つのこっそりと等質的な諸実在のあいだに、たとえば因果関係というような内世界的(mondain)な諸関係を創設することに、何も反対するものがない。絶対的主観性をこのように変質することによって、エゴを世界のうちに挿入するような実在論的な態度への道が、ついに開かれるのである。

なるほどデカルトは、このような態度からおおいに離れてはいる。主観性の存在論的性格という、その厳格な内包をともなったコギトは、まさにこのような態度の否定ではないのか。しかしながらコギトの説と、世界への存在という超越論的関係を破壊してそれを二実体の並置に置き換える二元論の理論とのあいだには、隔たりがあり、この隔たりがすでに、主観の経験的実在化に到達せざるをえなかった失墜、そしてデカルト哲学に由来する古典的心理学においてじっさいにこのような実在化に到達している失墜の広さを、測っているのではないか。おそらく古典的心理学は、デカルトの遺産に劣らず重い他の諸遺産を、担っている。この心理学が、特にカントのいくつかの主要テーゼによっても等しく導かれているのであってみれば、まさしく、これらのカントの諸テーゼと、われわれが議論しているデカルト的二元論とのあいだに存在する深い親和性を、どうして見ないでおけようか。このことを反省するなら、おそらくひとは次のことを見るであろう。つまり、きわめて実在的な諸々の差異にもかかわらず、内的生を外界の構成に平行したひとつの構成の産物にしてしまうような、内的生についてのカントのこのような理論は、ついには、もし本当にデカルト的二元論においてコギトのラディカルな存在論的意義がすでに失われているのであれば、デカルト的二元論がわれわれに考えさせるような並置にきわめて類似した並置に到達する、ということである。

かくして理論は、主観的内在の絶対的視点を去ることができると思いこむや否や、根源的な存在論的諸領域を上空飛翔するや否や、これら諸領域のあいだに次のような諸関係を考えざるをえなくなる。次のような諸関係とは、もはや超越論的諸関係ではなく、われわれの素朴な経験の構造に属するのでもなくて、そこにおいてわれわれがこのような経験を表象する体系を構成するような諸関係である。しかし心身関係が不可解になるのは、それがその超越論的意義において理解されるのをやめる瞬間である。デカルト的二元論の歴史的重要性は、次のことに由来する。つまりデカルト的二元論はひとつの地平を開き、この地平の内部では心身諸関係という問題への諸解決の数が増加していったのだが、その理由はといえば、それはこのような問題が以後、解決不可能だったからである。そして次に、このような場合よく起こるように、空しくもひとがそれによって障害を突破しようとしたすべての超越的な諸仮説、そのような諸仮説から必然的に帰結せざるをえなかったのは、倦怠であり、鈍い、そして密かに不機嫌な倦怠だったのである。心理学者たちの平行論は、ほんらいの意味での学説というよりはるかにずっと、このような精神状態の表現なのである。無力から帰結する不機嫌は、容易に攻撃的となる。心身問題はもはや、純粋に哲学的な一問題でしかなかった。この問題を際限なく討議するというようなお世話を任せておいて残念でもないのは、実証的な諸探究に時間が取られることのない形而上学者たちであった。しかしながら心身諸関係という問題はじつはひとつの擬似問題でしかないと、このように言明された瞬間は、この問題の哲学的地平を問い直したときにではなくて、まさに反対に、この哲学的地平を、すなわちデカルト的二元論を決定的に受諾してしまったときに相当していたのである。

デカルト哲学において実体的合一論はすでに、先在するこのような二元論的地平の内部においてこそ生じていたのである。じっさい、もし合一の原初的本性の特異な地位について反省してみるならば、この本性はまさしく、けっして原初的なものではないことが気づかれるであろう。この本性が、二つの「諸本性」の存在がすでに肯定されていることを前提し、それからこの本性がこれら二つの「諸本性」の混淆とみなされているということは、まったく明証的ではないか。したがって合一説をコギトに基づけようとする『エリザベート宛書簡』の試みは、われわれにはこのうえなく怪しく思える。合一説は、推論には打ち負かす資格のない或るひとつの事実を表現しているどころか、まったく反対に、或る推論の産物なのであり、この推論の諸前提を構成しているのが、デカルトが理解するがままの二元論の理論なのである。そしてデカルトが「生および通常の諸会話のみを用いることによってこそ（中略）心身合一を考えることを学ぶ」と言明し、われわれに「諸感官のくつろぎ」に身を委ねるよう忠告するとき[10]、これらの有名なテキストは、デカルト哲学の独断的内容に対していささかも助けになりえてはいないし、この独断的内容を理論的に受理可能になしえてもいないのである。哲学するのをやめて合一を生き、合一を体験すること。こんなことは哲学者の側からすれば、奇妙な忠告である。心身諸関係についての哲学を断念しなければならないというのか、それともたんにこれらの諸関係についての或る哲学、或る考えだけを断念しなければならないというのか。もっと正確に言うなら、事実および経験に帰ること、このことはいったい哲学の放棄を含んでいるのか。

あるいはそれとも反対に、このような思弁の失敗を前にして明らかになるのは、事実および経験についての或るひとつの哲学を要請すること、そしてわれわれが従事しているケースでいえば、エゴおよび主観的身体についての或るひとつの超越論的現象学を要請することではないのか。このような失敗はたんに、解決不可能とみなされた問題を存在論的に開明するさいの、或る不十分に起因しているだけではないのか。他の箇所と同様ここでも、現象学的視点に回帰することは、われわれの探究の枠組みをあらかじめ描いている地平について反省することを、意味しよう。このような第一哲学的要請を満たす必要性を、メーヌ・ド・ビラン以上に理解した者はなかった。答えのないままにとどまった諸々の形而上学的大問題について語りつつ、『試論』の著者は、これらの大問題の対象は「けっしてきちんと明確に画定されてはいなかったので、ひとは自分が何を問うているのか、何を求めているのかも、よく知らなかった。それは見つけ出さないための確実な手段である」と述べている。さらに先では、彼は「問題の解決不可能性がどのような点に存するのかを示そうとしなければならず、如何にして、なぜその問題が解決不可能であるのかを言わなければならない」(11)とも述べている。心身諸関係の問題に関するかぎり、この最後の課題に答えるのが、全体として理解された主観的身体論である。結局のところこの理論はデカルト的二元論を、この二元論がその偽装でしかないような根源的実在に、すなわち存在論的二元論に置き換えることにある。存在論的二元論とは、エゴの自然な生についての、つまり超越的存在に面した主観性の絶対的内在についての、正確な哲学的解釈なのである。

第六章　メーヌ・ド・ビランの思想の批判。受動性の問題

身体についての存在論的理論は、デカルトタイプの二元論とは両立しえない。メーヌ・ド・ビランの哲学的努力の結果、伝統がわれわれに手渡したもっとも深い、現象学的存在論の諸要請にもっとも適合した身体論が建設されたのだが、そのメーヌ・ド・ビランが他方では、それも多くの点で、このような二元論に欺かれたままであったなどということが、どうして起こるのだろうか。彼が完遂した革命は、きわめて全体的なものであったので、おそらくこの革命の全き意義を少しずつ理解することは、歴史にまかされている。自らの世紀に対するメーヌ・ド・ビランの対立がきわめて激しいものであったからこそ、彼の哲学のうちには必然的に、この世紀の思想に適合してはいるが、しかし彼自身の視向には疎遠な、異質的な諸要素が含まれていなければならなかったのである。それゆえビラニスムの深い直観を捉え、この直観に忠実なままにとどまろうとする意志には、次のようなものをすべて廃棄するということが含まれている。すなわちそれは、ビラニスムのうちにあって本来はビラニスムには帰属せず、反対に、それに対してビラニスムが少しずつ構成されていったのだけれども、しかし完全には除去するにいたらなかった諸々の哲学的な立場、そういう立場に属しているものである。

メーヌ・ド・ビランの個人的経験は、疎外経験である。それはたえず変化する情感的生の経験、あると

きは陽気であるときは悲しい、たいていは悲しい気分の経験であり、そしてこのような気分の諸変様は、これらを体験する自我の意志には依存しないように思える。このような隷属は、二重に苦痛である。つまり当該の諸体験（*Erlebnisse*）の支配的情調性（疲労、倦怠、不快感、落胆）のまさにそのゆえに苦痛であり、またこれらの諸体験が、われわれの歴史およびその諸様態の流れに対するわれわれの無力の経験と同一であるような経験においてわれわれに課せられるということのゆえにも、苦痛なのである。メーヌ・ド・ビランは自らの人生を、敵対する運命のように意識している。『試論』はこう述べている。「運命の力は、もっとも強力な劇的原動力のひとつであったが、おそらくそれは、われわれの存在の根底で、道徳的自由に対立する一種の有機的必然性をわれわれにあらわにする内感の事実の表現でしかない(1)。」

しかしながら、このようにメーヌ・ド・ビランが隷属的な情感的生についての、情念《パッシオン》［受動］についての彼の意識を表現するまさにそのときには、彼がすでに、おそらくはわれわれの経験が証言するような実存的疎外を、もはや経験ではなくて一箇の説明原理であるような存在論的疎外に変形してしまっているということは、明らかである。この説明原理は奇妙にも、『情念論』のデカルトの図式に似ている。そしてこのゆえに、われわれはもはやここではこの原理を議論しない。しかしながら、このような説明原理がメーヌ・ド・ビランによって自発的に認められたということ、しかも彼の青年期の諸文書以来認められてきたということによって、われわれは、この説明原理が身体についての存在論的理論を建設する以前のものであり、この理論の本質的内容には、すなわち真のビラニスムには外的である、と主張することができるのである。ビランが彼自身の哲学に到達する以前にこうむった諸影響によって、彼が次のような二元論に、すなわちわれわれがデカルトにおいて告発しはしたが、しかし心身問題に関するほとんどすべての考えを支配し続けてきた二元論に執着していたということが、説明される。問題とされるのがルソーなのであれボネ[1]なのであれ、観念学派の人たち（とりわけカバニス）なのであれ彼の時代の生理学者たちなのであれ、ビランはいたるところで心理‐生理学的諸説明図式を見出していたのだが、彼がそのような諸説明図式を採用したのは、これらの諸説明図式の本質内在的な理論的価値のゆえにというよりは、これらの諸説明図式がそれに適合しているように思える或る経験が、痛々しく存続したからなのである。デカルトタイプの二元論と、ビランがけっして全面的には解放されえなかった個人的経験とは、原初的に連合していた。このような原初的連合こそが、主観的身体の驚くべき発見のあとにもこのような二元論が生き残りえたということを、そしてビラニスムのうちに死せる成員のようにして留まりえたということを、説明してくれる。この成員は、死せる成員であるとはいえ、それでもつねに現前し、身体についての存在論的理論に並置されている。というよりはむしろ、この成員は身体についての存在論的理論を覆い、その測り知れない哲学的射程を、ほとんどすべての註釈者たちの眼から隠しているのである。ビラニスムにおいて伝統的二元論に属する様々な諸テーゼを告発することは、ビラニスムの真正の独自な存在論的内容を、それがその下に埋没しつづけるおそれのある非本質的な文脈から引き出すことによって、明るみにもたらすことである。メーヌ・ド・ビランの思想の批判は、じつは、この思想をその固有の運動のうちに捉えるためのひとつの努力なのである。要するに、ビラン哲学を正当に評価しようとするこの批判の意義は、積極的なものである。

二元論に属するビランの諸テーゼが本質的に関わるのは、本能、感性、情感性、想像力であり、すなわちまさしくビランがいかなる独創性も証してはいない諸点である。誤っているのは、彼が他の人たちから借りたものなのである。しかしながら二元論は、彼の思索の他の諸展開にも、たとえば彼の記憶の現象学にも影を落としており、その場合二元論は、基礎的存在論的な諸テーゼや、しばしば主観性の構造そのものを、まきぞえにしている。

本能、感性、情感性、想像力は、人間の「有機的生」に関わる。人間の知性的で意志的な生とならんで、人間のうちにこのような［有機的な］〔2〕生が存在するかぎりで、人間は「二重の人間」（人間性ニオイテ二重ノ人間 *homo duplex in humanitate*）である。人間が二重であり、人間の本性が「混合的本性」であるかぎりで、人間についての学は、完全には超越論的現象学とは同一視されえない。なぜなら超越論的現象学とならんで、「混合的心理学」に席を譲るべきだからである。「混合的心理学」はもはや純粋主観性の圏域のうちを動くのではなくて、「異質的諸要素の混淆と複合とを認め、知性の諸事実を感性の諸事実との接点においてしか、感覚の諸事実を諸対象および諸器官への関係においてしか、意志の諸作用をそれらを規定する感性的諸触発《アフェクシオン》［諸情感］においてしか、諸情念を生理学的諸現象へのそれらの影響においてしか考察せず、逆もまた然り[2]」である。かくして「混合的諸現象の次元の認識」には、「やはり混合的な、つまり生理学的かつ反省的な分析方法[3]」が適用されることになる。

これらの諸考察は、現象学の絶対的価値を告訴するには適しているが、しかし、これらの諸考察の根源にある、有機的生の概念がもつ根本的な両義性を、強調する必要があろうか。というのもじっさいこの有機的生は、あるときはコギトの内部で定義され、あるときは反対に心理学の圏域には絶対に疎遠な、三人称の生理学的諸過程から出発して定義されているからである。知性的生と有機的生との対置によって構成される「この二元性」は、「それ自身内感のひとつの事実である[4]」と主張され、そのうえ「自我がそれを覚知することなくそれに成ることができる一般的な情感[5]」について語られる。じじつビランは、有機的生ないし動物的生という言葉のもとに、きわめて異なる三種類の実在を混同している。すなわち、(1)或る諸体験（*Erlebnisse*）（たとえば諸情感、諸イマージュ）。(2)客観的な、そしてビランにとっては機械的な、生理学的諸運動。(3)実在の最初の二つの次元のあいだに位置する、一種の無意識的な心理的生。おそらくこの後者には、いっそう特殊的に、有機的生という表現がふさわしい。

　このように理解されるなら、有機的生は主観性の存在論のうちには受け入れ難い。そしてもしこのような有機的生がビラニスムのうちに現前しているとすれば、それはすでに述べたように、哲学というものはそれが反対する哲学に、容易に欺かれるものだからである。メーヌ・ド・ビランは人間存在を感性的実存として現われさせようとする、そのような本質傾向をもった人間存在についての考えを、コンディヤックにおいて見出す。そこで自我の能動的な生を発見することによってコンディヤックの感覚論が斥けられ、『思惟の分析』はこの自我の能動的生を、感性的生に対置しようとする。しかしながら『思惟の分析』は、観念学派の人たちが感性的生について抱いていた考えを、ふたたび問いに付すことはなかった。身体についての存在論的分析を突き動かしているビランの主観性論とは絶対に両立不可能な概念を、感性的生については保持しつつ、感性的生の受動性に意志的で運動的な努力を対置するような二元論が、このようにして生まれる。ビランにおける人間の感性的かつ情感的な生は、薔薇の香りに成る立像の生に似ている。自我が「それを覚知することなく成る」「感受的」で「漠然」とした「非人格的」な実存は、別の起源をもっているわけではない。感性的で情感的な実存についてのこのような不適切な理論を確証しにきたのは、ライプニッツの影響である。有機的ミクロコスモスの形而上学。いくつかのモナドだけが表象の力能を授けられているような、そのような諸モナドの入れ子構造。「知覚」と「覚知」の区別という、容認し難い区別。これらはそれぞれがすべて動物的生の理論に、不幸にも決定的な形を与えるのに貢献した諸要素である。「意識無き昏い知覚」[6]という存在論的な無意味が、フランス哲学のなかで比類なき重要性を保ち続けている主観性の存在論のうちに、迎え入れられようとしていたのである。

動物的生という考えがこの存在論の基本的諸テーゼと両立しえないということは、しかし、完全に気づかれぬままには済まされえない。このような両立不可能性は、内的生についての理論がぶつかる諸困難においてあらわとなる。直観と想像力とは全的な昏さのうちに浴し、ビラニスムは「直観の内的器官」にも「想像力の内的器官」にも、いかなる正確なステイタスをも授けることができない。一方には明晰な思惟の諸様態（知性および意志）を、他方には昏い諸情感、諸イマージュ、内的感性を投げ分けることによって、真のコギトの分離を遂行したあとで、ビランは諸体験（*Erlebnisse*）というこの第二のカテゴリーに対して、二つの重大な誤謬を犯している。すなわち、一方では彼はきわめて性急に、これら諸体験の体験性格を、つまりこれら諸体験の基礎的存在論的な構造を誤認するにいたっている。彼はこれら諸体験を下意識的諸様態として扱うのだが、このようなまったく消極的な仕方でよりほかにこれらの諸体験を規定することは、われわれにはできないのである。他方ではまさしく、ほんらい心的な生についてのかくも低くおとしめられたこれらの諸体験が、それらの根本的な存在論的未規定性のなかで、いうなればもはや諸体験ではないからこそ、彼はこれらの諸体験を有機的生の諸様態に、すなわち自然的かつ超越的な諸要素に同化するのである。このときビランは、惨憺たる混乱に陥っている。彼はみずからこのような混乱を、「諸記号の二重の使用」の名のもとにたゆまず告発していたというのに。それゆえ有機的ないし動物的な生ということによって理解すべきは、あるいは自然的な諸過程であり、あるいはこのような諸過程によって規定された無意識的な心理的諸様態であり、あるいはほんらいの意味での諸体験、しかし生理学的実在から出発して条件づけられることがつねに肯定されるような諸体験である。この最後のカテゴリーに、たとえばわれわれの諸イマージュが属している。ビランによればわれわれの諸イマージュの展開は、たんに機械的な、エゴからは独立した法則に従っているのである。同様に、われわれの情感的な生、われわれの諸共感、われわれの諸反感は、「自我に疎遠」であると言われる。それゆえ、今度はコギトそれ自身の次元において、分割があらわとなる。つまりコギトとエゴとは、もはや合致しないのである。侵害されているのは、エゴについての存在論的理論の根拠そのものなのである。

おそらく情念についての経験は、コギトの次元に位置するひとつの主観的な経験である。したがってわれわれの様々な諸体験は、自由と隷属という対立する二つの項目のもとに整理することができる。しかし、まさに隷属の経験もまたやはり絶対的主観性の生の一様態であるからこそ、自律と疎外とのあいだに設けられる対立は、存在論的意義を受け取ることなどできないし、主観性の哲学の諸根拠そのものを告訴することもできないのである。このような対立は、或るひとつの道徳的で実存的な射程しか有していない。このような対立が導入する二元論は価値論的次元に属するものであるというのに、ビランはそれをデカルトタイプの二元論にしてしまう。他方、内的生は、それによって内的生を説明すると主張されている身体をまきぞえにするので、身体についての、あるいは少なくともわれわれの心的諸状態のいくつかへの身体の関係についてのビランの理論は、多くの点で奇妙にも、『情念論』の諸テーゼに似ているという結果になっている。したがってビランの身体哲学の意味と独自性とが、さらにもう一度、気づかれぬままに済まされるおそれがある。

ビラニスムにおいて明るみに出ているデカルトタイプの二元論は、このように、歴史的諸起源を有している。このような歴史的諸起源を開明することによって、われわれは、いかにこのような二元論が、本当は学説の深い存在論的統一性に対しては疎遠であるのかを、理解することができる。コンディヤックおよび観念学派の人たちの感覚論に反対するために、ビランは自我の真の存在を努力として、また意志として定義せざるをえないと思い込んだので、彼は主観の能動的諸様態に、専一的な或る特権を授けようとすることになる。ちょうどデカルトが、数学的タイプの思惟の諸様態のために、そうしていたように。そしてデカルト哲学においては数学的思惟と純粋思惟の本質との混同ゆえに、主観的生の下級的と言われる諸形式を説明するために或る異他的要素の介入が、すなわち延長せる身体の介入が必然とされるように、同様にしてメーヌ・ド・ビランは、エゴと努力とを同一視したあとで、情感的生や想像力や感性を説明することが彼にとって問題となるときには、まったく手詰まりであることに気づく。そこで彼は、ビラニスムを補完統合してくれるような部分をなすように思える諸々の考えを、他の諸哲学から借りるだけにしておく。しかしこれらの考えは、じつはビラニスムの本質的欠落を隠しているに過ぎない。その欠落とはつまり、情感的、想像的、感性的な生についてのあらゆる理論が不在であるということ、すなわち受動性についてのあらゆる存在論的理論が不在だということである。

エゴ・コギトを努力する主観だけに限定したことによって、ビラニスムの存在論的意義ははなはだしく歪められた。このような限定のうちにこそ、メーヌ・ド・ビランの思索に対してきわめて一般的に表明された無理解の、つまり彼の思索を実体の哲学に対立する意欲および力の哲学とみなす解釈の、主たる理由を見なければならない。運動的努力のただなかで把捉された能動性と自我とを同一視するという、この同じ同一視によってまた、ほとんどすべての註釈者たちの眼には、ビランの思索の進化が不可解なものとなろう。そして彼らは視点の変化や、おまけにラディカルな回心[3]について語らざるをえなくなる。しかるに、のちに見ることになるが、三つの生の哲学[4]は、いかなる真に絶対的な変化も示してはおらず、本当を言うと、進化をさえ示してはいない。まずはもっぱら運動的能動性についての経験のみに集中するように思える思索の途上で、遅かれ早かれ受動性の問題が、見出されなければならなかったのである。しかしながら、この最後の問いに着手する前に、コギトを能動性へ限定したということと、受動性の現象についてのあらゆる十分な解釈が不在であるということとのあいだにある緊密な連帯性を、掘り下げておくべきである。

　意識が行為［能動］と同一視されてしまうので、受動性の経験は、このような意識には外的な或る原理から出発して説明されなければならない。そしてエゴが受動的であると言うことはおそらく、エゴがまさに経験しているラディカルに異なる或る実在、異他的な或る存在に、エゴが現前していると言うことである。しかしながら、世界‐への‐存在という超越論的な関係のただなかでエゴによって生きられるがままのこのような経験を現象学的に記述することと、体験を、いわば意識の背後から意識に働きかける三人称の因果的な或る過程の結果として説明すると主張することとは、別のことである。しかし、もし意識がその本質そのものにおいて、自らを展開するひとつの行為《アクシオン》［能動］であるなら、そのようなものとしてのこの本質には、感覚すること、こうむること、触発‐されることは属しえない。印象は、運動的能動性《アクティヴィテ》［活動］のうちに汲み尽くされるような存在論的構造とは、すなわちビランが考えるがままのエゴとは、両立しえないように思える。しかしそれでもこの印象は、このようなエゴの具体的で日常的な経験に属しているのである。この印象は、このようなエゴの構造から出発して理解されうるのでなければならないし、このようなエゴの最も固有の存在論的諸可能性のひとつとして現われうるのでなければならない。エゴのその諸印象への関係は、まさしく内感（sens intime）のひとつの事実であるからこそ、ビラニスムが完全には避けて通ることのできなかったひとつの問題を構成しているのである。

　メーヌ・ド・ビランはまず最初に、純粋印象についての理論を建設しようと試みるが、この点では彼は、彼以前にビュフォン[5]、コンディヤック、ライプニッツによって拓かれた道に従っている。その場合彼が考えているのは、「人格性なき単純情感」[7]、すなわち意識的主観を特徴づける覚知能力の諸限界の外にある基礎的一様態である。たとえば立像がそれに成るところの薔薇の香りがそうであり、一般的にいって、「われわれの感性の諸印象もしくは諸変様」がそうである。ここで考察されている要素、すなわち純粋印象が、存在論的には昏いということに、メーヌ・ド・ビランは気づいていないわけではない。しかし本当のところ、たぶん彼はこの存在論的な昏さを、心理的な昏さと混同している。「感性のこの究極の諸限界は（中略）ここではおそらくきわめて昏い仮定的な諸形式のもとに呈示されている。[8]」

いまわれわれの関心を引いている問題に取りかかるならば、もっと深刻な諸々の不確かさが明るみに出てくる。それは、エゴへのこの印象の関係という問題である。一方ではビランは、これら二つの諸要素がラディカルに分離されていると主張する。なぜならエゴは覚知（aperception）によって定義されるというのに、印象には覚知がまったく欠けているからである。それゆえにこそ印象は、人格性を欠いていると言明されるのである。「個体的人格性および個体的人格性に内属するすべての諸形式が排除されているような、感性的諸印象ないし内的諸情感のクラスがある。[9]」しかしながら他方ではもちろん、これらの諸印象とエゴとの関係に直面するにいたらなければならなくなるのである。じっさいここでビランが「印象」や「情感」ということで理解しているのは、生理学的一変様、つまり主観的実存にはまったく異質的な盲目的一過程などではない。このような過程ならばおそらく、任意の自然的な出来事と同様に、意識への一切の関係を捨象して、それ自身において考察されうるであろう。しかし印象が心理的生から切り離されるとすれば、それは真の抽象、つまりは不当な抽象によってである。それどころかむしろ、ビランによれば印象は、心理的生の最初の段階を構成しているのである。問題とされているのはエゴにとっての印象であり、たとえエゴがそれを覚知していなくてもエゴがそれに成るところの変様なのであって、けっして延長における生理学的変様などではない。この変様を経験し、この変様をこうむり、この変様によって触発されるのは、エゴなのである。それゆえ印象は、エゴの存在論的力能からは、分離されえない。この力能はまさしく、このエゴがもつ、印象と関わる力能なのである。諸感覚を受容する「たんなる受動的才能[10]」について、「感覚する一般的才能[11]」について語られるとき、感性的経験一般が基づくこのような存在論的力能を自らのうちに担っている感覚存在は、エゴそれ自身から区別されうるだろうか。このような感覚する一般的才能は、主観性とは別のものだろうか。

おそらくビランならば、このような同化を拒むであろう。『試論』の或るテキストは、感覚する存在と個体的人格とを、明示的に対置している[12]。能動的生と受動的生との二元論は、まさにこのような対置にこそ依拠しているのである。諸印象、情感、想像力は、能動的意欲と同一化された自我には疎遠な、自律的な一領域に属している。しかしこの領域の存在論的ステイタスとは、どのようなものだろうか。諸イマージュについて語りつつ、ビランはそれらが「意欲ないし自我の能動性には絶対に疎遠なるがゆえに、受動的と私が呼ぶ視覚[13]」においてわれわれに与えられる、と述べている。しかしながらこのような受動的な視覚についての理論を、いつまでも避けて通ることなどできるだろうか。それゆえにこそビランは、印象は自我とは無関係であると主張したあとで、ついにはこの関係についての問題を立て、まさしくこの自我がその諸印象と結び付くと言うにいたるのである。たしかにこの点では、多くのためらいが示されてはいる。『試論』は、たとえ自我が彼の結び付くすべての受動的諸様態の実在的主体であろうとも、それでも「本質的には自我が結び付かない[14]」多くの昏い諸情感ないし諸知覚が存在する、と言明している。これらの不確かさはしかし、エゴから独立しているがゆえに形式を欠く感性という反カント的テーゼを維持させるどころか、むしろビランの当惑を暴露すると同時に、彼の思索が受動性についての或る理論に向かっていたことを暴露しているのである。それは、行為と感性との区別に割り当てられた意義を疑問に付し直し、したがって、このような区別を自我と非我との区別に同化することを疑問に付し直すような理論であろう。

じっさいビランの感覚論批判をさらに詳しく見てゆくときには、この批判はおそらく観念学派の人たちの感性に、それとは別のものを、すなわち能動的生一般を対置すること[15]だけに限られているのではないことが、気づかれるのである。立像は、「もしそれがそれ自身の内ですでに何かであるのでないなら」[16]、薔薇の香りには成りえないであろうし、一般的にいって、何らかの変様をこうむることなどできないであろう、と『試論』が言明するとき、このような［観念学派の人たちの］感性についての考えそのものが、告訴されているのである。ビランにとってこの何かとは、まだ生一般、漠然として混乱したひとつの存在感情でしかない。しかしながらあらゆる特殊的変様ないし触発［情感］の条件として立てられたこの生が、じっはひとつの存在論的根拠の役割を果たしているのだということ、またこの根拠がまさしくわれわれの情感性のすべての特殊的諸規定の根拠を構成するかぎりで、ビランがこの生に認めている情調性もまたこの根拠の存在論的な一性格であるのだということを、どうして見ないでおけようか。最後に、相変わらずビランによれば、立像が触発されうるのでなければならないかぎりで立像を特徴づけている内面性、このような内面性を、どうして存在論的内面性として、それのみに何かが現前しうるような自己への根源的な現前として、解釈しないでおけようか。換言すれば、受動的生は志向性を欠いているわけではなく、志向性は意欲や努力といったほんらい能動的な諸様態だけに取っておかれるのではなくて、志向性は受動的綜合として、情感性、感性、想像力等として記述されるエゴの生の諸規定のうちにも介入するのだと言っておこう。エゴの存在を能動的生の存在に限定するというような恣意的な限定よりいっそう強固な一種の必然性によって、ビラニスムは『試論』および運動的努力の哲学の水準そのものにおいて、受動的生のただなかにこのように志向性が現前していることを認めるか、あるいは少なくとも予感しておくべきだったのである。

したがって受動的生は純粋な、真に超越論的な要素を含んでいて、この要素によって受動的生は、絶対的主観性の生の一様態となっているのである。この要素はラディカルな内在の圏域において遂行されるひとつの受動的な働きであり、この働きのおかげでわれわれは、感覚することもまたやはり思惟することである、と言いうるのである。情感性もしくは感性を真にひとつの生に、すなわちひとつの再生の才能にしているのが、この要素である。しかもそれは、経験的素材の再生才能ではなくて、経験的素材についての超越論的把捉の再生才能である。「しかじかの香りもしくはしかじかの味覚を他のすべてから異なるものとしてきちんと特徴づけ、のちにはこの特殊感覚に結び付いた想起ないし思い出の根拠としても役立つような、或る非情感的な部分が（中略）存在する」[17]とビランは述べている。おそらくこの純粋な部分が、すなわち感覚作用のほんらい存在論的な要素を構成している志向性が、ここでは非情感的なものとして記述されているのである。一八一二年のビラニスムは、まだ情感性についての超越論的理論には高められていなかった。しかし少なくとも、感覚することについてのひとつの積極的な理論が素描されるまさにその瞬間に、受動性たるかぎりでの受動性が、ひとつの作用として理解されているのである。直観からイマージュへの移行を研究しつつ、そしてまだイマージュを直観の（諸器官の「振動的特性」に負った）伸長とみなしつつも、ビランはこう述べている。「過去の自我についての意識たる人格的想起が、最初の表象的感覚があとに残すイマージュのうちにふたたび見出されるためには、たとえ自我がその能動性によって表明的に最初の表象的感覚に参与していなくても、自我がこの最初の表象的感覚に現前していたなら十分である[18]。」表明的能動性なき自我の現前とは、受動的綜合でないなら、いったい何だというのか。

このような綜合のもつ存在論的性格によって、この綜合は時間のうちに個体化された一作用ではなくて、ひとつの力能となっているのだが、このような存在論的性格は、あらためて香りの主観的把捉に関わっている以下のようなテキストのなかでも、認められているのではないか。「もし香りだけが器官を印象化しに来て、この香りを産出するのに必要ないかなる行為の感情にも結び付けられないならば、更新されるごとにこの香りに成る存在は、このゆえに、この香りを同じものとして再認するための、あるいは同じことだが、この香りのうちに彼自身の感覚力の同一性を再認するための、いかなる手段ももたないであろう」――そして数行あとでビランは、「最初の感覚のうちに含まれて」いる「自我の感情」ないし「人格的要素」について、語っているのである[19]。感覚することの本質そのものを構成している作用は、まずもってほんらいの意味での能動性として定義されており、この能動性は意志的能動性である可能性がおおいにあろうし、じっさいにしばしば意志的能動性である。ビランはこの作用を、「行為の感情」と呼んでいる。しかし香りは、いうなればそれを知覚することを予期していない主観、そして吸気という明白な努力によって香りを迎えにゆくように決意したのではないような主観をも、触発しうるのである。そのばあい香りの知覚を、そしてもっとあとでは香りの再認を可能ならしめるのは、主観の「感覚力の同一性」である。この感覚力はけっして無意識ではない。意志的運動行為とまったく同様に、この感覚力はひとつの感情であり、より正確に言えば、ひとつの超越論的内的経験なのである。まさにこの理由ゆえに、感覚することはわれわれにとっての何かなのである。決然たる吸気の努力と香りの非意志的な主観的把捉とのあいだに、本質的な存在論的差異があるわけではない。それどころかむしろ、能動性と受動性とは、唯一にして同じひとつの基本的力能の二つの異なる諸様態であり、この基本的力能が、主観的身体の根源的存在にほかならないのである。

　メーヌ・ド・ビランは本当に、エゴの具体的生において能動的諸様態と受動的諸様態とを分かつ実存的差異よりいっそう深い根拠についてのこのような考えにまで、進んだのであろうか。彼はこの根拠についての真正の存在論的な理解にまで、この根拠を生の本質と、エゴの存在の構造そのものと同一視するところにまで、到達したのだろうか。それならばこのようなエゴの存在は、もはや意欲の能動的諸作用だけには限定されえないであろう。『思惟の分析』の或るテキストは、人格性の感情と同一視された因果性の感情は「様々の諸印象と多様な仕方で、これらの諸印象が意志に属するなら派生関係によって、これらの諸印象が本性上受動的ならたんなる共存もしくは同時性の関係によって連合する[20]」と言明している。ただならぬ重要性を備えたこのテキスト（ならびに他の類似の諸テキスト）に基づいてこそ、われわれは身体論の本質的な一部門であるところの分析たる感覚能力の分析について、解釈を行ったのである。能動性と受動性との実存的な区別を考慮することなく身体についての存在論的な理論を提示するという企投が、このようにして正当化される。

このような企投の妥当性を理解することとは、同時に、身体についてのこのような存在論的理論の学説定立的な内容を、深く理解することである。つまり、われわれの身体はひとつの作用であるが、しかしそれはしばしば行為しない作用であり、われわれの身体は本質的に運動であるが、しかし不動の運動もまた問題なのである。われわれの行為とわれわれの感覚作用との共通の根は、両者をともに根拠づけているいっそう深いひとつの力能である。それは、われわれの身体的生を展開するすべての諸様態を通じて、われわれの身体的生の統一性が依拠している習慣である。最後にそれは、身体の根源的存在であり、すなわちエゴである。この共通の根がいっそう正確な仕方では何であるのか、そのことをわれわれに理解させてくれるのは、根源的存在論的受動性についての理論だけであろう。しかし、今からわれわれが理解できるのは、われわれの身体的生の統一性を根拠づける或る原理が存在するということの必然性である。われわれの身体的生は、この統一性の経験そのものなのである。この問題に立ち返る前に、われわれはメーヌ・ド・ビランの最も注目すべき諸分析のひとつから出発して、如何にして運動と感覚作用との統一性が、したがってまた共通の存在論的根拠の同一性が、身体の哲学の展開によって要請されているのかを、手早く示すことにしたい。

聴覚の感官と声との結合[6]を考察してみよう。外的対象から発せられる音を私が聞くとき、この音がエゴによって把捉されるのは、受動的綜合の働きによってである。ビランの術語を用いて、因果性ないし人格性についての感情は、たんなる共存もしくは同時性の関係にしたがって、受動的な音響的印象と連合した、と言うことにしよう。発話の行使によって私が意志的に産出した音を私が聞くときには、この現象に対応する超越論的内的経験は二重化される。なぜならこの経験は、一方では話を発する作用についての経験であり、他方では発せられた音についての主観的で受動的な把捉だからである。音響的印象は超越的要素として、主観性すなわちエゴと二重の関係を維持している。二重の関係とはすなわち、相変わらずメーヌ・ド・ビランのように語るなら、派生の関係（音響的印象が発せられた話であるかぎりで）と、たんなる共存の関係（音響的印象が聞かれた話であるかぎりで）とである。問われているのは、発声する作用と聞く作用との存在論的等質性、すなわちわれわれの身体の根源的存在の統一性である。

ところで、われわれはこの等質性が、したがってこの統一性が、当該二作用の主観的本性のうちにあることを示した。もしここでこのテーゼを確証したいのであれば、私がもともと或る受動的綜合において聞いた音を、意志的に再生するときに立てられる問題について、反省してみるだけでよかろう。このような音を私が意志的に再生しうるということは、まさにどのようにして起こるのだろうか。ただたんに音響的印象についての私の最初の受動的把捉と共存するのみならず、この把捉と一体になっているような、或る知がある。この把捉が主観的であるかぎりで、この把捉がひとつの超越論的内的経験であるかぎりで、この把捉はまさしくこの種の根源的な知なのである。そして私がこのような知を所有しているからこそ（「所有している」ということが何を意味しているのかを、われわれは十分に説明した）、私はこの音響的印象がたまたま再生されるであろうときにはこの印象を再認できるのと同じように、私が欲するときには私自身意志的に、この音響的印象を再生できるのである。このような意志的再生が可能なのはただ、それが習慣という存在論的現象の内部でエゴがすでにその所有者であるような志向性の、運動的変様であるからに過ぎない。われわれが変様と言い、たとえば運動的顕在化と言わないのは、まさに次のことを意味するためである。つまり志向性は、受動的把捉についての最初の経験に不在なのではなくて、むしろそれは、それが発話の本質を構成するのとちょうど同じ仕方で、聞くということの本質を構成しているということである。なるほど話すことは、聞くことではない。しかしこれら二つの諸現象を分かつ差異は、実存的な差異であって、存在論的な差異ではない。話すことと聞くこととは、二つの諸体験（*Erlebnisse*）であり、それらが遂行される場、一般的にいって能動性と受動性という二つの諸現象が遂行される場は、存在論的には同じものである。つまりそれは、絶対的主観性の場なのである。絶対的主観性の存在論的本性のゆえに、この場の統一性は知の統一性にほかならない。まさに知の統一性が、聞くことと発話とについての生きられた諸経験の根底に – 横たわっている（sous-tendre）からこそ、一方から他方への移行が可能なのであり、われわれはわれわれが聞いたものをふたたび言うことができ、われわれが言うものを聞くことができるのである。存在論的統一性が知の統一性であると言うことは、この統一性を諸現象の彼方や手前に位置づけることを拒むことであり、この統一性を実効的な統一性として可能ならしめることなのである。

しかしその場合そのことは、存在論的統一性はまた或る仕方では実存的統一性であると言うことであり、その超越論的現象学的な内容に関してわれわれの諸経験（たとえば話すこと、聞くことの）を分かつ諸々の差異にもかかわらず、それでもこの内容は多くの点で、同じものだと言うことである。本当を言うとそれこそが、エゴの統一性の神秘である。つまりエゴの多彩な諸経験の多様性と現象学的な諸差異とを通しての、エゴの現象学的統一性の神秘である。しかしながらこの神秘は、われわれの理性の彼方ではないあるいはむしろ、この神秘が理解不可能な事実に見えうるのは、われわれの理性の眼にとってだけのことである。エゴそれ自身にとっては、このような神秘は消失する。なぜならそれは彼の直接的生だから、すなわち、まさしく神秘ではなくて、ひとつの絶対的な透明性だからである。もし習慣という存在論的現象が、外的なまなざしの前で混濁するとすれば、それは、生の基礎的存在論的な性格を誤認することによって、生を理解することができないからである。生の基礎的存在論的な性格とはすなわち、生をラディカルな内在の場として定義する性格である。まさしく身体をふたたびこのような場に浸し、身体をひとつの主観的現象として理解することによってこそ、われわれは習慣についてのひとつの存在論的な解釈に到達したのである。習慣についての存在論的な解釈とはすなわち、現象学的経験のただなかに、ひとつの存在論的な力能が直接具体的に現前している、という主張である。「われわれの身体の諸力能の総体」などということが語られるときには、このような存在論的力能は分割され、すでに超越的な場において表象されてしまっている。

メーヌ・ド・ビランがわれわれに内在的努力 (effort immanent)[7] の状態について語り、われわれの自我の統一性をこの状態に基づけるとき、おそらく彼は、われわれの身体の根源的存在についてのこのような考えにまで高まっていた。じっさいここで問題とされているのは、もはやしかじかの運動の遂行やしかじかの感官の能動的行使をつかさどるべく定められている努力ではなくて、われわれの絶対的身体の存在そのものと一体となっているような、一種の潜在的な緊張である。この緊張は、いうなれば、われわれの有機的身体と、そしておそらくは世界へのすべての現前一般の実効性とを、それ自身の生の統一性のうちに引き留めている。この潜在的な緊張はまた、運動的努力の本質をなすのと同様、感覚することや触発-され-うることの本質をもなしている。この緊張は、知が生であって死せる知ではないかぎりで、知の固有の内的な震動なのである。この緊張は覚醒の状態を、すなわちメーヌ・ド・ビランにとっては経験の顕在性と実在性とを定義する。そして真に根源の水準であるこの水準においては、まだ能動性と受動性とを区別する余地はないのだし、いわんやそれらを対置する余地などないのである。

しかしながら、能動性と受動性との共通の根にまで遡り、同じ存在論的ステイタスの内部での両者の等質性を肯定することによって、われわれは、われわれの生のこれら二様態を分かつきわめて明白な差異を、削除してしまっているのではないか。いずれにせよわれわれは、多くの点でビラニスムが両者のあいだに確立しているように思える本質的な対置を、過小評価しているのではないか。じつを言えば、能動性と受動性との存在論的等質性のみが、両者を区別する唯一可能な根拠なのである。ビラニスムがこのような等質性を認めず、『思惟の分析』で明示的になされているように、「能動的諸様態のみが相互間に等質的である」[21]と主張するかぎりで、ビラニスムには、能動的諸様態とわれわれの経験の他の諸規定とのあいだに設けられる差異に、根拠を割り当てることができないにちがいない。何よりもまず、もしひとが能動性と受動性についてのビランの区別を、たとえばコンディヤックが考えていたようなこの同じ区別と比較するなら、進歩が成就されていることが容易に推しはかられる。じっさい『感覚論』の著者〔＝コンディヤック〕が当の対立を考察していたのは、まったく外的な視点からである。彼が言っていたところでは、立像は、それを変様する原因がその内にあるときには能動的であり、この原因が外的であるときには受動的である。[8]しかしビランは立像の内部に、すなわち絶対的内在の圏域のうちに身を置く必要性を理解している。何のためにそこに身を置くかといえば、それは「彼のうちで確立される」[22]がゆえに個体がなしうる［能動性と受動性の］区別に、現象学的な、したがって実在的な意義を与えるためである。自我が自らの能動性について超越論的内的経験を有しているからこそ、自我はこの能動性が行使されていないときに彼の状態であるような、そのような状態とは異なる状態として、自らの能動性を認めるのである。

しかしながらこの後者［能動性が行使されていないとき］のケースにおいては、何が生じているのだろうか。たんに行為についての感情の欠如と不在とがあるだけなのだろうか。しかしそうすると、もし本当に、何度もビランが主張するように、エゴの存在が行為についてのこの感情と同一視されるのであれば、何も存在しないということになってしまうのではないか。われわれは、主観の能動的状態と受動的状態を対置するには及ばないことになってしまおう。なるほど主観は或るケースには能動的主観として存在するが、しかし他のケースではもはや主観は存在しないことになってしまおう。主観には受動性の経験が拒絶され、以後主観にとって、彼の生のこれら能動的諸様態と受動的諸様態とのあいだには、いかなる比較も、もはや可能ではないことになってしまおう。それゆえわれわれは、ただ受動性の経験が根源的にエゴに与えられる場合にのみ、受動的生というこのケースにおいて或る現象学的な内容に現前するのであって、その場合に、しかしその場合にのみ、この現象学的な内容は、等しく根源的な或る別の内容と、すなわちエゴの絶対的生の或る別の様態と比較され、対置されることができるのである。もし厳密にビラン的な視点からは、このエゴには彼の能動性と彼の受動性とのあいだに対置を確立することも、そもそもまず比較を確立することもできないのだとすれば、それは、じつは両項のうちのひとつがエゴには欠けているからであり、受動性についての実効的経験が存在するための必要諸条件が、あまりにもしばしば認められていないからである。これらの諸条件が受動的志向性、受動的綜合を認めることのうちにしか存しえないということは、明らかである。それも受動的志向性、受動的綜合は仮定的な説明原理として認められるのではなくて、絶対的内在の圏域においてエゴに与えられた現象学的な実在的経験として認められるのでなければならない。受動性についてのわれわれの経験がまさしくこの種の根源的な経験であるからこそ、われわれはこの経験を認め、この経験を定義するために、この経験をわれわれの実存の能動的諸様態に対置する必要などないのである。この経験は、あらゆるコンテキストやあらゆるコントラストを捨象して、まさしくそれ自身において、自らを受動的なものとして生きていたのである。この経験の真理は、他のところではこの経験に発見さるべくもなかったのであって、この経験がすでにして、この経験の真理の確実性だったのである。

受動性についての積極的な存在論的理論が不在であるために、メーヌ・ド・ビランは他の諸困難にも直面することになるのだが、われわれはこれらの諸困難を、手早く吟味することにしよう。もし主観性が、特殊な運動的志向性に従って行為するよう規定されるときにしか、じっさいには現前しないというのであれば、このような志向性がかすんだり中断されたりするたびごとに、この主観性は、われわれの実存そのものがそれと一体となっているところのきわめて実在的な経験であることをやめなければならず、じつのところ、実存の経験であることをやめなければならない。主観性はもはや、無でしかないのである。主観性を主観性がまずもってそれであるところのものとは別のものに、すなわち自らの生についての根源的経験とは別のものにしようとするあらゆる哲学は、苦境に陥る。メーヌ・ド・ビランは、運動的諸規定ではないようなこの主観性の生の諸規定の本性を彼が画定しなければならなくなるたびごとに、このような苦境を知ったのである。この点に関して特に示唆的なのは、視覚の感官についての彼の分析が証している諸々の不確かさである。まなざしを方向づけ、まなざしが自らに与える視覚的諸感覚を選択するような運動的努力が、われわれの視覚力能のただなかに内在しているということ、このことを暴露することが問題とされるかぎりでは、ビラニスムは自らに親しい領分のなかを動いている。しかし、見ること（voir）は、必ずしもつねに視ること（regarder）ではない。あらゆる運動的努力が不在であるような、受動的な視覚というものがあり、それはむしろ、前にわれわれが話した潜在的緊張と同一視され、それはあらゆる受動的綜合の本質をも、われわれの身体の生の根源的形式をも、同時に構成しているのである。しかしながらこの受動的綜合は、主観性の一規定であり、したがってひとつの経験である。メーヌ・ド・ビランは、受動的視覚という現象の存在を誤認するには、あまりにも厳格な心理学者である。しかし、受動的視覚を能動的な視覚や決然たるまなざしに対置する瞬間が彼に訪れるときには、彼は以下の言葉でしかそのことをなしえない。「たんなる見ることと視ることとのあいだにあることのような区別は（中略）まったく、意志が相対的に不在であるか、意志が直接的に現前しているかに基づく。[23]」意志のこの「相対的不在」ということによって理解しなければならないのは、受動的視覚における主観性の存在様態であるような存在様態であり、そのようなものとして、ひとつの積極的な様態であるというのでないなら、何だというのか。このような様態の積極性を、如何にしてビラニスムにおいて説明するというのか。

ビランの視覚論が不十分なことから、ひとつの興味深い結果が生じる。懐疑的観念論であれ変形された感覚の説であれ、ビランが経験論的傾向をもったすべての哲学的誤謬を結び付けるのは、視覚の感官にである。これらの諸説を主張した哲学者たちが「視覚の感官に還元された知性ならなしうるであろうように推論した」からこそ、彼らの眼には経験が、そこでは「すべてが（中略）偶有性であり」「何ものも実体ではない[24]」ような想像的諸複合体、諸幻影、はかなき諸様態に、溶解されてしまったのである。メーヌ・ド・ビランはこのような経験の溶解を、きわめて巧みに記述している。しかしながらこのような溶解は本当に、哲学者が他のすべての感官を排除して、視覚の感官のみを考察したことに由来するのだろうか。[25]このような溶解はむしろ、内的経験を内的経験についての諸表象の超越的な流れへと飛び去らせてしまうようなすべての哲学を、脅かしてはいないだろうか。なぜならこのような哲学は、受動性についての存在論的理論を欠いているので、あらかじめ主観性を無へと消失せしめ、したがって、主観性の生の実効性が完遂される領域があるにもかかわらず、もはや以後主観性をこのような領域のうちに、すなわち絶対的内在の圏域のうちに引き留めるようなものは、何もないからである。

しかしながら、受動性についてのビランの理論の不十分さは、能動性についての考えそのものに跳ね返り、この点でもやはり、このうえなく深刻な諸帰結をもたらしている。いずれにせよ哲学が自らの上に、場合によっては主観性と無とを同一視することがありうるのだという脅威を漂わせてしまったときから、哲学は内的弁証法の餌食となり、そのあとでこの内的弁証法の破壊力を止めるのは、容易なことではない。じっさい、能動的な視覚を考察してみよう。能動的視覚は注意に、すなわちエゴの生のすぐれて能動的な一様態に依存している。欲せられた方向にまなざしを向ける運動的努力は、しかし、われわれの対象観想が終わるずっと以前にやんでいる。ところで、われわれの注意がもはや明示的な運動的努力と一体化しなくなるやいなや、ビランは注意の固有の存在論的性格を、注意の主観的で内在的な性格を、保護することができなくなる。じっさい、注意がそれへと向かって自らを超出する諸要素のうちに自らを失い、これらの諸様態のうちに吸収されるものとしてわれわれに表象されるときには、注意の主観的で内在的な性格は、廃されてしまう。「表象する作用者は、表象される事物のもとに消えるか、自らを隠す」とメーヌ・ド・ビランは言う。しかしながら、このようにして主観性が対象のうちに吸収されてしまうということ、志向性はこのような主観的視向であり続けるというまさにそのような条件においてしか、超越的存在をめざし、これに達することができないというのに、このようにして主観性の固有の生の要素が超越的存在のために消失してしまうということ、このことは、その固有の存在論的意義における主観性概念そのものを破壊することに到達するというのでないとしたら、どこに到達するというのか。

すでに見たように、主観性概念がもつ存在論的意義は、主観性は反省である、という主張のうちに表現されている。ビランがこの意義を誤認する瞬間は、まさしく彼が注意はひとつの反省ではないと言明する瞬間である。「われわれが注意と呼ぶ意志的権能、そして自らを内に反省することなく、もっぱら諸様態にのみ専心するとはいえ、諸様態の生動性によって支配されているのではないこの意志的権能は……（後略）[26]。」反対に、主観性の生の各々の様態が主観性に帰属し、主観性のラディカルな内面性の性質を帯びるからこそ、われわれにはこの様態に対応するひとつの観念を得ることが可能なのであり、一般的な仕方で、「反省的諸抽象」「反省の単純諸観念」にひとつの意味を与えることが可能なのである。ビランは注意がもつ主観的本性を誤認しているからこそ、能動的な視覚についてさえ、当然のようにして次のように述べるにいたるのである。「視覚の行使に特に関わる諸様態のうちには（中略）反省的諸抽象も、反省の単純諸観念も存在しない。」明らかに誤ったテーゼである――もし視覚がまさしく、超越論的内的経験として、視覚および視覚の行使の様々な諸様態についてのわれわれの観念の内容でないとするなら、如何にしてわれわれは視覚について語り、視覚ということでわれわれが理解しているものを知ることができるというのか――そしてこの誤ったテーゼがビランをして、たしかに存在論的な不条理と引き替えに、主観性の哲学をその諸基盤から揺り動かすような、以下の数行を付け加えるように導いているのである。「ここにおいてこそ、知覚する存在のすべての諸能力や諸操作が、外から特徴づけられ、外から判断されることができる。なぜならこれらの諸能力や諸操作は、主観そのものにとって、それらが傍観者にとって現われるようなものでしかないからである。そしてわれわれが語った二つの視点は、一致する[27]。」

哲学的思索が用いる諸概念は、緊密に連帯し合っている。注意の存在論的構造が誤認された瞬間から、そうなると、失われたばかりの主観性の本質をふたたび見出すために、注意に反省を対置することが必要となってくるのだが、その反省が誤った意義をもつようになる。反省はもはや、まさしく主観性の本質を表現するのではなくて、主観性の特殊な一規定を表現するようになるのである。そのばあい反省という言葉は、ビラニスムにおいて或る新しい語義を受け取る。この言葉はもはや、直接的主観的経験をも、意識のそれ自身への回帰、つまり古典的用語法にしたがえば、反省的意識化をも指し示すのではなくて、根源的に運動的な能動性の感官による一種の捉え直しを指し示すことになる。このような意義は、聴覚と声との諸関係についての分析から出発するなら、より正確にはビラニスムをしてこの分析にひとつの決定的な重要性を与えるにいたらしめている諸要請や内的諸困難から出発するなら、明晰に理解される。反省はもともと、努力についての超越論的内的経験であった。しかしビランによれば、「努力についてのこの意識は、起源以来この意識が結び付いている受動的諸情感においては、包み隠されている。」このようにして注意は事物のうちに吸収され、努力についての意識は受動的印象のうちに消失し、受動的印象のうちに消えてしまう。主観性はもはや、無でしかない。「われわれの努力についての判明な感情をわれわれに返すことができるのは、いったい何なのだろう。(28)」主観性の破壊に通じるこのような主観性の吸収を阻止するためには、定在（être-là）は自らのうちに、次のような性格を顕わさなければならないであろう。つまり、そのおかげで定在が自我の努力から流出するものとして、すなわちビランにとっては意識に結び付いたもののとして、したがってこの自我の実在的な実存に結び付いたものとしてわれわれに与えられるような性格である。その場合にのみこの意識およびこの実存は、定在の把捉のただなかで保存され、したがって注意は、メーヌ・ド・ビランのように語るなら、やはりひとつの反省であることになろう。

ところで、定在がわれわれの努力の産物であるという、このような性格を自らのうちに顕わすのは、定在がじっさいにそのようなものであるときであろう。したがって、定在についての単なる知覚（注意と同様、対象のうちへの自我の固有の溶解を意味するであろうような知覚）も、だからといってその働きのうちにその働きを遂行するエゴが存在することを、忘却することはないであろう。なぜならこのような知覚が専念する様態、すなわち当の定在は、自らのうちにこのエゴの刻印を、定在がその産物として与えられるところの努力のしるしを、担っているからである。われわれがいま述べた諸条件は、聴覚の感官と声との結合において、自然なかたちで充たされている。[29] 聴覚的印象が発せられたばかりの話であるときには、聴覚的印象はまさしくエゴの努力の産物として知覚され、この努力は話すという作用についての超越論的経験のなかで、自らを意識している。それゆえこの印象はもはや自我が注意の自己忘却のうちに没入するような定在ではありえず、それどころかむしろこの印象は、自我をそれ自身に反射［＝反省］するものなのである。なぜならこの印象は、世界のうちにある自我自身の発話だからである。エゴ－によって－産出された－音響的－印象についての知覚においては、エゴはもはや通常の注意においてのように自らを失うのではなくて、真に自らをふたたび見出すであろう。反省という言葉のこの第三の、特殊ビラン的な意味を理解するために念頭に置かなければならないのは、いま考察された現象の総体、すなわち発話によって産出されたものとして聴覚によって知覚された印象を媒介とした、発話と聴覚との相互関係なのである。

しかしながらこのような［反省という言葉の第三の］意味は、副次的で派生的なものでしかありえない。なぜなら主観性は、それ自身の生を経験するために、いかなる媒介も必要とはしないからである。それどころかむしろ、主観性はそれ自身によって、このような経験なのである。何らかの音響的印象をたんに聞くことは、われわれが発した諸音を知覚することや、これらの諸音を意志的に産出する努力と同じ資格で、われわれの生の実在的な一契機なのである。それゆえメーヌ・ド・ビランに反対して、たんなる「注意」はすでにしてひとつの「反省」であり、すでにそれは自らのうちに主観性の深さを担っているのだと言わなければならない。私が私自身を意志的に印象化するような現象はおそらく、多くの点でひとつの特権的な現象ではある。「ここにおいてこそ魂のハープが自らをつま弾く。[30]」しかしながら、私の意志から流出していることをさらに私が知っているような感性的要素によって、私が印象化されるような志向性と、私の意欲から独立して私が印象化されるような志向性とのあいだに存在する差異は、存在論的な差異ではなくて、二つの実存諸様態のあいだの差異である。自我についての意識、すなわちエゴの実在的な実存を、或るひとつの特殊な志向性に依拠させたりなどすると、必ずや克服し難き困難にぶつかる。そしてこの困難は、この志向性がもはや実現されないときにはこのようなエゴは何になるのか、たとえばエゴがもはや自分自身の発話のざわめきを聞くのではなくて、シンフォニーや外界から来た何らかの諸音を聞くときには、エゴは何になるのかを知ることに存するであろう[31]。

エゴはつねに、それ自身から出発してこそ、自らを知る。エゴの存在のそれ自身への顕示をエゴにもたらしうるのは、どれほど特権的な印象であろうとも、印象ではないだろう。なぜならこのような顕示はつねに根源的であって、絶対的内在の圏域の内部でしか遂行されえないからである。いま考察されている印象——私の発話である音——の特権的性格はそれ自身、エゴのこの根源的な顕示が話すという運動的努力のただなかで遂行されるにせよ、聞くという受動的綜合のただなかで遂行されるにせよ、じつは、エゴのこの根源的な顕示に依拠しているのである。エゴはそれ自身であるために、世界のうちに自らの影を見出す必要などない。そしてエゴが自らの影に出くわすことが起こるにしても、おそらくは特権的なこの経験は、それでも、経験の一般的諸条件に支えられているのであり、本当のところ、経験の基礎的存在論的条件に支えられているのである。そしてこの基礎的存在論的条件とは、まさしくエゴの現象そのものであり、エゴの根源的な顕示の仕方なのである。

受動性についての積極的な理論が不在であるということから、ビラニスムにおいて、他の諸困難が帰結する。かくして、われわれの実存の受動的諸様態についての記憶が問題とされるや否や、すばらしい記憶の現象学が変質されてしまう。すでに見たように、記憶はエゴの存在の存在論的構造に、エゴが根源的な存在論的力能であるかぎりにおいてエゴのものであるような一性に、基づいている。自我のあるところ至るところ習慣があり、したがって、思い出すという諸作用を行う存在論的可能性がある。しかしエゴが不在であるところ、習慣も記憶も存在しえない。したがって、やはりビランの言うように、もし「自我なき情感」、純粋情感が存在するなら、それは原理上、思い出を可能ならしめる諸条件を剝奪されていることになる。そうなると、われわれの情感的生の全体が、しかしまたわれわれの感性的生の全体も、そしてわれわれの想像的生の全体が、受動性についてのビラン哲学の諸前提によれば、すべての可能的反復を、またほんらいの意味での単純な思い出を、免れなければならないことになるし、またメーヌ・ド・ビランの表明的な諸言明によれば、じじつ免れているのである。

もし自らの諸感覚や自らの諸情感を反復する力能(32)ということで、超越的要素の、すなわちその実質性そのものにおける感覚や情感の反復[9]を理解するのであれば、たしかにエゴはそのような力能を有してはいない。しかし、受動的な把捉の綜合においてこのような要素に向かって立ち上がっていた志向性は、まちがいなく再生できる。それゆえにこそわれわれの感覚力能の諸規定や情感的諸態度が、われわれのうちに蘇生しうるのである。したがってわれわれは、諸々の感性的な思い出や情感的な思い出を形成することができる。こうした思い出は、或る根拠づけの関係に従って、これらの諸規定やこれらの諸態度に結び付けられているのだが、この根拠づけの関係は、習慣と記憶とを結ぶ一般的関係の一特殊例である。絶対的主観性の生のこれら様々な諸様態は、それ自身によってきわめて明証的であり、きわめて明晰である。たとえばわれわれの情感的生における思い出の役割に異議を唱えることは、最も明白な経験を否定することである。そしてメーヌ・ド・ビランが、幼児は記憶をもたないとか、一般的な仕方で、情感的生は反復を能くしないとか言明するとき[10]、彼のテーゼが人間の心理現象の最も深い諸法則に抵触していることは、明らかである[11]。現代心理学は必然的に、これらの諸法則を明るみにもたらさなければならなかった。たとえばフロイトにおいて、われわれの情感的で感性的な生の最も深い諸志向性が永続していることを認め、表現するのに奉仕したボキャブラリーや諸概念が、どれほど不適切なものであろうとも。様々な心理学的諸問題、たとえばメーヌ・ド・ビランが積極的な仕方で特徴づけることができず、正常な人間の想像的生から区別することのできない、狂気という心理学的問題を考察することによって、やはり受動性についての積極的な理論の不在に由来する他の諸々の不十分、ここでは詳細に吟味することのできなかった諸々の不十分が、あらわとなるであろう。

能動性と受動性の諸関係の問題はふたたび、はっきり異なる言葉で、メーヌ・ド・ビランの後期哲学において立てられているように思える。じっさい三つの生の説は、主観的運動が展開される圏域の上に、新しいタイプの諸経験が完遂されるような上位の実存地帯を現われさせる。これらの諸経験は特権的な諸経験であって、これを開明することによって、恩寵の心理学が構成されるにいたる。実存のこの新しい領域は、或る超越的原理に対する受動性によって特徴づけられるように思われる。エゴは自らのうちにこの超越的原理を迎え入れ、「至高の受動［情念］」のうちにこの超越的原理を経験するのである。ここで問題とされている受動性は、たしかに有機的ないし動物的な生の本質をなしていた受動性と、混同されてはならない。後者が身体との、すなわち下位原理との魂の合一を心理学的に翻訳したものであるのに対し、その経験が恩寵の経験と合致するような受動性は、おそらくは思惟のうちへの或る異質的実在の介入を表現してはいるのだが、しかし今回問題とされているのは或る上位の実在なのであって、この実在はもはや身体ではなく、神的な生それ自身なのである。それどころか、そのなかで魂が恩寵の現前を一種の「自己自身の生の付加[12]」として体験するような受動性の経験は、第一の形式の受動性が消失してしまったときにしか、つまり魂が身体との合一から解放されて、超越的生の影響に備えるようになってしまったときにしか、可能ではないのである。

しかしながら、もしビラニスムが本質的に運動的努力の哲学であり、もしビラニスムが意識的・意志的能動性から出発して自我を定義するというのであれば、如何にして第三の生についての説の介入を理解すればよいというのか。第三の生とはすなわち、エゴが自らの自律性と、いわば人格的な権能とを経験するような能動性ではもはやなくて、彼が異他的な力に引き渡され、異他的な力に身を委ねる受動であるような生である。初期ビラニスムの言葉に従うなら、もし本当にエゴの存在が運動的努力とともに始まり、運動的努力とともに終わるのであれば、受動性はエゴにとって、彼自身の生の成長を意味するのではなくて、むしろ彼の存在の破壊を意味しなければならないのではないだろうか。如何にして「われ能う」と内在の哲学のうちに、超越的絶対者の侵入と、このような絶対者のうちへのあらゆる人格的実在の溶解とを、受け入れればよいというのか。「如何にしてこのことを、自我についての私の心理学説と調停すればよいのか。[33]」しばしば引用される、有名な問い。そしてビラン自身と同じほど、註釈者たちを当惑させてきたと思われる問い。解決は、というよりはむしろ、解決の不在なのだが、それは動物的と運動的という生の最初の二形式に、第三の生を並置することにある。第三の生においては人間は、恩寵の影響に受動的に身を委ねるのである。或る原初的事実を分析することによって、メーヌ・ド・ビランは努力および意志の哲学を彫琢すべく導かれたのであろうが、或る「新しい原初的事実[34]」を発見することによって、彼はこの哲学を見直すよう、あるいはむしろこの哲学に、恩寵の心理学によって構成された新しい一部門を付け加えるよう、仕向けられる。最初の原初的事実は、心身合一の事実であった。第二の原初的事実は、両者の分離の経験を、つまり精神の絶対的生に引き渡された魂の解放を表現している。

しかしながら、メーヌ・ド・ビランによって順々に発見されていったこれら二つの諸事実は、どのようにして調停されるのだろうか。哲学的反省がこれらの諸事実に対応させる二つの心理学は、どのようにして調和するのだろうか。自我の意志の権能と、他の源泉から流出する恩寵や呪いの権能とを対照させることが問題とされるや否や、不可避的に生じてくる諸困難に、ビラニスムはぶつからなければならないのだろうか。われわれの存在の、われわれの精神史の根源に置かれた二つの異なる諸原理を並置することから帰結する、果てしない不毛の諸論議に陥る苦い運命を、ビラニスムは知らなければならないのだろうか。ビラニスムの独自性は、はじめは身体のうちに引き込められていたが、ついには身体の拘束から解放される、そのような魂に関するオルフェウス教的な諸イマージュやギリシア的な諸々の考えの復活のうちに、汲み尽くされてしまうのだろうか。そしてまず、「二つの原初的諸事実」の存在について語ることに、哲学的な意味があるのだろうか。原初的であるものとは、可能にするもののことではないか。如何にして可能にするものが、存在論的な観点からは、存在するために何か他のものを必要とするなどということがあるのだろうか。してみれば第二の原初的事実は、第一の原初的事実に依拠する存在体系に対しては、偶然的でしかありえないことになろう。如何にしてわれわれは偶然的な何かを、存在論的な観点では基本的なものとみなすことができるというのか。

三つの生が存在するということ、それはビラニスムの字面である。今日では本当にわれわれは、ふたたびその精神を見出し、以下のことを理解することができないだろうか。以下のこととはすなわち、三つの生があるのではなくて、ただひとつの生のみがあるのだということ。何よりもまず、動物的生と運動的生との対置は、ビラニスムの根本直観には疎遠だということ。ビラニスムの根本直観が到達する存在論的構造は、われわれの感性的生に内在していて、この存在論的構造は、主観的運動の本質と同様に、感性的生の本質をも構成しているのだということ。努力の哲学は、伝統的二元論のパースペクティヴにおいて理解されうるがままのどのような心身合一とも、まったく無関係だということ。最後に、まずもってエゴの存在を構成していると認められた運動的能動性と、絶対的生についての経験とのあいだに対立はなく、じつはこの絶対的な生は、主観性の任意の他の実存的規定と同様、この能動性にも内在しているのだということ、以上である。メーヌ・ド・ビランの後期哲学の対象は、身体についての存在論的理論がその最初の開明を提供していた対象と、同じものなのである。この対象、それは絶対的主観性の存在論的構造である。ビラニスムを理解することはおそらく、如何にしてこのような構造の開明の進展が、根源的存在論的受動性を明るみにもたらすことに到達するのかを理解することであろう。根源的存在論的受動性は、そのようなものとして、［まず］感性的生の受動的諸様態と、すなわち、たとえば意欲の能動的諸様態と対立するような或る諸体験 (*Erlebnisse*) と、混同されてはならないだろう。［次に］根源的存在論的受動性は、二元論的な理論がそれによってまさに受動的な諸体験や混乱した思惟の存在を説明しようと欲するような、おそらくほとんど存在論的ではあるが、しかし不可解で受け入れ難い受動性とも、混同されてはならないだろう。最後に根源的存在論的受動性はおそらく、やはり受動的ではあるが、しかし特権的な他の諸体験、すなわち主観が恩寵を経験するような諸体験とも、混同されてはならないだろう。しかしながら第三の生の哲学が明示的に指示するのは、この最後の諸体験ではないか。しかし、もし第三の生が生一般に内在し、もし第三の生が、このうえなくつまらない諸形式でさえ、生一般のあらゆる諸形式のうちに現前しているのであれば、それは、われわれが語っている受動性が、或る特定の諸体験に固有の実存的な一性格以上のものであり、存在論的受動性について語る余地があるからではないのか。そしてこの存在論的受動性の構造は、仮定的かつ超越的な諸構築や諸演繹の媒介によって侵害されてはならず、そうではなくて、エゴの存在そのものを構成する根源的顕示という現象のうちに、ひとつの実在的条件として含まれていなければならないのではないか。

身体についての存在論的理論は、『思惟の分析』と『心理学の諸基礎』のうちに含まれる諸テーゼから出発して、学説定立的に呈示された。じっさい身体論が十分な展開をみるのは、これら二つのテキストにおいてである。そこにおいてこそまた身体論の中心を形成する直観が、すでにこの直観を覆い隠すおそれのある異質的な諸要素が現前しているにもかかわらず、最も容易に発見されうるのでもある。その直後に続く諸著作においては、このようなよけいな諸要素が危険なほどに広がり、しばしばビラン哲学の真の根拠を、すなわちこの哲学が建設する存在論の現象学的な土台を、まきぞえにするほどである。前にわれわれが註釈した『試論』の或るテキストは、すでに現象的視点に叡知的視点を対置していたが、奇妙なことにこの叡知的視点の正当性は、心身関係が不可解になるのはこのような視点の内部においてのみであることをメーヌ・ド・ビランが説明しているまさにその瞬間に、彼によって認められていたのである。(35) あとになると、叡知的視点の価値と叡知的視点を認めることの哲学的必然性とが、いっそう明示的でいっそう執拗な仕方で肯定され、したがって主観性の存在論全体が、ふたたび問いに付されるように思えるのである。

この点において意味深いのは、諸原理についての説の変様である。この変様は、とりわけ『自然科学と心理学の諸関係』において、明らかとなっている。以後、諸原理はもはや、内感の原初的事実には基づかない。われわれのすべての諸原理の根拠にして根源として、内感は『試論』においては、まさしく絶対的なものの役割を果たしていた。しかし信念（croyance）についての理論[13]は、絶対者を超越論的内的経験の圏外に投げ出す。諸原理はもはや、超越論的内的経験のたんなる翻訳ではなくて、諸判断を形成するよう導かれる思惟の内的諸要請に応えるものである。つまり思惟は、そうした諸判断によって諸原理の存在を立て、諸原理は以後、条件づけるものとみなされるのである。たとえば自我の永続が、ひとつの原理となる。このことが意味するのは、自我の永続はもはや、その肯定の全体が超越論的経験の現象学的内容に依拠するようなひとつの存在論的な規定ではなくて、論理的必然性——「思惟するためには存在しなければならない」——によって拘束された理性のたんなる肯定、たしかにどこかで何かが対応しているはずの肯定だということである。超越的な諸叡知体がふたたび、主観性の哲学の上にその影を漂わせる。エゴについての理論が危うくされること、はなはだしい。なぜならエゴはまさしくひとつの叡知体に、現象すなわち内在的経験の彼方に位置づけられるひとつの仮説的な項に、なってしまうからである。

したがって、エゴの存在はもはや、主観性の存在と一体化されない。カントの影響下に、あるいはむしろパリの友人たちの影響下に、ビランは「われわれの個体性についての内感を、魂の実体の基底そのものと」混同していたと告白する[36]。魂は接近できないままに留まらなければならず、それは「諸現象」についての認識へと還元された思惟主観の攻略を免れる。あるいはそれとも、もしこの実体について、すなわちわれわれの絶対的存在について、何らかの観念を獲得することがわれわれに許されるとすれば、このことが起こりうるのはただ、われわれが諸現象の圏域を迂回して、何か別のものへの移行を実行するという条件においてのみである。諸原理についての新しい理論は、このような移行を理解させ、そのうえ必然化する責務を負っているのである。しかし、もしこのような方便によって、絶対的なものがふたたび『自然科学と心理学の諸関係』の哲学のうちに市民権を見出すのだとしても、それは信念についての理論を媒介することによってでしかない。信念についての理論は、おそらくカント的不可知論を乗り越えようとしてはいるが、しかし、まさしくそれが同じ哲学的地平の内部で展開されているがゆえに、(努力、力、実体、実体的な力のあいだの) 諸々のビザンティン的な［些末な］区別や、けっして仮説的対象にしか、まさしく信念の対象にしか到達しえないような一連の際限なき推論を代償としてしか、カント的不可知論を乗り越えるにいたりえないのである。ひとが絶対的なものと現象とを区別し、現象を超越して別の次元に属する実在へと向かう必要を体験しているであろうかぎりは、感じられた力と実体的な力とのあいだに存在する分離は、けっして除去されないであろう。

しかしながら、『試論』の諸テーゼのすぐあとに続く諸テーゼに、あまりに重きを置き過ぎないよう、用心しなければならない。これらの諸テーゼを文字通りに受け取ってしまうと、おそらくビランの思索の本質的なものが、見失われることになってしまおう。こうした諸テーゼが表明されている諸テキストにおいて明らかになるのは、現象概念が過小評価されているということである。この過小評価の意味はしかし、一見してそう思われるのとは逆である。つまりこの過小評価は、諸々の現象学的パースペクティヴの放棄に導くどころか、むしろ或る迂回のあとで、ふたたび現象学的パースペクティヴに連れ戻すのであり、この迂回は結局、存在論の現象学的根拠という観念を深める結果となっているのである。しかしながら『自然科学と心理学の諸関係』において明るみに出ている現象概念の過小評価を理解するためには、十九世紀初頭のフランス哲学の文脈のなかでこの概念がもっていた意義を、思い出しておかなければならない。「現象」ということでメーヌ・ド・ビランの同時代人たちが理解していたのは、けっして何らかの現象学的絶対者ではなかったのであり、この概念を主観性の存在論のうちに統合することは、主観性の存在論がまだ生まれていなかったという理由ゆえに、不可能だったのである。主観性の存在論を建設することは、メーヌ・ド・ビランに取っておかれていたのである。「現象」はその場合、自然現象をしか指し示しえず、したがって観念学や感覚論や経験論は、内的現象ないし心的事実を、その深い存在論的ステイタスに関しては、自然現象と同一視せざるをえなくなる。それゆえ「現象」という言葉は、本質的に感覚論的ないし経験論的な意義を有しているのであって、このような意義に対する反動によってこそ、メーヌ・ド・ビランは絶対的なものの観念に訴える必要を感ずるのである。ビラン哲学のうちに絶対的なものの観念が介入するということは、非経験的な諸現象が存在することを肯定し、このような諸現象が根源的に顕示される独自ノ (sui generis) 存在領域が存在することを肯定することと、同じ意義を有しているのである。

この意義は、このようにして、経験的現象と超越論的現象との、自然科学と純粋心理学としての心理学との対立（メーヌ・ド・ビランのすべての文書を支配している対立）[37]に連れ戻されるのだが、たしかにこのような意義は、ビラニスムのうちへの「一八一三年の絶対者の侵入」を取り囲む歴史的諸周況によって隠され、一部歪曲されたままになっている。カント哲学についての、ちなみに不確かな知識[14]。ロワイエ－コラール、アンペール、とりわけドゥジェランドとの会話[15]。この後者の眼に、また一般的にいって、現象を自然現象と同一視する絶対の形而上学者たち、したがって彼らにとっては現象学というものは経験論へのひとつの回帰をしか意味しえないのだが、そのような絶対の形而上学者たちの眼に、唯物論的で感覚論的な哲学者のように見えることへの恐れ。こうしたことによって、メーヌ・ド・ビランは「叡知体」について語り、われわれの経験の彼方に位置するような絶対的なものについて語るようになった。ビラニスムのなかに、諸原理についての新しい哲学と、信念についての理論とが現われるのは、このときである。しかしながら、もし超越論的諸現象しか知らない存在論的一元論が廃棄され、もし超越論的現われの観念が、すなわち主観性の本源的な内在圏域のうちでの体験（*Erlebnis*）の存在の直接的顕示の観念が明るみに出るならば、それならば、諸原理についての説や、たんなる信念の対象としての叡知的自我についての理論は、もはや体系のなかの死せる部分としてしか現われてこないであろうし、感じられた力と実体的な力との区別は、もはや存在理由をもたないであろうし、一般的にいって、現象的視点に叡知的視点を対置することは、ついにその真の起源をわれわれに示すことであろう。どのようにして示すかといえば、絶対的現象の観念を所有していないときには不可知論に陥らざるをえないような哲学、そのような哲学の赤貧と悲惨とを、われわれに指示することによってである。

　まさしく現象の絶対的価値を承認することにこそ、メーヌ・ド・ビランの後期哲学は依拠している。そしてそれゆえにこそ彼の後期哲学は、結局は、『試論』の哲学と異なってはいないのである。存在論の根拠そのものに現象学を置くことに到達するこのような承認は、晩年の諸文書のなかで明らかとなる諸テーゼの、たしかに複雑な総体から、たんに浮かびあがってくるだけではない。このような承認は、しばしば明示的である。「存在することとあらわれることとは、自我についての意識のなかで一致する」[38]とビランは主張する。「絶対的なもの」はもはや、叡知体が経験的現象や感性的所与に対置されるようにして、「相対的なもの」に対置されるのではない。反対に相対的なものは、身体についての存在論的理論の提示を通じてずっとわれわれがそれに与え続けてきた意義を受け取る。相対的なものは、絶対的なもの以外のなにものでもないのである。「相対的なものと絶対的なものとは、力もしくは自由な能動性についての感情のなかで一致する、と言うことができる」[39]、すなわちメーヌ・ド・ビランにとって両者は、そこにおいてまさしくエゴの実在的で絶対的な存在がわれわれに顕示されるような経験圏域において、一致すると言うことができるのである。しかしながらこの存在は、たとえば努力についての主観的経験を媒介にして、おそらくは十全的な仕方でではあるが、しかしこの経験の彼方に位置するひとつの実在として自らをわれわれに顕わすような、そのような何かなのではない。この存在が、それがそのなかでわれわれに与えられるところの顕示そのものにほかならないのは、むしろ絶対的存在としてなのであって、この顕示はまさしくエゴの存在論的現象を構成する、根源的顕示なのである。

もしそうでないなら、もし実在的かつ絶対的な存在としてのエゴが主観的経験と異なるなら、主観的経験のうちに現前して主観的経験の本質に同一的な自我は、その真の存在から分離されてしまうことになろう。後者［自我の真の存在］はおそらく、たとえば神がこの真の存在ないし叡知的自我についてもちうる認識に似た、或る十全的な認識においてエゴに近づけるであろうが、しかし二つの認識、つまり具体的エゴの認識と神の認識は、それにもかかわらず二つの異なる認識のままであり、一方が他方に似ていることを何によってわれわれが主張しうるのかを探ってみても、おそらく無駄であろう。ビランが自己認識と神による自我の認識とを関係づけている諸テキスト[16]は、たぶん両者の相似の肯定を超えないことが多いように思われる。しかしながら主観性の存在論においては、このような肯定は外的なものに留まりえない、すなわち、まさしく相似の、あるいは類似のたんなる肯定には留まりえない。このような肯定を理解することはむしろ、この肯定の存在論的根拠を、すなわち主観性の内的構造を思い描くことではないか。じっさい、われわれは自己認識のうちにこそ、自己認識が神の認識たるエゴの実在的存在についての認識に似ていることを、読み取らなければならないのである。そうであるならば、この自己認識がその対象に、つまり自我の実在的存在に適合していると言うだけで、十分なのだろうか。しかしながら、この適合性は何を意味し、対象の名のもとに何を理解しなければならないのだろうか。

じっさい主観性が対象に絶対的に適合することは、この対象が主観性それ自身にほかならないというのでなければ、ありえない。主観性の認識が絶対的認識でありうるのは、この認識がもはや超越的認識ではなくて、根源的な顕示である場合のみである。このような根源的顕示のうちには、じつはいかなる十全的相等化のためにも余地はなく、ただ生の自己との純粋な一性にとっての余地があるだけである。それは自己から分離されることのない生であり、あらゆる現象学的隔たりのこのような不在のなかで、それでも自らを知る生なのである。自らを知るというのはなぜなら、生の存在は、生がそれ自身についてなす固有の経験にほかならないからである。したがって、エゴの存在そのものを定義するこのような現象の存在論的構造によって、われわれは自己認識の十全的相等化という概念を廃棄するを余儀なくされ、マシテヤ（*a fortiori*）この十全的な認識がエゴの存在の一部のみを十全的に把捉して、他の諸々のアスペクトは、たとえば神のみによってしか知られない、などというような観念を廃棄するを余儀なくされるのである。じっさいこのような諸アスペクトなら、しかじかの具体的エゴの実在的存在とは何の関係もないであろうし、どうしてわれわれがこのような諸アスペクトを、いわれなく任意の他のエゴに帰属せしめてはならないのか、さっぱり分からない。ちなみにこうした諸アスペクトを付け加えたところで、任意の他のエゴの存在に追加されるものはといえば、諸々の無意識で超越的な叡知体という無に過ぎないであろう。

もし自己認識がひとつの絶対的認識であるならば、エゴのそれ自身への固有の直接的顕示と並んで、神がエゴについてもつであろう認識という観念が意味を保ち続けるのかという問題が、たしかに立てられる。この問題を深化することによって、むしろ、当の二つの認識の真の二元性という観念が遠ざけられるにいたり、類似は或る仕方で同一性を前提するという主張に導かれ、そして最後にわれわれは、神の認識とエゴの専有物である認識との相似についての厳密な存在論的解釈を、与えることができるのではないか。たとえビラニスムがこのような究極の存在論的解釈にまで前進しなかったとしても、少なくともビラニスムは、このような相似が存在することを肯定した。絶対的主観性の概念にまで高まった哲学が、同時に、絶対的認識の可能性の根拠を立てたのである。暗黙のうちにであれ明示的にであれ、このような認識を人間の存在の固有の可能性として認めたことによってこそ、メーヌ・ド・ビランは自己認識と神的認識との関係の、そしておそらくは両者の一性の観念にまで導かれたのである(40)。

この観念の根拠は、全体としてのビラニスムが開明している構造たる、絶対的主観性の存在論的構造のうちに見出される。それゆえこの観念は必然的に、他の諸形式のもとに表現されなければならなかった。信仰至上主義の廃棄[17]、心理学を神学の根拠として指定すること[18]、恩寵についての現象学的な考え方[19]、これらはそれぞれが、同じひとつの基本的直観をしか註釈しない諸々の主張であり、これらの諸主張は『試論』以来、『思惟の分析』以来明らかになっていた様々な批判的諸方向にきわめて正確に対応し、とりわけ超越的絶対者の観念に対して向けられた一般的批判に対応している。ここでもまたビランの思索の進化について語る余地などなく、ただその深化について語りうるだけである。メーヌ・ド・ビランの後期哲学は、身体についての存在論的分析の諸結果を問いに付し直すどころか、むしろこれらを確証してくれるのである。それゆえわれわれは、晩年の諸文書の哲学に対して表明されることのきわめて多かった無理解が、『試論』の中心的諸テーゼが出くわした無理解と同じものであることを確認しても、驚くべきこととは思わずに、当然のことと思うのである。両方の場合でそれは、ビランの主観性の存在論についての無理解なのである。恩寵の心理学は、もはやそれがその真正の存在論的意義を唯一保たせてくれる哲学的地平の内部で理解されないときには、もはやひとつの経験的心理学でしかありえないということは、明らかである。精神の生を具体的主観の「心理学的」諸規定と混同するなどということは、真の哲学者ならたしかに嘆きたくなるような欠陥である。このような心理学に神学を根拠づけることは、神学者が告発せざるをえないような、冒瀆とは言わないまでも、ひとつの危険なのである[41]。

心理学にひとつの経験的なステイタスしか認めない伝統的な哲学的地平の内部では、ひとは次のような思索を理解することができない。次のような思索とは、その意味の全体がこのような地平から袂を分かち、それまで心理学を閉じ込めていた枠を破ることであるような思索であり、また、その本質的な内容が主観性の存在論を建設することにあるような思索である。主観性の存在論の内部では、心理学の問題はまったく新しい仕方で立てられ、より正確にいえば、おそらく初めて心理学の根拠の問題が、哲学的反省の主題となるのである。しかし、このような存在論の彫琢をつかさどり、まさしく心理学の根拠をわれわれに提供してくれるであろうような原理は、メーヌ・ド・ビランの後期哲学に内在し続けている。それは絶対的主観性についての観念である。それゆえこの観念は、まさしくビラニスムの中心直観であり、ビラニスムの始まりにして終わりなのである。

結論　身体の存在論的理論と受肉の問題。肉と霊

身体の問題は、実存の哲学の諸関心事のなかでは、ひとつの中心的な場所を占めている。しかしながら実存の哲学は、身体に関わるほとんどすべての諸理論や諸見解がやはり受けている非難を、免れることができるだろうか。この非難は、以下のように表現されるにちがいない。すなわち、身体的生や受肉の現象に関わる諸問題の総体は、けっして概念の明晰さにもたらされはしなかったし、存在論の管轄に従属しもしなかった、と。このような管轄の外では、しかし、思惟は漠然として不確かな諸表象のなかを動くことしかできない。これらの諸表象の関わる経験の永続性が、どのようなものであろうとも。また、人間の身体に割り当てる役割とステイタスとに応じて、人間およびその運命についての認識をわれわれに提示する諸々の道徳的ないし宗教的な考えの数や深さも、どのようなものであろうとも。このステイタスを厳密な仕方で規定するよう、あらかじめ存在論に要求しなかったからこそ、ひとは次のような諸解釈に認めるにふさわしい価値について、正確な概念を得ることができないのである。次のような諸解釈とは、真の経験から生じうるのだけれども、しかし、しばしば身体についての不十分な観念（たとえば客観的身体についての観念）に属する、したがってそれに割り当てられるほとんどつねに専一的な役割を果たすことのできないような身体についての観念に属する、そのような諸解釈である。

人類は文化的ないし宗教的な遺産を、自らの実践的な生の指針として、また人類が自らを理解し、自らの「本性」についてますます正確な見方を獲得するために、倦むことなく試みている努力への積極的な寄与として、所持している。そのような文化的ないし宗教的な遺産に関しては、豊かであるとともに複雑なその内容は、存在論のような積極的な学の実在的な所与に基づいた、客観的識別の対象ではない。この内容は各人によって、その空想のままではないにせよ、少なくとも、もはや自らに何らかの合理的根拠を与えようとさえしない主観的な偏愛のままに、端的に肯定されたり否定されたり解釈されたりする。そのうえ、個人的で主観的なものでさえ、あらゆる解釈の努力がやむこともある。したがって、開封されることなく手から手へ渡される手紙の内容にも似て、諸世代が伝え合う教義的な寄与はもはや、伝統に最も都合のよい場合でさえ、すなわち伝統がまだ尊重されているときでも、具体的諸実存の生とは関係のない、死せる要素でしかないこともある。かくして諸宗教は死ぬ。学と同時に。なぜなら学のみが、絶対的な学、すなわち必当然的な根拠のうえに建てられ、その本体が形相的必然性を顕わす諸命題の総体によって構成されるような学のみが、教義神学の内容を自らの諸結果と比較するとき、場合によってはわれわれに、教義神学の内容に或る意味を与えさせてくれるからである。学の生こそが、自らの生を伝統に与えるのである。もし伝統がまだ生きうるのであれば。

身体の存在には重要な思弁的諸問題だけでなく、実存および道徳の諸カテゴリーに属する数多くの問いも結び付いているだけに、身体が扱われるときには存在論の所与に回帰することが、それだけますます不可欠となる。教義神学や、人類が自らに与える偉大な形而上学的諸表象において、これらすべての様々な諸次元——理論的次元、実存的次元、道徳的次元——が、錯綜しつつ結び付きあっている。これら様々な諸次元を、乖離させることが大切である。それは、受肉という現象に関わる実践的諸問題と思弁的諸問題とを別々に研究するためではなくて、まずそれらを、それなくしてはそれらが立てられることさえできない唯一にして同じひとつの基礎的学科に、従属させるためである。存在論のみが、理論的意識を昏くする漠然とした諸概念からわれわれを解放し、同時に、倫理学に諸基盤を提供することができるのである。そのとき倫理学は、このような諸基盤から出発して、自律的な一学科として構成されうるであろう。身体についての存在論的分析が、最初の開明を構成するのでなければならない。この開明によってわれわれは、伝統を判断し、伝統のうちにあって死せるものと生けるものとの持ち分を規定することも、われわれ自身とわれわれの言わば個人的な実存とのために、身体の本質についての、したがってまた身体の本質から出発して秩序づけられるあらゆる次元の諸問題のヒエラルキーについての正確な考えを得ることも、できるのである。それゆえ、われわれが帰属している文化的世界が身体について所持している諸観念の体系（常識のなかに拡散している漠然たる諸表象が問題なのであれ、その所与が理解されているにせよいないにせよ、しかし教義神学によって厳密に画定された所与が問題なのであれ）と対質することは不可欠ではあるが、このような対質を行う前に、身体についての存在論的分析の諸成果を振り返っておくのがよい。それは、ここでこれらの諸成果を要約しようとするためではなくて、実存についての学が身体の問題に関わるかぎりで、存在論が実存についての学にどのような方向をア・プ・リ・オ・リ・に命ずるのかを、いくつかの重要な点について、いまから指摘しておくためである。

これらの諸探究の根源にある基本的な問いは、次のようなものである。つまり、主観性についての存在論的な分析は、身体に関する問題構成の一部をなすとみなされるべきなのか。この分析は諸々の存在論的な理由によって、身体に或る特定のステイタスを指図することができるのか。できる、と言うことは、主観性の存在と身体の存在との同一性を肯定することである。われわれにとって問題なのは、じっさい、或る志向的諸作用の形相的構造のうちに、それらの諸対象の形相的に規定された相関的構造を読み取ることではない。ノエシス‐ノエマ的なこのような相関関係ならば、いたるところつねに、あらゆる諸対象について妥当する。われわれが主張しているテーゼは、もっと根源的で、もっと特殊的でもある。このテーゼは、私が私のものと呼ぶ、はっきり規定された身体にしか関わらず、このテーゼは、身体を構成するであろう諸志向性の相関的本性のうちにこの身体の形相的構造を読み取ることにあるのではなくて、それどころか反対に、少なくともその根源的な存在においては、身体がこのような構成の産物でありうることを否定することにあるのである。したがって、主観性についての研究は、必然的に主観的身体としての身体の研究をうちに含んでいる。しかしそうだとしても、逆にわれわれの身体の根源的存在についての存在論的な開明のみが、絶対的主観性の圏域についての、すなわち絶対的主観性に固有に帰属する志向的諸可能性の全体についての余すところなき分析を構成するのだと言うとすれば、それは不正確であろう。このことはまた、次のようにも表現されうる。つまり、もしわれわれが、共可能性のおかげで絶対的エゴの存在を構成する（同時的にではなくて）形相的に共可能的な諸志向性の総体を踏破するなら、すなわち実践的にいえば、もしわれわれが、われわれが知っており、それについてわれわれが語りうるような諸志向性の総体を踏破するなら、そのときにはわれわれは、このような諸志向性のうちに、統一して主観的身体の根源的存在を合成するような諸志向性の全体を見出すことを確信している、ということである。たとえばわれわれは、われわれが「見る」「聞く」「感じる」「動く」「欲望する」などといった言葉によって表現しているような諸志向性を見出す。しかしながら、身体的諸体験（*Erlebnisse*）がわれわれの可能的諸体験の総体の一部しか代表していないことは、明らかである。あるいはもっと正確に語るなら、身体の諸志向性が応えている様々な形相的諸類型が、けっして志向的な形相的諸類型一般の全体を汲み尽くしているのではないことは、明らかである。それでもやはり、これらの身体的諸体験は諸体験なのであり、われわれがデカルトに反対して確立したように、これらの身体的諸体験の構造は、どんな異質的な要素もまじえない、絶対的主観性の構造なのである。したがって身体は、そしてそのことによってわれわれが理解しているのは、明らかに絶対的身体なのだが、身体は「ほんらいの」強い意味において主観的身体なのであり、主観的身体の存在は、絶対的内在の圏域において自らを根源的に顕示し、しかもその存在がこの顕示そのものと一体となるような仕方で、自らを根源的に顕示するのである。

　絶対的身体の存在を、その固有の存在論的本性において認めることによって、結論としてわれわれは、一連の諸指摘を行うよう導かれる。これらの諸探究の方向づけが与えられたとして、最も多くの諸指摘は、明らかに自己の身体の形相的ステイタスと、このようなステイタスが身体の哲学ないし身体の倫理学にとって含む諸帰結とに及ぶであろう。しかしながらいくつかの諸指摘は、主観性それ自身に関わり、主観性についてのあらゆる観念論的な解釈をわれわれが決定的に遠ざけるのを助けてくれるであろう。後者「のいくつかの諸指摘」から始めることにしよう。主観的身体についての存在論的理論とともに、主観性概念は、それに欠けることのあまりにも多い実在性を、獲得する。主観性の哲学は、その対象についての正確な解釈にまで高められたときには、もはやひとつの抽象的な哲学、ひとつの主知主義とはみなされえないのである。主観性は、古典的思惟の果てに、たんなる蜃気楼に、空虚な連続性、あらゆる内容を欠いたたんなる表象に溶解されてしまうような、そのような非人称的な場、たんなる「超越論的」領野ではない。「超越論的」ということが指し示すのは、このような実在逃避のあとに、このようなあらゆる実効性の溶解のうちに存続しているもの、すなわちまったく何ものでもないものなどではなくて、完全に規定され、絶対に具体的な、ひとつの存在領域なのである。われわれによって無と呼ばれるに値するもの、それは主観性ではなくて、その影、その夢、超越的存在のエレメントのうちへのその投影なのである。この純粋な、普遍的で空虚な場は、表象のなかを漂い、おそらくあらゆる表象のエレメントなのだが、主観性がこのような場と混同されえないことは、主観性がけっして超越的なものでないということから、直接的に帰結する。形相的な観点から主観性を特徴づけているのは、むしろ主観性が絶対的内在の圏域におけるひとつの生であるということ、主観性が生であるということなのである。抽象的であるもの、それは超越的なものである。超越的な要素は、それよりもっと具体的な何かによって生のうちに維持されなければならない、死せる要素である。なぜならヘーゲルの言うように、死せるものを生のうちに維持することは、「最大の力を要請するもの[1]」だからである。しかしながら生のうちに維持するもの、それはまさに生であるところのものそのものである。それはまさしく悟性ではなくて、あらゆる形態をとった絶対的主観性の実効的な生なのである。すなわち身体もそうであるし、一般的な仕方で、共通言語もまた生と呼んでいるところのものがそうである。

もし絶対的主観性が、その最も深い諸規定として、われわれの身体的生を共に合成する諸志向性を自らのうちに迎え入れるのであれば、絶対的主観性の具体的性格が疑問に付されるなどということが、ありえようか。もし主観性が身体の存在を定義するのであれば、主観性がひとつの虚構、観念論のひとつの抽象であるなどということが、あるだろうか。まなざしよりもっと濃密で、もっと実在的な、何が存在するというのだろうか。食欲よりもっと錯覚から程遠い、何が存在するというのだろうか。おそらく主観性概念と身体概念とは、両者の正確な存在論的解釈に関するかぎり、緊密に連帯し合っている。たとえばもし主観性について誤った観念が得られるなら、もし主観性が惰性的な諸要素の場と、あるいは世界に直面する純粋な「空虚」とみなされるなら、一般的にいって、もし主観性について心理主義的ないし虚無主義的な解釈が与えられるのなら、身体が主観的であると言ったからといって、何の役に立つというのか。むしろ探究は、次のように進展してゆくべきなのである。つまり、身体の根源的存在は絶対的主観性と同一視されるのだが、身体の分析は、絶対的主観性の構造が身体の分析にアプリオリに命ずる諸条件に従って導かれ、しかも跳ね返って、われわれがこの基本的な構造についていっそう正確な観念を得るのを助けることができる、というようにである。かくして主観性は非人称的で空虚な場ではないという観念は、身体についての存在論的分析の内部では、主観的運動の存在や感覚作用の存在が一箇の具体的な個体に帰属するものとして規定された、ということによって確証される。すでに見たように、力能はけっして不特定の力能ではなくて、それはつねにひとつのエゴの力能なのである。感覚作用（特定の諸作用が問題なのであれ、この種の諸作用にとっての存在論的根拠として理解された感覚作用の一般的可能性が問題なのであれ）の分析によって、われわれは類似の結論へと導かれた。なぜなら、ひとつのエゴに関与しないような（あるいはもっと正確に言えば、その存在そのものが、この存在が絶対的内在の圏域における根源的顕示の存在であるかぎりで、このエゴの存在と同一視されないような）感性的な受動的綜合などという観念は、われわれには意味を欠いたもののように思われたからである。同様にして、根拠として理解された存在論的可能性の観念と、根源的実在性の観念、すなわち根拠によって可能にされる実在性の観念ではなくて、根拠それ自身の実在性の観念、これらの諸観念のあいだの連関が、身体の存在がまさしく存在論的可能性の実在性として解釈されるときに、身体の分析によって明晰に指摘され、明確化されているのである。

先の観念に密接に結び付いたもうひとつの観念があって、それは先の観念に劣らず主観性の存在を理解するのに決定的である。この観念にはやはり、主観的身体についての理論が協力している。この観念とは、絶対的認識の可能性に関する観念である。このような認識の観念には、この認識は形式のみに、つまりそのばあい形式には偶然的で異他的な或る内容が不可避的に対立することになるのだが、そのような形式のみに還元されるのではない、ということが含まれている。たしかに主観性はつねに、或る超越的な存在に現前するひとつの生ではある。しかしながらそれ自身においては、この主観性は空虚な一形式ではない。主観性はすでにひとつの内容をもっているのだが、この内容はしかし、超越的存在それ自身によって構成されるのではなくて、それはひとつの根源的な内容、すなわちそのものとしての超越論的内的経験の内容なのである。この根源的な、超越論的な内容については、われわれはそれがまさしく生の濃密性を、第一次的で還元不可能な存在論的濃密性を成すものである、と言うことができる。この濃密性は、この生が絶望へと弱まり、すっかり真剣みを失ったかに思えるときでさえ、存続している。このようなばあいでさえ、じっさい生はひとつの形式とは別のものなのであり、生はそれ自身によって、それへと生が自らを超出するところの存在からは独立に、或る内容を有しているのである。主観的運動と感覚作用とについての分析によって、われわれはつねにこの種の内容に現前せしめられた。われわれの経験が或る超越的内容に関わるかぎりで、それは受容的で、それが実現する認識は有限な認識と呼ばれなくてはならない。しかしわれわれの超越論的内的経験の根源的内容が問題とされるときには、この内容に関わり、もはや超越的でない認識は、ひとつの絶対的認識にほかならない。なぜならこの認識は、或る意味でこの認識がその根源であるようなひとつの内容を、有しているからである。生とはまさしく、このようなものである。つまりこの種の絶対的認識である。そしてそれゆえにこそ生は、その名に値するのである。

身体についての存在論的分析が、このような絶対的認識の本性をいっそうあらわにすることに貢献したのは、次のようなときである。すなわち身体についての認識は、身体が超越的存在のエレメントのうちに出現する以前にわれわれに与えられるのだということを、この存在論的分析が示したときであり、またこのような認識を、考えうる一切の超越的内容に還元することが不可能な或る固有の超越論的内容、まさしくこのような超越論的内容を備えたひとつの根源的な顕示として、この存在論的分析が解釈したときである。そのことによって身体の分析は、絶対的ではあるが、しかし形式と同様に内容にも関わるような認識が、如何にしてじっさいに可能なのかを、われわれに理解させてくれた。このように理解された絶対的認識の可能性が、絶対的主観性の現象そのものを指示するということ、そしてわれわれが従事しているケースでは、超越論的主観的身体の現象を指示するということは、まったく明らかである。これら二つの根源的諸現象（その後者は、本当を言うと、前者の一特殊例でしかない）の固有の存在論的構造を承認することに対峙し、したがって、絶対的な人間的認識の可能性と現実存在とを認めることに対峙している障害は、存在論的一元論である。存在論的一元論とはすなわち、何か実在的なものは一般に、超越的存在のエレメントにおいてしかわれわれに与えられえない、とする考えである。このような考えは、主観性からあらゆる実在性を取り除いて空にするはめになる。あるいは、もしこのような考えがこの主観性をひとつの実在とみなすことに固執するなら、もはやじっさいに問題とされるのは、このような考え〔存在論的一元論〕が知っている唯一の存在の場、すなわちラディカルな外在性の場において自らを顕わす実在でしかありえない。そのばあい思惟は、心理主義に陥る。身体論に関するかぎり、存在論的一元論がもたらした決定的な帰結とは、哲学的反省が主観的身体の観念に高まることをつねにそれが妨げた、ということであった。身体は存在の実効性のなかの実在的要素として、存在一般の存在論的な場にしか帰属しえず、それは必然的に何か超越的なものであった。このようにその客観的顕現へと還元されて、身体はその本質的‐存在を構成するものを、すなわち運動および感覚作用についての超越論的内的経験としての主観的身体を、切断されていたのである。

したがって、人間本性について得られた観念が、深く変質されなければならなかった。なぜなら、もし本当にわれわれが実在を意識によって定義するのであれば、身体が世界の一要素として、どうでもよい他の諸規定とならんで存在のうちに立てられるたんなる一規定として直面されるかぎりは、意識が身体と結ぶ関係が、もはや理解されえなくなってしまうからである。このようなパースペクティヴにおいては、受肉という現象は、意識の眼には必然的に、ひとつの逆説として、つまり本当のところひとつの純粋形式に還元されてしまった意識自身の存在、そのような存在に対してなされたひとつの神秘的な綜合的付加として、現われることになる。そこで、一方ではもはやひとつの純粋な無でしかないものと、他方では固定した一規定、たんなるひとつの定在とのあいだに、或る対立が確立されることになる。じつは、意識は無の空虚などではなく、身体はひとつの対象などではない。主観性は実在的であり、身体は主観的なのである。受肉という現象が意味するのは、或る存在論的可能性の実在性以上のなにものでもない。この存在論的可能性は抽象的なものではなくて、反対にそれは、自らをエゴの存在そのものと同一的なものとして顕示するのである。身体の存在に関して言うならば、身体は根源的にはたんなる一箇の定在でも、人間が形而上学的存在としてその有限性、その偶然性、あるいはその不条理を確証しなければならないであろうような何らかの客観的一規定でもない。しかしここで、われわれの諸反省の流れがわれわれを導いて、第二の一連の諸指摘を行うべきときが来た。これらの諸指摘は、いっそう特殊的に、身体の問題と人間的実存にとって身体が有する固有の意義とに関わる。

普遍的な場のなかに含まれている存在が、偶然的なのである。このような存在は、普遍的な場との関係において、特殊的一規定として呈示される。偶然性は或る特定の存在論的領域、すなわち超越的存在の領域に関わるひとつのカテゴリーなのである。このような領域の内部で自らを顕わすすべての事物は、偶然的である。なぜならそれは、或る地平をもっているからである。地平は事物に対しては、事物の浴する場に由来する「プラス」[1]のようなものであるが、この地平が精神にとって意味するのは、現在の規定を跳び越えて、現在の規定の特殊性を示しつつ、同時にこの規定の可能的変容ないし可能的消失を示すような、そのような可能性である。たとえばひとつの延長せる事物は、空間に対しては偶然的である。そのような事物はつねに、今あるのとは別のものでありうるし、異なる形態を取りうるし、あるいは消滅させられることもある。このような偶然的性格が空間的諸事物の固有性でないことは明らかであり、このような偶然的性格はすべての超越的事物一般に及んでいる。反対に、主観性の圏域に属するものは、原理上、あらゆる地平を欠いている。じっさい、絶対的主観性を存在論的に特徴づけているのは、超越論的内在なのである。このような内在のおかげで、主観性の圏域は或るラディカルな仕方で、超越的存在の圏域に対置される。それは主観性の圏域が、そのなかで生まれる諸規定に背くような場であるとはわれわれには考えられない、という意味においてである。超越論的志向性が内在的であると言うことは、まさしく、超越論的志向性がいわばそれより広い場のうちに浸されるのではない、と言うことである。反対に超越論的規定の内在が意味するのは、主観性がこのような規定のうちに汲み尽くされる、ということである。なぜならこのような規定は世界に属していないからであり、このような規定はそれを超出するようなエレメントによって取り囲まれてはいないからである。かくして生一般は、絶対的生として、けっして偶然的なものではないのである。

身体の生は、それもまた純粋内在の圏域において自らを顕示するので、このような規則を免れない。おそらく鼻、眼、四肢などは、いかに正当化しても、たとえば機能的な正当化をしても、明敏な精神の眼にはその奇妙な布置あるいはその不条理な性格を隠すには十分でないような諸規定として、われわれに顕われる。しかしわれわれはまさしく、身体はこの類の諸規定、いわば純粋精神によって上空飛翔されてしまうであろうような諸規定の総体ではないということを示した。それどころかむしろ、われわれの身体はその根源的な存在においては、潜在的に共可能的な、しかも様々な形相的諸類型に従って共可能的な諸志向性からなるひとつの構造なのであり、すなわち絶対的内在の圏域において遂行される超越論的諸規定のひとつの有機的な全体なのである。このような全体の観点から、われわれは身体を、われわれのすべての心理的諸習慣の根拠たる存在論的習慣として、特徴づけたのである。それゆえ絶対的身体は原理上、偶然性のカテゴリーを免れている。そして身体の状況という問題がわれわれに不可避的に立てられるとしても、しかし、このようにして状況のうちにあるということが絶対的身体にとって何を意味するのかを、明晰に見ておくべきなのである。

われわれは「絶対的身体にとって」と言う。なぜなら身体の状況という問題がいくぶんなりとも真剣に直面されうるとすれば、それはただ、この問題がたんに客観的身体に関わっているのでも、まずもって客観的身体に関わっているのでもないからである。客観的身体は、任意の他の対象と同じ仕方で状況づけられているように思われる。絶対的身体について、それが状況づけられていると言うこと、これこそは、客観的身体に適用されるときとは明らかに、まったく別の意味で理解されなければならない命題である。なぜなら客観的身体は世界のうちに、すなわち他の諸対象を含む一般的な場のうちに状況づけられているからであり、そのような諸対象のあいだには、三人称的な位置的諸関係が設定されているからである。対象にとっては、すなわち超越的な事物にとっては、状況は偶然性と等義である。しかし、すでに見たように、絶対的身体は偶然性のカテゴリーには従属しえない。それは何か超越的なものになるというのでもなければ、偶然性のカテゴリーには従属しえないのである。ところで、状況づけられるということは、身体の根源的存在にとっては、その基礎的存在論的なステイタスが変化することを、含意しえない。このような変化の観念は、存在論的観点からすれば、ひとつの不条理である。というのもこのような変化は、われわれの根源的身体にとって、その存在の変様をではなくて、その存在の消滅をもたらすであろうからである。状況‐の内に‐有ること［状況‐内‐存在］は、たしかに絶対的身体にとって、超越的存在と或る関係のうちにあることを意味する。しかし今回問題とされるのは、ひとつの超越論的な関係なのである。われわれの身体が状況づけられていると言うことは、われわれの身体が自らを世界に関わらせ、そして世界の内部で超越的存在のしかじかの規定に関わらせる、と言うことである。しかしながら世界とこのような関係を維持することは、ひとつの事物がそのエレメントに帰属するようにして、世界に帰属することではない。それどころか反対に、われわれの身体が世界へと有りうるのは、けっして世界に属するものではない、という条件においてのみなのである。われわれの身体は、主観的であるからこそ、状況づけられているのである。このように、状況の内に有るということの可能性は、根源的身体の存在論的構造のうちに見出される。この構造が絶対的主観性の構造であるので、ここでもまた、ひとは次のことを確信することができる。つまり主観性の哲学は、人間存在が世界の内に挿入されていることを説明できずに、いわば人間存在を漂わせてしまうような抽象的観念論に導くどころか、反対にそれは、われわれがこのような挿入を説明することを、すなわち状況‐内‐存在という事実にひとつの存在論的根拠を与えることを、許してくれている当のものなのである。

逆に身体についての存在論的理論から出発して人間存在の状況を解釈することによって、われわれは状況‐内‐存在についての、あるいはこう言ったほうがよければ、「ココ（hic）」という現象についてのあらゆる素朴な、もしくは「実在論的」な表象を禁じられる。自らのものである状況において、身体はその主観的な性格を放棄するわけではない。というのも、すでに見たように、このような状況が身体にとって可能なのは、この性格のおかげだからである。身体がひとつの志向性であるからこそ、身体は或る特定の仕方で方向づけられるのであり、この志向性がひとつの超越論的内的経験であるからこそ、絶対的身体が方向づけられたからといって、その独自の存在論的ステイタスに何ら変化があるわけではないのである。身体は、世界もしくは自己自身へのその関係において、自己のそばに踏みとどまっている。後者のばあい［すなわち自己自身へ関係するばあい］にも、われわれが記述している基本的状況には、何ら変わりはない。なぜなら、その場合われわれの根源的身体がそれへと向かって自らを超出するところの超越的身体は、けっしてこの根源的にして絶対的な身体ではないからである。それゆえ、身体が自らをそれ自身に関わらせるとき、身体の主観的ステイタスは変様されず、変化が介入するのはその超越的経験の内容においてだけである。たしかにこの変化は、特徴的ではある。というのも、ここでは対象は、身体それ自身であるように思われるからである。しかしながらこの超越的身体には、生の固有の本質は属さない。一般的にいって生が世界の外で完遂されるように、生は超越的身体の外で完遂される。なぜならそれは、内在的であり、内在的であり続ける生だからである。

いままでの諸考察は結局、状況という現象の主観的性格を主張することに帰するのだが、たしかに状況という現象の分析は、このような諸考察によって汲み尽くされるものではない。状況‐内‐存在はまた、われわれの客観的超越的身体にも関わるように思われる。この意味においてこそわれわれは、しばしばわれわれの身体について、それが「ここに」ある、サロンのなかにある、庭のなかにある、等と言うのである。しかし見かけとは違って、われわれの客観的身体の状況は、この状況を世界の超越的な場に浸された任意の対象の状況に同化することによって容易に説明しうるような、そのような自律的な一現象を構成しているわけではない。われわれの客観的身体は、任意の一対象などではまったくなくて、その状況は、その存在論的諸特性のうちの任意の特性と同じ資格で、或る固有の性格を呈示している。そしてその状況はこの固有の性格を、じつは絶対的身体の状況から借りているのである。なぜならわれわれの身体は、われわれの表象においてさえ、部屋だとか椅子だとか、それを取り囲む他の超越的な諸事物に対してたんなる並列関係のうちに立てられた、一箇の単なる定在として呈示されたりなどしないからである。じっさいわれわれの身体が椅子を利用し、洋服箪笥に行き、鍵を回し、部屋を去り、そのためにドアを開くということは、この種の諸事物とのこのような並列関係においては、きわめて微々たることである。ところで、もしわれわれの客観的超越的身体の状況が定義されるのが、この種の諸規定（「開く」「回す」「〜のほうへ行く」「去る」等のような）を媒介することによってであるということが明らかであるとするなら、このような諸規定が根源的には超越的存在の場には属さないということも、やはり明らかである。しかるにひとは、このような超越的存在の場から出発して、われわれの身体‐客体の状況を定義しようとしている。このような諸規定は、実存のまったく別の圏域に属す諸規定なのである。なぜならそれらは、そのなかでわれわれの主観的身体の絶対的生が表現されるような、様々な諸志向性に対応しているからである。

　それゆえ、客観的超越的身体の状況を厳密に現象学的に分析するという課題は、この状況を構成する諸性格のなかで、以下を区別することであろう。すなわち［まず］超越的存在の一般的な場を指示し、「〜の傍らに」「〜の上に」「しかじかの距離で」等のような前置詞や句によって表現される三人称的な諸関係に従って、このような場の内容へとわれわれを差し向けるような諸性格。そして［次に］反対に、やはり表象のなかに現前しつつも、しかし他の存在領域から、すなわち主観的身体の志向的圏域から借りることによってしか、われわれにとってそのあるがままではありえないような諸性格である。この後者の諸性格のうちに、そのおかげで私の客観的身体が他の対象に向かって行く一対象として、ドアのノブを回したりなどする一対象として私に与えられるような諸性格を、数え入れておこう。そのさい、本質的なものとみなされるに値するのは、この後者の諸性格であるということを見るのは、困難なことではない。なぜならこれらの諸性格はもっぱら、われわれの客観的超越的身体という、はっきりと規定された対象にのみ帰属するのに、他方、前者の諸性格は、どんな対象であれ、世界の対象一般を定義するものだからである。

そのうえ、いっそう深く分析してみるならば、原理上どのような対象にも関わりうる諸性格（本は私の手と同じ資格でインク壺「の傍らに」ありうる）は、それらが私の客観的身体を形容するときには、じつはラディカルな価値変様をこうむるのだということが示されるであろう。私の手がインク壺の傍らにあると言うことは、私の手がいつでもインク壺を摑みうると言うことであり、インク壺に対する私の手の関係が、いわば私の手にとって内的になると言うことなのに、他方、同じインク壺に対する本の関係は、本にとっては外的であり、いわばどうでもよいものである。つまり、すでに説明したように、われわれの客観的超越的身体は、けっして壁の足元にある石のように静態的な仕方では状況づけられないような、ひとつの魔術的な対象なのである。われわれの客観的超越的身体の状況に関わるすべての諸規定は、結局のところ第一のグループの諸性格に帰し、このような諸性格によって、この客観的身体はじっさい、惰性的な一定在としてではなく、ひそかに或る主観によって住みつかれた動く一対象として、世界の内に状況づけられているのである。ところでわれわれは、任意の対象一般の状況‐内‐存在にではなく、われわれの身体客体の状況‐内‐存在に関わるこれらの本質的な諸性格は、根源的ではなく根拠づけられたものとして理解されなければならない、ということを見た。つまり、じっさいわれわれの客観的身体は、こうした諸性格を絶対的身体から借りているのであって、客観的身体は、超越的存在の一般的な場における絶対的身体の客観化を表象しているのである。もしわれわれが、われわれの表象においては、われわれの身体‐客体が様々な仕方で廻りの諸事物に関わっている（諸事物のほうに向かうことによってとか、諸事物から離れることによってとか、等）と言うことができるのだとすれば、じつはそれは、われわれが絶対的身体を有していて、そこにおいてこれら様々の諸志向性が、われわれの客観的超越的身体の媒介によって描出される以前に、根源的な仕方で遂行されているからなのである。

そこで、われわれの客観的超越的身体の状況とわれわれの絶対的身体の状況との関係が、以前われわれが研究した関係たる、エゴの客観的超越的身体とエゴの絶対的身体とを一般に結んでいる関係と、厳密に平行的であるということが、明らかとなる。したがってわれわれは、以下のような本質的な指摘を定式化することができる。すなわち、人間の存在が一箇の状況づけられた存在であるのは、われわれの身体が一箇の超越的身体でもあるから、つまり主観的身体の発見以前に哲学が理解していたような身体でもあるからではない。それどころか反対に、われわれの客観的超越的身体がそれに固有のきちんと規定された意味において状況づけられるのは、ただわれわれの絶対的身体が、世界と超越論的な関係にある主観性として、いまからすでに状況づけられているからなのである。かくして哲学的伝統に君臨している稚拙な諸表象は、存在論的分析によって破壊される。その稚拙な諸表象によれば、純粋意識や抽象的主観性として理解された人間の形而上学的存在が、状況づけられ、規定され、おまけに個体化されるのは[2]、それを客観的身体と関係づけることによってでしかないとされているのである。ちなみにそれは、神秘的な関係づけ（身体のうちへの魂の「転落」に関する諸々の神話[2]が示しているように）ではあるが。状況‐内‐存在という性格が、いわば身体‐客体から絶対的身体へと伝達されるどころか、このような「伝達」が遂行されるのは、じつは反対方向においてなのである。

したがって、絶対的身体の状況-内-存在を、われわれの客観的身体の状況から出発して解釈したり、いわんや世界を満たす通常の諸対象の状況から出発して解釈したりしないことが、大切である。根源的身体の本性は、いかなる点においても、超越的事物の本性には似ていない。超越的事物は、その形相的ステイタスに命じられて、必然的に、際限なく変化する多様な諸アスペクトにおいてわれわれに与えられるのである。本当のところ、すでにしてわれわれの客観的超越的身体の与えられ方が、超越的事物一般を特徴づける与えられ方に、全面的に還元されるわけではない。われわれは、われわれの自己の身体に対しては、われわれの欲するパースペクティヴを自由に採用することができない、という点で、われわれの客観的超越的身体の与えられ方は、超越的事物一般を特徴づける与えられ方を免れているのである。しかしながら、それこそがわれわれの身体の現出の仕方と任意の超越的事物の現出の仕方とのあいだに存在する唯一の差異であるどころではない。古典的心理学がそう考えることができなかったのは、ただ身体についての古典的心理学の分析が、その赤貧のうちに、客観的超越的身体を考察することのみで立ち止まってしまっていたからに過ぎない。しかし絶対的身体も有機的身体も、ただたんにわれわれの諸パースペクティヴの自由な変更を制限することによってのみ、超越的事物に対してそれらを特徴づけることをわれわれに許すような、そのような存在論的ステイタスを呈示しているわけではない。このことは、絶対的身体については明らかである。絶対的身体は、いかなる「アスペクト」をもわれわれに呈示しはしない。なぜなら絶対的身体は、けっして超越的なものではなくて、いかなる種類のいかなる現象学的隔たりも、われわれを絶対的身体から分離しはしないからである。有機的身体に関していえば、われわれはこれについて、以下のような逆説的な、しかし現象学的には明証的な命題を定式化しなければならない。つまり有機的身体の超越的存在がわれわれに与えられるのは、際限なく変化する多様な諸アスペクトにおいてでも、特定の、すなわちわれわれの諸パースペクティヴの自由な変更を免れる、一つないし一連のアスペクトを介してでもない。われわれの有機的身体の現象学的ステイタスは、われわれの根源的身体のそれとはラディカルに異なっているとはいえ、それでもわれわれの有機的身体は、一種の絶対的認識においてわれわれに与えられるのである。われわれの有機的身体は、われわれの絶対的身体の諸志向性の厳密な非表象的な相関者なのだから、それはつねにその全体がわれわれにとって現前し、われわれはあらゆる制限とあらゆる誤謬の可能性とを排除するような或る知のなかで、有機的身体を所有しているのである。われわれの有機的身体がわれわれの絶対的身体に対して状況づけられているとすれば、この状況はいわばひとつの絶対的な状況なのであって、有機的身体に何らかの変化が生じて、われわれの絶対的身体の諸志向性に対する有機的身体の直接準備体制の状態が変質されてしまうなどという観念は、原理的に受け入れられないのである。

いま枚挙したばかりの諸性格やそれらの形相的必然性を体系的に開明したならば、われわれは、本書の諸探究の枠内では素描されることしかできなかった有機的身体論に、導かれることであろう。[3] これらの諸探究は、少なくとも絶対的身体の根源的存在に関するかぎりは、あらゆる曖昧さを遠ざけることに成功した。絶対的身体は超越的な一事物などではなくて、それとの関係においてこの類の「超越的な」すべての事物が、一連の特定の諸アスペクトのなかで素描されるようなものなのである。諸事物がわれわれに呈示する諸アスペクトをこのように規定することは、絶対的身体から出発して行われるので、われわれは絶対的身体を、何か状況づけられたものとしてよりも、むしろ根源的に状況づけるものとして、万物をわれわれに対して状況づけるものとして考察しなければならないのである。われわれの根源的身体は、ひとつの絶対的な中心である。したがってそれは、状況という一般的カテゴリーに自由に従属せしめられうるどころか、むしろ状況の内にあり、しかも、根源的身体は結局はすべての可能的状況の存在論的根拠として記述されなければならないという、はっきりと規定された意味において、状況の内にあるのである。[4]

根源的身体がけっして超越的なものではないという意味において、根源的身体は状況づけられてはいない。そのことによって身体の問題や、身体に対する実存のいわゆる態度決定に関する多数の実存的諸テーゼが、斥けられるようになる。このような態度決定においては、実存は自らの身体を「引き受ける」ように、しかもしかじかの仕方で「引き受ける」ように仕向けられるであろう。実存が自らの身体を受け入れたり拒絶したりして自らの身体に関わる様々な仕方を説明するためには、微に入り細を穿った実存的な諸記述が必要であろう。しかしながら、こうした諸記述の基盤にあり続ける前提が、われわれの身体が何か超越的なものとみなされているということに存することは、明らかである。見てのとおり、このような前提は、伝統的哲学および常識の諸々の開明されざる考えを、自らの責任において捉え直しているに過ぎない。このような考えに従えば、われわれの身体はひとつの対象にほかならないということになろう（ちなみにこのような対象を世界の他の諸対象から区別するために、ひとがこのような対象に認めようとしている固有の諸性格が、どのようなものであろうとも）。われわれが自らをわれわれの自己の身体のほうへ差し向けるような諸志向性というものも、たしかに存在しはする。しかしここで考察されている現象の複雑さにもかかわらず、身体の根源的存在を求むべきは、自らを〜のほうへ、〜に対して等、差し向ける諸志向性のうちにであって、諸志向性がそのほうへと自らを差し向ける超越的身体のうちにではないことは、明らかである。後者［超越的身体］はまさに根拠づけられた身体でしかなく、すなわち、すでに見たように、われわれの絶対的身体を根拠として構成された身体でしかないのである。

「私は身体を持っている」[3]という主張に対しては、それゆえ、「私は私の身体である」という、いっそう根源的な主張を対置すべきなのである。もっともこの陳述も、まさに存在論的分析の厳しさよりも両義性が。「私は私の身体である」ということが意味するのは、「私は私の身体ではないにもかかわらず、私の身体である」とか、「私はあらぬという仕方で私の身体であるべきである」とかいったことではない[5]。こうした諸命題はすべて、じつは、われわれが告発したばかりの前提に依拠しているのである。その前提によれば、身体は根源的に超越においてひとつの項として立ち上がり、その場合、そしてその場合にのみ、ひとは様々な仕方でこの項に対して振る舞いうるということになる。「私は私の身体である」ということは、きわめて正確に、次のことを意味している。つまり私の身体の根源的存在は、ひとつの超越論的内的経験であり、したがってこの身体の生は、エゴの絶対的生の一様態だということである。「私は身体を持っている」ということが意味するのは、ひとつの超越的身体もまた、依存関係によって絶対的身体に従属するものとして自らを私にとって顕わし、自らを私に与えるということである。自己の身体の構成についての理論が示したように、絶対的身体は、この客観的身体をも、この客観的身体をエゴに結び付けている所有関係をも、ともに根拠づけているのである。

先の諸指摘は、生についての新たなる哲学に、序論として役立つにちがいないであろう。すでに見たように、生の概念は、あるいは特定の科学の対象を、すなわち生物学を指し示すことができ、その場合それは、ひとつの科学的な概念である。あるいは生の概念は、知覚の対象を、つまりその対象をしてわれわれの眼にひとつの生けるものとして現われさせるようないくつかの現象学的諸性格を担った対象を、指し示すことができる。しかしながら、生の概念が人間存在に関わるとき、生の概念がその根源的な意味を獲得するのは、それがわれわれにとって一人称の生を、すなわちエゴの絶対的生を指し示すにいたる場合のみである。このような生は、もはや超越的存在のエレメントを触発するような特定の諸性格によって、自らをわれわれに顕わすのではない。このような生は、ラディカルな内在の圏域のうちで自らを顕示し、したがってそれはもはやわれわれにとって、われわれの根源的身体の生そのもの以外のなにものでもない。もしこのようなものがまさしく、その固有の存在論的本性において、われわれがわれわれのものであると言っているところの生であるならば、それならば、生と意識ないし自己意識とのあいだの対立という、多くの哲学者たちによって、また一般的な仕方で、伝統によって根本的なものとして与えられてきた対立が、ふたたび問いに付されなければならないことは、明らかである。

この対立はヘーゲルにおいて、或る決定的な意義を受け取る。ヘーゲルにおいてこの対立は、存在の積極性と精神の否定性とのあいだの根本的な対立の一契機を表わしている。おそらく生は、或る意味では、すでにそれ自身によって否定的精神、すなわち概念である。かくして生は、固定されえない過程、有機体の様々な諸部分を貫く過程として、解剖学が記述し、けっして実存の抽象的で死せる側面でしかない形象に、対立する。しかしながら、真の概念は生ではなくて、むしろ自己意識である。自己意識においては、概念はその深い、真正の否定性を、生に対するその不等性をあらわにし、その場合生は「自然な措定」として、生命的存在の積極性として指し示される。積極性としての生の否定は、その場合、自我の措定への本質的な媒介である。それゆえ真正な概念としての後者［自我］は、生ではなくて、むしろその反対である。もし生が、「存立する自立性」(5)および積極的な膨張として、自己意識がそのなかでまず自らを顕わす直接的様態であったとすれば、じつは自己意識は生ではないということが明らかとなる。それゆえにこそ意識は、それ自身の存在を証明し、その真理において認められるために、意識が存在のなかの一要素たる生とは同一視されず、意識は生を犠牲にして死に立ち向かう用意があるということを、示さなければならないのである。諸意識の闘い[6]のなかで対立し合う二つの要素とは、二つないし複数の特殊的諸意識であるというよりはむしろ、各々の意識の内部で、生の積極性と、概念の真正の働きとしての純粋な否定性なのである。根本的な対立は、どこまでも意識と生ける物との対立である。それゆえヘーゲル哲学は生を、意識が自らを自己意識として、また真正の自我として獲得するために、意識が否定し超出する一対象とみなしているのである。

生は超越されなければならない一要素であると言うことは、結局、生は主観性の深い本性には外的な、精神の純粋な否定性には外的な、ひとつの超越的事物であると言うことに帰着する。このようなパースペクティヴにおいては、実存はそれがこの生を超越する仕方に従って、つまり実存が生に関わり、生を否定し、生を引き受ける、等の仕様におうじて形容される。ひとは先に批判された現代の諸テーゼの、ごく近くにいる。もしひとが身体についての存在論的理論の教えに忠実なままであるなら、そしてもしひとが身体の生をラディカルに内在的なひとつの生と考えるならば、ひとは反対に、このような生がいつか超越されるなどという可能性がアプリオリに、このような生の形相的なステイタスによって遠ざけられていることを、理解するのである。同時に人間的生は、いかなる純粋精神も以後跳び越える［上空飛翔する］ことのできない、重いものとなる。主観性は、その固有の無に閉じ込められて生の規定のうちに降りてゆくことができないような、そのような純粋精神ではない。主観性はこの生そのものなのである。主観性が生であるということ、それこそが実存の真剣さである。実存は、概念の純粋否定性などではない。すなわち実存は、何であれ存在するものと相等にはなりえず、したがって存在の実効性をなすものをつねに自らの外に放置すべく宣告されているような、抽象的で空虚な一形式などではないのである。主観性は生であるかぎりで、たしかに超越的存在と相等になる力能を有してはいない。しかし存在論的な観点からは、このような相等性の企投そのものが、ひとつの不条理でしかない。しかしながら生は、絶対的内在の圏域における生であるかぎりで、真の相等性を所有しているのである。じっさいこのような圏域においては、主観性は自らをそれ自身に根源的に顕示し、けっして超越的ではなくてその実効的で実在的な存在であるところの或る内容を、有している。主観性がこの存在を経験するために、この存在が承認されたり、主観性が一体となっているところの生が否定されたりする必要などない。なぜなら生はそれ自身に相等的であり、生は自己とのその相等性であるからであり、この相等性は破壊されうるどころか、反対に、形相的次元に属する諸理由によって指図されているからである。

似たような諸指摘は、行為の問題について当てはまるだろう。行為の問題を前にして一般にひとがぶつかる諸困難は、行為の問題がその内部で討論されるような地平が、けっして開明されていないことに由来する。しかしながら、もしこの地平を構成している諸前提のことが真剣に反省されるならば、おそらくは、こうした諸前提が本質的なところでは、われわれの実践的生についての諸解釈を、おまけにその伝統的な諸記述を支配している二つの一般図式に帰することが、確証されるであろう。第一の図式は主知主義的諸哲学の図式であるが、この図式は、「手段」と「目的」の諸概念に照らしてこのような生を思惟することにある。このようなパースペクティヴにおいては、諸手段と諸目的とが、行為の瞬間に、その複雑さがその諸対象の複雑さに平行するような特定の諸思惟の主題と成りにやって来て、たとえば諸々の手順の継起とヒエラルキーとを反映するのだが、こうした諸手順は、それ自身無限に複雑な具体的諸状況と相関して使用すべきなのである。合理的な行為ならば、これら様々な諸項についての完全な認識を含むであろう。ということはつまり、人間にとって完全に合理的な行為など存在しない、ということである。当を得た行為についていかほどなりとも厳密に決定するために考慮に入れるべき所与は、じっさい、果てしなく増加してしまう。そのうえたいていの場合には、われわれは状況や、状況に対処するためにわれわれが活用しなければならないであろう諸手段について、吟味が全うされるのを待ってなどいられない。特定の一状況についての体系的かつ決定的な開明が全うされることを、緊急性が妨げるのである。そのうえこのような開明は、原理的に不可能である。というのも、この状況は絶えず変化しているからであり、他方、たとえばそのメカニズムがわれわれの理解を超えると言われる身体の場合のように、われわれはしばしば、われわれが活用させる諸手段について、初歩的な認識しか有していないからである。それゆえにこそヤスパースは、人間的行為は「決断力」なしには不可能であり、実践的生とその諸課題とを前にして、拘束的で疑いえない明証の確実性にまで高まりえないわれわれの認識の有限性を、「決断力」が補ってくれる、と主張するのである。ヤスパースは、デカルトが道徳のつねに暫定的な性格を強調したからといって、つまりわれわれの行為とわれわれの認識とのあいだにある不可避的なずれに気づいたからといって、デカルトを誉めたたえているのである[7]。

主観的身体についての存在論的理論のおかげで、われわれは、如何にこれら様々の考えが、じつはあらゆる哲学的根拠を欠いたものであるかということを、理解することができるのである。じっさいわれわれは、行為においては、そしてまず身体的行為においては、諸手段は知性的認識の主題とはならないということ、そして目的それ自身が何か表象されたものではけっしてなくて、それへと向かって（理論的志向性ではなくて）主観的運動が自らを直接的に超出するところの超越的項であるということを見た。やはりわれわれが見たように、運動としてのわれわれの絶対的身体の存在の、それへと向かって行為が自らを超越するところの項への超越論的な関係、このような超越論的な関係によって構成されたこの根源的現象のなかで明るみに出てくる認識は、けっして不完全な認識などではなくて、それどころかむしろ、それはひとつの絶対的認識であり、この絶対的認識の可能性は、主観的身体であるかぎりでの、すなわちひとつの絶対知であるかぎりでの根源的身体の存在論的ステイタスに依拠するのだということが、帰結するのである。われわれの知とわれわれの行為とのあいだに、ずれはない。なぜならわれわれの行為はそれ自身、その固有の本質において、ひとつの知だからである。われわれの認識とわれわれの行為とが不相等であるという主張――われわれの最も卑近な諸々の身振り（起き上がる、手仕事を行う、スポーツを実践する、車を運転する、等）[6]についての日常的な経験によってさえ否定される不相等――は、じつはひとが意のままにしている認識概念の、つまり認識を理論的ないし表象的認識だけに還元してしまうような認識概念の、不十分さから帰結するのである。行為におけるわれわれの認識の有限性を立てるテーゼには、行為の非合理的性格の肯定が、不可避的に結び付いている。したがってそれは必然的に、われわれの知を超出する行為たるかぎりでの行為である。そのことによって明るみに出てくるのは、「アンガジュマン」に適った行為のうちに身を投ずるかぎりでの、人間存在に固有の「決意」を尊重するような、現代哲学の諸々の考えの真の起源である。人間存在は、この「アンガジュマン」の危険を「引き受ける」のである。これらのロマンティックな諸主題は、倫理や倫理の基本的諸概念の真の革新に到達するどころか、たとえばデカルトの道徳に対するヤスパースの賞賛が立証しているように、古典的で主知主義的な哲学の諸前提と緊密に連帯している、とわれわれは考えなければならないのである。

　行為についての伝統的な解釈は、たんに手段と目的という諸観念に訴えるだけでなく、それはまた、それらに劣らず重要な、意図（intention）という概念を媒介にしても行われている。いまこそわれわれが語った第二の一般的な解釈図式を、告発すべきときである。この図式は、行為は或る意図の実現であると規定し、この実現は今度は、ひとつの客観化として理解されているのである。行為についてのこのような解釈の起源は、創造に関する古代ギリシアの諸々の考えにまで遡り、この創造はそれ自身、もっぱら芸術的創造というモデルから出発して考えられている。芸術的創造においては或る主観的イマージュが、指導的理想として、対応する具体的作品の制作をつかさどっている。行為についてのこのような解釈は、或る数の諸前提を含んでいるのだが、これらの諸前提を存在論的に破壊することが、もしそのことを身体についての存在論的理論がいわばすでに完遂してしまっているというのでないなら、特別に重い課題として、われわれにいま課されているであろう。これらの諸前提は、以下のようなものである。(1)意図とは或る主観的な状態であって、この状態はそのようなものとして、実在的現前の実効的存在をなすようなものを、自らの外に放置している。(2)それゆえ意図の実現は、実在的存在が実効的に現前しうる唯一のエレメントのうちに、すなわち客観性のうちに意図が移行するということを、含んでいる。意図のこのような実現のうちに、まさしく行為が存しているわけである。この一般図式にとりわけ従っているのが、ヘーゲルにおける行為の弁証法[8]である。この弁証法は、諸々の伝統的な考えを疑問に付し直すどころか、むしろそのような考えを体系的な仕方で呈示することによって、強調しているだけである。ヘーゲル哲学において主観性は、それ自身によってはあらゆる実在性を奪われたものとして考えられている。まさにそれだからこそ行為は、主観性の純粋思惟を存在へと変形し、自らひとつの物となる課題として、主観性に課されるのである。このような課題を引き受けることのない主観性、すなわち自らを存在のエレメントのうちに疎外して、そのために絶対的差異に身を委ねることをしないような主観性は、もはや主観的観念論の非実在的な主観性でしかない。たとえばそれが、「美しい魂[9]」である。美しい魂にとって行為しないこととは、実在すなわち客観的自然の価値を認めず、このような実在のうちに自らを疎外するのを拒むことによって、このような実在を前にして逃亡することを意味する。この種の疎外なのである。ということはつまり、行為は必然的に有限だということである。行為とはまさしく、なぜなら存在の試練を受け入れた〈自己〉が、実効性の一般的な場のなかで自らをふたたび特定の一要素というかたちで見出すときに、彼は自らを有限で偶然的な一規定として覚知するのであって、絶対的否定性としての精神がこのような規定に相等化されえないであろうことは、明らかだからである。そこから新たなる諸々の弁証法の必然性が、生じてくる。これらの弁証法において、〈自己〉は自らの疎外を超克し、ふたたび自己自身とのその相等性を見出そうとするであろう。

ヘーゲルの考えがわれわれの告発した諸前提に支えられていることは、明らかである。すなわちそれは、行為は本質的にひとつの客観化として、つまりそれ自身によっては実在性を欠いた主観性の、実在性が存続する唯一のエレメントのうちへの、すなわち超越的存在のエレメントのうちへの移行ならびに変形として理解されなければならない、という観念である。しかしながら存在論的観点からは、このような変形、このような移行は、まさしく何を意味しうるのだろうか。われわれはここで、根本的な存在論的不条理を前にしているのであって、ヘーゲルの建造全体が、このような不条理に基づいているのである。「主観は自らを客観化する」とか、「自我は自らを客観化する」といった諸表現は、特に不適切である。このような諸表現が意味するのは、せいぜいのところ、エゴないし主観性の、存在ではなくて表象が、超越の場においてわれわれに顕わす、ということに過ぎない。なぜなら主観的であるものは、このような場においてはまさしく、自らを顕わしえないからであり、主観的であるものは、ただ絶対的内在の圏域においてのみ、根源的に自らを顕示しうるということが、主観的であるものの存在論的構造がもつ形相的な掟だからである。それゆえエゴにとって自らを客観化することとは、たんに自らをそれ自身に表象することに過ぎない。しかしまさしく、自己について、このような表象を獲得することは、行為することではなくて、むしろ観想的な生を生きることであろう。じじつヘーゲルは、人間的行為を説明することに失敗している。

なぜなら彼は、人々の歴史がそこにおいて実現されてゆく多様な諸経験や諸活動の意味を発見することにあまりに性急であったので、本質的なものを、すなわち行為それ自身の存在論的ステイタスの哲学的開明を、怠ったからである。

もしひとが、われわれが告発した諸解釈図式に欺かれたくないなら、このような開明からこそ開始すべきである。行為という現象についてのこのような存在論的開明を追求してゆくことは、以下のことを認めるにいたらしめられることである。つまり、(1)主観性は実在的であるために、自らを客観化する必要などないということ。なぜなら一方では、主観性はすでにそれ自身においてひとつの絶対的な実在であって、抽象やたんなる存在の欲望などではないからであり、他方では、主観性にとって自らを客観化することは、原理的に不可能だからである。(2)まさしく主観性の客観化という観念が形相的な諸理由ゆえに遠ざけられるからには、行為はこのような客観化としては理解されえないということ。ちなみに行為についての現象学的分析は、行為とは何であるかを、全き明証性でもってあらわにしている。それはひとつの主観的本質なのである。たしかに行為は、意図とは混同されない。行為は、それが身体の介入を含んでいるという点で、意図からは分かたれるのである。しかし行為する身体は、表象された身体でも、有機的身体でもない。それは絶対的身体であり、したがって行為は、絶対的主観性の生の一様態以外の何ものでもないのである。行為は意図［＝志向（intention）］ではないけれども、それでもやはり志向的（intentionnelle）なのである。行為の過程において、諸志向性は綜合的な仕方で統合され、他方、それと相関的に志向的諸統一が組織され、その連鎖は超越的存在を触発しにくる諸変様の連鎖である。この過程の全体を通じて、行為は志向的であり続ける。すなわち行為は内在の圏域のなかで自己のそばにとどまり、けっしてそれ自身の「外に出て」、いわば自ら世界のうちに自らを顕わしにゆきなどしない。なぜなら、繰り返すが、行為は自らをそれ自身に表象する生などではなくて、行為する生だからである。そして過程の終末において、この行為は、先行するすべての諸志向性と綜合的に結び付いた究極的なひとつの志向性というかたちで、それ固有の場のうちに留まったのである。そしてこれらの諸志向性の全体が、われわれが特定の一行為と呼ぶ現象を構成する——そのさいもちろん現象の総体は、理論的生の本質にではなく、行為的生の本質に関係づけられなければならない。つまり現象の総体は、主観的運動と、この運動において行為が直接的にそれに向かって自らを超越するところの非表象的な項との、超越論的な関係から出発して理解されなければならないのである。

しかしながら、行為の固有の存在論的ステイタスが認められうるのは、絶対的身体の根源的存在についての平行した存在論的解釈を意のままにしている場合だけである。なぜなら、もし身体が世界の一対象としかみなされないのであれば、身体の媒介によって生ずる行為はそれ自身、この世界に属することになり、行為はもはや、以後みずからの外に実効的な存在を放置する純粋意図に還元されてしまった主観性の眼には、三人称の一過程でしかないことになってしまうからである。ヘーゲルの行為の弁証法を、先に批判されたデカルトの考えに結び付けている緊密な絆に、注意を促す必要があろうか。デカルトの考えによれば、行為の全体的現象において主観的要素が代表するのは、たんなる欲望でしかなく、この欲望を実現することのうちには、延長せる身体［物体］と、延長せる身体がその部位であるところの物質的諸運動とが介入することが、含まれているのである。ちなみにそれは、神秘的な介入ではあるが。反対に、主観的身体論によって、われわれは一人称の行為の哲学へ、すなわち、じつは人間的活動の哲学へと高まることができる。もし行為へのエゴの関与が、たんに願望を定式化することだけにかぎられ、そしてこの願望に非人称的な諸過程が、まるで奇蹟によってでもあるかのように対応するというのであれば、行為は本当は、エゴの行為ではないことになってしまおう。行為は魔術ではない。それどころかむしろ、メーヌ・ド・ビランがわれわれに教えるように、行為は努力であり、主観的な緊張であり、超越的要素に対する闘いなのである。行為についてのたんなる願望と、われわれが努力において遂行する実効的な行為とのあいだで、われわれの心理的生のうちに介入してくる現象学的に明証的な区別、このような区別を説明する必要性をたんに哲学的に意識するだけでも、行為の問題に関するすべての伝統的な考えを放棄するに十分である。上述のデカルトの理論とヘーゲルの理論は、こうした伝統的な考えの、数多くある見本のうちの二つの見本に過ぎない。

　これらの思弁的な諸テーゼを廃棄することは、同じ問題に関わる諸々の道徳的な考えに関して、重要な諸帰結をもたらす。特に、意図の道徳を批判することは、もはや主観性の哲学についての一般的な批判と混同されてはならないであろうし、この批判の口実とされてもならないであろう。それどころかむしろ、意図の道徳についての有効な批判は、主観性の哲学に、それのみに由来しうるのである。じっさい他のすべての哲学においては、意図は行為の唯一の主観的要素であり、行為の本質的‐存在を成すのはもはや、表象された（客観的な）要素でしかありえず、この要素は生の内在的圏域のうちに含まれるのをやめてしまう。しかるに道徳的本質が属すのは、生の内在的圏域になのである。したがって道徳的分析は、行為のうちに、ほんらい人間的な、すなわち主観的な要素として、道徳的な要素として、もはや意図しか見出さず、このゆえに道徳的分析は、本質的なものを取り逃しているという感情をたしかにもちつつも、意図にしがみつかざるをえないのである。この本質的なもの、すなわち行為それ自身を、主観性の哲学はそれがそれであるところのものとして、つまりひとつの志向性として、ひとつの主観的要素として認める。したがってこの主観的要素は、道徳の諸カテゴリーに属しているのである。それに対して三人称の客観的過程とみなされた行為は、けっして石の無垢しかもちえない。主観性の哲学が、そしてそれのみが、行為の要素そのものを倫理の評価に従属せしめることができ、主観的身体についての存在論的分析が、そしてそれのみが、諸身体は裁かれるであろうという前代未聞の主張[7]に、ひとつの意味を与えることができるのである。

われわれの身体の根源的存在を、純粋主観性として規定すること。この根源的身体に関わる認識が、超越的存在を受容する認識ではなくて、ラディカルな内在の圏域におけるひとつの顕示であるかぎりで、このような認識がもつ絶対的な性格を明るみにもたらすこと。このような認識に固有の、偶然的ではなくて絶対的な内容という観念。状況のカテゴリーが超越的諸要素に適用されるかぎりで、身体を状況のカテゴリーの絶対的中心にして根拠として現われさせるような解釈として、身体の状況－内－存在を存在論的に解釈すること。われわれの身体の根源的存在の超越という、暗黙の前提に依拠するすべての諸テーゼを、廃棄すること。そしてそれと相関的に、否定されたり超越されたりしうるような一規定としてではなくて、絶対的な生として理解された生についてのひとつの新たなる哲学を導入すること。客観化［対象化］や差異の場への移行としてではなくて、自らのうちにそれ固有の知を担うひとつの主観的本質として正確に解釈された、行為についてのひとつの新たなる哲学を導入すること。以上すべての諸要素は、身体についての存在論的分析に属し、あるいは身体についての存在論的分析から直接に帰結するのだが、これらすべての諸要素は、やはり次のような絆を否定するにいたる。この絆とは、［一方］受肉という現象と、他方このような現象に従属するかぎりでの人間存在に内属する諸性格としての有限性、偶然性、おまけに不条理とのあいだに確立されているのが、きわめて頻繁に見出される絆である。

われわれの身体性とわれわれの有限性とのあいだに絆を認めることは、現代の反省の特権ではない。このような承認はむしろ、少なくとも西洋の思索に君臨する或る伝統が表現している、人間および人間本性についての一般的な観念を導いている。この観念とは、人間は二重の存在として、身体と精神という対立する二項の綜合として考察されなければならない、という観念である。これら異質の二要素が相互間に保つ関係は、ひとつの逆説的な関係でしかありえない。純粋精神のまなざしには、受肉は、人間存在を乗り越え難き有限性という性格でしるす、ひとつの偶然的な現象として顕われる。宗教的思惟のいくつかの諸形式に対する反動によって、ヒューマニズム的な諸傾向や、自然主義的な諸傾向さえもが、身体を復権させるべく努力することもある。しかしながら、そうした諸傾向の眼には、身体は、それらが反対している諸信仰にとってそうであるように思われているもののままであり続けている。つまり身体は、劣った要素のままなのであって、ひとがそれを復権させようと欲しうるのは、じつはひとが、それを劣ったものとして考察するのをやめなかったからに過ぎないのである。健全ナ身体ノウチニ健全ナ精神（*mens sana in corpore sano*）と言う人は、いずれにせよこれら二要素を、ラディカルな異質性という観念に照らして思惟し続けている。このような人が定式化する価値論的次元の評価が、それと相関的な宗教的評価から遠ざかることがありうるとしても、じつはそれは、同じ根拠に依拠しているのである。この根拠とは、人間本性の二元性という観念にほかならない。この観念は、たんに西洋の哲学的伝統全体を支配しているのみならず、諸々の通俗的な考えにも浸透しており、この点ではこの観念は、われわれが帰属している文化的世界の、一般的真理のひとつとみなされうるのである。

　この文化的世界のなかで明るみに出てくる諸々の宗教的な考え、ちなみにそれらはこの文化的世界を育成するのに強力に貢献しているのだが、このような宗教的な考えに関していえば、それらは二元性の観念に、ほとんど無限の意義を与えているように思える。人間の有限性と、一見するとその根拠であるところの受肉の現象との関係という考えは、キリスト教においては一般に、罪は本質的に肉の罪である、という観念によって表現されているのではないか。多くの点で精神的な闘いは、キリスト教の伝統の眼には、肉と霊との闘いにおいて汲み尽くされているように思える。身体は、「魂を重くするもの」として考えられている。身体は、もし魂が精神［霊］の生たる神的な生に参与するために、有限性および罪から身を解き離したいと欲するのであれば、魂が厄介払いしなければならない重しなのである。有限性の観念はきわめて深く身体の観念に結び付いているので、多くの精神的諸鍛練は、身体を抑制しようとする。たとえばそれは、禁欲主義や、禁欲主義からインスピレーションを得ている多くの実践（断食、物絶ち等）においてのように、直接的な仕方によってであったり、あるいは感性的生および感性的世界一般に対する不信の態度による、間接的な仕方によってであったりする。ここでは〈西洋〉の文化的世界の統一性は、これらの宗教的な考えと、哲学的伝統に帰属するいくつかの諸主題との、しばしば厳密なまでの平行関係においてあらわとなっている。これらの諸主題は意識に、意識の進歩の必要条件として、感性的世界ならびに想像的世界に対する一種の禁欲を命ずる。これら二つの世界はまさしく、受肉という現象とこれら二世界との厳密な存在論的連関という観念に照らして、思惟されているのである。たとえばデカルト主義者たちにおいて、そうである。一般的な仕方で、二元論的な考えに由来するがままの人間「本性」という観念が、それに結び付くすべての諸問題とともに、ギリシア‐キリスト教的伝統の主要な諸主題のひとつと、この伝統の世界観（*Weltanschauung*）の永続的諸要素のひとつとを、形成しているのである。

　そこで、次の問いが立てられなければならない。つまり身体についての存在論的理論は、自由に展開されるなら、人間存在の受肉という現象について伝統がわれわれに教えるすべてを、廃棄することを含んでいるのだろうか。この理論は、有限性についてのわれわれの経験から、あらゆる実在的な存在論的根拠を剝奪する、と主張するのだろうか。有限性についてのわれわれの経験はまさしく、ひとつの経験であり、そこから出発してのみ人間的条件が正確な仕方で解釈され、真に人間的条件のステイタスであるようなひとつのステイタスを受け取ることができるような、忌避しえない経験ではないのだろうか。この条件をしてそれであるところのものたらしめているすべて、すなわち有限性を前にした不安、肉を前にした目眩《めまい》、われわれのすべての諸経験に住みつき、より特殊的にはわれわれの身体的かつ感性的な生に関わる諸経験に住みつく根本的な不満、こうしたもののすべてが、端的に否定されうるのだろうか。あるいはそれとも、存在論が、われわれが絶えずそれに与えてきた資格たる、ひとつの積極的な学であるという資格を受け取りうるのは、ただ存在論が、われわれの真の条件とは関係のない想像的諸経験の根拠ではなくて、われわれの実在的諸経験の根拠を彫琢する、という課題を引き受けるかぎりにおいてのみのことなのだろうか。真に（顕在的ないし潜在的な仕方で）われわれのものであるような諸経験を可能ならしめる根拠を探究すること、それこそがまさしく存在論の目的である。しかしながら、存在論はひとつの積極的な学なのだから、この探究はひとつの厳密な探究である。この探究が示すのは、もし人間存在にとって有限性がひとつの忌避しえない経験であるならば、このような経験はまさしく、あまりにもそれに割り当てられることの多い根拠、受肉という現象についての哲学的には素朴な或る解釈のうちに存する根拠を、受け入れることができない、ということなのである。

　本当のところ、有限性ないし偶然性が問題とされるや否や、ひとは、たいていはいかなる実在的な哲学的根拠ももたない、いくつかの思惟図式を前にしているのである。かくしてヘーゲルにおいては、人間的行為の有限性を肯定することが、或る地平の内部で行われているのだが、その地平を存在論的に破壊してみると、不適当な諸前提が現われたのであった。同様に、受肉という現象を開明することによって、きわめて頻繁に偶然性の観念が出現してくるのだが、この連関は、じつはこのような開明の不適切な性格に依拠しているのである。なぜ不適切かというと、このような開明は客観的身体のステイタスのみを導きの糸として、網羅的な存在論的分析なら不可避的に到達するであろう諸結果を、捨象してしまっているからである。網羅的な存在論的分析なら、たんに超越的身体だけでなく、絶対的身体の根源的存在にも、そして本質的にこれに関わるのである。換言すれば、存在論がア・プ・リ・オ・リ・に拒絶するのは、有限性ないし偶然性の諸観念についての素朴な諸解釈だけなのである。反対に存在論は、このような諸観念やこのような諸観念が翻訳する諸経験について、ひとつの積極的な根拠を求めるのである。このような探究によってこそ、存在論はまさしく、人類が手にする――哲学的、宗教的、ないし道徳的な――文化遺産に対して裁判権を行使するのであり、また存在論はわれわれに、場合によっては伝統に意味を付与することも可能な唯一の、じっさいに積極的な学として顕われるのである。このような課題は、それがひとつの存在論的開明と呼ばれなければならないかぎりで、哲学が望みうる最高の課題なのだが、この課題は、分析に提供される諸々の問いの浴する昏さが根本的であればあるほど、ますますいやおうなく課されてくる。これらの問いが身体および有限性に関するときには、この昏さはほとんど全面的と言っても過言ではない。

伝統が身体性と人間本性の有限性とのあいだに或る関係を確立しているということは、確かである。この関係は、より特殊的にキリスト教的な思惟においては、罪であるという意義を身体が受け取るという極端な地点にまで、深められている。しかしながら、このような意義をそなえたこのような身体ということによって、何を理解しなければならないのだろうか。肉とも呼ばれるこの身体は、信者には、彼の可能的滅びの象徴そのものとして呈示されている。本当を言うと、信者にとっておそらく身体は、彼の滅びの可能性を前にした不安にほかならない。かくして身体は、克服すべき障害として、また反対に救済に到達するためには離れなければならない障害として、感じられ、思惟されているのである。救済は、身体の生へのそのラディカルな対置において直面されるなら、真の生と呼ばれる。真の生とはひとつの新しい生であり、「精神」の生なのである。滅びや堕落の可能性に関わるかぎりで、身体が指し示すのは、人間的実存の特定の一様態にほかならない。たしかにこの様態は、有限性すなわち罪に本質的に結び付くものとして理解されてはいる。それでもやはりこの様態は、われわれの生の一様態であり、考えうるもうひとつの、しばしば実在的な様態がそれに対置されるような、独自ノ(*sui generis*)一様態なのである。そのばあいには救済が、このもうひとつの様態のうちに存していることになる。それゆえ「身体」ということによって、けっして物であるところの客観的身体を理解すべきではない。ここで意味されているのは、絶対的主観性の生の、はっきりと限定された一様態なのである。この同じ理由ゆえに、キリスト教人間学において問題とされ、罪に同化されているような「身体」は、われわれの有機的身体とも混同されえない。じっさいわれわれの有機的身体は、この点では客観的身体に似て、一箇の実存者に過ぎず、それゆえそれは、実存の一様態とは何の関係もないのである。

キリスト教的世界観に属し、このような世界観において理解されているがままの身体は、そのばあい、絶対的身体に、すなわち、今度は主観的実存の圏域に属していることをたしかにわれわれが示した根源的身体に、同化されなければならない、とひとは言うだろうか。しかしそれは重大な混同を犯し、実存的視点と存在論的視点という、絶対に異なる二つの視点のあいだにつねに維持されるべき差異を、忘却することであろう。キリスト教的な意味での「身体」は、実存の特殊的一様態を指し示す。それは、様々なタイプに対応する無数の他の実存的諸規定のなかのひとつの可能な規定としてわれわれに提供される、ひとつの特殊な志向性を指示しているのである。絶対的身体としていまや存在論的視点から直視された身体は、われわれの身体的生のいかなる特殊的志向性にも指し向けない。それが指し示すのは、これらすべての諸志向性に共通の存在、つまりこれらの諸志向性がすべて帰属している根源的な存在論的場にほかならないのである。このような諸志向性は、われわれの絶対的身体の根源的存在の内部で共可能的なのであって、それらをそれらに固有の実存的諸分節に従って記述することは、存在論の課題ではない。存在論はただ、このような記述の準備作業を行うだけである。

それゆえ、以下を注意深く区別すべきである。すなわち、われわれの歴史的実存の限定様態、つまりわれわれの歴史的実存が、罪にけがれた実存として宗教的意識に顕われるような様態としての「身体」と、他方、身体的生のあらゆる諸志向性と実存のあらゆる諸形式とがそこにおいて展開されるような、絶対的身体の存在論的な場とである。キリスト教もまた、たしかに身体と、あるいは肉とも呼んでいる特定の実存は、実存のあらゆる諸形式のうちの、まさに特殊で偶然的な一形式でしかない。罪に身を委ねる実存は、このうえなく偶然的である。その意味は、実存に提供されるあらゆる可能的な実存諸形式のうちで、この実存が身にまとう特定の形式は、けっして絶対的身体の存在論的構造によってアプリオリに指図されているわけではない、ということである。そして罪をして何か必然的なものたらしめるはずの、形相的次元に属するあらゆる指図がこのように不在であるということを、キリスト教神学は次のように述べることによって、言い表わしている。つまり、罪は歴史的な一偶発事であり、罪を人間「本性」に結び付ける絆は、けっして諸本質の次元に属する必然性に比肩しうるような必然性に照らしては解釈されえない、ということである。換言すれば、キリスト教人間学が「身体」という言葉によって、罪に近い、ないしは罪に導きうる状態を指し示させているとき、キリスト教人間学が「身体」という言葉に付与しているのは、ひとつのまったく実存的な意義なのである。このように理解された身体は、けっしてひとつの存在論的実在を指し示しているのではない。それは客観的身体でも、有機的身体でも、絶対的であるかぎりでの絶対的身体でもない。このように理解された身体が伝えているのは、実存の一状態なのである。この状態はなるほど三つの身体の基礎的存在論的な構造を想定してはいるが、しかしそれは、われわれの諸志向性の任意のものと同じ資格においてである。たとえば実存にとって救済がそこに存しているような実存の特定の特権的な状態もまた、やはりこの構造に依拠しているのである。

したがって救済も罪も、そのままでは、存在論的諸構造に関与しえない。「肉」と「霊」は両方とも、キリスト教においては、実存の特殊的諸様態を指し示しているのである。なるほどこれらの諸様態は、それらに付与されている宗教的価値に関しては、したがってまた人間の運命に関するかぎりにおいてそれらが受け取っている形而上学的意義に関しては、ラディカルな仕方で対立してはいる。しかしそれらは、それでもやはり実存の二様態、つまり志向性たるかぎりで絶対的主観性の同じ存在論的圏域に帰属している二つの志向性であることに、変わりはない。それゆえ存在論的観点からすれば、「肉」と「霊」とのあいだに、いかなる差異も存在しない。そこで、問いに付されているのは、西洋的伝統の統一性そのものだということになる。

すでに見たように、この統一性は、人間本性についての或る二元論的な考えに依拠しているように思われる。この考えの諸起源がずいぶん遠くにさかのぼることは、確かである。しかしながら、もし本当に肉と霊［精神］の二元論が、キリスト教人間学においてはいかなる存在論的意義をも身にまとわないのであるとするなら、これらの諸起源を求むべきは、古代ギリシアにおいてであって、けっしてキリスト教においてではない。ギリシアにおいては反対に、人間について得られた観念は、たしかにヒューマニズムの伝統が今日われわれに引き渡すような観念に対応していた。この伝統は人間本性のうちに、対立する二項間の一種の関係を見る。人間はそれら両項の諸要請に、ともに満足していなければならないのである。これら両項のあいだに均衡を見出し維持することは、困難なことではあるが、このような均衡が倫理の目的であり、かくしてこの倫理は、調和というギリシア的理念に従属したままである。しかしながら、われわれがすでに言及する機会を得たように、古代ギリシア起源のこのようなヒューマニズムの眼には、人間のうちに調和的に共存すべき二要素は、同じ次元に置かれるどころか、まさしく存在論的に異質な二実在なのであり、その一方が他方の上位にあり続けるのである。身体たるかぎりでは、人間は動物でしかない。人間をほんらい人間的な品位にまで高めてくれるのは、精神なのである。ひとはただこの精神に、いわば身体を軽蔑しないようなリベラリズム［寛容的態度］をもってくれるよう、頼むだけである。身体がひとつの客観的実在とみなされているから、身体は何か偶然的で、滅ぶべき、劣ったものであり続けるのである。

ギリシア‐ヒューマニズム的伝統のなかで一般的な仕方で表現されているこのような観点に、キリスト教はラディカルな仕方で対立する。身体を、もはやわれわれの歴史的実存の特定の偶然的な一様態としてではなく、人間本性を構成するひとつの存在論的実在として考察するかぎりで、キリスト教は身体について、一連の驚くべき諸主張を定式化している。じつを言えばこれらの諸主張は、主観的身体説の内部でしか哲学的意味を受け取りえない。なぜなら、われわれの身体の形而上学的な運命について教義神学がなした諸々の短い暗示が、とっぴょうしもない考えとは別ものでありうるのは、ただわれわれの身体がその根源的な存在において、何か主観的なものである場合だけだからである。じっさいギリシア人たちの眼には、ひとつの教義として身体の復活を立てる主張のような諸主張は、必ずやとっぴょうしもないもののように見えたに違いない。それゆえにこそコリント人たちは、聖パウロがこの復活の特権を魂だけに留保しておかないよう主張したとき、冷笑しながら立ち去ったのである。[10]反対に、もしわれわれの身体の根源的存在が何か主観的なものであるなら、それが「魂」と同じ資格で、反復され裁かれうるもののカテゴリーのもとに落ちることは、明らかである。われわれが註釈した奇妙な主張を、ランボーがキリスト教神学の内容から借りたということは、明白なのである。

存在論的分析によってのみわれわれは、諸混乱の領分、諸矛盾の領分でさえある領分と別様ではありえなかった或る領分のうちに、いくぶんかの明晰さをもたらすことができるのである。なぜなら、これまでは十分に注意されてこなかったように思えるのだが、キリスト教的伝統は身体に関して、ラディカルに対立する二つの諸テーゼを、われわれに提示しているからである。というのもこの伝統は、一方では身体は罪であると主張し、他方では身体は復活に召されていると主張しているからである。してみると罪は、神の栄光を約束されているとでも理解しなければならないのだろうか。「身体」という言葉の実存的意義と存在論的意義とを乖離させることによってのみ、このような不条理が遠ざけられるのである。それにもかかわらずこのような乖離は、いっそう基本的なひとつの統一性に照らして思惟されるのでなければならない。この統一性、それをわれわれに提供してくれるのが、まさしく主観的身体論なのである。なぜなら、じつは身体が罪たりうるのは、ただ身体が復活しうるものでもあるからなのである。罪にせよ復活にせよ、有限性にせよ救済にせよ、それらは主観性のカテゴリーの内部にしか出現しないのである。

この点で、キリスト教徒たちに対してニーチェが向けた非難、すなわち彼らは身体を「軽蔑する人たち」であるという非難は、奇妙にも性急であるように思われる。このような断定が、その根拠の欠乏について明晰に意識するようわれわれを誘うかぎりにおいてしか文化に奉仕しえないような、いわれなき諸主張のカテゴリーに属していることは、間違いない。そして何よりもまず、このような批判を定式化しつつ、ニーチェは或る重大な混乱に欺かれているのである。たしかに彼の哲学は、この混乱の起源ではないが、しかし彼の哲学は、この混乱を強固なものにするのに、おおいに貢献した。この混乱は、キリスト教にはまったく疎遠で、反対にギリシア‐ヒューマニズム的伝統に属している諸主題を、キリスト教に帰属せしめることにある。かくしてニーチェは、キリスト教がありのままの身体を、つまり固有のものとして本質的な仕方で人間存在に帰属している存在論的実在としての身体を、非難していると思い込んでいるのだが、しかるに「身体」ということによってキリスト教人間学が理解しているのは、われわれの実存の偶然的な、特殊的な、そしてはっきりと限定された一様態にほかならないのである。基礎的存在論的本質としてのわれわれの身体の実在的存在に関していえば、ニーチェには、キリスト教がそれについて、彼よりはるかに高い、はるかに哲学的でもある観念を得ていることが、分かっていない。というのも、キリスト教は主観的身体の観念にまで高まっているから、あるいは少なくとも、主観的身体の観念をひとつの必然的前提として含んでいるからである。反対にニーチェにとって、身体は古代ギリシア起源の伝統的二元論のうちにあるとおりのもの、つまり意識や主観的実存には異質なひとつの実在のままであり続けている。そこで、デカルト的機械論がもはや流行の過ぎ去った平板性でしかないときに、このような実在がロマン主義的生気論の諸要請に照らして考えられるということは、さして重要なことではないし、このような実在が過小評価されるかわりに称揚されるということも、さして重要なことではない。ひとが行っていると信じ込んでいる革命は、諸々の主観的な偏愛をたんに昇格させたに過ぎないものを、超えてはいない。それは哲学的反省の伝統的な枠組みを告訴するどころか、むしろこの伝統的な枠組みを含み、外見上の新しさにもかかわらず、この枠組みに欺かれたままなのである。

基礎的存在論的な実在としてのわれわれの身体の根源的存在が、その固有のステイタスを受け取ったからには、キリスト教教義神学もまた「身体」の名のもとに指し示している特殊的志向性の意味を、正確な仕方で規定するときがやってきたと考えることができよう。そのばあい「身体」は、もはや存在論的な意義ではなく、厳密に実存的なひとつの意義を受け取ることになる。われわれの歴史的実存の一規定とみなされたこのような特殊的志向性について、キリスト教は、それは罪であると言う。そのことによって理解しなければならないのは、このような志向性をわがものとする意識は、同時に、そして本質的な仕方で、意識をラディカルに神から遠ざけるような有限な実存様態を引き受ける、ということである。この有限な実存様態は意識にとって、もはや絶望と滅びをしか意味しえない。しかしながら、いかなる意味において特定の一志向性が、すなわち主観性の絶対的生の一様態が、それに罪や堕落といった諸カテゴリーが適用されうるような仕方で、有限であると言われうるのだろうか。このような問いに答えようとする課題は、キリスト教の伝統が「肉の罪」であると指し示しているような特殊的志向性を記述するという課題と、正確に重なり合うわけではない。そのうえこのような記述は、思弁的観点からも実践的観点からも最高の関心事を呈するにはちがいないのだけれども、身体の存在論を建設しようとする最も一般的な企投には、固有に属しているわけではない。それゆえにこそ、当の志向性の有限性という問題は、それ自身のために価値ありと主張するがごときいかなる実存的記述をも、ここでは惹起しないであろうし、存在論的観点からしか着手されないであろう。このような観点から見るなら、この問題は、有限性の観念の開明という問題にほかならない。このような開明は、それだけで一箇の完全な研究を要求するであろう。以下の諸指摘は、ひとつの手短な素描を構成するに過ぎない。この素描の使命は、たんに「身体」概念の存在論的な意義と実存的な意義との一般的な乖離に関する諸分析を、補完することだけである。

有限性は必然的に罪であるという一般的な主張は、現代哲学がヘーゲルから借りてきた主張なのだが[12]、この主張はもはや、われわれには十分ではない。体系がそのすべての威光を展開してしまったときは、もう一度、高位の権利［がありやなきや］を承認すべきときである。なぜならわれわれは、正確な仕方で、有限性ということによって何が理解されているのかを知りたいからである。したがって、この概念が介入しにくくる悲壮な諸展開を考察するまえに、この概念が四つの意味で理解されうることに、注目しておくのがよい。

(1) 有限であることは、定在の規定に従属することを意味する。このようにして私の身体は、空間および時間のなかの或る特定の場所を占めるかぎりで、有限である。われわれはすでに有限性概念のこのような意義に出会ったし、このような意義が地平の超越に根差していることを示した。地平が解放する存在者は、原理的に、地平とは対等になりえないのである。

(2) 有限であることは、定在の規定に従属することを意味するが、今度はもはや根源的な仕方においてではなくて、たんに派生的な仕方においてである。任意の或る志向性を考察してみよう。われわれは、われわれが指摘したばかりの意味では、この志向性に有限性のカテゴリーを適用することができない。けだし志向性は、原理上、超越的存在の圏域を免れるからである。しかしながら、われわれがこの志向性を表象しうるということは、排除されてはいない。それどころかむしろ、志向性の根源的な存在論的構造に影響を及ぼしにくくるラディカルな変様としての、このような表象の可能性は、形相的な次元に属するひとつの永続的な可能性として、志向性のステイタスのうちに含まれているのである。したがって、このような変様に住みつく力能は、客観化のうちに存する運命の力能にほかならず、このような客観化の媒介によって、まずは絶対的内在の圏域の内部で自らをわれわれに顕示していたものが、いまや超越的存在の一般的エレメントにおいて自らを顕現するのである。このような運命は、必然的に悲劇的である。なぜならこのような運命においては、自我の生の内密性と自我の経験の新鮮さとを成していたものが、客観性の味気なさのうちに溶解し、表象の死せる一要素になってしまうからである。この悲痛な運命を、身体的生は免れない。なぜならまさに、身体的生はひとつの主観的生だからである。かくして愛においては、愛を包んだ諸々の身振りが、冷酷な掟に服することがある。この冷酷な掟によって、これらの身振りはもはやわれわれの実存の実体そのものではなくて、ほどなくわれわれの意識のたんなる諸対象とされ、したがって、以前には生が見出されていたところに、もはや死のためにしか場所がないということになってしまおう[8]。

　各人は自分でこのような運命を経験できるのだが、しかしながらこのような運命を存在論的に解釈するさいには、次のことを忘れてはならない。つまり志向性の存在そのものは、原理上、何であれ超越的なものにはなりえず、したがって、運命がそこに存するところの客観化が指し示しうるのは、いかにしても志向性それ自身を客観化することではありえず、むしろ志向性をたんなるその表象へと置き換えることなのだ、ということである。ここで問題とされている有限性は、この表象に結び付き、やはりそれが規定する要素の超越に基づいているのだから、われわれが区別するよう導かれている有限性概念の第二の意味は、本質的には第一の意味と異ならず、ただわれわれに、いまわれわれにとって特定の有限な定在であるものは、少なくともその根源的な存在においては、まさしくそのようなものではなかったかもしれない、ということを示しているだけである。ところで、以上のような諸指摘で、有限性概念についての存在論的な開明が完結するわけではない。なぜなら有限性は、超越論的次元それ自身において明るみに出てくることがあるからであり、しかもそれは、はっきりと規定された二通りの仕方において、そうだからである。いまやこの二通りの仕方を、吟味すべきである。

(3)　志向性は、それが世界に関わるかぎりで、有限であると言われうる。このように解されるならば、有限性は、人間存在の存在そのものに帰属するひとつの本質的な形容である。あらゆる志向性はじっさい、その原理的超越のゆえに、このように定義された有限性概念に従属している。ここで有限性のカテゴリーに従っている項が、もはやひとつの超越的要素とはみなされえないという点で、この第三の意味は、先の意味から容易に区別される。じっさい、この第三の意味が指し示しているのは、もはや志向性が表象される場がもつ一般的諸法則に以後したがう、志向性についての表象ではない。それどころかむしろそれは、それ自身において、その根源的にして主観的な存在において考察された、この志向性なのである。この存在が有限と言われるのは、それが世界へと向けられているからである。しかもそれは本質的な仕方で向けられており、したがってこの存在の思惟は、それが結び付けられているところの世界を上空飛翔すると主張することなど、できないのである。このことは、以下のような帰結をも巻き込む。つまり、世界の内部で志向性が到達する諸規定は、つねに世界のほうへと超越され、したがってこれらの諸規定は有限な諸規定として現われるのだが、しかしながらこれらの有限な諸規定は、その有限性において、われわれの思惟が認識すると主張しうるすべてを構成するのである。なぜならこれらの諸規定は、やはり本質的で決定的な仕方で、これら諸規定すべてを無限に超出するこの同じ世界を、われわれから隠すものでもあるからである。

したがって有限性を人間的実存の綜合的な一規定ではなく、本質的な一規定にしている有限性についてのこのような考えは、この実存がそのなかで表現されうるところの様々な諸志向性の特殊性格に関して、われわれが区別を設けることを一切禁じている。それゆえ、われわれの歴史的実存の特定の一様態こそが、有限性が除去されうるであろう他の諸様態との対立によって、有限と言われることになるのではない。換言すれば、ここで否定されているのは、人間的実存にとっての救済の可能性なのである。それゆえこのように理解された有限性は、ひとつの存在論的意義を受け取り、したがってこのような有限性のおかげで、われわれは人間本性について、ひとつの体系的な見方を獲得することができるのである。しかしながら問題は、おそらく本質的にはわれわれの生の特定の一様態にしか帰属しないような或る有限性を、存在論的な高位にまで高めてしまうことによって、まさしく体系の諸要請に譲歩してしまったのではないか、ということである。もしそうであるならば、実存が有限な実存であるというこのような形容を受け取るに値するとき、実存が身にまとっている特殊的条件を構成しているのは何であるのか、このことを明らかにしてくれるであろうような或る固有の現象学的記述を、この様態が要請していることになる。そこでわれわれは、有限性概念が理解されうる第四の意味へと、導かれることになる。

(4) 有限性は、特定の一志向性の有限性である。このような志向性によって、意識は或る実存様態を引き受けるのだが、この特定の実存様態の可能性は、意識の固有の本質のうちに自然に含まれているとはいえ、この実存様態は、意識に本質的に属しているのではなくて、いわば偶然的な仕方で属しているのである。このような観点においては、区別がふたたび市民権を得る。有限性は、人間本性に最終決定的に貼り付けられた一般的形容であることをやめ、人間本性に内属して人間本性を定義するのに役立ちうるような本質的特性であることをやめる。このような有限性はむしろ、具体的な仕方で解釈されなければならない。この有限性は、様々な実存諸様態のなかで質的に区別される、はっきりと限定された諸経験において明るみに出てくる。実存諸様態は、すべてが等価であるわけではない。存在論はその倫理的諸評価を、最終決定的に定式化したわけではない。そこで、有限と言われる実存様態を種別化しにやってくる差異が、以下のような仕方で表現される。つまり、われわれがそのなかで生きている世界が、いまやわれわれにとって或る特殊な顔をもち、この世界は過ちである、という意義を受け取るのである。それと相関的に、このような世界に現前して生きている志向性が、自己自身を有限なものとして経験する独自ノ (*sui generis*) 志向性となる。ところで、問題とされている志向性は、二重の意味において、このように自らと自らの有限性とを経験する。なぜなら、一方ではこの志向性は、その企投において失敗し、それを活生化していた意味に適ったいかなる充実化をも見出さないからである。このような失敗において志向性の有限性は、その場合、志向性の固有の真理としてあらわになる。他方では、しかしいっそう根源的な仕方で、この有限性は内在的主観的な性格として、すでにこの志向性のものであった。この有限性はその志向性を、それ固有の調性をもったひとつの判明な実存として、内的にしるしていた。そしてこのような有限性がまず志向性に顕示されていたのは、超越論的情感性のこの次元そのものにおいてである。

われわれの身体的生が問題とされるとき、先の諸記述の実例は、性という現象において見出される。ここで有限性が意味するのは、志向性が超越的存在の有限な一要素に向けられている、ということである。しかしながら、すべての超越的要素は、必然的に有限である。もし志向性が超越的な、したがって有限な要素のほうに原理的に向けられているかぎりで、有限性があらゆる志向性に内属するというのでないなら、もし有限性が、われわれがここで考察している実存の特殊様態に固有に帰属しているというのであれば、それはつまり、この特殊様態がもっと正確な仕方で特徴づけられねばならない、ということである。このことは、われわれが次のことに気づくなら、なされるであろう。つまり、われわれの日常生活においては、われわれは有限な諸対象を有限なものとみなしつつ、有限な諸対象のほうに向かっているのだが、これとは違って、性においてわれわれの生が身にまとう特定形式を支配している志向性は、何か絶対的なものとしての、その超越的項のほうに向けられているのである。性的志向性は、たんに「〜のほうへ」自らを「向ける」だけではなくて、自らを対象「へと集中」させ、性的志向性はこの対象のうちに、すべてであるものを把捉しようとするのである。たしかにこの対象は、何か有限なもののままではあるが、しかし性的志向性にとってこの対象は、まったく特殊な意義を身にまとうわけである。しかしながら、超越的存在の一般的な場における有限な要素としての或る対象が、それを把捉する意識にとっては何か絶対的なものであるという意義を身にまというるのは、どのような条件においてなのであろうか。それは通常の一対象ではなくて、いわば魔術的な一対象である、という条件においてである。この魔術的対象の全性格は、そのなかでこの対象が自らを顕わす存在論的な場の諸性格と、一致するわけではない。そこで自らを顕わすにもかかわらず。このような対象は、存在する。それは、われわれの客観的超越的身体である。われわれの客観的超越的身体はまさしく、定在の規定のもとに、ひそかにそれに住みつく主観性の無限を隠している、両義的な要素なのである。われわれの客観的超越的身体の存在論的ステイタスが、性的世界の存在を可能ならしめる根拠であり、この世界のなかで、このような身体の両義性を構成しているものが、いわば絶頂にもたらされるのである。性の神秘は、性においては規定が限りなき力能を獲得する、という点に由来する。この力能を、規定はその存在の根本的な昏さに負っており、この昏さによって主観性が、いわば定在の要素のなかに現前せしめられているのである。欲望する意識がめざすもの[13]、それはまさしく、意識が対象を通して、対象のうちに把捉しようとしている主観性なのである。欲望されている絶対的なものは、偶然的で有限な項によって媒介されている。この項はそこにあるが、そこにあるのでないことも可能であろう。絶対的であるものが、偶然的であるように思えるのである。

しかし重要なのは、以下のことである。つまり性的志向性の暗黙の前提とは、絶対的なものがこのような偶然的な面のもとでしか近づけない、ということである。それゆえに性的志向性は、有限な要素に集中し、有限な要素を崇拝するのである。しかしながら、このような経験のなかで性的志向性が見出すものは、敵対的なものではなくて、たんに生なき現前、超越的な一要素の純粋にして単純な定在が実現する現前であるに過ぎない。かくしてこのような要素に媒介されて接近できると思われていたものは、それどころかむしろ、接近不可能なものであることがあらわとなる。それは対象にあらざる純粋主観性なのである。このような主観性は、どのような仕方でも、有限な規定のなかでは触れられもせず、把捉されもしえない。なぜならそれは、原理上、けっして超越的なものではないからである。或る感性的要素という形式のもとに精神に到達しようと欲することは、画定しようとする対象をアプリオリに排除するような方法を用いることである。ひとつの定在として、ひとつの対象として理解された性に向けられるかぎりで、性的志向性は、存在論によって指図された失敗にぶつかるのである。性を前にした不安が消失するとき、客観的一規定でなければ、もはや何も残らない。めざされていた主観性は、消滅してしまったのである。性はけっしてその秘密を明かさないであろう。なぜなら超越の赤裸な光のなかでは、性はもはや、秘密なきひとつの定在でしかないからである[9]。このような記述に応える性的志向性は、かくして失敗へと到達する。しかしながらこの失敗の結果、たんにこのような志向性が解消されてしまうのではなくて、むしろこのような失敗が、際限なく更新される諸行為のなかで性的志向性が反復されるということの、原理となっているのである。このような失敗とこのような反復との連帯性のうちに、人類の性的脅迫観念の根拠が見出されるのである。

有限性のカテゴリーはどのような意味で、人間身体に適用されうるのだろうか。われわれは、有限性概念の開明の諸結果と、身体についての存在論的分析の諸結果とを比較することによって、「この問いに」答えることができる。まず最初に、われわれの身体の根源的存在が(1)の意味で解された有限性のカテゴリーのもとに落ちないことは、明らかである。(1)の意味はもっぱら超越的存在の領分にのみ適用され、それゆえ、原理上この領分を免れるものには、けっして関わりえない。われわれの客観的身体に関していえば、われわれは任意の対象の存在との対比によって、われわれの客観的身体の固有の存在を構成している本質的な諸性格について、繰り返し諸指摘をなさざるをえなかったのだが、このような諸指摘によってわれわれは、有限性概念のこの第一の意味が、まったく十全的な仕方でわれわれの客観的身体に適合するかのような外観を、信用しないようにいざなわれる。その根拠を絶対的身体の根源的存在のうちに見出すかぎりにおいて、われわれの客観的超越的身体は、じつはひとつの主観性によって住まわれており、この主観性は、客観性一般の場に属する諸規定に甘んずるどころではないのである。たしかに異なってはいるが、しかしさらにいっそう深い諸理由のゆえに、この指摘は、有機的身体にも適用される。有機的身体には、それが絶対的身体と結ぶ根源的で独自ノ（*sui generis*）関係によって、まったく特殊なステイタスが授けられているのである。

たしかに有限性概念は、その第二の意味において理解されるなら、志向性の表象に、すなわち超越的存在のエレメントにおける志向性の顕現に適用される。しかしながらわれわれは、その場合に有限と言われうるのは、けっして志向性の根源的な、すなわち実在的な存在ではなくて、たんにその表象された‐存在に過ぎないことを、十分に強調しておいた。われわれの身体的生に属する志向性が、このようにして表象されうるということ、身振りがわれわれのものである実存からいわば離れて、表象のうちに立てられた単なる惰性的一要素としてわれわれに現われることができるということ、これこそがじつは、主観的身体論が受け取りうるもっとも鮮やかな確証なのである。なぜならその場合にわれわれの身体の諸志向性のうちのしかじかのものにおいて、たとえば運動的な諸志向性においてわれわれの身体の生を襲う運命は、同じ資格で、考えうるすべての志向性に及ぶことができ、したがってこの運命はその脅威を、われわれの心理的生の総体にまで増大させるからである。このラディカルな変様は、われわれの絶対的生をその存在論的な実存の場から引き離し、われわれの絶対的生にとってはほんらい死を意味するのだが、われわれの絶対的生の一規定がこのラディカルな変様をこうむる可能性は、絶対に一般的な現象であって、この現象を開明することは、主観性の存在論を構成する諸探究に関わっている。それゆえこの現象は、けっして身体という特殊問題には関わりえないのである。いずれにせよ、われわれのすべての諸分析から帰結するのは、有限性概念の(1)の意味も(2)の意味も、われわれの絶対的身体の根源的存在には、すなわちほんらいの意味でのわれわれの身体的実存には、関わらないということである。このような主張の根拠は、一般に、(1)と(2)の意味で理解された有限性概念は、主観的実存であるかぎりでの身体的実存が原理上免れるような存在論的圏域に適用される、ということのうちにある。

しかしながら、いまや次のような決定的な指摘を行うべきときである。つまり有限性概念が(1)と(2)の意味で理解されるときには、その場合にはこの概念は、或る本質的な仕方で特定の存在論的一領域に、つまり超越的存在の領域に関わるのであるからには、有限性概念がひとつの存在論的射程を有することに議論の余地はないにしても、この概念が(3)と(4)の意味に照らして検討されるときには、もはや事情は同じではないのである。このことは、(4)の意味についてては明らかである。(4)の意味によれば、有限性がこの場合には実存のはっきりと限定された一様態を指し示すかぎりで、有限性は特殊実存的な或る意義を受け取る。この様態は有限と言える。なぜならこの様態においては実存は、超越的な、そして超越的であるかぎりにおいて有限な一規定へと向かっているからである。しかるに実存は、この規定にひとつの絶対的な意義を授けているのである。すでに見たように、定在が及ぼす魅力は、この定在が任意の定在ではなくて、われわれの客観的超越的身体という両義的な対象であるかぎりで、この定在が身にまとう固有の性格に依存している。[10] われわれの客観的超越的身体は、或るばあいには性という神秘的な規定とともに顕われる。そしてそのばあいわれわれの客観的超越的身体は、その無限の力能を行使する。規定がもつ無限の力能、それこそがキリスト教の意味での有限性である。キリスト教的伝統のいう「身体」は、本質的にこのような有限性に関わっているのである。このような有限性は、きわめて明白にひとつの実存的意義を有しており、存在論的実在として理解された身体に関わることは――もしそうなら有限性は、形相的連関によって存在論的実在に結び付けられていることになろう――まずない。それゆえにこそこの身体は、復活を約束されて、ラディカルに異なる実存諸様態の支えともなりうるのである。それゆえ、ここで「身体」「肉」といった言葉によって指し示されている実存様態が有限と呼ばれるのは、それが或る特殊規定に身を捧げるという仕方で、この特殊規定のほうに向かっているからである。ほんらい罪であるのは、有限なものに捧げられたこのような祭儀なのである。

規定のうちに汲み尽くされるような志向性に適用されるならば、有限性という言葉は完全に理解され、ひとはそれを受け入れることができる。ただしそれは、そこには言葉のあやしかない、ということをよく見るという条件においてである。なぜなら有限と言われる実存様態は、じつは主観性の絶対的生の一様態なのであって、そのようなものとしてこの実存様態は、本質上、或る無限な実存圏域に属しているからである。ということはつまり、次のように言うことに帰着する。つまり、もはや超越的要素（有限性概念の(1)と(2)の意味）を形容するのではなくて、実存の一様態を、すなわち絶対的主観性の生の一規定（有限性概念の(4)の意味と、いずれ見ることになろうが、(3)の意味も）を形容するかぎりでの有限性は、もはやいかなる存在論的意義をもたず、たんに実存的意義を有しているに過ぎない、ということである。かくして、決定的な仕方で有限なものに向かう志向性――規定が祭儀の対象となって、たとえば感性的なものが官能的なものになるような仕方で――は、それでもやはり、それがひとつの志向性であるかぎりで、主観性の絶対的生の一様態であり、そのようなものとして、無限な一様態なのである。有限性は生の或る不完全性を指し示してはいるが、しかしこの不完全性はひとつの倫理的な、実存的な、あるいは宗教的な意義しか有していないのである。じつはこのような不完全性のただなかで、生はそれであるところのもの、つまりひとつの絶対的な生、無限の実存圏域における生のままであり続ける。有限性は倫理の一カテゴリーなのだが、(場合によっては)このような有限性に屈することもある実存の絶対的性格は、原理上実存に帰属する存在論的な一規定なのである。これら二つの次元のあいだの厳密な識別を明晰に意識することは、悪の問題を深化することにいささかなりとも成功する機会に恵まれたい者には、不可欠である。なぜならこのような識別のおかげでのみわれわれは、何かが同時に有限かつ無限であるということ、悪とはまさしく何であるかということ、そしてキルケゴールがソクラテスに対して向けた批判のなかではっきりと見たように[14]、われわれは罪を、その有限性にもかかわらず、実存の絶対に積極的なひとつの形容として思惟しなければならないということを、理解することができるからである。[11]

有限性概念の(4)の意味に適用されるこれらの諸指摘が、(3)の意味にも等しく当てはまることは、まったく明らかである。じっさいもしひとが、実存は世界へと差し向けられているがゆえに有限であると言うとするなら、定式化されている主張は、まずもって価値論的次元に属するひとつの評価であり、上から人間的実存に下されたひとつの判断である。そしてその判断の内容はおそらく、それが一箇の外的本質でも検討するようにして実存を検討しているかぎりで、このような判断が含む態度から独立してはいない。厳密に存在論的な観点から実存を裁定すること、それはむしろ、実存が固有に帰属している場に照らして実存を理解することであり、その場とは、ラディカルな内在の場なのである。このような場の形相的なステイタスが、このような場において自らを根源的に顕示する生に、ひとつの絶対的な生であるという存在論的な資格を授け、したがってこのような生に関して、有限性概念からあらゆる存在論的な意義をアプリオリに剝奪するのである。

人間的有限性の概念のもとに実存と世界との乗り越え難き絆が指し示されているかぎりで、人間的有限性に或る存在論的根拠を見出すことは、おそらく可能ではある。引き合いに出されている事実は、超越という本元的現象にほかならないのだが、この事実はたしかに、ひとつの存在論的な射程を有してはいる。しかし自らを超越する生は、ひとつの絶対的な生なのであって、自らを超越するというこのような作用において、それはそれ自身のうちに留まっている。超越という現象よりいっそう根源的で、いわばこの現象に先立つのは、内在という現象である。存在論的観点からすれば、じつは超越は、内在という現象のうちに、そのもっとも究極的な可能性の条件を見出すのである。もし超越する作用が、それがまず、そしてつねに、内在におけるその自己触発のただなかでそれ自身に現前しているかぎりにおいてのみ、世界を発見しうるのだとすれば、有限性と超越とを結び付けるテーゼは、最も根源的なこの存在論的現象を忘却しているからこそ、なされているのだということになる。このようなテーゼが、近世哲学においてはカントにおいて初めて明るみに出るということは、偶然であろうか。けだしカントの存在論はまさしく、絶対的主観性についてのあらゆる理論の不在によって特徴づけられるからである。[15] このような［絶対的主観性についての］理論を彫琢することによってのみ、有限性概念が人間的実存に適用されると主張されるかぎりで、このような概念の存在論的根拠を取り壊すことができるのである。主観的なものとして考えられるならば、その場合この実存は、それがわれわれの身体の実存であるときでさえ、ひとつの絶対的実存として認められるのである。ただひとりの哲学者にのみ、次の二つの基本的な教えを統合することが許されたわけである。つまり、われわれに絶対的主観性の構造を顕示する教えと、このような構造がわれわれの身体の構造でもあると規定する教えとである。

身体的実存が一箇の絶対的実存であるということ、これこそが、それを十分に理解するなら、おそらくは身体の生に関するわれわれの考えの大部分を深く変様するようにわれわれを導くであろう命題である。わが文明においてはこのような考えは、一般的な仕方で、自然主義の暗黙の諸前提によって指図されている、とひとは言うかもしれない。自然主義の暗黙の諸前提は、欲求とは何か自然的なものである、という主張のうちに要約されうる。顕在的にせよ、そうでないにせよ、自然主義が言及する存在論に照らして解釈するなら、このような主張が意味するのは、われわれの身体的生がそのなかで表現されるところの主たる諸活動は、その本質においては自然という一般的な存在に帰属する諸顕現として、すなわち客観的で非人称的な諸過程として理解されなければならない、ということである。それらはその固有のリズムに従って活動せしめられるべき、匿名の「諸機能」だというのである。これらの諸機能の自然な遂行を変様し、これらの諸機能が構成するいわば自律的な世界のうちに介入しようとするあらゆる試みは、自然主義哲学に支えられた倫理によって、アプリオリに断罪されている。たとえば人間の性的な生について、そうである。一般的な仕方で、いわば個人的にして人格的な実存は、彼の諸欲求の世界に対して、諸欲求の諸要請に対しては外的であり、また諸欲求の諸要請がそれによって実在的ないし錯覚的な満足に向かうところの様々な諸作用に対しても外的である、ということが帰結する。それと同時に、エゴは自らの身体的生やその様々な諸顕現に対して、あらゆる責任を忌避する。身体が汚れているとき、魂は清純であり続けうるのである。このような区別は、諸欲求を客観化することを、すなわちエゴおよび主観性の固有の本質的‐存在を構成するものから諸欲求を厳密に乖離させることを、含んでいるのだが、この区別は、ルソーにおいて鮮烈な仕方であらわとなっている自己欺瞞の原理である。そしてメーヌ・ド・ビランが『告白』の影響下にあり続け[16]、いっそう一般的な仕方で、伝統的二元論に従属したままであるかぎりで、このような自己欺瞞は、或る程度、メーヌ・ド・ビランにおいてもあらわとなっているのである。

われわれは主観的身体論によって、このような観点をラディカルに変様せざるをえなくなる。主観的身体論はわれわれに、われわれの身体の生はけっして、われわれが宇宙に広がっているのを見るような生に比肩されうるような三人称の生ではないということを、示したのである。自然主義の倫理が断罪されうるのは、道徳の次元においてでも、ほんらい道徳的な諸理由のゆえにでもない。批判はむしろ、自然主義の倫理の哲学的諸前提に及ばねばならず、これらの諸前提が構成するのは、じつは存在論的な無意味なのである。自然主義はすべての人間的諸欲求を理解することを、自らにアプリオリに禁じている。なぜなら自然主義は、人間的諸欲求の固有の本質を、誤認しているからである。自然主義は身体の生を復権させると主張するが、それこそが自然主義の最大の錯覚なのである。精神に対して肉体の諸権利を擁護していると信じつつ、自然主義は精神を脱肉した（désincarné）主観という条件へと還元し、このような主観は、客観的諸法則の命を受けた或る非人称的な仕方で展開される経験的実存の具体的諸規定を、上空飛翔することしかできないのである。しかし、たったいまわれわれが見たように、このような考えは、自らの身体の客観的諸欲求を称揚する自然主義者に固有のものではなく、じつは、そのような諸欲求を軽蔑し、魂はその晴朗な清純さにおいて、このような諸欲求が魂に感染させる混濁によっては侵されないと主張するモラリストによっても、共有されているのである。かくして自然主義の諸テーゼは、経験論一般の諸テーゼと同様、伝統的な主知主義的、モラリスト的な哲学の諸テーゼとも合致するのである。

しかし欲求は、主観的である。欲求は重量を、欲求を担う無限的実存の重さを有している。欲求は、そのただなかで欲求が顕示されるところの絶対的生の単純さをも有しており、そしてそのような生の透明性を有している。欲求は主観的であるから、それは物質の運動の無垢をも有しているわけではない。なぜなら欲求は、精神的観点からはいわば中立とみなされうるような、たんなる超越的移動ではなくて、倫理の諸カテゴリーに提供されるからである。諸身体は裁かれるであろう。ひとが諸欲望を生得的な諸性向に連れ戻してしまったときには、あるいは諸欲望を有機的諸変様のたんなる相関者にしてしまうときには、ひとは人間的実存から、その実効的にして具体的な内容をも、その志向性およびその生の或る限定された様態において人間的実存が身にまとう固有の資格をも、剝奪してしまったのである。われわれの実存が実在的に活動するのは、抽象的諸観念の次元においてではなくて、諸欲求の次元においてである。それゆえにこそわれわれの諸欲求の満足や不満足が、そしてさらにいっそう深く、この満足が完遂されたりされなかったりする仕方が、各々の個体の歴史や諸々の人間集団の歴史において、きわめて重要なのである。

一般に身体の諸欲求は、物質的諸欲求と呼ばれている。このような用語法によって何を思惟しなければならないのかを、主観的身体論がわれわれに示してくれる。このような用語法は、じっさいは素朴な存在論にのみならず、いくつかの道徳的な考えにも属している。これらの考えは、このような存在論に結び付いているとはいえ、固有の価値を得て、おおいに発展した。身体的生を物質的生として指し示すことは、しばしば主知主義的にして観念論的な哲学一般に対する、ひとつの抗議であると自称している。だが、それどころかむしろ、それはこのような哲学の一帰結なのである。たしかに脱肉した主観や抽象的主観性がもつ精神的生に対して「物質的」生の重要性を肯定することは、伝統的観念論に対立することではある。［しかし］正当にも人間的実存の決定的な一要素とみなされる身体的生、そのような生を物質的と呼ぶことは、身体について、このような観念論や、一般的にいって、古代ギリシア起源の哲学と同じ存在論的な考えを得ることなのである。しかしながら「物質的」諸欲求の、すなわち身体的生一般の本元的重要性を認めるかぎりで、あらゆる唯物論的な学説は、主観的身体の哲学の眼には、或る決定的な重要性を帯びてくる。しかし唯物論が十分に発展し、特に唯物論がそれに正当に待ち望まれうる幅広い貢献を人間諸科学にもたらしうるのは、唯物論が身体についての存在論的分析の、またよりいっそう一般的な仕方で、主観的身体の哲学の諸結果に照らして、解釈されるときだけであろう[17]。

身体と精神との伝統的な区別を廃棄する主観的身体論によって、われわれはあらゆる諸次元で、このような廃棄が含むすべての諸帰結を引き受けるを余儀なくされる。これらの諸帰結を吟味することによってここで生じえたのは、ひとつの簡単な枚挙だけであった。このような枚挙によってわれわれに許されるのは、主観的身体の哲学の前に（そしていっそう一般的には、主観性の哲学の前に）開かれる広大な探究領野を、自覚することだけである。この探究領野が開かれるのは、主観的身体の哲学が、自らのものであるところの一般的諸前提に照らして、実存についての特殊な、しかし本質的な諸問題を吟味しようと欲するときである。これらの諸前提の重要性は、これらの諸前提が構成する積極的な学、第一存在論にほかならない積極的な学の根拠の必当然的な性格や、この学の諸命題の絶対的な明証性だけに由来するのではない。この重要性は、これらの根本諸命題が或る特定の領分に適用されるや否や、これらの根本諸命題があらわにする豊穣性においても測られるのである。このように主観的身体論は、主観性についての一般存在論の、最初の適用でしかない。今度は主観的身体論が適用されるいっそう特殊的な諸問題によって、厳密に規定された諸探究が生ずるに違いない。そしてこのような厳密な規定は、存在論的内容がこれらの諸探究にアプリオリに指図する意味に従って行われなければならないのだが、このような存在論的内容を、主観性の存在論の一般的諸前提に照らして彫琢したのが、主観的身体の哲学なのであった。

原註

序論

(1) 以下に読まれる著書は、もともと著者の意図では、主観性およびエゴの問題に捧げられた諸探究の総体のなかの一章を、構成するのみであった。この章が、のちに切り離されて、この著作となったのである。この序論の冒頭を飾る問いは、このようにして説明される。他方、主観性およびエゴの問題に関するわれわれの一般的な諸探究は、『顕現の本質』という書名のもと、エピメテ・コレクションのなかで公刊された二巻と成った。［M. HENRY, *L'essence de la manifestation*, 2 vol., P.U.F., coll.《Épiméthée》, 1963］われわれは読者に、幾度となくこの二巻を参照してもらうつもりである。

(2) 「人間は、自らを精神として感ずれば感ずるほど、同時にますます自らを、その性的特徴づけとともに、身体として感ずるようになる。」(J. WAHL, *Études kierkegaardiennes*, Aubier, Paris, p.226).

(3) 『不安の概念』参照。

(4) 人間は本質的には、一個の歴史的存在なのではない。人間はつねに、同じものなのである。人間のなかにある「深い」ものはすべて——そのことによってわれわれは、いかなる価値論的次元に属する評価をも定式化しようとしているのではなくて、むしろ存在論的観点から見て根源的とみなされるべきものを指し示しているのである——それ自身に同一のままであり続け、あらゆる世紀を通して再確認される。道徳はといえば、道徳は存在論的土壌を支えとし、存在論的諸力能に関わるからこそ、それ固有の永続性を呈示し、キルケゴールの言うように、各々の世代は前の世代と同じ課題に直面するのである。ここでは身体が問題なので、ひとはこう言うかもしれない。つまり、たとえわれわれの還元が認められ、三人称のあらゆる生物学的進化が捨象されたとしても、人間的身体は歴史をつうじて変化する諸性格とともに人間に提供され、そしてそのような諸性格は、たとえば食事や衣服や性に関するかくも多様な諸習慣や、それに関わる数多くの「諸流行」のうちに翻訳されているのだ、と。しかしながらそこで問題とされているのは、根源的身体ではなくて、人間が根源的身体を表象し、根源的身体に対して振る舞う様々な仕方である。歴史的であるのは、文化的ないし人間的な諸対象、およびそれに関わる様々な人間的諸態度なのである。しかしこれらの諸対象や諸態度を根拠づける存在論的土壌は、このような進化には無縁なままである。後者［進化］はつねに、前者［存在論的土壌］を前提しているのである。

(5) 植物の生を捨象して、である。植物の生はさらに、かなり異なった諸性格を呈示する。われわれは、植物的生というこの問題を、故意に放置しておく。

(6) メーヌ・ド・ビランは、この発見の重要性と独創性とを、十分に意識していた。そのことが分かるのは、たとえば彼が「そのもとで私が自己の身体についての認識を考察するところの、まったく新しい視点」（*Essai sur les fondements de la psychologie et sur ses rapports avec l'étude de la nature*［『心理学の諸基礎ならびに自然研究とのその諸関係についての試論』］, Œuvres de MAINE DE BIRAN, édition Tisserand, Alcan, Paris, 1932, VIII, p. 207.――ティスラン版の第八巻と第九巻を占める『試論』のテキストは、以後、註のなかでは、*E* という文字によって示される）についてわれわれに語るときである。

(7) *E*, p.103.

第一章

(1) 後述の第四章二五〇頁以下を参照。

(2) *E*, p.604.

(3) 同書、p.126. われわれの強調。

(4) 同書、p.146. われわれの強調。

(5) *Mémoire sur la décomposition de la pensée*, Œuvres de Maine de Biran, édition Pierre Tisserand, *op. cit.*, III, p.217. われわれの強調。『思惟の分析』のテキストは、ティスラン版の第三、四巻を占める。このテキストは以後、

Dという文字で示し、直後に巻数を表す数字を示すことにする。〔ビランの原文は《L'idée de son individualité et de tout ce qui lui appartient ne peut être tirée d'ailleurs que de sa réflexion intime ou du sentiment du même effort》だが、アンリの引用は《L'idée de l'individualité du moi et de tout ce qui lui appartient ne peut être tirée d'ailleurs que de sa *réflexion intime ou du sentiment de l'effort*》となっている。なお、本書の表題について、一言ここで付言しておきたい。ビランは本書で、《décomposition》という言葉はコンディヤックが化学から借りたものであると断わっており（*D*, 3, p.87)、したがって本書は『思惟の分解』（化学分解の意味で）と訳すべきなのかもしれないし、実際そう訳されておられる方もいるようだが、しかし語感の美しさを考慮して、『思惟の分析』と訳しておく。――訳註〕

（6）同書、3, p. 156.

（7）同書、3, p. 71.「見る」と「対象」以外は、われわれの強調。〔アンリは原文の「イマージュ」「諸思惟」「諸意欲」「自我」の強調を省いている。――訳註〕

（8）同書、3, p.72, 註。

（9）同書、3, p.69, 註。「それゆえこのような内的認識のために、ひとつの名が必要である」は、われわれの強調。

（10）同書、4, pp.178-9.〔アンリの強調。――訳註〕

（11）*E*, p.111.

（12）『顕現の本質』、上掲書、第一部参照。

（13）*D*, 3, p.85.

（14）*E*, p.167.

（15）*D*, 3, p.56.

（16）本書の完全なタイトルが『心理学の諸基礎ならびに自然研究とのその諸関係についての試論』であるということを、想起させておこう。

（17）*E*, p.50.

（18）超越論的内的経験ということでわれわれは、本書では、ラディカルな内在の圏域で遂行されるような、すなわち、やはり自己‐触発という基礎的存在論的過程にしたがって遂行されるような、生きられたものの自己自身への根源的な顕示を理解している。われわれはこの本源的な顕示の仕方の形相的構造について、拙著『顕現の本質』のなかで詳細に分析した。

(19) *E*, p.52.

(20) ここでメーヌ・ド・ビランが肯定しているように思えるテーゼは、われわれが存在論的一元論の名を与えているテーゼそのものである。じつはこれらの諸能力は、他の種類の認識によって、自らを見ることなく自らを知るのだということを理解しなければならない。それは数行先で、ビランの主張するところである。ちなみにビランは、ここで諸能力について彼が述べているまさにそのことを、眼や身体一般について述べることになろう。主観的身体の驚くべき発見がなされるためには、同じ存在論的ステイタス――それは超越論的内的経験のステイタスである――の内部へと、このように［諸能力や身体一般を］同化するだけで「十分」であろう。

(21) *E*, p.67.

(22) 同書［同所］、われわれの強調。

(23) 同書、p.68.

(24) *D*, 3, p.103.「自らの働きを行使しつつ、自己自身に関わるのである」は、われわれの強調。

(25) *E*, p.20, 註。［ビランの原文では「内感」の「内（intime）」がイタリックで強調されている。――訳註］

(26) 同書、p.115.［ビランの原文では「それ〔原初的事実〕を確証」の前に「それ固有の源泉において」という言葉があるが、アンリの引用ではそれが省かれている。――訳註］

(27) 同書、p.30.

(28) 同書、p.45.［「認識」はアンリによる補足である。――訳註］

(29) 同書、p.164, 註、われわれの強調。

(30) 同書、p.116.

(31) *D*, 4, p.233.

(32) 問題なのは絶対的諸真理、「反省的視点」においてしか現われない諸真理の次元である。

(33) *D*, 4, p.200.

(34) そしてまた、別の仕方でとはいえ、超越的存在の現象学的な第一の層においても、である。

(35) *D*, 3, p.237, 註。

(36) *E*, p.575, われわれの強調。［「その概念」の「その」はアンリの文脈では「力」ということになるが、ビランの原文では「原因もしくは力」である。——訳註］

(37) 同所。

(38) 同書、p.223. しかしながら明証が問題とされるときには、ビランはわれわれと同じ用語法を用い、たとえば絶対的明証について語っている。同書、p.537 参照。

(39) *D*, 3, p.221, 「存在論的」「抽象的」「実在的」「感じられた」以外はわれわれの強調。

(40) 『心理学の諸基礎についての試論』の最初の附論の表題。

(41) *E*, pp.618-9, われわれの強調。

(42) 十九世紀の多くの哲学が、そうであるように。特にカントを引き合いに出し、心理学に関わる諸問題に関しては、自分たちが反対していると思い込んでいる経験論的諸哲学に劣らず心理主義に屈服している諸哲学が、そうであるように。

(43) このように心理学は、生に対しては、何か偶然的なものである。そのうえ心理学は、学として、一箇の本質的に歴史的な存在である。

(44) *E*, p.525.［「思惟と存在」は、ビランの原文では「存在と思惟」である。——訳註］

(45) 同書、p.566.［ビランの本文には「無際限に」という言葉がある。——訳註］

(46) ビランにとっては「直観的判断」という術語と同義語である。

(47) *E*, p.627.

(48) ライプニッツ哲学を註解しつつ、ビランは「悟性の諸能力」「諸形式ないし諸カテゴリー」について、明示的に語っている。*D*, 3, p.120 参照。

(49) 同書、3, p.58. われわれの強調。［「感じ」と「想定された」は、ビランの原文もイタリックで強調している。

——訳註〕

(50) *E*, p.85. われわれの強調。

(51) 同書、p.85.

(52) 同書、p.219.

(53) 同書、pp.458-9.

(54) 周知のようにフッサールによれば、主観性へのラディカルな回帰というこのような要請が、ヒューム哲学の隠れた意味なのである。〔たとえば『ヨーロッパ諸学の危機と超越論的現象学』(中央公論社) §24参照。——訳註〕

(55) ビランが拒絶する経験論は、イギリス経験論だけではない。フランス経験論というものが存在し、それを批判することが、ビランの思索の方向づけに深く影響したのである。

(56) *E*, p.619.

(57) 同書、p.75.

(58) 同書、pp.32-3.

(59) *D*, 3, p.120.

(60) 同書、3, p.32.

(61) 問題とされているのはカント、デカルト、ライプニッツの諸視点であり、それらはこの順に研究されたところである。

(62) *D*, 3, pp.122-3.

(63) それゆえにこそカントは、諸カテゴリーのリストを発見するために、或る手引き〔＝判断〕を必要としたのである。

(64) *E*, pp.137-8. われわれの強調。

(65) 同書、p.139.

(66) 同書、p.617.「絶対的」はわれわれの強調。

(67) 同書、p.630.

(68) 同書、p.218.
(69) 同書、p.351.
(70) 同書、p.227. われわれの強調。［ビランの原文には「このような等質性の欠如は」と「何に由来するのか」のあいだに「まず」があるが、アンリはそれも省略している。――訳註］
(71) 同書、p.621. われわれの強調。
(72) 同書、p.227. われわれの強調。［ビランの原文では「自我」がイタリックで強調されているが、アンリはこの強調を省いている。――訳註］
(73) 同書、p.232.
(74) 同書、p.220.
(75) 同書、p.243.［ビランの原文では「一」「同」「自我」がイタリックで強調されている。――訳註］
(76) 同書、pp.243-4.［ビランの原文では「一なる」がイタリックで強調されている。――訳註］
(77) 同書、p.251.
(78) 「自由を問題にすることは、実存ないし自我についての感情を問題にすることである。けだし実存ないし自我は、自由と異なるわけではないのだから。そしてこの原初的事実についてのすべての問いは、それが問いとされるというまさにそのことによって、浅薄なものとなる。」(同書、p.250)
(79) 抵抗する項が超越論的に還元された確実性の圏域に帰属するということの理由に関しては、後述の第二章、一〇九頁を参照。
(80) われわれはこの問題を、それ自身のために、『顕現の本質』上掲書、§37, 42, 53 において研究した。ビラニスムにおける受動性の問題については、後述の第六章を参照。
(81) *E*, p.186.
(82) 同書、p.258.
(83) 同書、p.272.［アンリの引用では「諸感覚のなかにある共通的ないし一般的なもの」は《ce qu'il y a de commun ou de général en elles》だが、ビランの原文では《ce qu'il y aurait de commun ou de général en elles》で

ある。――訳註〕

(84) 同書、p.152.

(85) 同書、p.97.

(86) 同書、p.180.

(87) 同書、p.222.〔ビランの原文では「自我」がイタリックで強調されている。――訳註〕

(88) この分析において問題とされている超越的エゴは、明らかに私のエゴである。ここでは他者のエゴは問われていない。

(89) *D*, 3, p.117. われわれの強調。〔「諸形式」と「自我」はビランの原文でもイタリックで強調されている。――訳註〕

(90) この内在は、エゴと諸カテゴリーとの諸関係についてのビランの分析を要約する或る重要なテキストのなかでも肯定されている。「存在、実体、原因、一、同の観念を得るためには、われわれ自身のうちを見るだけで十分なのだとすれば、してみるとこれらの諸観念の各々は、自我についての感情から直接発源していることになる。（中略）生得的と主張されるすべての反省的諸観念は、その様々な性格において分析され表現された、意識の原初的事実でしかない。われわれはまた、これらの諸観念がひとつの起源を有しているということを、示してしまうつもりである。というのも、自我もしくは個体的人格性が、ひとつの起源を有しているからである。」（*E*, p.219. われわれの強調。）〔ビランの原文においては二箇所の「自我」がともにイタリックで強調されているが、アンリは二箇所ともこの強調を省いている。――訳註〕

(91) *E*, pp.114-5. われわれの強調。〔「自我」という言葉は二箇所とも、ビランの原文においてもイタリックで強調されている。なおビランの原文には、「自我の感情は」と「認識の原初的事実である」のあいだに「それゆえ」という語がある。――訳註〕

(92) この同一性は、ビランが彼の存在論の一般的企投を呈示しつつ、次のことを証明するつもりだと言明している或るテキストのなかでも肯定されている。次のこととはつまり、「まったく感覚主体に基づいた、その類において独自の（独自ノ *sui generis*）事実もしくは実在的様態があって、この感覚主体はこの様態そのものによって、感覚主体として構成されているのだということ。この様態は、感性のいかなる受動的なアフェクション［情感・触発］にも、あるいはいかなる外的表象にも、顕在的かつ不可分的に結び付けられることなく存続することができ、それだけで意識の事実という性格をもつことができるのだということ。この様態のうちには、個体的人格性についての感情とともに、われわれの精神がかくも恒常的に、かくも必然的に用いている原因、力、一性、同一性、実体といったすべての第一次的諸観念の特殊な起源があるのだということ」（*E*, p.176）である［「独自ノ」以外はアンリの強調。――訳註］。存在論的認識がひとつの実在的存在であるということ、そしてこの存在がエゴの存在であるということが、ここではっきり分かる。

(93) *E*, pp.115-6. 「独自ノ」以外はわれわれの強調。

(94) 同書、p.131.［アンリの引用は「母なる学説（*la doctrine mère*）」だが、ビランの原文では「真の母なる学説（la véritable *doctrine mère*）」である。――訳註］

(95) 同書、p.124.

(96) ビランはけっしてデカルトが三段論法を行ったことを非難しているのではないということを、繰り返しておこう。コギトの表現様式が決定的なのではない。ひとはただ、コギトがそれ自身において何であるかをわれわれに考えさせることだけを、彼［デカルト］に要求しているのである。それ自身におけるコギトだけが重要なのである。それは推論でも、命題でも、何であれそれに類したものでもない。

(97) *E*, pp.124-5. われわれの強調。［「私は考える」以下の文章はすべて、ビランの原文ではイタリックで強調されている。――訳註］

(98) 同書、p.127. われわれの強調。［ビランの原文では二箇所の「自我」がイタリックで強調されている。――訳註］

(99) *D*, 3, p.218.

(100) 同書、3, p.189.［ビランの原文では「帰属主体」もイタリックで強調されている。――訳註］

(101) *E*, pp.128-9. われわれの強調。［ビランの原文では「思惟の外に」は「思惟そのものの外に」であり、「固有の思惟主観への一切の適用の外に」は「固有の思惟主観についての一切の適用の外に」である。――訳註］

(102) もしわれわれが、魂に関するビランの説とカントの説との対立を強調するとすれば、それはたんに「魂」「実体」

「思惟する物」に対して向けられた共通の批判によって、重大な混乱の材料が提供されるかもしれないからというだけではない。それは、ビランがデカルトのコギトについての批判のなかで、自分とカントの二つの視点が同一であるかのように思い込ませるかもしれないような言葉で、あからさまにカントに訴えているということによって、このような混乱が助長されるおそれがあるからである（*E*, p.129, 註参照）。

(103) *D*, 3, p.60.「知られざる」「自我」「諸力」「学」以外は、われわれの強調。［ビランの原文では「自我から」の「から」と「自我の外に」の「の」もイタリックで強調されている。——訳註］

(104) 同書、3, p.61.

(105) 同書、3, p.216.

(106) 同書、3, p.63, p.63, 註、p.64, 註。［前のほうの引用箇所では、ビランの原文では「マールブランシュ」と「スタール」もイタリックで強調されている。——訳註］引用された最後の命題は、項＝Xとしての魂のこのような観念の発生についての理論の指標を含んでいる。この発生は、超越的エゴについてわれわれが与えた発生を、確証してくれる（上述の箇所を参照）。

デカルトのテーゼは明らかに、スタールのテーゼに同化される。「スタールとデカルトは、等しく内感の権威を忌避しているように思える。（中略）二人とも（中略）実存するためにその認識に到達する必要なしに、魂のうちに先在している生得的な諸能力ないし諸観念を、想定している。」（同所）

(107) 同書、3, p.64, 註。われわれの強調。［「実存するために、そして行為するために（*pour exister et pour agir*）」は、ビランの原文では「実存し行為するために(pour exister et agir)」である。——訳註］

(108) 同書、3, p.65.［ビランの原文では「魂」と二番目の「自我」もイタリックで強調されている。——訳註］

(109) 同書、3, pp.215-6.

第二章

（1） *E*, p.25.

（2） 同書、p.177.

（3） *D*, 3, p.71. われわれの強調。〔第一章原註（7）参照。――訳註〕

（4） 『試論』第一部第二篇第三章にE・ナヴィルが付した表題である。

（5） *D*, 4, p.6, p.7. われわれの強調。

（6） *E*, p.194, 註。

（7） 『人間知性についての哲学的試論』〔『人間知性研究』〕「第七試論。力能もしくは必然的結合の観念について」。メーヌ・ド・ビラン、*E*, p.229 よりの引用。*D*, 3, p.236, 註も参照。〔ビラン『試論』の原文では、文全体がイタリックで強調されている。なお、E・ナヴィルが註記（*E*, p.228）しているように、ビランによるヒュームの引用は、テキストに正確なものであるというよりも、要約的なものである。ヒュームの原文は、以下の引用の後半部である。《(…) the influence of volition over the organs of the body. This influence (…) is a fact, which (…) can be known only by experience, and can never be foreseen from any apparent energy or power in the cause (…).》 D. HUME, *Enquiries concerning human understanding and concerning the principles of morals*, Oxford, Clarendon Press, 1975, pp.64-5.――訳註〕

（8） ヒューム『人間知性についての哲学的試論』「第七試論」。メーヌ・ド・ビラン、*E*, p.230 よりの引用。〔ヒュームの原文は以下の通り。《(…) the energy, by which the will performs so extraordinary an operation ; of this we are so far from being immediately conscious, that it must for ever escape our most diligent enquiry.》 D. HUME, *Enquiries, op. cit.*, p.65.――訳註〕

（9） 同所〔*E*, p.230〕。〔ビランはヒュームからの引用というかたちでこの言葉を呈示しているが、ヒュームの原文には該当箇所が見当たらない。ビランの引用の前後から見て、D. HUME, *Enquiries, op. cit.*, pp.66-7 あたりの、ビラン自身による要約であろう。――訳註〕

（10） 同書、p.231.

（11） 同書、p.230. われわれの強調。

（12） 同書、pp.231-2. 〔ビランの原文では「力能は」のあとに「それゆえ」があり、「この存在がそれ自身知られるように」のまえに「あるいは」がある。――訳註〕

(13) 同書、pp.231, 232, 233. われわれの強調。〔ビランの原文でも「逆モマタ然リ」は初めからイタリックで強調されており、さらに「もし彼〔ヒューム〕が」のまえには「それゆえ」という語が入っている。――訳註〕

(14) 『高名なる講義および諸断片』*Célèbres leçons et fragments*, Presses Universitaires de France, Paris, 1950, p. 135.〔第二改訂増補版（1964）ではpp.192-3。ラニョの原文にはイタリックによる強調はない。――訳註〕

(15) 同書、p.136.〔第二版、p.194.〕

(16) 同書、p.136.〔第二版、pp.193-4.〕

(17) *D*, 3, p.69, 註。〔ビランの原文には冒頭に「それゆえ」という言葉がある。第一章原註（9）参照。――訳註〕

(18) 『高名なる講義および諸断片』上掲書、p.135.〔第二版、p.192.〕

(19) 同書、p.134.〔第二版（p.192）では、ラニョの原文はアンリの引用と若干異なる。「われわれは諸物体の抵抗を直接感じるように思える。しかしそれこそが錯覚である。〔「なぜなら」はなくて〕抵抗の観念は、われわれに抵抗する外的物体の観念と、延長において接触し合っている二つの物体の表象とを、想定しているからである。」――訳註〕

(20) 同書、pp.136-8 参照。〔第二版、pp.194-5.〕

第三章

(1) *D*, 4, p.82.

(2) 同書、4, pp.182-3. われわれの強調。〔ビランの原文では「対象」の前に「この」があり、また「変わることのなかった」と「感覚」がイタリックで強調されている。――訳註〕

(3) 同書、4, p.54.

(4) 同書、4, pp.57-8. われわれの強調。〔ビランの原文では「感覚」と「応え」がイタリックで強調されているが、アンリの引用は二箇所とも強調を省いている。――訳註〕

(5) 同書、4, p.72 参照。「継起するあいだに知覚された諸音は、その各々が或るひとつの特殊な運動に対応している。この運動は、〔聴覚の〕感官において諸音を完全に区別したあと、同じ順序にしたがって、諸音の正確な喚起を準備する。」われわれの強調。
(6) 同書、4, pp.47-8.［ビランの原文では「統一性」と「数多性」がイタリックで強調されている。――訳註］
(7) 同書、4, p.45, 註。［「そして諸運動を」はビランの原文ではイタリックで強調されていない。――訳註］
(8) 同書、4, p.8.
(9) 同書、4, p.7, 註。われわれの強調。
(10)『顕現の本質』上掲書、§35 参照。
(11)『高名なる講義および諸断片』上掲書、p.140.［第二版 p.197.］
(12) Cf. DWELSHAUVERS, *L'enregistrement objectif de l'image mentale*, VIIth. Intern. Congress of Psychology et *Les mécanismes subconscients*, Alcan, Paris. SARTRE, *L'imaginaire*, Gallimard, Paris, 1940, p.100［サルトル『想像力の問題』人文書院、一〇四頁］よりの引用。
(13)『想像力の問題』上掲書、p.103.［邦訳一〇八頁］
(14) 同書、p.104.［邦訳一〇八頁。最初の二つの引用は、「意識は、瞬間ごとに、現在の感性的内容から出発して、視覚的感覚を期待する」というサルトルの文章を適当にばらし、適当につなぎ合わせたものであり、「それゆえ、自らを視覚的なものとしては与ええない」の「として」は、サルトルでは《pour》だが、アンリの引用では《comme》となっている。さらにサルトルでは「この知がめざす何か」の「何か」が《 》に入れられているが、アンリはそれを落としている。その他、コンマの引用が正確でない箇所も幾つかある。――訳註］
(15) 同書、p.100.［邦訳一〇四頁。最初の引用文中の強調は、サルトルにはない。――訳註］
(16) 同書、p.110.［邦訳一一五頁］
(17) 思うに、このような見方を発展させてゆくことによってのみ、象徴体系についての十分な理論へと導かれうるのであろう。
(18) *E*, p.408. われわれの強調。
(19) 同書、p.327. 同書 p.350 も参照。
(20) 同書、pp.303-4.［ビランの原文では「自我」がイタリックで強調されている。――訳註］

（21） 同書、p.605, 註。

（22） 同書、p.322. われわれの強調。［ロック『人間知性論』第二巻第二十七章「同一性と差異性について」参照。——訳註］

（23） 同書、p.532.

（24） *D*, 4, p.106, 註。［「最も単純な知覚でさえ〔それはつねに諸印象ないし諸作用の継起的数多性を想定している〕（中略）存在しえないであろう」の箇所は、ビランの原文では「われわれの顕在的な状態においては、最も単純な知覚にさえ余地はありえないであろう」である。——訳註］

（25） 『顕現の本質』上掲書、序論および第四部の、自己性についての問題構成を参照。

（26） *E*, p.199. われわれの強調。［ビランの原文でも「自我」はイタリックで強調されている。——訳註］

（27） 『高名なる講義および諸断片』上掲書、p.181.［第二版、p.236.］

（28） 同書、p.180.［第二版、p.235.］

（29） 同書、pp.180-1.［第二版、pp.235-6.］

（30） 同書、p.182.［第二版、p.237.］

（31） 同書、p.182, われわれの強調。［第二版、pp.236-7.］このテキストのさらに突っ込んだ註釈としては、『顕現の本質』上掲書、§55 参照。

第四章

（1） *E*, p.180.

（2） *D*, 3, p.199. われわれの強調。あまりに頻繁にビランが用いる「意欲」という言葉によって、もはやわれわれが誤謬に導かれるようなことがあってはならない。なぜならわれわれは、問題なのは行為に先立ち、行為についての観念でしかないような意欲、主観的な意思や欲望ではなくて、まさに行為しつつある運動の存在だということを、知っているからである。

（3） 同書、3, p.72.［ビランの原文では「感覚」がイタリックで強調されている。——訳註］

（4）同書、3, pp.73-5.「別の諸能力の区分」は、われわれの強調。
（5）同書、3, p.75.［ビランの原文では「有機的諸部位の想定され・証明されたひとつの多様性」の「ひとつ（une）」はなく、代りに《la》があり、また「イデオロジー的諸区別の実在性」の強調も原文にはない。——訳註］
（6）同書、3, pp.58-9.［「同じ観念体系」はビランの原文では《le même système d'idées》だが、アンリの引用では《un même système d'idées》となっている。——訳註］
（7）同書、3, p.211.［ビランの原文には「しかしそれこそが」と「象徴とは別のものだろうか」とのあいだに「じっさい」という言葉があり、また「努力についての内密な意識においてわれわれが自らに帰属せしめる行為と、同じものだろうか」は、原文では「努力についての内密な意識においてわれわれが自らに帰属せしめるのと、同じものだろうか」である。——訳註］
（8）E, pp.603-4. われわれの強調。［「形而上学的分析全体は」で始まる最初の引用は、E, pp.602-3.——訳註］
（9）同書、p.78. われわれの強調。
（10）同所。
（11）『顕現の本質』上掲書、§32, 33, 34 参照。
（12）E, p.216.
（13）同書、p.211.
（14）D, 4, p.127. われわれの強調。［「単純」はビランの原文でもイタリックで強調されている。——訳註］
（15）E, pp.214-5-6.
（16）D, 4, p.9, 註1、p.10.［D, 4, p.10 では「客観的」も「人格的」も、ともにイタリックで強調されている。——訳註］
（17）E, pp.208-9.
（18）「自我は、身体の共存についての感情ないし内的直接的覚知をもつことなしには、それ自身にとって実存しえない。まさにこれが原初的事実である。しかし彼は、まだ触覚の行使によって彼の身体を表象もしくは直観の対象として認識していなくても、たしかに存在しうるであろうし、あるいはこの覚知をもちうるであろう。」（E, p.382）

［ビランの原文では「自我」がイタリックで強調されている。――訳註］

(19) *E*, pp.381-2.

(20) われわれの身体についてのイマージュがわれわれの有機的身体の存在に依拠しているかぎりで、じっさいこのイマージュは、われわれの身体の全体的存在についてのイマージュであって、けっして遺漏あるイマージュなのではない――もしこのイマージュがわれわれの客観的身体についての表象的認識よりほかの根拠を有していないのであれば、それは遺漏あるイマージュになっていることだろうが。

第五章

(1) コノコトハ、説明スルニハ、コノウエナク困難デアル。（中略）キワメテ明晰ナノデ、ケッシテ否定サレエナイ (*Hoc explicatu difficillimum — Adeo clara est ut negari nullo modo possit*)（『ビュルマンとの対話』、*Œuvres de DESCARTES*, éd. Adam & Tannery, Léopold Cerf, Paris, V, p.163）。［白水社『増補版デカルト著作集４』、三六七頁。ただし、アンリの本文では「きわめて明晰できわめて明証的であるので否定されえない」のは「理論」となっているが、『ビュルマンとの対話』で「キワメテ明晰ナノデ、ケッシテ否定サレエナイ」とされているのは「経験（experientia）」である。――訳註］

(2) 『顕現の本質』上掲書、第四部参照。

(3) この差異についての理論は、ここで与えることができなかった。ただ、本書では存在論的疎外の概念は、思惟の本質に疎遠な或る実在によって思惟が三人称的に規定されることを指し示しているのだが、このようなものとしてこの存在論的疎外の概念は、この概念が拙著『顕現の本質』において受け取っている意味とはまったく別の意味を有している、とだけ述べておこう。しかしながら分析の文脈をそのつど見るなら、これら二つの意義を混同するなどということはありえない。

(4) 例えばスピノザが心身関係についてのデカルト的問題をまったく前進させていないことは、明らかである。スピノザは、デカルトが自らに立てた問題を別様に立てるまさにその代わりに、これと同じ問題を別様に解決するだけにとどまっている。なるほどヒュームもまた、この問題の陳述を変様させてはいない。しかし少なくとも彼には、このような仕方で立てられるならこの問題は絶対に解けない、ということを示しているというメリットはある。だからこそメーヌ・ド・ビランの哲学のような哲学のためにも、場所があるわけである。この哲学はもはや、このデカルト的問題の内的諸困難について反省するのではなくて、この問題の哲学的地平の不適合について反省することになろう。

(5) *E*, p.235 以下を参照。
(6) 同書、p.242, われわれの強調。――きわめて意味あるこの最後のテキストは、思うに、運動の根源的に主観的な存在が、「即自的な意志についての表象」に変形されていること、またさらにいっそう鮮明な仕方で、有機的身体が、諸外官によって提供される一表象とここで混同されて、変質されていることをよく明らかにしている。
(7) 同書、p.241.
(8) 同書、p.262. このテキストがその全き重要性を獲得し、われわれが話題にしている降格の固有の性格を真に開明するのは、ただビラニスムにおけるアプリオリ、「絶対的」といった諸術語の正確な意味が念頭に置かれる場合だけである。これについては、上述の第一章§1を参照。
(9) 同書、pp.162-3, 註2。[「現象的視点」「叡知的視点」の「現象的」と「叡知的」は、ともにビランの原文ではイタリックで強調されている。――訳註]
(10) 『一六四三年六月二十八日エリザベート宛書簡』*Œuvres* de DESCARTES, éd. Adam & Tannery, *op.cit.*, [Tome III] pp.692-3. [白水社『増補版デカルト著作集3』、二九五―六頁]
(11) *E*, p.39.

第六章

(1) *E*, p.291, 註2。
(2) 同書、p.81.
(3) 同書、p.108.
(4) 同書、p.292. [「この二元性」は、ビランの原文では「この種の二元性」である。――訳註]

(5) 同書、p.301.［ビランの原文では「自我」がイタリックで強調されている。――訳註］

(6) *D*, 3, p.154.

(7) 同書、3, p.150.［節の表題の一部として登場するこの言葉は、ビランの原文ではイタリックで、しかも「情感」は複数形（「諸情感」）である。――訳註］

(8) 同書、3, p.154.

(9) *E*, p.176.

(10) *D*, 3, p.126.

(11) 同書、p.182.［「感覚する」はビランの原文ではイタリックで強調されている。――訳註］

(12) *E*, p.211.［「彼［運動に関しては全身麻痺して生まれたような幼児］は（中略）純粋に感覚する存在として、個体的人格の地位にまで高められえないであろう。」――訳註］

(13) 同書、p.299.［ビランの原文では「自我」がイタリックで強調されている。――訳註］

(14) 同書、p.153.

(15) ルソーとボネの諸テーゼは、人間の自由を救わんと欲するとき、おそらくこのような対置に連れ戻される。

(16) *E*, p.288, われわれの強調。

(17) 同書、p.297.

(18) 同書、p.328, われわれの強調。［ビランの原文では最初と最後の二箇所の「自我」が、イタリックで強調されている。――訳註］

(19) *D*, 4, p.36, われわれの強調。［ビランの原文では「自我」がイタリックで強調されている。――訳註］

(20) 同書、4, p.7, 註、われわれの強調。［第三章原註（9）参照。――訳註］

(21) 同書、4, p.154.

(22) 同書、4, p.23.［アンリの文脈では「彼」は「個体」としてしか取れないが、ビランの原文では「彼」とは「感性的で運動的な存在」である。――訳註］

(23) 同書、4, p.82, われわれの強調。［ビランの原文では「たんなる見ること」と「視ること」とがイタリックで強調

されている。——訳註〕

（24）同書、4, p.93. ここで思念されている哲学者たちは、明らかにヒュームとコンディヤックである。

（25）もし視覚の感官についてのこのような考えが正確なら、如何にしてそこからひとつの誤謬が帰結しうるというのだろうか。

（26）*D*, 4, p.92. われわれの強調。〔ビランの原文でも「注意」はイタリックで強調されている。——訳註〕——このテキストは、ここでは分析が自我の能動的生に及んでいるだけに、いっそう有意義である。

（27）同所。

（28）*E*, p.477.

（29）メーヌ・ド・ビランにとっては制度的言語も、自発的発話が果たすのと同じ役割を有することになろう。その役割とはすなわち、内的覚知が諸感覚や直接的諸直観のうちに、もしくはわれわれの諸作用そのものの諸結果のうちに変形ないし吸収されるのを、阻止することである。メーヌ・ド・ビランはこう付け加えている。「諸記号はそれらの二次的制度においては、かろうじて、このような習慣の連鎖から覚知を引き留め、あるいは保護するために十分な障壁である。」（*D*, 4, p.238)

（30）*E*, p.480.

（31）ひとは内的発話という現象にきわめて大きな広がりを与え、そこに聞くことと一般という現象についてのひとつの存在論的条件を見ることさえできる。このテーゼはビランのテーゼではないが、このテーゼは多くの点で、運動と感覚作用との諸関係に関する、また一般的な仕方で、話す作用と聞く作用との存在論的等質性に関するわれわれの諸分析の諸結果を、確証するだけであろう。

（32）諸イマージュに関するかぎり、このような力能がエゴに属していることは、まったく明らかである。

（33）*Journal intime* de MAINE DE BIRAN, 一八一八年十二月二十八日, éd. La Valette-Monbrun, Plon, Paris, 1927-31, II, p.151.〔グイエ編集の *Journal*, II, p.197 では、「自我」がイタリックで強調されている。——訳註〕

（34）H. GOUHIER, *Les conversions de Maine de Biran*, Paris, Vrin, 1947, p.362.

（35）先の第五章を参照。

(36) Note sur un passage très remarquable du *Témoignage du sens intime*, par l'abbé de LIGNAC, éd. Tisserand, *op. cit.*, X, p.377. [正確には「われわれの個体性についての内感を、あるいは私が自我と呼んでいたものを、魂の実体の基底そのものと」である。——訳註]

(37) H. GOUHIER, *Les conversions de Maine de Biran, op. cit.*, p.220.

(38) *Nouveaux essais d'anthropologie*, IIe Partie, éd. Tisserand, *op. cit.*, XIV, p.273. われわれの強調。[正確にはビランの原文では、「現象と実在、存在することとあらわれることとは、それゆえ、自我についての意識のなかで一致する」である。——訳註]

(39) *Examen des leçons de philosophie de M. Laromiguière*, éd. V. Cousin, Ladrange, Paris, 1841, IV, p.250. われわれの強調。[アズヴィ版（t. XI-3, p.262）では「相対的なもの」と「絶対的なもの」がイタリックで強調されている。——訳註]

(40) 自己認識と神的認識の同一性についての明示的な理論は、エックハルトにおいて見出される。これについては『顕現の本質』上掲書、§ 39, 40, 49 を参照。

(41) ブランシュヴィックはビラン哲学に対しては、ほとんど完全なまでの無理解を示しているのだが、彼はビラン哲学が、精神の生を「経験論的な、ほとんど唯物論的な仕方で」考えたといって、非難しているのである！（*Le progrès de la conscience dans la philosophie occidentale*, Alcan, Paris, 1927, II, p.615.）ブランシュヴィックの眼には、彼の考えに近い精神観にまでビラニスムが高まることを妨げた欠陥の理由は、メーヌ・ド・ビランが最後までカントを読んでいなかったことにある。いくぶん思い上がったこれらの諸主張によっても、ブランシュヴィックはポリツァー宛書簡の中で、心理学に関するかぎり自分はメーヌ・ド・ビランに任せる、と言明するを妨げられていない。もしブランシュヴィックがビラン心理学についてもっと正確な観念を得ていたなら、彼はビラン心理学が彼の精神の哲学が心理学に割り当てているステイタスと両立しうるとは、信じなかったであろうと思われる。はるかにいっそう理解を示す仕方で、グイエ氏はビランが「恩寵の諸印象」に同意し過ぎた、「超越者が感性的明証を享受するような経験」を求めてしまった、そして「感覚されない現前を信ずる信仰行為にまで」行かなかったといって非難している（H. GOUHIER, *Les conversions de Maine de Biran, op. cit.*, pp.418-9）。同様にして、フェサール神父はメーヌ・ド・ビランに関して、「超越的経験論について」語っている（*La méthode de réflexion chez Maine de Biran*, Paris, Bloud, 1938, p.117, cité par GOUHIER, *id.*, p.420, note）。ビラニスムが従事している実在は、じつは経験的でも超越的でもない。それは超越論的内的経験の実在なのである。超越論的内的経験の実在を正しく評価しうるのは、主観性の存在論のみなのである。

結論

（1）*Phénoménologie de l'esprit*, trad. J. HYPPOLITE, Aubier, Paris, I, p.29.［「死んだものにしっかり目をすえるには、最大の力が必要である。力のない美は悟性をきらう。それは、悟性が美の果たし得ないことを求めるからである。だが、死を避け、荒廃からきれいに身を守る生ではなく、死に耐えて死のなかに自己を支える生こそは、精神の生である。」ヘーゲル『精神現象学』河出書房新社『世界の大思想1ヘーゲル』、三一頁。――訳註］

（2）これについては上述の第三章第三節参照。

（3）少なくとも、われわれがすでに以前に強調した［第四章原註（20）――訳註］点を、しっかりと述べておくことが肝要である。つまりわれわれの身体――もしそのことによってわれわれが、われわれの有機的身体を理解するのであれば――の図式は、ひとつの完全で全面的な図式であって、遺漏だらけの表象などではない、ということである。まさしくわれわれの身体の図式が表象ではないからこそ、それはこのような完成した性格を提供するのであって、われわれは、われわれがこの図式についてもつ認識は、或る仕方でひとつの絶対的認識である、と言いえたのである。そのうえ、絶対的身体および有機的身体についての哲学が、どれほどすべてを諸表象に還元する観念論から遠ざかっているのかが分かる。われわれの身体の根源的現象は、まさしくひとつの表象などではないのである。同じ指摘は、絶対的身体を有機的身体に結び付ける基礎的関係についても当てはまる。

（4）しかしながらわれわれの根源的身体は、諸道具とか諸事物とか、内世界的な諸規定の状況をしか根拠づけない。内世界的諸規定の状況は根源的身体の状況を指示し、根源的身体との関係において定義されるのだから、われわれのすべての諸パースペクティヴの絶対的中心を構成する身体の状況という問題は、先の諸考察によっては解決されず、反対に、いっそうの緊急性をもって立てられるのである。根源的身体それ自身を状況づけるもの、それは、世界‐への‐存在という超越論的関係としてではなくて、その内的構造において内在として理解された主観性なのである。あらゆる可能的状況一般の究極の根拠としての内在の内的構造の存在論的解釈については、『顕現の本質』上掲書、§41, 42, 43, 44 を参照。

（5）*Phénoménologie de l'esprit, op. cit.*, I, p.160.［『精神現象学』上掲書一一九頁］

（6）行為に必要な諸表象を無意識にすることによって、行為に必要な諸表象の継起および連関を消失せしめたのは習慣である、とひとは言うであろう。反対に、ここで訴えられている習慣および無意識に関する諸理論が、その前提として行為についての主知主義的な理論を含み、諸理論はこの主知主義的な理論の諸々の不条理を軽減しようとし、したがってこの主知主義的な理論を根拠づけるには役立ちえないということは、明らかである。たしかに行為の現象は、様々な諸表象（そのなかには諸手段および目的についての諸表象がある）をともなうことがあり、そうした諸表象は固有の現象学的記述の対象とならなければならないのだが、しかしこうした諸表象を行為の根源的現象と混同しないよう、注意しなければならない。

（7）アルチュール・ランボー『地獄の季節』「別れ」（*Une saison en enfer*, *Adieu*, Œuvres d'Arthur RIMBAUD, Mercure de France, Paris, 1949, p.236）参照。［「さてこそ、遂には審かれねばならぬ幾百万の魂と死屍とを啖うこの女王蝙蝠の死ぬ時はないだろう（Elle ne finira donc point cette goule reine de millions d'âmes et de corps morts *et qui seront jugés* !）。」小林秀雄訳、岩波文庫、五〇頁］

（8）恋人たちの接吻とその運命とについて語りつつ、リルケはこう叫んでいる。「ああ、いかにそのとき奇怪にも、するものの存在はするその行為から離脱してゆくことか」（『ドゥイノの悲歌』第二の悲歌［手塚富雄訳、中央公論社『世界の文学セレクション 36 リルケ』二八一頁］）。

（9）Henry MILLER, *Tropique du Cancer*, Denoël, Paris, 1945, pp.163-4［ヘンリー・ミラー『北回帰線』新潮文庫、一九四頁］参照。

（10）ここで以下の三つの指摘を行っておかなければならない。(1)われわれがつねに「われわれのもの」として指し示してきた客観的超越的身体は、明らかに他我（*alter ego*）の客観的超越的身体でもありうる。それが正常なエロス的生において起こることである。それゆえ性についてのいくぶんなりとも完全な研究は、他者の実存および他者の身体に関する問題構成と連帯している。言うまでもなくこれらすべての問いは、われわれの諸探究の枠をはみ出す。われわれの諸探究においては、性は実例としてしか介入してこなかったのだから。(2)性的志向性がそれへと向けられる対象、性的志向性に魅力を行使する対象は、とりわけいくつかの倒錯のケースにおいては、もはや生ける人間身体ではなくて、自然の惰性的一対象であることもある。しかしながらこのような対象の構成が、或るエゴに属する超越的身体の構成を指示することによってしか理解されえないことは、明らかである。(3)対象が行使する魅惑と、その対象に向かって自らを超越する志向性とは、明らかに連帯している。なるほどこの対象の可能性の条件は、すでに指摘したように、エゴの超越的身体の両義的なステイタスのうちに見出されはする。しかしこの身体がほんらいの意味において性的対象となるのは、或る特殊な志向性がそれに向けられるときだけである。ひとはただ、次のように言いうるだけである。つまり、このような［性的］志向性は、潜在的な仕方で存在しているのだということ、また同様にして、たとえば他者の超越的身体のステイタスのうちには、このような身体がはっきりと特徴づけられた性的対象へといつでも変貌する可能性が、含まれているのだということである。

(11) 先の諸分析のなかで性的志向性が、有限性概念の或る意味を例示するのにふさわしい実例として選ばれ、このかぎりで実存のひとつの「有限」様態として記述されたということによって、性としての性と有限性とのあいだの等価性という観念に導かれるおそれがある。じつは、一般的な仕方で、有限性はひとつの実存的な意義しか受け取らなかったのであり、したがってそれは、実存のいくつかの限定された諸様態をしか指し示していないのだが、それと同様に、暗示された性的志向性は、われわれの性的な生の可能的で、はっきりと限定された一形態にしか関わっていないのである。不安（このことによって理解されているのは、客観的身体的規定の定在を前にしての不安である）なき愛の可能性は、先の諸記述によって、排除されてはいない。それどころかむしろ、このような可能性は、主観的身体論のうちに、その最も基礎的な存在論的前提を見出すのである。じっさいこのような理論は、性的行為は少なくともその根源的な存在においては、何か主観的なものであるということを示している。そのようなものとして、性的行為は世界の外にある。性的志向性が客観的定在のほうに向けられている（しかもわれわれが記述した、はっきりと規定された仕方で）ということは、この志向性のひとつの偶然的な種別化を表わしているのである。じつはこの志向性は、その自由のうちにラディカルに異なる方向づけの可能性を担っており、その方向づけに従えば、実存は、反対に規定から解放されて、じっさいは規定とはまったく別のものをめざすこともできよう。「身体」が不在であるような愛が、しかも性愛が存在する。性的志向性について与えられてきた大部分の実存的諸記述のおおきな誤りは、性的志向性の特定の一様態がほとんどつねに、人間一般の性的な生という排他的な観点から、したがって人間一般の性的な生の本質によって指図されたものとして呈示された観点から、検討されていることに由来する。とりわけそれは、客観的な性的諸規定を考察することだけに限られているようなすべての諸記述のばあいが、そうである。客観的な性的諸規定が客観的なのは、特定の或る志向性がそれらに向けられるときだけであるということが分かったときでも、ひとはまだ、形相的な観点からは、このような志向性（そのうちにおそらく不純が存する）の可能性には、明らかに或る別の可能性が対置されるということを、忘れてしまうおそれがある。このもうひとつの可能性の意味とは、反対に、性的な生のただなかにおいて、人間が客観的規定の有限性から解放されるということなのである。ここでは実存的観点と存在論的観点を区別することが、かつてないほど必要である。そして一般的な仕方で、性愛についての哲学全体が、主観的身体の哲学の所与から出発して作り直されるべきなのである。しかしながら主観的身体の哲学が、あらかじめ存在論的次元において身体的生のすべての根源的諸規定の主観的本質を示すかぎりで、場合によっては実存的観点から或る無限で自由な意味を与えることを許すのは、たんに性的な身振りに対してだけではなく、あらゆる人間的身振りに対してである。それゆえ主観的身体の哲学は、たんに性についての或る新しい哲学にだけではなくて、人間のすべての「実質的［物質的］」諸行為についての或る新しい哲学にこそ導くべきなのであり、儀式、労働、祭儀等についての或る新しい哲学にこそ導くべきなのである。（主観的身体の哲学と唯物論との諸関係については、後述の、「諸欲求」について言われている箇所を参照されたい。）

訳　註

序論

［1］《existence》という語は、場合によっては「実存」と、場合によっては「存在」等と訳す。アンリのばあいはともかくとして、ビランのばあいには《existence》という語は、人間存在の「実存」以外のものにも、「存在」ないし「現実存在」という意味で用いられているからである。

［2］ジュール・ラシュリエ（Jules Lachelier, 1832-1918）、エミール・ブートルー（Emile Boutroux, 1845-1921）、フェリックス・ラヴェッソン（Félix Lacher Ravaisson-Mollien, 1813-1900）、ジュール・ラニョ（Jules Lagneau, 1851-94）らはいずれも、「フランス・スピリチュアリスム」の哲学者たちと称せられることの多い人たちであり、このなかで「新カント主義者」と呼ばれることが多いのは、特にラシュリエおよびラニョである。それぞれの代表作としては、ラヴェッソンには『習慣論』（一八三八年）が、ラシュリエには諸論文「帰納法の基礎」（一八七一年）と「心理学と形而上学」（一八八五年）が、ブートルーには『自然法則の偶然性』（一八七四年）が、ラニョには遺稿『高名なる講義および諸断片』（「明証性および確実性についての講義」「知覚についての講義」「判断についての講義」「神についての講義」等所収、一九五〇年初版、一九六四年第二版）がある。

［3］「内感」あるいは「内官」について一言述べておきたい。ビラン自身が《sens intime》《sens intérieur》《sens interne》を区別しているとは――私には――思えないが、《sens intime》がビランにおいて有名になってしまったということ、そして特にそれがカントの《innerer Sinn》との対比において語られることが歴史的に見て多かったということにかんがみて、この邦訳書では前者を（それが「感情（sentiment）」に直結するがゆえに）「内感」と、後二者を「内官」と訳すことにする。したがって《sens extérieur》《sens externe》という語が出たばあいには、

両者とも「外官」と訳すことにする。

第一章

〔1〕メーヌ・ド・ビランは一七六六年十一月二十九日ドルドーニュ県ベルジュラックに生まれ、一八二四年七月二十日パリで死んだが、一八〇六年一月から一八一二年十月にかけて、ベルジュラックの郡長だった。

〔2〕何かは意識や現存在（ハイデッガーの意味での）に対して隔てられることによってしか現象化されえない、という——アンリによれば——ひとつの先入見を言う。このような「隔たり」を産み出す作用が「超越」であり、超越によって現象化された存在が、ここでは「超越的存在」と呼ばれているのである。「現象学的隔たり」については『顕現の本質』（*L'essence de la manifestation, op. cit.*）§9を参照。

〔3〕コンディヤック（Etienne Bonnot de Condillac, 1715-80）はフランス啓蒙期の、フランス最初の感覚論哲学者。ビランのよく言及する『感覚論』（*Traité des sensations*, 1754）において、彼は「感覚」と「反省」というロック的二元論を克服して、すべてを感覚の変形から説明しようとする「変形された感覚」の説を提唱する。同書でコンディヤックは、まず「われわれのように内的に組織された立像」を想像する。この立像は、たとえば嗅覚に限定されるなら、バラやカーネーションやジャスミンやすみれの香りに「成る」とされる。以下、彼は五官のすべてを扱い、ついで注意、記憶、判断、反省などを、感覚の変形とみなしてゆくのである。なおコンディヤックは、カバニスやデステュット・ド・トラシーなどの観念学（イデオロジー）派に大きな影響を与えた。

〔4〕ビランは『思惟の分析』や『直接的覚知について』において、外的諸印象に関わる「客観的イデオロジー」とは区別して、思惟主観の諸作用に関わる「主観的イデオロジー」を提唱する。Cf. MAINE DE BIRAN, *Œuvres*, publiées sous la direction de François AZOUVI, Paris, J. Vrin, t. III, 1988, pp.25, 60, 308, 348, 353, 417, t. IV, 1995, p.10.

〔5〕《notion》という語は、場合によっては「叡知概念」と、あるいはたんに「概念」と訳し分ける。特に『自然科学と心理学の諸関係』（一八一三―一五年）において顕著なように、一八一三年以降のビランの後期哲学においては、「現象」と区別された「実体」についての「信念」の問題が前面に出てくる。そのような「叡知体

(noumène)」についての《notion》は、後期ビランにおいてははっきりと術語化されているので、特に「叡知概念」と訳して《concept》等からは区別することにする。

[6] 《unité》という語は「一性」あるいは「統一」「統一性」「統一体」「単位」などと訳し分ける。「複数性」「数多性」に対しては「一性」、「多様性」「雑多性」に対しては「統一」「統一性」等と訳した場合が多い。

[7] 正確には『試論』第一部第二篇第四章の表題は、「内的覚知および原初的事実と、実体、力ないし原因、一性、同一性等の根源的諸観念との関係について。本章の結論」である。

[8] たとえば因果関係の主観的必然性を説明することになる「信念」について、ヒュームは『人性論』においてこう述べている。「したがって、所信もしくは信念は、最も正確には、「現在の印象と関係を持つ、すなわち連合する生き生きとした観念」と定義できるだろう。／しかしながら、観念を思いいだくこの仕方を説明しようとするとき、ぴったり当てはまるどんな言葉も見あたらないので、心のこの作用を完全にわからせようと思えば、各人の感じ(feeling)に訴えるよりほかはない。同意される観念は、空想だけによって現われる虚構の観念とは違って感じられる。私が、よりまさった勢い、活気、固さ、確固さ、などと呼んで説明しようと努めているのは、この違った感じ(feeling)なのである。」中央公論社『世界の名著　ロック、ヒューム』四四一頁。

[9] カント『純粋理性批判』「純粋悟性概念の先験的演繹」26「純粋悟性概念の一般に可能な経験的使用の先験的演繹」や同書「経験の類推」B「第二の類推。因果律に従う時間的継起の原則」(岩波文庫(上)二〇三頁、二六六頁)などを参照。

[10] デステュット・ド・トラシー(Destutt de Tracy, 1754-1836)はコンディヤックの影響を受けた感覚論的哲学者。「イデオロジー」という言葉は、彼に由来する。グイエによれば、彼はコンディヤックの感覚論の基本原理を変更するには至らなかったが、努力の感覚、抵抗、運動性といった諸概念を持ち込むことによって感性に広がりを与え、ビラニスムの成立にも若干の影響を与えた。Cf. H. GOUHIER, *Les conversions de Maine de Biran, op. cit.*, pp. 136-155, surtout p.148.

[11] たとえば周知のように、メルロ＝ポンティの場合がそうである。「還元の最も偉大な教訓とは、完全な還元は不可能だということである。」『知覚の現象学』1、みすず書房、一三頁。

[12] たとえば *E*, pp.20, 24, 29, 30, 77, 136, 140, 143, 220,『人間の身体と精神の関係』早稲田大学出版部、六六頁、一一七頁、一九八頁などを参照。

[13] 正確には先の引用は「自我は（中略）努力において、同じ一なる形式のもとに恒常的に自らを再生する、もしくは自らを覚知する」であった。本章の原註（76）を参照。

[14] 「エゴの超越」は、明らかにサルトルの同名の論文（一九三六年）を念頭においた批判である。人文書院『サルトル全集　第23巻　哲学論文集』所収の「自我の超越」を参照。

[15] 「自己欺瞞」もまた明らかに、サルトルを念頭においた批判である。人文書院『サルトル全集　第18巻　存在と無　第一分冊』第一部第二章「自己欺瞞」を参照。すぐ後にでてくる「隔たり（distance）」については、同書第二部第一章I「自己への現前」も参照。たとえばこう言われている。「意識としてのかぎりにおける意識の存在は、自己への現前として、自己から距離をおいて（*à distance de soi*）存在することであり、かかる存在がその存在のうちにいだいているこの何ものでもない距離（distance）が、すなわち「無」である。」（二一七頁）

[16] 「自己 - 触発」概念に関しては、『顕現の本質』上掲書、§24、§31を参照。さらに本書第一章原註（18）も参照。

[17] 『純粋理性批判』「統覚の根源的 - 綜合的統一について」（岩波文庫（上）一七五頁）を参照。

[18] ロック『人間悟性論』（一六九〇年）の仏訳者コスト（仏訳出版は一七〇〇年）は、直接的意識を指し示すロックの表現を翻訳するために《aperception》（覚知）という語を用いたが、それはデカルト『哲学原理』第一部九の《*conscientia*》（意識）を、ピコが《apercevons immédiatement par nous-mêmes》（われわれ自身によって直接的に覚知する）と訳して以来広まっていた用法に従ったものであるという。Cf. B. BAERTSCHI, *Les rapports de l'âme et du corps. Descartes, Diderot et Maine de Biran*, Paris, J. Vrin, 1992, p.384.

[19] カント『純粋理性批判』「観念論に対する論駁」参照。たとえばこう言われている。「（……）外的経験こそ本来直接的なものなのである。なるほど外的経験によっても、我々自身の実際的存在の意識は可能でないにせよ、しかし時間における我々自身の実際的存在の規定即ち内的経験は、外的経験によってのみ可能なのである。」岩波文庫（上）三〇四頁。

[20] 『ベルリン覚書』の編者 José ECHEVERRIA によれば、スタール（Georges-Ernest Stahl, 1660-1734）はイエ

ナで医学を学び、二十三歳で学位を得て、ほどなく新設の Halle 大学の教授に任命され、そこで二十二年間教えた。疲れを知らぬ勉強家で、医学のあらゆる部門に「かなり難解なラテン語で」山のように論文を書いたが、とりわけ彼の名は「魂」を「生の原理」とみなした説によって有名である。ビランは生ける身体を機械法則から解放した点ではスタールを誉めたたえたが、その受動性によって魂・思惟主体の現前を排除するような、動物的で感受的な生の特殊性を誤認してしまったといって、スタールを難じているのである。Cf. MAINE DE BIRAN, *De l'aperception immédiate*, éd. par J. ECHEVERRIA, Paris, J. Vrin, 1963, pp.256-7.

[21] *D*, 3, p.62. ビランの原文には「帰属せしめる」の前に、「たしかに」「なるほど」という意味での《bien》という言葉がある。

第二章

[1] トラシーについては、第一章訳註[10]を参照。カバニス(Georges Cabanis, 1757-1808)もまたコンディヤックの影響下にあったイデオロジストの一人で、哲学者、心理学者、医学者であった。グイエによれば、トラシー同様、カバニスもまたコンディヤックの感覚論の基本原理を変更するにはいたらなかったが、カバニスは外的感性以外にも内的諸感覚、内的諸印象を認め、また一種の本能の生得性を回復することによって、感性に広がりを与えた。Cf. H. GOUHIER, *Les conversions de Maine de Biran, op. cit.*, pp.108-121, p.148. アズヴィによれば、一七九八年のビランには、「カバニスのおかげによる身体的実存の優位の発見」と、「トラシーのおかげによる努力の感覚の根拠づけ的役割の発見」という、「二つの獲得」があった。「要するに、カバニスは体感的感性(la sensibilité cénesthésique)を、トラシーはキネステーゼ的感性(la sensibilité kinesthésique)を、発見する。〈イデオロジー〉の二人の巨匠は、『感覚論』によって描かれた領地の内部にとどまり、その諸境界線を押しやることしかしていない。」F. AZOUVI, *Maine de Biran. La science de l'homme*, Paris, J. Vrin, 1995, p.50, p.55.

[2] 周知のように、「反省的コギト」と「前反省的コギト」の区別は、サルトルの区別である。たとえば『存在と無』緒論IIIを参照。「前反省的コギト」という言葉はメルロ＝ポンティも用いている。『知覚の現象学』2、みすず書房、一四〇頁を参照。

［3］『感覚論』第二部第五章でコンディヤックの立像は、例えば自らの手を自らの胸に向け、固体性の感覚（sensation de solidité）において手と胸とを区別する。しかしながら立像は、彼の胸のうちにも手のうちにもふたたび自らの自我を発見する。このようにして立像は自らの身体のすべての諸部分に触れつつ、「これは私だ」「これも私だ！」というようにして、自らの身体を発見してゆくのである。Cf. CONDILLAC, *Traité des sensations. Traité des animaux*, Fayard, 1984, pp.103-5.

［4］ついでながら、ビランの「努力の感情」を「努力の感覚」と取り違えるような「歴史的誤謬」は、たとえばサルトルなどにおいても見られる。『存在と無』上掲書第二分冊一九一頁、二三五頁参照。

［5］第一章訳註［19］参照。

［6］周知のようにフッサールは『デカルト的省察』を、次の言葉で締め括っている。「アウグスティヌスは次のように語っている。『外にゆこうとしないで、汝自身のうちに帰れ。真理は人の心のうちに宿っている』と。」（中央公論社『世界の名著　ブレンターノ、フッサール』三五三頁。）ついでながらメルロ＝ポンティ、「真理は単に〈内面的人間〉のなかだけに〈住まう〉のではない。」（『知覚の現象学』上掲書1、七頁。）

第三章

［1］正確にいえば、ビランは「人格的想起」「様態的想起」「客観的想起（rêminiscence objective）」の三つを区別している。第一はわれわれの存在の同一性を認めさせる想起、第二は身体部位に帰属せしめられる諸印象・諸変様についての想起、第三は客観的・対象的に表象された諸感覚の類似性を認めさせる想起である。たとえば *E*, pp. 321-31 などを参照。

［2］ドゥヴェルスオーヴェル（Dwelshauvers）については未詳。サルトルは『想像力の問題』（上掲書）一〇二頁から一〇八頁にかけて、イマージュと運動との関係についてのドゥヴェルスオーヴェルの説を詳述している。

［3］「それでは、いっそ端的に、運動印象は視覚的形象の類同的代理物としての機能をはたすものであるというべきであろうか。おそらくその方がより真実にちかいかもしれないし、それに、そのような事例は、私たちが図式的絵図の把握のさいに於ける眼球運動の役割を研究したときにすでに見られた。しかし、今の場合のような形であらわ

れた場合は、そのような類同的代理行為はきわめてうなずき難いように思われる。それはいささか、起重機が水上飛行機の類同的代理者としての機能をはたす、といわれた場合にも似て妙な具合である。」サルトル『想像力の問題』上掲書、一〇六―七頁。

［4］　体感（cœnesthésie）とは、内的諸器官等に由来する内的諸感覚の総体のことで、リボー（一八三九―一九一六年）によれば体感は個体的自我の観念の形成に本質的な役割を果たし、リシェ（一八五〇―一九三五年）によれば体感はわれわれ自身の実存についての感覚である。A. LALANDE, *Vocabulaire technique et critique de la philosophie*, Paris, P.U.F., 1983, p.144. ちなみにビランは、一八二三年六月二十八日の『日記』のなかで《*cœnesthèse*》という言葉を用いているが（MAINE DE BIRAN, *Journal*, 3 vol., Neuchâtel, 1954-57, Tome II, p. 373）、アズヴィの考えでは、これはライル（Jean Christian Reil, ドイツの生物学者、神経系の専門家。一七五八―一八一三年）の著作 *Commentatio de Coenesthesi* (Halle, 1794) のなかからビランが見出したものであって、おそらくビランのこの用法が、この語がフランス語として用いられた最初の用例であるという。F. AZOUVI, *Maine de Biran. La science de l'homme, op. cit.*, p.416.

［5］　「(……)『私の現在』とよぶ心理的状態は、同時に直接的過去の知覚でもあり、直接的未来の限定でもあるのでなくてはならない。ところで直接的過去は、知覚される限りにおいて、のちに見るように感覚である。というのも、あらゆる感覚は、要素的震動の非常に長い継起をあらわしているからだ。また直接的未来は、自己を規定する限りにおいて、行動あるいは運動である。だから私の現在は、同時に感覚でもあり運動でもある。そして私の現在は、不可分の全体を形づくるから、この運動はこの感覚に隣接し、これを行動へと延長する。そこから、私は、私の現在が、感覚と運動の結びついた体系からなることを結論する。私の現在は、本質上、感覚＝運動的なのである。」ベルクソン『物質と記憶』（白水社『ベルグソン全集2』）一五六頁。

［6］　言うまでもなくハイデッガーの用語。フォーハンデネスには「事物的存在者」、ツーハンデネスには「道具的存在者」などの訳語もある。『有と時』［『存在と時間』］§9, §15などを参照。

［7］　あらかじめ誤解を避けるために申し添えておきたいが、「習慣」についてのこのような考えはアンリ［の、特に本書］に固有のものであって、これは『習慣論』における「習慣」についてのビランの考えではないし、後者をア

ンリが彼の現象学的存在論に照らして新たに解釈し直したものであるとも言い難い［と私は思う］。

［8］「無意識」についてのこのような考えは、後年のアンリの著作『精神分析の系譜』（法政大学出版局）においてさらに展開されてゆくが、基本的にはアンリの考えに変化はない。

［9］「超有機的（hyperorganique）」とここで訳したビランの術語が示すのは、身体諸器官に対応するものがないという、「超器官的」というほどの意味である。デルボスによれば、努力が「超有機的な力」として表明的に定義された『思惟の分析』において、ビランの「回心」が確証されるのである。V. DELBOS, *Maine de Biran et son œuvre philosophique*, Paris, J. Vrin, 1931, p.285. またアズヴィは、ビランはおそらくビシャ（Marie-François-Xavier Bichat, 1771-1802. フランスの医者、解剖学者）の著作 *Anatomie générale appliquée à la physiologie et à la médecine*（1801）で用いられた諸カテゴリー（「有機的」「動物的」）との対比において、「超有機的」「超‐動物的（sur-animal）」といった自らの諸カテゴリーを生み出したのであろうと推測している。F. AZOUVI, *Maine de Biran. La science de l'homme, op. cit.*, pp.82-3.

［10］たとえばフッサールは、こう述べている。「（……）受動的ドクサないし受動的存在信念といった信念基盤の領域は、一切の個別的認識行為、一切の認識関心、存在判断の基礎であるばかりでなく、存在者のもとでの一切の個別的価値判断、実践行動の――したがって、具体的な意味で「経験」もしくは「経験する」と名づけられるすべてのものの基盤でもある。（……）したがって、経験を問題とする場合には、端的な経験と基礎づけられた経験とを区別しなければならない。」（『経験と判断』河出書房新社、四四頁）

［11］キーツの詩「小夜啼鳥に寄せるうた」のなかの以下の一節を指しているものと思われる。「足もとに　どんな花が咲いているのか、／またどんな香りが　木枝に漂っているのかもわからない。／だが、匂う闇のなかで、季節をえた月があたえる／甘い香気を　嗅ぎあてることができる。／草や　茂みや　野育ちの果樹や、／白さんざし、牧の野茨、葉でおおわれた／色あせやすい　すみれ花。（……）」（出口保夫訳『キーツ詩集』白鳳社、一一三頁）

［12］「《ひとが感覚する》というテーゼは存在論的に不条理である」と述べた『顕現の本質』のなかの或る箇所（*L'essence de la manifestation, op. cit.*, p.599）の註がはっきりと示しているように、これはメルロ＝ポンティ批判である。『知覚の現象学』上掲書2参照。「したがって、もし知覚的経験を正確に表現してみようとするなら、私

は、ひ、と、が私のなかで知覚するのであって、私が知覚するのではない、とでも言わねばならなくなろう。」（二一頁）「知覚というものはつねに〈ひと〉というあり方のうちにとどまっている。」（五六頁）

第四章

［1］「諸記号の二重の使用（le double emploi des signes）」という表現については、*D*, 3, p.66（アズヴィ版、p.323）を参照。

［2］ビランはその多くの著作のなかでこのことを述べているが、たとえば *E*, pp.385-6 などを参照。ストア派の「世界の魂［世界霊魂］」については、たとえばディオゲネス・ラエルティオスにおける次の言葉を参照。「さて、世界は、魂をもち、感覚能力をそなえた存在という意味での生きものなのであるが、世界が生きものであるのは、次のような理由によるのだとされている。すなわち、生きているものは生きていないものよりもすぐれている。しかるに、世界よりすぐれているものは何もない。それゆえ、世界は生きものである、というわけである。／また、世界が魂をもつものであることは、われわれの魂はかのところ（世界）から分かれ出た一片であるということから明らかだとされている。」（『ギリシア哲学者列伝』岩波文庫（中）三一六頁）

［3］運動的努力に抵抗する有機的身体的な項としての「内的延長（étendue intérieure）」という考えについては、たとえば *E*, pp.207-8 などを参照。

［4］「その」は原文では《son》だが、意味が通らないので、「諸テーゼ」にかけて《leur》に読み替える。

［5］コンディヤックにおける自己の身体の認識については、第二章訳註［3］を参照。

第五章

［1］『方法序説』第五部参照。

［2］デカルトは、一六四三年五月二十一日ならびに六月二十八日付のエリザベート宛書簡のなかで、物体だけに関わる概念、魂だけに関わる概念、心身ともに（あるいは心身合一に）関わる概念という「三種類の概念（trois sortes de notions）」（A T, III, p.665）を、つまり三種類の「原初的諸概念（notions primitives）」（A T, III, p.691）

を区別している。白水社『増補版デカルト著作集3』二九〇頁以下、二九四頁以下を参照。

［3］ デカルトにおける「松果腺」や心身合一の考えに対するスピノザの批判については、『エティカ』第五部序文を参照。

［4］ デカルト『省察』への『第四反駁』のなかでアルノーは、思惟する物が延長せる物でもあって、ただそれは他の延長的諸事物と共通の諸特性のほかに、さらに思惟するという特殊な能力をも有している、ということが考えられはしないか、等の諸疑問を呈している。白水社『増補版デカルト著作集2』二四二頁以下を参照。

［5］ 「意見」あるいは「想像力」としての「第一種の認識」、「理性」としての「第二種の認識」、「直観知」としての「第三種の認識」の区別に関しては、スピノザ『エティカ』第二部定理40註解二（中央公論社『世界の名著　スピノザ、ライプニッツ』一六六頁）等を参照。

［6］ 『知性改善論』冒頭は以下の言葉で始まっている。「一般生活において通常見られるもののすべてが空虚で無価値であることを経験によって教えられ、また私にとって恐れの原因であり対象であったもののすべてが、それ自体では善でも悪でもなく、ただ心がそれによって動かされた限りにおいてのみ善あるいは悪を含むことを知った時、私はついに決心した、我々のあずかり得る真の善で、他のすべてを捨ててただそれによってのみ心が動かされるような或るものが存在しないかどうか、いやむしろ、一たびそれを発見し獲得した上は、不断最高の喜びを永遠に享受できるような或るものが存在しないかどうかを探究してみようと」（岩波文庫、一一頁）。以下、「富」「名誉」「快楽」が最高の善ではないということ、滅ぶべきものへのこれらの愛着はむしろしばしば不幸の原因となることを述べたあとで、スピノザは「永遠無限なるものに対する愛」（同書、一六頁）を説く。

［7］ 『情念論』147参照。「またわれわれが、書物の中に異常なできごとのことを読んだり、それが舞台に上演されるのを見たりするとき、それは、われわれの想像に与えられる対象の多様性に従って、ときには「悲しみ」を、ときには「喜び」を、あるいは「愛」を、あるいは「憎み」を、一般にあらゆる情念を、われわれのうちにひき起こす。けれども同時にわれわれは、それらの情念がわれわれのうちでひき起こされることとそのことを感じて、快感をもつ。この快感（plaisir）［歓び］は「知的な喜び（joie intellectuelle）」であって、喜びではあるが、他のすべての情念からと同様、悲しみからも、生まれることができるのである。」（中央公論社『世界の名著　デカルト』四八七頁）

［8］アンジェル（Jean-Jacques Engel, 1741-1802）はレッシングの弟子で、プラトニズムに傾斜した人。ビランが引用する『力の観念の起源について（*Sur l'origine de l'idée de force*）』は、一八〇一年十二月三日にベルリン・アカデミーに提出された覚書である。Cf. MAINE DE BIRAN, *De l'aperception immédiate*, *op. cit.*, p.272.

［9］*E*, p.235.

［10］*E*, p.236.

［11］*E*, p.240. ビランが引用するアンジェルの文では、「考える」がイタリックで強調されている。

第六章

［1］ボネ（Charles Bonnet, 1720-93）はジュネーヴの博物学者にして哲学者。若きビランは、とりわけボネの著作 *Essai analytique sur les facultés de l'âme*, 1760^{1}, 1769^{2}, 1775^{3} を知っていたようである。「魂の実験物理学（la physique expérimentale de l'âme）」という言葉は、同書冒頭にある。しかし、海水を受け取るために殻を開く牡蠣もわれわれの自由と同じほど実在的な自由をもつと主張したために、ボネはビランによって批判されることになる（Cf. H. GOUHIER, *Les conversions*, *op. cit.*, pp.64-107）。アズヴィに言わせれば、ボネは「器官活動と意志とを混同」したわけである（F. AZOUVI, *Maine de Biran*, *op. cit.*, p.32）。

［2］ビランはいたるところで、ブールハーフェ（Hermann Boerhaave, 1668-1738, オランダの内科医、病理体系学者）から、この言葉を引用しているが、たとえば *E*, p.198 などを参照。アズヴィによれば、「人間性ニオイテ二重、生命性ニオイテ単純ナ人間（*Homo duplex in humanitate, simplex in vitalitate*）」という定式の起源は、ヘルメス・トリスメギストスに帰せられる文書にまで遡るという。Cf. F. AZOUVI, *Maine de Biran*, *op. cit.*, p.21.

［3］明らかにグイエ（およびグイエに従う人たち）の考えを念頭に置いた発言である。グイエはビランの後期哲学に限らず、ビランの思索の全体を、非連続的な四つないし五つの時期に区分する。「彼の哲学はひとつの連続的創造である、なぜならそれは諸発見の非連続的な継起だからである」、「メーヌ・ド・ビランは経験から経験へと歩んでゆく。拡大されたり深化されたりするひとつの直観について語るのはよそう。そうではなくて、むしろ、その各々が思索にひとつの《回心》の運動を刻するような、多数の等しく本源的な諸直観について語ることにしよう」

(H. GOUHIER, *Les conversions, op. cit.*, pp.8-9)。かくしてグイエは、「ビラニスム以前のビラン」(p.64)、「ビラニスムへの回心」(p.108)、「一八一三年の絶対者の侵入」(p.220)、「プラトニスムへの回心」(p.311)、そして最後に「キリスト教への回心」(p.368) もしくは「最後の回心」(p.411) について語ることになるのである。

[4] ビランは一八一八年頃から実存の三段階を区別し始めるが、一八二〇年からはそれを「三つの生」と呼び始める。「第一の生」(「動物的生」) と「第二の生」(「人間の生」) は、いわゆる「ビラニスム期」にも見られたものだが、恩寵の働きをひたすら受け取るだけの「第三の生」(「精神の生」もしくは「精神的生」) という考えは、ビラン晩年を彩る彼の「最後の回心」の賜ないし前奏とみなす解釈も成り立ちうるわけで、アンリはこのような「回心」という解釈に反対しているわけである。

[5] 『博物誌』(1749-88) で有名なビュフォン (Georges Louis Leclerc de Buffon, 1707-88) である。ビランも *Histoire naturelle des animaux* など、よくビュフォンの著作に言及している。

[6] この考えもビランの諸著作のなかで繰り返し表明されているが、たとえば *E*, pp.473-85 などを参照。

[7] 「内在的努力 (effort immanent)」という言葉に関しては、MAINE DE BIRAN, *Œuvres, op. cit.*, t. III, p.141, t. X-2, pp.16, 169, t. XI-3, p.261, *De l'aperception immédiate, op. cit.*, p.168 などを参照。「われわれの絶対的身体の存在そのものと一体となっているような、一種の潜在的な緊張」という意味では、たとえばビランは「非意図的な努力 (effort non intentionné)」(*E*, p.321)、「一般的努力 (effort général)」(*Œuvres, op. cit.*, t. III, p.148)、「共通的努力 (effort commun)」(*Ibid.*, p.432, *De l'aperception immédiate, op. cit.*, p.153, *E*, pp.321, 350) といった言葉も用いている。

[8] たとえばコンディヤックは、『感覚論』第一部第二章で、こう述べている。「立像は、或る感覚を思い出すとき、能動的である。なぜなら立像は、自らの内に、彼にその感覚を思い出させる原因を、すなわち記憶を有しているからである。立像は、或る感覚を体験する瞬間には、受動的である。なぜなら、その感覚を産出する原因は、立像の外に、すなわち彼の器官に働きかける芳香的な諸物体の内にあるからである。」CONDILLAC, *Traité des sensations. Traité des animaux, op. cit.*, p.20.

[9] おそらくカント『純粋理性批判』において「覚知の綜合」と訳されるのを常とする《Synthesis der Apprehen-

sion》を指している。第一版（A版）「純粋悟性概念の演繹」を参照。

［10］「人間は、覚知し認識するかなり以前に、感覚し始めうる。彼は、最初の時期、自らの生を知らずに生きる（生キ、自ラノ生ヲ自ラハ知ラナイ *vivit et est vitae nescius ipse suae*）。生まれたばかりの個体において観察されるまったく感受的な実存、諸々の食欲、諸傾向、われわれが漠然と本能に関係づけるすべての諸規定（中略）、意欲や思惟の外で遂行され考えられる（中略）これらの最初の諸規定は、意欲や思惟の刻印を受け取りえなかったし、したがって、思い出あるいは想起という知性的形式のもとに再生されえない。」MAINE DE BIRAN, *Œuvres, op. cit.*, III, p.382.

［11］「（……）この情感的な部分は、われわれの覚知において二重化されず、われわれの思い出において再生されもしないので（……）」（*De l'aperception immédiate, op. cit.*, p.229）。「それゆえわれわれは、感性の純粋諸情感に内属する想起は、存在しないと主張することができる。」（*Œuvres, op. cit.*, III, p.158.）

［12］「自己自身の生の付加（une addition de sa *vie propre*）」という表現は、一八二三年八月十五日のビランの『日記』のうちに見出される。MAINE DE BIRAN, *Journal, op. cit.*, II, p.382.

［13］第一章訳註［5］参照。一八一三年以降のビランの後期哲学においては、現象について扱う「認識の体系」と、現象を超えるとみなされる叡知体について扱う「信念の体系」とが一応区別され、両者の関係が問題化される。

［14］メーヌ・ド・ビランは間接的にしか、カント哲学を知らなかった。主たる情報源は、J.-M. DEGERANDO, *Histoire comparée des systèmes de philosophie relativement aux principes des connaissances humaines*, 3 vol., Paris, 1804, t.II, chap. XVI ; J. KINKER, *Essai d'une exposition succincte de la Critique de la raison pure*, Amsterdam, 1801 ; C. VILLERS, *Philosophie de Kant, ou principes fondamentaux de la philosophie transcendantale*, Metz, 1801 であった。Cf. F. AZOUVI, *Maine de Biran, op. cit.*, pp.214-5.

［15］ロワイエ－コラール（Pierre-Paul Royer-Collard, 1763-1845）は弁護士、パリ大学哲学教授。ビランには《Note sur l'écrit de M. Royer-Collard, *Première Leçon de la Troisième Année*》など、ロワイエ－コラールに関する文書が残っている。アンペール（André-Marie Ampère, 1775-1836）は「アンペールの法則」で有名な物理学者。ビランとの往復書簡は有名かつ貴重。ドゥジェランド（Joseph-Marie Degérando, 1772-1842）は執政政府内

務省事務局長などを勤めた人。先の訳註［14］で述べたように、彼の著作はビランにとって、カント哲学に関する有力な情報源のひとつであった。

［16］たとえば『人間学新論』第四章（*Œuvres, op. cit.*, t.X-2, 特に pp.75-7）などを参照。

［17］「哲学的に語るなら（というのも哲学的諸探究が問題とされているからだが）われわれには二種類の啓示を区別することが許されている。一方はもっぱら信仰（foi）もしくは宗教の権威の管轄に属し、それは人間には外的で、話されたり書かれたりする諸記号という外的な諸手段に基づいている。他方は理性もしくは明証性の権威のみの管轄に属し、それは宗教を排除するどころか、きわめて幸福に宗教と調停され、まったく内的であり、人間の精神や心に、媒介なしに聞かされることができる。」(MAINE DE BIRAN, *Œuvres, op. cit.*, t. X-1, p.42)「魂に平和と力とを与えるのは、宗教的感情であって、宗教的諸観念のみなのではない。」（一八一八年九月二十九日の『日記』、*Journal, op. cit.*, II, p.163)「宗教は精神の信仰（croyance）というよりはむしろ、魂の感情である。信仰は感情に従属している。」（一八一五年一月二十一日の『日記』、*Ibid.*, I, p.39)

［18］『人間学新論』ではビランは、「第三の区分」（＝第三の生）は「観察の諸事実（*faits* d'observation）」のうちに解消されに来る、と述べている（*Œuvres, op. cit.*, t. X-2, p.25)。グイエはこう述べている。「メーヌ・ド・ビランの精神的なドラマは、神を意識のひとつの直接的所与として捉えようとする執拗な意志のうちに、その原理を有する。（中略）宗教的事実はひとつの心理的事実であり、その超自然的起源は、心理的事実のうちで見えるのでなければならない。ゆえに恩寵は、内感のもとに落ちる或る状態なのである。」(H. GOUHIER, *Les conversions, op. cit.*, p.418)

［19］「神は心と感情を介してしか、自らを精神に顕わしえない。」(MAINE DE BIRAN, *Œuvres, op. cit.*, t. X-1, p. 119) また一八二三年十二月二十日の『日記』では、「私はいま、われわれより上位の聖霊の、内的なコミュニケーションを聞いている（中略）。われわれ自身の精神と聖霊とのこの内密なコミュニケーションは、われわれがそれを呼び求めたり、それに内なる滞在所を用意したりしうるときには、ひとつの真の心理的事実であって、たんに信仰（*foi*）の事実だけなのではない」(*Journal, op. cit.*, II, p.419)。またグイエはこう述べている。「キリスト教の諸文書においてメーヌ・ド・ビランの関心を引くのは、神学というよりもむしろひとつの現象学なのである。彼は努

力について語っていたのと同様に、心理学の外に出ることなく、恩寵について語っているのである」(H. GOUHIER, *Les conversions, op. cit.*, p.387)。

結論

［1］『デカルト的省察』第二〇節においてフッサールは、「あらゆる意識作用は、意識であるかぎり、最も広い意味においてはたしかに、みずからの思念しているものへの思念作用であるが、しかしこの思念されているものは、それぞれの瞬間において、それぞれの瞬間に顕在的に思念されているものとして現前しているものよりも、より多くのものを含んでいる〔より多くのものをもって思念されている〕」と述べているが（中央公論社『世界の名著　ブレンターノ、フッサール』二二九頁）、レヴィナスらの仏訳は、この「より多くのもの（Mehr）」を、《plus》（プラス）という言葉で説明している（*Méditations cartésiennes*, Paris, J. Vrin, 1986, p.40）。

［2］オルフェウス教に由来する「身体のうちへの魂の転落」の神話は、周知のように、ピュタゴラスをはじめ様々な哲学者において見られるが、たとえば有名なところでは、プラトン『パイドロス』岩波文庫、五九頁などを参照。

［3］アンリが誰を念頭に置いているかは、さだかではない。直後に出てくる「両義性の哲学」という言葉から推して、メルロ＝ポンティかとも思われ、事実メルロ＝ポンティは、『知覚の現象学』のなかで、「感覚的探索のなかで現在に過去をあたえ、それを未来へと方向づけるものは、自律的な主体としての私ではなく、ひとつの身体をもち、また〈まなざす〉すべを心得ているかぎりでの私（moi en tant que j'ai un corps et que je sais 《regarder》）なのだ」（みすず書房、2、五六頁）と述べてはいるが、しかし、『知覚の現象学』のなかでメルロ＝ポンティが多用するのは、むしろ「私は私の身体である（je suis mon corps）」（同書、1、二五〇頁、三二五頁参照）という表現なのである。

［4］「両義性の哲学」と呼ばれるのは、言うまでもなくメルロ＝ポンティの哲学だが、ここではアンリは、サルトルとメルロ＝ポンティを同時に批判しているように思える。

［5］「対自の存在は（……）それがあらぬところのものであり、それがあるところのものであらぬものとして、定義される」「意識は（……）それがあるところのものであるべきである」（『存在と無』人文書院、第一分冊、五四頁）

といったサルトルの「対自」の定義からすれば、「対自存在としての身体。事実性」（同書、第二分冊、一九四―二六六頁）という考えからは、「身体は、『私が、私のあるところのものであるべきであることなしには、何ものでもあらぬ』という事実であり、しかも、『私が私のあるところのものであるべきであるかぎりにおいて、私は、あるべきであることなしに、存在する』という事実である」（同書、二〇二頁）といった表現が生まれてくるのも、当然であろう。

［6］ ヘーゲル『精神現象学』B四A「自己意識の自立性と非自立性。主と僕」参照。「（……）行為が他方の行為である限り、各人は他方の死を目指している。だがそこにまた、自己自身による行為という第二の行為もある。というのも、他人の死を目指すことは、自己の生命を賭けるということを含んでいるからである。そこで、二つの自己意識の関係は、生と死を賭ける戦によって、自分自身と互いとの真を確かめるというふうに規定されている。つまり、両方は戦におもむかねばならない」（河出書房新社『世界の大思想 1 ヘーゲル』一一八頁）。

［7］ デカルトにおける「暫定的」道徳については、『方法序説』第三部を参照。ヤスパースについては、『デカルトと哲学』理想社、四四頁以下および一〇八頁以下を参照。

［8］ たとえばヘーゲルは、「主体的すなわち道徳的な意志としての意志の、外へのあらわれが行為である」と述べている。『法の哲学』§113（中央公論社『世界の名著 ヘーゲル』三一五頁）。ヘーゲルの「行為」概念に対するアンリの批判については、*L'essence de la manifestation, op. cit.*, p.880 *sq.* を参照。

［9］ 「この意識に欠けているのは、外化の力である、つまり、自分を物とし、存在に耐える力である。意識は、内面の輝かしさを、行動と定在で汚しはしないかという不安のなかに、生きており、自らのこころの純粋な姿を保とうとして、現実との触れ合いから逃れており、利己的な無力状態に執われているため、尖鋭化されて究極的な抽象となった自己を拒むこともできず、自らに実体性を与えることもできない。言いかえれば、自らの思惟を存在にかえることも、絶対的区別に身を委せることもできない。そこでいま、意識が生み出す対象は空ろであるから、意識をみたしているのは空しい意識である。その行為はあこがれであるが、これは、自己自身が生成する間に、本質なき対象となって失われてしまう。またこの喪失を越えても、自分に帰ってきて、自分が失われていることに気づくだけである。意識は、その契機が透明になり純粋になって、不幸ないわゆる美しき魂となるが、これは自らのなかで

光を失い、空中に崩れて行く蒸気となり、形を失って消えてしまう」（ヘーゲル『精神現象学』上掲書、三七四―五頁）。

[10] ロルフ・キューンの指摘によれば（Rolf Kühn, *Leiblichkeit als Lebendigkeit*, Alber, Freiburg/München, 1992, S.308）、コリントで肉体の復活についてパウロが語ったのは、『新約聖書　使徒言行録』17・32とのことであるが、『聖書』のこの箇所では、舞台はアテネであり、しかも立ち去ったのはパウロである。「死者の復活ということを聞くと、ある者はあざ笑い、ある者は、『それについては、いずれまた聞かせてもらうことにしよう』と言った。それで、パウロはその場を立ち去った」（新共同訳）。その他、『コリントの信徒への手紙一』15も参照。

[11] 『ツァラトゥストラ』第一部「肉体の軽侮者（Von den Verächtern des Leibes）」を参照。『偶像の黄昏』には、「肉体を軽蔑したキリスト教は、これまでのところ人類の最大の不幸であった」（ちくま学芸文庫『ニーチェ全集14』一四二頁）という言葉もある。

[12] たとえばヘーゲルは『宗教哲学』において、こう述べている。「一方にはもちろん、人間が悔いなければならない現実的な罪、従って個別的に見れば或る偶然的なものであり、人間の本性そのものには関係のないような罪がある。しかるに他方、有限性と無限性との抽象においては、すなわちこの一般的な対立においては有限者一般は悪と見なされる。」（岩波書店『ヘーゲル全集15』、二六五頁）

[13] 原文では「欲望する意識をめざすもの（Ce qui vise la conscience qui désire）」となっているが、意味が通らないので、「欲望する意識がめざすもの（Ce que vise la conscience qui désire）」と読み替える。

[14] キルケゴール『死にいたる病』第二編A第二章「罪のソクラテス的定義」および同第三章「罪は消極的なものではなくて、積極的なものであるということ」を参照。

[15] この点についてはアンリの一九八五年の著作『精神分析の系譜』（法政大学出版局）の第四章「空虚な主体性と失われた生――カントによる「魂」についての批判」において詳述されることになる。

[16] 「ルソーが私の心に語りかける、しかし時々、彼の諸誤謬が私を苦しめる」（一七九四年五月二十七日の『日記』。MAINE DE BIRAN, *Journal, op. cit.*, III, p.9）。「ジャン・ジャック・ルソーは道徳的意識の詩を作った。私はその理論を作りたいと思う」（一八一八年五月二十六日の『日記』。*Ibid.*, II, p.126）。なお、ビランへのルソーの

影響関係については、グイエ『メーヌ・ド・ビランの諸回心』第一章が詳しく、右の二つの引用も、そこから調べ直した。「彼［ビラン］が書くや否や、彼の思索と彼の文体とは、ルソーの刻印を宿している」(H. GOUHIER, *Les conversions, op. cit.*, p.16)。

［17］ちなみにアンリは一九七六年の著作『マルクス』のなかで、こう述べることになる。「マルクスの思索は、マールブランシュ、メーヌ・ド・ビラン、キルケゴール、そしてフッサールさえをも貫いて、生をイデアルな規定のもとに包摂することを決定的な仕方で拒絶する地下水脈に結び付いている」(M. HENRY, *Marx*, 2 vol., Gallimard, 1976, II, p.365)。「多くの点でマルクスの分析は、メーヌ・ド・ビランによって遂行された理論的な仕事に対して、非常に遅れを取っているように思えるかもしれない。ちなみにマルクスは、メーヌ・ド・ビランによって遂行された理論的な仕事を知らなかった。後者［マルクス］においては、身体的行為の、手仕事の存在についてのいかなる主題的彫琢も見出されない」(*Ibid.*, I, p.432)。

解説　メーヌ・ド・ビランとミシェル・アンリ

中　敬夫

本書はMichel Henry, *Philosophie et phénoménologie du corps. Essai sur l'ontologie biranienne*, Paris, P.U.F., 1965[1]の全訳である。本書の成立事情については、一九八七年に付された「第二版への緒言」が詳しい。そこでは次のように述べられている。「一九四八年から一九四九年にかけて書かれた本書が、ようやく日の目を見たのは、一九六五年のことである。現行の大学規準によって、口頭審査以前に学位論文を公刊することは、禁じられていたのである。もともと本書は、『顕現の本質』のなかの一章、それも最初に完成されるべき一章として構想されていたのだが、その分量ゆえに、そこから切り離された。そのときの私の意図は、観念論に反対して主観性の具体的性格を確立すること、しかも主観性がわれわれの自己の身体と一体になっていることを示すことによって、その具体的性格を確立することであった」〔以下アンリは、本書がメルロ＝ポンティの同時期の諸探究には何ひとつ負っていないということ、メーヌ・ド・ビランがここで案内役を果たしたのは、彼がデカルトのコギトがもつ決定的な問いを承認しえた唯一の人だったからだということ、ビランの思索が現代の「文化」によって覆い隠されているのは、生の本質そのものに結び付いたいっそう古い隠蔽の結果なのだが、しかしいかなる偽装といえども、生のパルーシア（臨在・現前）を覆い尽くすことなどできないということ、今日このテキスト（本書）には何も変更すべきところがないということ、本書で用いられている「超越論的内的経験」という表現は、フッサールの意味で理解されてはならないということを、付け加えている」。

またミシェル・アンリの略歴や彼の哲学の概要に関しては、法政大学出版局から既刊の邦訳『野蛮』ならびに『精神分析の系譜』に筆者が付した解説や、弘文堂から出版された『フランス哲学・思想事典』（一九九九年）に書いた「ミシェル・アンリ」の項目があるので、そちらを参照して戴ければ幸いである。

ここでは本書がアンリ独自のメーヌ・ド・ビラン論であるということを考慮して、アンリ以前・以後の代表的なビラン解釈の歴史を振り返りつつ、アンリの解釈の独自性およびアンリ哲学全般における本書の特異性を際立たせることを目標としたい。まず、平均的（？）なビラン像を見ることから始めよう。

(1) ビラン哲学とアンリ以前のビラン解釈

①ビラン哲学とその展開

メーヌ・ド・ビラン（Maine de Biran. 本名 François-Pierre Gontier de Biran）は一七六六年十一月二十九日ベルジュラックに生まれ、一八二四年七月二十日パリで死んだ。彼の哲学は一般に、フランス学士院の懸賞問題への応募論文として書かれた二つの『習慣論』（一八〇〇、〇二年）を代表とする前期（—一八〇四年）、「超有機的」（生理学的には説明されえない）能力としての意志もしくは努力とそれに抵抗する項との二元性から成る「原初的事実」を自らの哲学の中心に据えたいわゆる「ビラニスム」期（一八〇四—一三年）、実体についての信念や恩寵の経験のうちに絶対者の顕現の可能性の有無を問う後期（一八一三—二四年）の三期に区分されるのが普通である。

コンディヤックの感覚論に由来し観念分析を旨とする観念学（イデオロジー）が勢力を振う時代に哲学を始めたビランは、その『習慣論』の受賞によってカバニス、デステュット・ド・トラシーらの観念学派（イデオロジスト）たちに暖かく迎え入れられる。しかしビラン自身にはすでに、意識の能動性という、観念学派的感覚論を超える問題意識が芽生えていた。『習慣論』においてビランは習慣が印象に及ぼす影響を、意識の受動性と能動性との対比の観点から考察する。すなわち継続・反復の効果によって、(1)受動的印象としての「感覚」は——同じ香りの継続に対してわれわれが鈍感になるように——しだいに弱まるが、(2)意志的運動性の介入する能動的印象としての「知覚」においては、(a)運動はますます容易・迅速・正確になり、(b)知覚はますます判明になり、(c)努力の印象のみしだいに弱まってゆく。したがって本来の意味での「習慣」が成り立つのは能動的印象においてのみであって、ここからビランは知覚世界や思惟世界の発生論的な構成を解き明かしてゆく。

大多数の歴史家によって「ビラニスム」期と呼ばれるのを常とするのは、『思惟の分析』（一八〇四年）から『心理学の諸基礎』（一八一一―一二年）にかけての八～九年であり、この時期からあらゆる学の原理・あらゆる真理の源泉が「原初的事実」のうちに求められ始める。すなわち私が意志し努力するという意識は絶対に疑いえない事実だが、努力は必然的に抵抗を——まずは身体の「有機的抵抗」を、続いて外的物体の「異他的抵抗」を——伴う。努力‐抵抗の「原初的二元性」こそが原初的事実なのであって、身体の存在は意識の存在と同じほど確実なのである。身体的運動の原因としての意志それ自身は「超有機的」な能力なのだから、動物的生の単純性に比べ、人間的生は二重である。動物的生において支配するのは自我が成立する以前の単純かつ絶対的な情感性であり、「関係と意識の生」が始まり自我や人格性が成立するのは「意志」においてなのである。力・実体・原因・一性・同一性などの「反省的抽象諸観念」が発源するのも、「原初的事実」からである。

一八一三年頃からビランの思索には、「絶対者」の問題が積極的に介入してくる。それはまず実体についての信念という形而上学的問題として、次いで恩寵の経験という真に宗教的な問題として顕在化される。現象とは区別された叡知的存在としての「実体」があって、それは認識されずただ信じられるのみなのだから、「認識の体系」と「信念の体系」を区別しなければならないのではないか——このような疑問が提示されるのは、主として『自然科学と心理学の諸関係』(一八一三―一五年)においてである。そこでビランは心理学的手順に従って、「原初的事実」から出発して魂実体や異他的実体の「諸叡知概念(notions)」を導出しようとするが、その様々の試みは試行錯誤の域を出ているとは言い難い。さらに『人間学新論』(一八二三―二四年)などビラン最晩年の思索においては、自らの力についての直接的覚知においては「現象的自我」と「叡知的自我」とが十全的に一致するという考えさえ表明されている。

一八一八年頃からビランは実存の三段階を区別し、それは一八二〇年頃から「三つの生」と呼ばれ始める。すなわち受動的情感性の支配する「第一の生」(動物的生)、意志的能動性の優る「第二の生」(人間的生)を超えて、聖霊の恩寵の働きをただひたすら受け取るだけの「第三の生」(精神的生)においては、再び自我・人格性・意志・努力が消え去り、残るは「上位の受容性」によって特徴づけられる「魂」のみである。しかしこのような恩寵の経験はビランにとって、やはりひとつの「心理的事実」なのである——もっともビラン自身は、このようにして経験された至福の感情も、実は身体的性状の一時的結果に過ぎないのではないかと、終生悩み続けたのではあるが。

②アンリ以前のビラン解釈

しかし以上のような教科書的なビラン像だけでは、哲学的にはまだ何も言われていないに等しい。ビラン哲学に関しては、各期に「回心」のような鋭い断絶を認めるのか、そこに「一つの哲学」しか認めないのか、あるいはビラニスムとは「超越論的現象学」なのか「経験的実在論」なのか「超越論的経験論」なのか等々、様々な解釈が入り乱れているのが現状である。そこでまず「ビランについての最初の考証的大著」と称せられるデルボスの著作から始めて、今日なお圧倒的な影響力を誇示するグイエの解釈に至るまで、アンリ以前の幾つかの代表的なビラン解釈を押えておくことにしよう。

デルボスの『メーヌ・ド・ビランとその哲学的著作』(V. Delbos, *Maine de Biran et son œuvre philosophique*, Paris, J. Vrin, 1931) は、一九一〇―一一年にソルボンヌで行われた講義で、出版された著書には一九一〇年 *L'Année philosophique* 掲載の論文「メーヌ・ド・ビランの二つの習慣論」も附論として収録されている。同書は若き日のビランの諸文書から晩年の恩寵論に至るまで、ところどころビランの文章そのままに彼の哲学の展開を歴史的に追跡したもので、デルボスはビラン哲学の発展を、主として三つの「時期(phases)」(p.282) に区分して考察している。すなわち『習慣論』の時期にもすでに意志的努力の理論は現前していたのだが、しかしそれはまだ観念学派から借りた方法の限界内に留まっていた (pp.132, 284-5)。『思惟の分析』が初めて、「超有機的な力」という本来心理的な実在の発見と、それにふさわしい「反省的分析」という方法の規定とによって、真に「新しい学説」への転回を実現するのである (pp.132-4, 152, 285)。ちなみにデルボスは、のちのグイエの解釈を予感させるような仕方で、この転回を「回心」(p. 285) と呼んでいる。このようにして『思惟の分析』から『心理学の諸基礎』にかけては「一つの同じ学説」が展開されてゆくのだが、それは「宗教的諸問題」への新たなる方向づけが現われる日まで続く (p. 166)。つまりデルボスは、この点ではグイエと違って、「信念」の理論を「精神の生」との連関のうちに捉え、「認識の体系」を「信念の体系」によって補完しようとするビランの努力は、「一八一五年頃」現われる「宗教的諸関心事」に結びついてゆくと解釈するのである（pp.271, 288）。さらにデルボスは、ビランの「反‐主観主義」「反‐観念論」（p.263）もしくは「心理学的で実在論的な精神」（p.270）を強調しつつ、彼は「物理的実在を心理的実在に、科学の観念論を意識の実在論に、諸法則の抽象的一般性を人格的諸原因の個体性に従属せしめること」によって、「ひとつの具体的な哲学への方向づけ」をしるしたと評価するのである（p.294）。

このような「実在論」の面を強調したのが、ヴァンクールの理論的好著『メーヌ・ド・ビランにおける認識論。ビラン実在論と観念論』（R. Vancourt, *La théorie de la connaissance chez Maine de Biran. Réalisme biranien et idéalisme*, Paris, Aubier, 1944）である。つまりヴァンクールは、(1)ビランが「無意識的アフェクシオン」や「無意識的表象」の存在を認めたこと（pp.IX, 5, 20–1, 49）、(2)コギトをデカルトのように「純粋思惟」として規定するのではなく、身体的抵抗の実在を含んだ二元性として理解したこと（pp.77, 90, 207）、(3)われわれに叡知的実在を保証する「信念」の理論によって「存在論的実在論」の次元に立つこと（p.121）、以上をもって「メーヌ・ド・ビランは実在論の信奉者であり、カント的観念論の敵対者である」（p.328）と結論するのである。しかしそれ以外にも同書には、空間‐時間についての綿密な発生論的分析（pp.30–49, pp.180–206）や、信念の理論についての詳細な検討（第三部）、とりわけ潜在的・絶対的な力について「直接的直観」（pp.229, 233）を強調した点など、今なお学ぶべき所は多い。

なおヴァンクールには「メーヌ・ド・ビランと現代現象学」（《Maine de Biran et la phénoménologie contemporaine》, in *Bulletin de l'association Guillaume Budé*, nouvelle série nº 8, 1949, pp.85–90）という有名な論文があって、今日でも俎上に載せられることが多い。ここではヴァンクールは、もし彼がいま彼のテーズ（先の著作）を書き直すなら「いっそう現象学的で実存主義的な歩みを与えることであろう」と述べ、このことを「身体」という特殊問題において実証しようとする。つまり身体は客体でも主体でもないが、或る意味では客体である以上に主体であるということを示そうとした点で、ビランは現代現象学に近いというのである。もちろんビランは実在論者だが、しかし彼は「実在論的存在論」が立てる諸問題から「内的感情」がわれわれに直接顕示する諸問題を区別したのであって、後者の観点からはビランは——主客の二元性がまだ凝結していないような段階を認めた点で——たとえばメルロ＝ポンティに似ているのである。そしてその後ビランが「存在論的」な諸問題に立ち向かった点でも、彼の手法は『デカルト的省察』末部で現象学的分析から出発して形而上学の伝統的諸問題に着手すべき旨を主張したフッサールのやり方に近いのだという。

だがアンリ以前・以後を問わず最も規準的な解釈として尊重され続けているのは、グイエの労作『メーヌ・ド・ビランの諸回心』（H. Gouhier, *Les conversions de Maine de Biran*, Paris, J. Vrin, 1947）であろう。「メーヌ・ド・ビランはただ一冊の本の人であり、そしてこの本を、彼は決して書かなかった」（p.6）、なぜなら彼の哲学は決して完成されることがなかったからである。「メーヌ・ド・ビランの著作が一つの連続的創造だとしても、それは進化の概念のもとにはない」（p.7）、「彼の哲学はひとつの連続的創造である、なぜならそれは諸発見の非連続的な継起だからである」（p.8）。「メーヌ・ド・ビランは経験から経験へと歩んでゆく。拡大されたり深化されたりするひとつの直観について語るのはよそう。そうではなくて、むしろ、その各々が思索にひとつの《回心》の運動を刻するような、多数の等しく本源的な諸直観について語ることにしよう」（pp.8-9）。かくしてグイエは「ビラニスム以前のビラン」（p.64）、「ビラニスムへの回心」（p.108）、「一八一三年の絶対者の侵入」（p.220）、「プラトニスムへの回心」（p.311）、「キリスト教への回心」(p.368)、「メーヌ・ド・ビランの最後の回心」(p.411)について語るのである。たとえば『習慣論』のうちに「ビラニスム」を見るのは、『習慣論』以降のビランを知っている者のみであって、換言すれば、もし『習慣論』以後がなければ、『習慣論』のうちには「ビラニスム」は存在しなかったということになる(p.155)。「メーヌ・ド・ビランがビラニアンになったのは、一八〇四年三月二十三日と四月二十五日の間」なのであって、そのとき初めて「ビラニスムへのメーヌ・ド・ビランの回心」が生起したのである(p.169)。「一八〇四年春の危機」以降のビランについては、グイエは大略以下の三期を区別する。(1)『思惟の分析』に始まり一八一三年に中断された『心理学の諸基礎』にその最後の綜合を見る「努力の心理学」。(2)『自然科学と心理学の諸関係』で決定的に呈示された「信念の理論」。(3)『人間学新論』第三部を占めるはずだった「恩寵の働きのもとにある精神の生」(p.225)。ただし先に述べたように、デルボスとは違ってグイエは、「信念の理論」と「精神の生」とは直接結びつくことがなく、両者は別問題だと考えている(pp.226, 244, 328–9, 349)。

(2) ミシェル・アンリのビラン解釈

①アンリ現象学とビラン哲学

アンリのビラン解釈の意味および意義を正確に捉えるためには、あらかじめアンリ自身の哲学と、ビラン哲学に対するその関係とを理解しておかなければならないだろう。なぜなら本書は決して単なる歴史解説を旨とする註釈書ではなくて、そこにはアンリ自身の哲学が賭けられているからである。したがってアンリ自身の現象学を離れて本書を論ずることは、無意味とは言わないまでも、ほとんど無謀な企てなのである。ところで本書は――よく言われるように――『顕現の本質』より先に書かれたとはいえ、論理的には『顕現の本質』を前提としている。それゆえ本書におけるアンリの意図を正しく理解するためには、少なくとも『顕現の本質』のアウトラインは知っておかねばならないだろう。

アンリの主著『顕現の本質』（*L'essence de la manifestation*, 2 vol., Paris, P.U.F., 1963）は、自らを超えて他へ向かう意識の能動的な働きの一切を、「超越」の名のもとに総括する。たとえば意識の志向性は、対象へと向かって自己超出するかぎりにおいてのみ、対象を現象として受容することができる。一九二九年前後のハイデッガーの「超越」概念においても、現存在（主観）は自らを超出することによって超越論的な存在地平（世界）を開示し、このような地平のもとに存在者を発見するのだとされる。したがっていわゆる「意識の哲学」も「存在の哲学」も、何かを「現象」として顕現せしめる「顕現の本質」を、「超越」として規定していることになる。

しかるにもし超越が自らを超え他へ向かうことによってのみ他を顕現せしめうるというのであれば、超越の作用それ自身は決して現象化されえないことになろう。なぜなら意識が自らを現象化しようとしているかほど自己反省を繰り返そうとも、反省され・現象化された自己（対象）はもはや反省しつつある自己（主観）ではないのだし、ハイデッガー的「超越」において開示され・発見されるのも「地平」や「存在者」のみであって、超越する働きそのものとしての主観性ではないからである。ハイデッガーは「情態性」のうちに根源的な自己顕示の可能性を見出したと思ったかもしれないが、しかし情態性の構造が「脱自」（自らを脱して～へと向かってゆくこと）として理解されている限り、そこには何ら本質的な解決は示されていない。

そこでアンリは、もはや自らを超出することなく自らを直接的に顕示する自己顕現の本質を、「内在」

と呼ぶ。超越は自らを超出しつつ他へ向かう働きそのものの奥底で、自らを内在のうちに受容しているのである。超越が自由な能動性によって特徴づけられるのだとすれば、内在を規定するのは非‐自由で無力な根源的受動性である。超越の作用が自らを受け取りつつ自らによって内在的に触発される働きを、アンリは「自己‐触発」と呼ぶ。それはもはやハイデッガー『カント書』が示すような、純粋時間地平を介しての自己‐触発ではありえない。そしてこのような内在的「自己‐触発（auto-affection）」の内実を形成するのが、直接的自己感情としての「情感性（affectivité）」なのである。自らの存在を受苦（souffrir）し・享受（jouir）する働きのうちに、つまり「受苦（souffrance）」や「喜び（joie）」のうちにこそ、他の何ものにも向かってゆかず、他の何ものも必要としない絶対者の自己顕現が宿るのである。

　このように『顕現の本質』を見てゆくならば、〈超越の自己‐触発としての内在＝情感性〉というアンリの基本図式がまさしくビランの「努力の感情」に対応していることが明らかとなろう。身体的運動としての努力は『身体の哲学と現象学』においては、繰り返し「独自ノ志向性」と呼ばれている。しかし――このことをいくら言っても理解しようとしない専門家が西洋にも日本にもまだ大勢いるのだが――どれほど独自であろうとも、努力は志向性であり、能動性である。しかるに努力が自らを受け取り自らを内的に覚知する働きそのものは、もはや志向性でも能動性でもありえない。それはアンリが「根源的存在論的受動性」という言葉で特徴づけた情感性、つまり努力の感情なのである。『顕現の本質』第五十三節には、以下の言葉が見出される。「努力がそれ自身に与えられる仕方のうちには、［つまり］努力の感情のうちには、努力は存在しない。感情のうちで実現される努力の存在は、自己に対する努力の本源的受動性であり、自己自身を受苦することとしての受苦することにおいて努力が自己自身に与えられて‐有ることであり、努力の甘さなのである」（p.595）。

②『身体の哲学と現象学』

それでは本書の内容を概観してゆくことにしよう。序論「身体に関する問いの見かけ上の偶然性と、身体の存在論的分析の必要性」は、主観性としてのエゴの存在論的分析のうちに「身体」の問題が介入しうるか否かを問うことから始め、人間の受肉した存在こそが出発点となるべき「根源的事実」であることを示す。ただし「生物学的身体」「生ける身体」「人間的身体」として研究されてきた身体は、超越的存在にしか属さない。主観性の現象学的存在論が扱うべきは「超越論的身体」なのであって、このような「主観的身体」を根源的に規定する必要性を理解した最初にして唯一の哲学者が、メーヌ・ド・ビランなのである。

第一章「身体についてのビランの分析の哲学的諸前提」は、ビランの教えを「主観的であり、エゴそれ自身であるところの身体」と要約したうえで、以下の三節でビラン身体論の存在論的諸前提を解明する。まず第一節「ビラン存在論の現象学的諸前提」では、アンリはビランの「外的認識」と「反省」という「二種類の認識」を自らの超越と内在の区別に引き寄せ、ビラン哲学は二種類の存在を区別した「存在論的二元論」だとする。「内的観察」は観察というより「超越論的内的経験」であり、ビランの著作全体が一つの広大な「現象学的還元」なのであって、彼の「心理学」は実は「超越論的現象学」なのである。第二節「諸カテゴリーの超越論的演繹」は、力・原因・実体・一性・同一性などのいわゆるカテゴリーが内在圏域に属し、エゴの現象学的諸性格としてそのまま読解・経験されることを示す。「経験の可能性の条件はそれ自身、ひとつの経験」なのである。カテゴリーが世界に適用されるのも、世界とはエゴによって生きられる世界だからであり、「根源的真理」とは「実存」なのである。ただしビラニスムにおいては「抵抗する連続体」もまた現象学的還元を免れ、絶対確実とされる。第三節「エゴについての理論と魂の問題」は、エゴがデカルトやスタールの「魂」、マールブランシュの「神」、精神分析の「無意識」、生理学の「諸器官の戯れ」等の超越的・超絶的項＝Xには同化されえないことを説く。エゴそれ自身は構成されず、超越的ではないのだが、しかしすでにしてそれは一箇の「実在的存在」（＝魂）なのであって、「自我でない魂」を認める必要などないのである。

第二章「主観的身体」は、ビラン哲学が観想ないし思惟の哲学に対する行為の哲学ではないことを明らかにする。ビランはコギトを行為として規定したのではなく、行為をコギトの超越論的内的経験のうちに含めたのであり、この点では彼とデカルトの間に対立はない。対立が生ずるのは両者の身体論においてであって、運動についての観念のみをコギトに含め、実在的な運動を延長の側に置くデカルトの考えは、実在的身体そのものを一つの主観的‐超越論的な存在として定義したビランの天才とは、何の関係もない。ビランによれば、(1)運動はそれ自身によって知られ、(2)われわれは運動を意のままにし、(3)運動はけっして道具ではない。それに対しデカルトの二元論に従うなら、ヒュームにおいてのように身体運動の因果的過程が不可解となり、この事情はカント的パースペクティヴのもとに筋肉感覚と判断という認識の二源泉しか所持しなかったラニョにおいても同様である。しかし主観的運動はそれ自身において絶対確実に知られ、それゆえにこそこの「独自ノ志向性」の超越的項たる「抵抗する連続体」もまた還元を免れ、絶対確実なのである。

第三章「運動と感覚作用」もまた、感覚能力それ自身は感覚から独立していること、各々の感官の行使には主観的運動が内在していることを示したうえで、ビランにおける「触覚の特権」を斥け、「感性的世界一般は実在的世界である」と主張して、以下の三節にわたって感覚作用の統一性と個体性とを主題化する。第一節「諸感官の統一性およびわれわれのイマージュとわれわれの運動との関係の問題」は、人さし指で空中にカーヴをえがく際の視覚的イマージュと手の運動という具体例を検討することによって、イマージュと運動との関係を明らかにしようとする。アンリはキネステーゼ的印象を視覚的形態のアナロゴンとみなすサルトルの解決を現象学的には不条理の典型そのものと断じつつ、当の関係の根拠を「まなざしの運動」と「手の運動」という「主観性の絶対的内在における統一性」の内に求める。諸感官の統一性は、主観性の存在論的構造に基づいているのである。第二節「知の統一性として解釈された身体の統一性。習慣と記憶」は、諸感官の統一性が知の統一性でもあることを、(1)超越論的内的経験において、(2)超越論的内的経験に基づく限りでの超越的経験において示しつつ、(3)われわれの身体は「認識」というよりはむしろ「認識する力能」であることを明らかにする。身体は運動や運動の超越的項を認識し・再認する「認識一般の可能性」なのであって、このような存在論的認識の具体的存在を、アンリは「習慣」と呼ぶのである。このような観点からすれば、「記憶」を根拠づけるのもまた「習慣」だということになり、ビランも指摘するように、エゴの統一性を記憶に依拠させることなどできない。最後に第三節「感性的個体性としての人間存在の個体性」は、個体性原理を「感覚の個体性」ないし「経験的個体性」のうちにではなく、「感覚することの個体性」すなわち「超越論的個体性」のうちに見ようとする。感性的生が理論的生をも根拠づける限りで、感性的個体性は絶対的主観性の最も深い規定に関わっている。私は感覚する限りですでに比類なき個体であり、「ひと」は感じないのである。

第四章「諸記号の二重の使用と自己の身体の構成の問題」は、たとえば「見る」という言語記号が視覚の超越論的内的経験にも眼のような超越的存在にも等しく用いられるということの根拠を問う。もちろん後者は前者の表象でしかなく、実在的なものとしての前者を前提しているのである。諸感官の「生理学的区分」がすでに、諸力能の「超越論的区分」に依拠している。それでは(1)なぜわれわれは主観的身体と超越的身体という二つの身体を持つのか。(2)それにもかかわらず、なぜ二つの身体は唯一の身体しか形成しないのか。(3)なぜこれら二つの現象は私の現象なのか。(1)に対しては「存在論的二元論」が答えてくれる。問題は(2)と(3)だが、両者は同じ問いに帰着する。つまり抵抗には異他的物体の絶対的抵抗と、努力に譲る自己の身体の抵抗とがあるのだが、後者すなわち有機的身体の一性は主観的身体の一性から授けられ、主観的身体の一性以外の何ものでもない。かくして二つの身体の一性とエゴへの有機的身体の帰属との根拠が、同時に明らかとなるのである。したがってアンリは「主観的身体」「有機的身体」「客観的身体」の三つをビランにおいて区別する。客観的身体の一性に関して言えば、それは「絶対的身体の根源的主観的一性のたんなる表象」に過ぎない。

　第五章「デカルト的二元論」は、デカルトにおける「心身合一」の原初的概念（「単純本性」）の是非を検討する。デカルトは合一を、理論的には不可解でも「事実」としては忌避しえないと考えたが、しかしそこにはすでに「延長実体と思惟実体の混淆」という「理論」が忍び込んでいるのではないか。デカルトが合一を言い出したのは、彼がコギトの理想とみなす知性的認識のほかにも、身体的・情感的な体験が存在するからだが、しかしこのような「体験」が忌避しえない事実であることは、コギト（思惟）の次元で確証されることとである。よって「心身合一」は事実でも原初的本性でもなく、思惟はその本質そのものにおいて情感性でありえ、情感性と知性的認識との間のヒエラルキーは価値論的次元にしか基づきえない。このような価値観とて、知性的認識のもつ独特の情感性（精神の「休止」のような）に由来するのである。デカルトの不条理は、彼の二元論を引き継ぐヒュームやアンジェルにおいて明らかとなる。つまりデカルト的二元論は、絶対的主観性と有機的身体という超越論的関係の二項を、思惟実体と延長実体という超越的関係の超越的二項に置き換えたものでしかなく、存在論的二元論の「降格」の産物でしかない。ゆえにこのようにして生じたいわゆる心身問題も、実はひとつの「擬似問題」でしかないのである。

第六章「メーヌ・ド・ビランの思想の批判。受動性の問題」は、ビランにおける受動性についての存在論的理論の不在を批判し、併せて彼の後期思想の位置づけに関して考察する。ビラニスムは有機的・動物的生について語る段になると、真のビラニスムには外的なデカルト的二元論に囚われたままである。かくして「意識無き昏い知覚」などという存在論的無意味が生じ、エゴについての存在論的理論が根底から脅かされるのである。たしかにコンディヤックや観念学派に比すれば、ビランには立像の「内面性」を認めたという進歩はある。しかしこのような内面性は、「受動的綜合」「受動的志向性」によって特徴づけられるべき「存在論的内面性」でなくて何であろうか。つまりこの受動性は存在論的には能動性と対立するのではなく、両者の差異は「実存的な区別」に過ぎないのである。このような受動性についての積極的な理論の不在のゆえに、受動的視覚や反省や情感性の記憶等の諸問題に直面するとき、ビラニスムは苦境に陥ることになる。能動性と受動性の問題は彼の後期哲学においても再燃するが、しかし本当に「三つの生」があるわけではない。まず動物的生と運動的生の区別がビラニスムの根本直観には疎遠なのだし、次に絶対的生は運動的能動性にも内在している。「根源的存在論的受動性」は生のあらゆる諸形式に内在しており、結局は「ただひとつの生」しか存在しないのである。「信念」の理論についても、ビランが「現象」概念を過小評価しえたのは当時の時代背景のせいであって、本当はビランは「経験的現象」を超えた「超越論的現象」を求めたかったのである。結局のところビランの後期哲学は「現象の絶対的価値を承認すること」に依拠していたのであって、ここでもビランの思索の「進化」ではなく、ただ「深化」についてのみ語るべきなのである。

結論「身体の存在論的理論と受肉の問題。肉と霊」は、身体についての存在論的分析のみが身体にまつわる諸々の伝統的な考えを正しく裁いてくれる旨を述べた後で、主観的身体論だけが主観性論のすべてを尽くすわけではないが、しかし前者は後者に具体性を与えてくれると指摘する。ちなみに哲学が主観的身体の観念にまで高まることを妨げてきたのは、「存在論的一元論」である。「受肉」の問題は一つの逆説とみなされてきた。しかし絶対的身体は原理上、「偶然性」のカテゴリーを免れる。身体の「状況‐内‐存在」は絶対的身体に由来するのだが、しかし絶対的身体それ自身は——有機的身体と同様——パースペクティヴ変化を免れる。絶対的身体は「状況づけられたもの」ではなく「状況づけるもの」であり、「絶対的な中心」なのである。そしてこのような観点から「両義性の哲学」、「生」についてのヘーゲルの考え、「行為」に関する〈手段‐目的〉ならびに〈意図〉の解釈図式が批判される。また「受肉」は「有限性」概念に結び付けられてきたが、このような考えはギリシア‐ヒューマニズム的伝統に由来するものであって、キリスト教はむしろ——身体には罪も復活も許されている以上、この考えには「実存的な意義」しか認められないのだから——主観的身体の観念を前提しているのである。「有限性」概念は、(1)地平のもとの存在者は有限である、(2)志向性が表象されると地平のもとに落ちる、(3)志向性は世界に関わる限りで有限である、(4)性的志向性のように有限な対象（客観的身体）のうちに絶対的なものを求める志向性がある、以上四つの意味で理解されるが、(1)と(2)は絶対的身体の根源的存在には関わらず、(3)と(4)には実存的意義しか認められない。存在論的観点から実存を理解するなら、その「絶対的な生」からは有限性概念のあらゆる意義がアプリオリに剝奪されるのである。

③アンリ哲学の中での本書の位置

以上のように本書は、それまでの解釈史から見ればまったく目の醒めるような斬新なビラン解釈の試みであって、しかもそれはビラン解釈ということを離れても、身体論としても現象学の新たなる可能性の追求としても、きわめてラディカルなものであると言うことができる。われわれはしばしばビラン哲学について学んでいるのかアンリ自身の哲学を聞かされているのか区別できないほどであって、時としてアンリ自身が本書がビラン論であることを忘れ、サルトルやデカルトについて自由に論じているのではないかと思われるほどである。けだしアンリにとって重要なのは、決して「メーヌ・ド・ビラン」という固有名詞を冠した思想家についての歴史研究なのではなくて、むしろビラン哲学は、アンリが事象そのものに向かうための指針の一つに過ぎないのであろう。繰り返すが、そこに賭けられているのはアンリ自身の哲学なのである。

それにもかかわらず本書には、アンリの主著『顕現の本質』とは若干異なる主張が含まれているように思われる。それは(i)抵抗という超越的項と(ii)情感的生の、それぞれの現象学的ステイタスに関わる。

第一に抵抗の現象学的ステイタスに関して言うなら、以下の四点において相違を指摘することができる。(1)『顕現の本質』においては超越は表象作用と同一視され、あるいは少なくとも両者を区別するような発言は含まれていない。しかるに本書では、抵抗する連続体は超越的な項であるにもかかわらず、非表象的なものとみなされている。(2)同様に本書では抵抗する連続体は現象学的還元を免れ、絶対確実とみなされているが、『顕現の本質』には超越的存在に絶対確実性を認めるような発言は見出されない。(3)『顕現の本質』では世界とは「私の表象」であり、「非実在性の場」そのものであるのに対し、本書では運動という独自の志向性が世界の実在性を担うとされ、しかもアンリはビランにおける触覚の特権を非難しつつ、感性的世界一般を「実在的世界」と規定している。(4)『顕現の本質』が客観的顕現の「非十全的性格」と内在的顕現の「十全的性格」との対比を強調するのに対し、本書では「存在することとあらわれることとが同一であるような現象学的所与」が、「超越的存在の現象学的な第一の層」においても認められている。——要約すれば、非表象的で・還元不可能なほどにも確実で・実在的で・十全的であるような超越的項の存在が、本書では認められているのである。

第二に本書では、アンリはビランにおける受動性についてのあらゆる存在論的理論の不在を糾弾しつつ、情感的・動物的生のうちにも「受動的綜合」を見ようとする。しかしそれは「受動的志向性」すなわち志向性の一様態でしかなく、ために意欲や努力の能動性とアフェクシオンの受動性とを分かつ区別は「実存的な差異」に過ぎないとされる——このような解決はしかし、志向的意識の超越と情感性の内在とのラディカルな存在論的異質性を強調した『顕現の本質』の立場とは、明らかに相容れない。[以上のような疑問から出発して筆者は一九九一年に *L'expérience de la passivité chez Maine de Biran*（『メーヌ・ド・ビランにおける受動性の経験』）というテーズを書き、ソルボンヌに提出したのだが、諸般の事情により未だ翻訳・出版していない。いずれ世に問い、諸家の批判を仰ぎたいと思う。]

しかし以上のような相違にもかかわらず、本書の「主観的身体」という考えは、『マルクス』（*Marx*, I: *Une philosophie de la réalité* ; II: *Une philosophie de l'économie*, Paris, Gallimard, 1976）における「生ける労働」としての「実践」や、『野蛮』（*La Barbarie*, Paris, Grasset, 1987）第三章における「身体的所有（corps-propriation）」という考えに連なり、アンリ哲学の最も重要な概念の一つとなってゆく。例えば『マルクス』ではこう言われている。「ドイツの彼の同時代人たちのように思惟の次元においてではなく、身体の次元において行為の本質をラディカルな仕方で開明し、かくして西洋文化の歴史のなかで初めて具体的・個体的・実在的な行為の、《実践》の問題構成を提示することによって、メーヌ・ド・ビランの思索はマルクスについての、また一般的な仕方で《実質的労働》についてのあらゆる真摯な解釈にとって、決定的な重要性を帯びてくる」(I, p.342. 本書結論の訳註［17］も参照)。またビランの名は『精神分析の系譜』(*Généalogie de la psychanalyse*, Paris, P.U.F., 1985) 第五章やエピローグ、『我は真理なり』(*C'est Moi la Vérité*, Paris, Seuil, 1996) 第八章においても思い出され、『実質的現象学』(*Phénoménologie matérielle*, Paris, P.U.F., 1990) 第三論文にも本書への指示がある。ただし『我は真理なり』では、「メーヌ・ド・ビランによって天才的な仕方で記述された基礎的な〈われ能う〉」(p.175) としての「エゴ」は、神の絶対的な〈生〉に比すれば二番目以下の地位に落とされてしまう。概して『精神分析の系譜』あるいは『野蛮』までのアンリには自我論の傾向が強く、中でも特に本書では「エゴ」が前面に押し出されているのだが、しかしこの傾向は『見えないものを見る』(*Voir l'invisible — sur Kandinsky*, Paris, Bourin-Julliard, 1988) や『実質的現象学』あたりから揺らぎ始め、『我は真理なり』でははっきり否定される。ミシェル・アンリは変わったのだろうか——この点に関しては日仏哲学会編『フランス哲学・思想研究』第三号(一九九八年)に掲載の拙稿「自我の内外——ミシェル・アンリは変わったか」で論じておいたので、参照して戴ければ幸いである。

(3) 本書の評価と意義

①アンリ以後のビラン解釈

しかしアンリ以後のビラン研究家のなかにはアンリの解釈に従う者は少なく、全体の趨勢としてはむしろビラン研究のラディカルさは影をひそめ、逆に歴史的・文献学的な見地からアンリの解釈の行き過ぎを指摘するものも少なくない。以下、現時点で知られうる幾つかの代表的なビラン解釈を見ておくことにしよう。

大筋としてアンリの解釈を踏襲した数少ない例の一つは、ロメイエ＝デルベイの『メーヌ・ド・ビラン』(G. Romeyer-Dherbey, *Maine de Biran ou le penseur de l'immanence radicale*, Paris, Seghers, 1974) であり、そのことは同書の副題「あるいはラディカルな内在の思索者」や、章や項の表題「諸圏域の存在論的二元性」「エゴの無距離 (indistance)」「主観的身体の現象学」「諸カテゴリーの起源」などからも窺える。もっともロメイエ＝デルベイは、アンリほどラディカルに「主観的身体」と「有機的身体」を区別していないようだが。また彼は「ひとは同時にラディカルな内在の思索者かつ絶対的なものの哲学者、存在をその顕現の仕方のうちに探る現象学者かつ叡智的存在の形而上学者ではありえない」(p.32) と述べ、ビラン後期の模索は「哲学」というよりはむしろ「プログラム的」なものでしかなく、したがって本来的に言うならばビランには「一つの哲学」しか存在しない、そしてその最も十全的な表現が見出されるのが『思惟の分析』から『心理学の諸基礎』にかけての諸テキストと、それに抵触しない限りでの後期諸テキストにおいてであると言明した (p.33)。

ビラン哲学の現象学的解釈への批判が本格化するのは、B. Baertschi からである。彼は論文「メーヌ・ド・ビランの《主観的イデオロジー》と現象学」(《L'"idéologie subjective" de Maine de Biran et la phénoménologie》, in *Revue de théologie et de philosophie*, Lausanne, Vol. 113, 1981/II, pp.109-22) において、アンリのテーゼを以下の三点に要約する。⑴自我は自らに現われ、対象は主観がそれに働きかけるかぎりでのみ捉えられるのだから、存在するとは現われることであり、そこにはいかなる超越もない。⑵すべては内在において与えられるのだから、原初的事実によって構成される知は確実・明証的である。⑶ビランにおける外的視点と内的視点の対立は、フッサールにおける自然的態度と超越論的態度の対立に相当する。

これに対しBaertschiは、ビランは叡知体と現象とを区別し、現象とは物自体の顕現なのだから、現象学にとって現象が「自らを顕わす」のだとしても、ビランにとっては現象は「それとは別のものを顕わす」のだと主張する。ビランの原初的事実の哲学は絶対者の哲学に対立するものではないとはいえ、「認識の体系」は「信念の体系」によって補完されなければならない。フッサールは「超越論的観念論」だが、ビランは「経験的実在論」である。さらに「還元」は、「存在するとは知覚されることである」という新たなる先入見を哲学のなかに導入してしまう。そこでBaertschiは、先のテーゼに対してこう反論する。(1)「存在するとは現われることである」という主張は、「信念の理論」によって論駁される。(2)原初的事実はたしかに明証と確実性の場ではあるが、しかしビランにとって問題なのは還元を前提とする「形相的明証性」ではなくて、「事実の明証性」である。(3)ビランの区別とフッサールの区別とでは動機づけも目的も違う、ビランにとって第一なのは必当然性の問題ではなくて、主観性を説明することである。

Baertschiはこの論文の成果を翌年の大著『メーヌ・ド・ビランの存在論』(*L'ontologie de Maine de Biran*, Éditions Universitaires Fribourg Suisse, 1982)において大々的に展開するのだが、そこには〈自我は運動の原因であり、運動は手段なのだから、運動は非我である、したがって三つの身体ではなく、二つの身体しか区別できない、運動と有機的身体とは区別されず、身体は道具でしかない〉(pp.82-93, pp.113-4)等々の新たなるアンリ批判が加えられてはいるが、現象学批判ということに関しては大差ない。「現象学にとっては、知覚されたものだけが存在する」(p.257)。現象学的解釈は「ビランの思想の一部しか」考慮に入れておらず、「ビランにとって現象は叡知体を顕わすが、現象学者にとって現象はそれ以外のものを顕わしえない」(p.434)。結論——「かくして、もし原初的事実についてのビラン哲学がひとつの現象学なら、それならばこの後者はひとつの存在論によって補完されねばならぬと主張しなければならない。

この存在論はメーヌ・ド・ビランにとって、アリストテレス流の実在論的存在論である」(pp.441-2)。

なお Baertschi は近著『心身諸関係。デカルト、ディドロ、メーヌ・ド・ビラン』(*Les Rapports de l'âme et du corps. Descartes, Diderot et Maine de Biran*, Paris, J. Vrin, 1992) のなかでも、ビラン当時の「経験論的風潮」は「超越論主義」のいかなる痕跡も示してはおらず (p.135)、またビランの「内的経験 (expérience)」は「実験 (expérimentation)」の意味で用いられているのであって、けっして「直接的意識」を指すものではない (p.386) 等、アンリのビラン解釈を批判している。

モントゥベッロの『思惟の分析。メーヌ・ド・ビランにおける二元性と超越論的経験論』(P. Montebello, *La décomposition de la pensée. Dualité et empirisme transcendantal chez Maine de Biran*, Grenoble, Jérome Millon, 1994) は、「表象」の批判および「二元性」(二元論でも一元論でもない) の思想のうちにビラン哲学の真髄を見、至る所で「内在における超越」「同一性における差異」「脱自なき超越」といった言葉を繰り返している。その論拠の一つとしてよく引証されるのが、「努力の主体は自らを、抵抗する項とは異なるものとしての同じものとして感じ始める」というビランの言葉から強引に抜き出された「異なるものとしての同じもの (le même comme distinct)」という表現である。そしてこのような観点から彼は、ビラン哲学の存在論的解釈をも現象学的解釈をも同時に批判しようとする (pp.212-3)。なぜなら存在論的解釈は脱主観化され・客観化された「表象的」思惟へ導こうとするからであり (p.246)、現象学的解釈は自己顕示のうちに「二元性」のための場所を残さないからである (p.249)。モントゥベッロ自身は、「思惟する事実」という「経験的なもの」が「自らを一つの事実として主観的に把捉する」という「超越論性」へと差し向ける (p.107) ことから、ビラン哲学を「超越論的経験論」として捉えようとするのだが、彼の解釈がドゥルーズの影響下にあることは、「高次経験論」(p.126)「感性的なものの非感性的なもの」(p.121)

といった言葉や、抵抗や努力において「強度」を強調する点（pp.103, 143）からも容易に察せられる。また彼はアンリのビラン解釈に言及しつつ、ビランにおける「反省」は「二元性」であって「根源的自己能与」ではない（p.114）、アンリは「超越的身体」を内在圏域のうちに挿入し（p.127）、さらには「還元」によって「二元性」を見失わせてしまう（pp.128-31）、「運動」は Baertschi の言うように「結果」であって「原因」ではない（pp.152-3）、アンリは「二元性の二要素を同一化」させることによって「二元性に固有の緊張を失わせて」しまう（p.154）、「内在の根源的な光」は「思惟を構成する身体的抵抗」を説明しない（p.271）等々、かなり見当違いの批判を繰り広げている。

近年の歴史研究のなかで最高の緻密さを誇るのが、アズヴィの力作『メーヌ・ド・ビラン。人間の学』（F. Azouvi, *Maine de Biran. La science de l'homme*, Paris, J. Vrin, 1995）である。彼はグイエの「諸回心」説を継承しつつも、一八〇四年以降の「ビラニスムの統一性」を「《諸視点》の理論」という彼の「方法」のうちに見出そうとする（p.10）。哲学とは或る日付け、或る文脈を持った諸々の問いへの回答であり、ビランが自らの哲学の中心に据える「問題」の定式化のうちには、いかなるオリジナリティも存してはいない。独自性はむしろ彼の与えた「解決」のうちにあり（p.12）、「ビラニスム」は「《超有機的》な原因性としての努力の哲学」という「学説」ならびに「《諸視点》の認識論的理論」という「方法」の誕生とともに生まれたのである（p.71）。すなわち「人間の学」には「三つの視点」（p.75）の、つまり「生理学」「混合的学」「心理学」という「三つの学」（p.101）の協力が必要なのであって、そのうち「実験生理学」ないし「実験心理学」（p.139）として純粋アフェクシオンを扱う「混合的学」は、ビランの存在論期には一時的に消失する（p.292）――なぜなら「信念の理論」が思惟主観の誕生以前に感覚主観の先在を認める以上、「混合的学」は「合理的心理学」のうちに溶解するのだから（p.359）――が、しかし多くの「回心」

にもかかわらず、「視点」の概念は一たび獲得されるや、けっしてビランの心を離れることはなかったのである（p.84）。同書には綿密な資料研究のほか、たとえば時間論の分野おいて〈意志の瞬間的諸行為の非連続的系列〉と〈内的身体空間を抵抗項とする内在的努力が形成する、持続の連続的感情〉を区別する（pp.226-31, 258）など、時としてヴァンクールをも超えるような精緻な理論研究も含まれている。しかしアンリのビラン解釈に対しては、アズヴィは同書第五章Ⅲ第二節「《私である》身体？」全体を「主観的身体」批判に割き、たとえばビランが述べた「もっと単純で、先の関係に先立つ関係」という言葉（本書第四章参照）は、〈自我と外界との関係〉に先立つ関係（つまりは自我と有機的身体との関係）をしか指してはおらず、「非相対的な内的経験」から「自我」を出現せしめることなど不可能である、したがってエゴと運動を同一視することもできない（pp.237-9）、等の批判を行っている。

②アンリ批判に対して

しかし以上のような諸批判によって、本書の意義はすでに失われてしまったのだろうか。「内在」や「主観的身体」の考えを否定し、あるいはビラニスムの現象学的解釈そのものの一面性を指摘する最近の研究者たちに対しては、われわれとしても以下の四点において反論を試みておくことにしたい。

第一に、彼らは必ずしも正確に『身体の哲学と現象学』を読んではいない。いかなる超越もなくすべては内在において与えられる（Baertschi）とか、アンリは内在のうちに超越的身体を挿入し、二元性の二要素を同一化した（モントゥベッロ）などという発言は、まったく的外れである。

第二に、彼らは本書理解の前提となるアンリ哲学そのものについて、ほとんど何の知識も有していない。先の批判や、内在の光［ちなみに内在は「光」ではない］は思惟を構成する身体的抵抗を説明しないなどという言葉（モントゥベッロ）が証するのは、二元性の絆を形成する超越の作用そのものを受け取るのはもはや超越ではなくて内在であるというアンリの基本思想についての、完全なる無理解である。

第三に、彼らは現象学そのものや現象学の可能性の射程について、十分考慮を尽くしたとは言い難い。「存在するとは知覚されることである」［だがアンリはまさに「知覚」されないものの「現象」を「内在」のうちに求めたのではなかったか?］とか、現象はビランにとっては「それとは別のものを顕わす」が、現象学にとっては「自らを顕わす」［二者択一の関係が問題なのではない、両者の根拠づけの関係が問題なのである］とか、還元は「形相的明証性」にしか導かない［それでは事実をもエイドスをも構成しつつ両者に先立つ「根源的事実」として「私は現に有る」を導き出したヘルト『生ける現在』のフッサール解釈などは、どうなる?］といった言葉（Baertschi）は、フッサール現象学やフッサール以後の現象学の展開を知る者には、たしかに吹き出したくなるような現象学理解である。

そして何より第四に、彼らはビラニスムとの対話を通じて自らの哲学・現象学の可能性を探ろうとした本書のアンリの意図を、理解しようとしていない。彼らは歴史的観点からしか本書を見ていない。「もっと単純で、先の関係に先立つ関係」についての解釈や、「運動」という言葉が指すのは「原因」か「結果」かという問い、「内的観察」に対比される「内的経験」は「直接的意識」ではなくて「実験」であるといった批判は、文献的にはたしかに彼らの言う通りかもしれない。しかし仮りにアンリがそのような文脈を心得ていたとして、彼は自らの解釈を修正しただろうか。いわゆる歴史的客観性を超えて、それでもなおアンリには言うべき何かが残されていたのではないか。たとえばもし「もっと単純な関係」が直接的に指し示すのが「内在」ではなくて努力‐有機的抵抗の「二元性」だと仮定して、だからといって「主観的身体」という——言葉ではなく——考えそのものが、ビラン哲学から放逐されるだろうか。それでは、たとえばビランのコンディヤック批判（触れられる手ではなく、触れる手は如何にして知られるか）などは、どのように理解すればよいというのか。そして彼らの諸研究は、心身問題は結局のところ「不可解」（B. Baertschi, *Les Rapports…, op. cit.*, p.399sq.）であると結論する以上に、何か積極的に身体論に貢献しただろうか。

結局最後に残るのは、歴史家であるか哲学者であるかの違いなのである。もちろん歴史研究の重要性は否定さるべくもないが、しかしもし過去の哲学者の言葉が博物館にでも展示されるべき遺物としての価値しか持たないのであれば、それでは一体何のための哲学かということになってしまう。過去の伝統が現代に語り掛けうるためには、現代は或る闘いのなかで伝統を勝ち取らなければならない。アンリの解釈がビラン哲学をきわめて現代的な論点にまで導いたことは紛れもない事実なのであって、その点でも本書は、ちょうどハイデッガーの『カント書』がカントに対して果たしたのと同じような役割を、ビランに対して果たしたと言えるのではないか。もっともこのフランスのM・Hは、ドイツのM・Hに比べれば、その解釈されるべき対象に対していっそうの親近性を示していたようではあるが。

訳者あとがき

本訳書は、九六年十月下旬から九七年二月上旬にかけて作成した最初の訳稿に、九七年七月から十一月にかけて三度手を加えて完成したものである。そのときには八七年公刊の第二版のほうの訳を出す予定だったのだが、版権の問題があって、初版部分のみの邦訳となった。ただし初版と第二版とのちがいは、第二版には原文二頁ほどの「第二版への緒言」が付加されているということだけであって、本文には何ら変更はない。また「解説」の執筆時期は九八年春であり、利用しえた文献等もその時点のものであることを、ご了解いただきたい。

ビラン研究は我が国でも、最近ようやく本格化のきざしが見え始めてきたように思われる。アンリの独創的なビラン解釈が、学界の一つの刺激になってくれればと念ずる次第である。ビラン理解・アンリ理解の一助にと「訳註」を設けたが、訳者の力量不足から調べきれなかった箇所も多々あったし、逆にまた、余計な訳註もあったかもしれない。本文の誤訳等も含め、識者の御教示を仰ぐことができれば幸いである。

訳者は今年正月、アンリさんから『受肉。肉のアルケオロジー』という著作を準備中であるとのお手紙を戴いた。同書は『我は真理なり』と「二部作」を成すもので、氏は氏の「生の現象学」を用いて氏の「身体についての諸テーゼ」を取り上げ直し、深化するつもりなのだという。本訳書が刊行される頃には、フランスでは同書が出版されているのかもしれない。本書の諸テーゼが如何に深化され展開されてゆくのか、同書の公刊を期待するとともに、氏のますますの御活躍を心から祈りたい。

本訳書の出版の話は、訳者が法政大学出版局に訳稿を持ち込んで出版を依頼する、というかたちで始まった。困難な出版状況のなか、かなり専門的な本書の公刊を快諾された法政大学出版局の稲義人編集長には、感謝の意を表したい。同じく校正段階で表記等に関して貴重な助言を下された法政大学出版局の松永辰郎氏にも、厚くお礼申し上げる。またフランスから文学関係の貴重な資料を取り寄せて下さった仏文学者の黒岡美登里さん、「解説」を一読して誤記等を指摘して下さった大阪教育大学助教授岩田文昭氏、そして訳者の学生時代から授業等を通じてメーヌ・ド・ビランならびにミシェル・アンリの哲学へと訳者を導いて下さった大阪大学教授山形頼洋先生にも、この場を借りて感謝の意を表しておきたい。

一九九九年七月七日、長久手町にて

中　敬　夫

《叢書・ウニベルシタス　668》

身体の哲学と現象学
ビラン存在論についての試論

2000年 3 月25日　初　版第 1 刷発行
2016年 5 月11日　新装版第 1 刷発行

ミシェル・アンリ
中　敬夫 訳
発行所　一般財団法人　法政大学出版局
〒102-0071 東京都千代田区富士見 2-17-1
電話 03(5214)5540 振替 00160-6-95814
製版，印刷：平文社　製本：誠製本

ISBN978-4-588-14036-5

著　者

ミシェル・アンリ（Michel Henry）

1922年，旧仏領インドシナのハイフォンに生まれる．7歳のときフランスに帰国し，アンリ四世校に通う．1945年，哲学教授資格を取得し，リセで教鞭を執るかたわら国家博士論文を書く．1978年に退官するまで，ポール・ヴァレリー大学（モンペリエ第三大学）哲学教授．小説家としても知られ，ルノド賞受賞作を含む3冊をガリマール書店から出版している．戦時中，強制労働局へ徴発されたが，ドイツ行きを拒んで地下に潜行．この「地下潜行」体験はアンリ哲学に決定的な影響を及ぼし，独自の「生の哲学」形成の契機となる．主著に『現出の本質』(1963)，『身体の哲学と現象学』(本書，65)，『マルクス』(76)，『精神分析の系譜』(85)，『野蛮』(87)，『見えないものを見る』(88)，『実質的現象学』(90)，『共産主義から資本主義へ』(90)，『われは真理なり』(96)，『受肉』(2000)，『キリストの言葉』(2002）など．2002年7月3日死去．

訳　者

中　敬夫（なか　ゆきお）

1955年生まれ．京都大学大学院文学研究科博士課程学修退学．フランス政府給費留学生としてフランスへ留学．ボルドー第三大学博士課程を経てパリ第四（ソルボンヌ）大学博士課程修了（博士号取得）．京都大学文学部（哲学）研修員を経て，現在，愛知県立芸術大学美術学部教授．著書に『メーヌ・ド・ビラン——受動性の経験の現象学』『自然の現象学——時間・空間の論理』『歴史と文化の根底へ——《自然の現象学》第二編』(以上，世界思想社)『行為と無為——《自然の現象学》第三編』『身体の生成——《自然の現象学》第四編』(以上，萌書房)，訳書にシュミッツ『身体と感情の現象学』(共訳，産業図書)，アンリ『精神分析の系譜——失われた始原』(共訳)『実質的現象学——時間・方法・他者』(共訳)『受肉——〈肉〉の哲学』(以上，小局刊)，フランク『ハイデッガーとキリスト教——黙せる対決』(萌書房）など．